국어순화와 법률 문장의 순화

국어순화와 법률 문장의 순화

박갑수

역락

머리말

2016년 6월 23일엔 역사적인 사건이 벌어졌다. 영국이 이 날 국민투표에 의해 EU(유럽연합)를 탈퇴하는 브렉시트(Brexit)를 선택한 것이다. 이는 오늘날의 역사적 큰 흐름, 세계화(世界化)에 제동을 건 반세계화의 사건이다. 개방과 교류, 통합과 연대를 억제하고, 자국의 이익을 추구해 독립을 꾀하고, 자신들만의 영광을 위해 고립의 부담을 떠안은 것이다.

세상을 사는 방법에는 독립이냐, 합종연횡(合從連橫)이냐의 두 갈래길이 있을 수 있다. 이는 상황에 따라 장단점이 달라진다. 따라서 여건에 따라 적의 양자택일(兩者擇一)을 하게 마련이다. 그러나 이와는 달리 그것이 가능하다면 독립을 하며, 연횡의 장점을 추구하는 방법도 있을 수 있다.

국어순화(國語醇化)냐, 한국어의 세계화냐 하는 문제는 바로 이 독립과 연합(聯合)의 문제와 밀접한 관계를 가진다. 우리가 주체성(主體性)을 강조하고, 독자성을 추구할 때에는 국어순화를 추구하게 된다. 이와는 달리 세계화를 표방하고 연합·교류를 강조하게 되면 국어에 대한 폐쇄정책은 자연 유연성을 지니게 마련이다. 역사적으로 볼 때 언어정책은 고대에는 개방주의를 취택하였고, 근대 이후 국민통합을 위하여 폐쇄주의를 취하게 되었다.

국어순화는 광의의 순화와 협의의 순화가 있다. 광의의 순화는 표준어의 제정·통일 등 국어의 정책을 수행하는 것이고, 협의의 순화는 원만한 국어생활을 수행하기 위해 국어를 순화(純化)하고 미화(美化)하는 것이다. 따라서 본서에서는 광의의 국어순화와 협의의 순화를 아울러 다루게 된다.

저자는 일찍부터 국어순화에 많은 관심을 가졌다. 우리는 역사적으로 언문불일치(言文不一致)의 시대와, 민족어를 빼앗겨 국어를 상실한 시대를 살았고, 열강의 언어 전시장과 같은 언어현실 속에서 생활하기도 하였다. 따라서 국어를 순화하여야 한다는 것은 우리 민족에게는 당연한 언어관이었는지 모른다. 그리하여 주체성(主體性)이 강조되던 조국 광복 후와, 1970~80년대에 국어순화운동이 가장 활발히 전개되었다. 저자는 1970~80년대에 방송과 지지(紙誌), 및 강연을 통해 많은 국어순화운동을 전개하였다. 이때 발표한 논설은 주로 '국어순화와 표현론(지학사, 1984)', '우리말 사랑 이야기(한샘출판사, 1994)', '올바른 언어생활(한샘출판사, 1994)', 및 '아름다운 우리말 가꾸기(집문당, 1999)' 등의 책으로 묶여 간행되었다. 그리고 우리말의 구체적 순화작업은 '우리말의 허상과 실상(한국방송사업단, 1983)', '국어의 오용과 순화(한국방송사업단, 1984)', 및 '우리말 바로 써야 한다, 1·2·3(집문당, 1995)' 등으로 묶어 출판하였다. 그리고 국어순화 논문은 그동안 학술지 등에 발표만 하고 책으로 간행하지 않는데, 이번에 이들을 묶어 '국어순화와 법률문장의 순화'라는 이름으로 공간하기로 하였다. 여기 수록한 국어순화 관계 논문은 주로 1990년대에서 2000년대에 발표한 것이다. 본서에 수록된 글 가운데는 일찍이 탈고하고 발표하지 않은 것과, 본서의 구색을 갖추기 위해 새로 집필한 것이 포함되어 있다.

본서는 4부로 구성되었다. 제1부는 '국어순화의 방법과 실제'로, 국어 순화의 방법을 구체적으로 제시하고, 그 실제를 다룬 것이다. 제2부는 '언론과 문학에서의 국어순화'로, 공용문, 신문문장, 방송언어, 현대문학 등 각종 언어와 문장 순화의 실제를 다룬 것이다. 제3부는 '법률 용어와 문장의 순화'로 법률 문장에서의 용어와 문장 표현 및 판결문의 문제를 고찰한 것이다. 제4부는 '민사소송법과 문장의 순화'로, 대법원으로부터 민사소송법의 순화를 의뢰 받아 작업을 하면서 이의 순화 필요성과 방법 등 주제발표를 한 것과, 개정 이후의 과제에 대한 주제발표를 한 것 등 일련의 논문이다.

본서에서 다루고 있는 논문의 특성을 간단히 살펴보면 다음과 같다. 제1부 '국어순화의 방법과 실제'의 제1장은 '국어순화의 이론과 방법'을 제시한 것이며, 제2장은 그간의 '국어순화의 정책과 실상'을 살펴 국어순화의 정책과 실상을 파악하도록 한 것이다. 제3장 '국어순화를 다시 생각한다'는 국어순화의 문제를 재검, 순화의 새로운 방향을 모색한 것이며, 제4장은 우리말의 오용을 유형화하여 제시함으로 국어순화를 체계적으로 하도록 한 것이다.

　제2부 '언론과 문학에서의 국어순화'의 제1장은 공용문의 작법과 순화의 방법을 보인 것이며, 제2장은 신문문장의 오용 양상과 순화를 제시한 것이다. 제3장은 오용의 보고라 할 '방송언어의 오용과 순화'를 구체적으로 다룬 것이다. 제4장은 현대문학과 국어순화의 관계를 살핀 것으로, 특히 현대문학에서의 표현효과와 국어순화의 관계를 밝힌 것이다.

　제3부 '법률용어와 문장의 순화'의 제1장은 법률의 용어와 문장의 난해성 문제를 다룬 것이고, 제2장은 악문의 대표라는 판결문을 구체적으로 분석, 그 실체를 제시한 것이다. 제3장은 법률 용어와 문장의 실상을 구체적으로 살핀 것이고, 제4장은 법률과 실용문의 일본어투를 특히 고찰한 것이다. 법률과 실용문에 일본어투가 남용되고 있기 때문이다.

　제4부 '민사소송법과 문장의 순화'는 민사소송법의 순화안을 마련하며 민사소송법의 순화를 집중적으로 다룬 것이다. 제1장과 제2장은 민사소송법의 문제와 순화 방안을 구체적인 자료를 바탕으로 살핀 것이고, 제3장 '민사소송법의 순화, 그 필요성과 실제'는 민사소송법 순화 공청회에서 주제발표를 한 논문이다. 제4장은 민사소송법을 개정한 뒤 이의 향후 과제에 대해 고찰한 것이다. 따라서 제4부는 민사소송법의 순화 문제를 전면적으로 고찰한 것이라 하겠다.

우리는 오늘날 국제화·세계화 시대에 살고 있다. 따라서 국제적으로 교류하며 개방정책을 펴야 한다. 국어정책도 마찬가지다. 그리하여 우리는 세종학당(世宗學堂) 운영 계획에 의해 한국어 세계화운동을 세계 각 지역에서 전개하고 있다. 그러나 이와 달리 우리의 주체성을 살리기 위해 국어의 폐쇄정책도 전개해야 한다. 앞에서 브렉시트(Brexit) 이야기를 하였거니와 독립과 더불어 개방을 하여야 한다. 그러기 위해서는 대내적으로는 국어의 폐쇄정책을 충실히 수행하고, 대외적으로는 포용하는 정책을 전개해야 하겠다. 영국 영어, 미국 영어, 피진 영어를 인정하듯, 우리 한국어도 중국 조선족의 조선어, 재일동포의 조선어, 서구인의 한국어를 수용해야 한다. 표준어가 아닌, 용인되는 언어(accieved language), 공통어(共通語)로 수용해야 한다. 그러나 다만 규범으로서의 한국어는 충실히 지키도록 해야 하겠다. 그래야 세계 도처에서 쓰이고 있는 한국어의 규범이 되고, 나아가 이들의 전범으로 삼을 언어가 존재하지 아니하겠는가? 국어순화에 많은 관심을 갖게 되길 바라 마지않는다.

2016년 7월 17일 제헌절에
沙平書室에서　南川

차 례

II. 언론과 문학에서의 국어순화 / 87

Ⅲ. 법률 용어와 문장의 순화 / 217

Ⅳ. 민사소송법과 문장의 순화 / 325

I. 국어순화의 방법과 실제

1장 국어순화의 이론과 방법

1. 서언

국어가 형성되어 오늘에 이르기까지 우리의 모어(母語)는 많은 언어의 혼류(混流)를 겪어 왔다. 일찍이 삼국시대에는 한자어(漢字語)의 영향을 받았고, 고려시대에는 몽고어, 조선시대에는 여진어 및 일본어, 갑오경장 이후에는 서구어(西歐語)와 일본어가 외래어로 유입되었다. 그리하여 오늘날 우리말에는 약 30개국 어휘가 들어와 쓰이는 것으로 보인다.

이러한 외래어에 대한 종래의 우리 정책은 비교적 개방주의적(開放主義的)인 것이었다. 그러나 폐쇄주의적(閉鎖主義的)인 정책도 일찍이 꾀해진 것을 볼 수 있다. 그것은 조선조 선조(宣祖) 때 왜어(倭語)의 사용을 금지한 것이 그 하나다. 조선왕조실록에 의하면 임진왜란이 일어난 다음 해인 1593년 선조 26년에 도중(都中) 상사람(小民)이 왜어에 염습된 바 있어 이의 사용을 통금(痛禁)한 것이다(본서, P.57). 그 뒤 1910년대에 주시경(周時經)에 의한 한자어 축출 순화운동이 꾀해졌으며, 이는 조선어학회의 활동으로 이어졌다. 광복 이후에는 1948년 문교부에서 '우리말 도로 찾기'란 소책자를 펴내 일본어 잔재를 일소하려는 운동이 전개되었다. 그러다가 1976년 박정희 대통령이 국어순화를 내각에 지시함으로 국어순화운동은 근자에 범국민적 운동으로 발전하기에 이르렀다.

2. 표준어와 언어 순화

2.1. 영국의 표준어 형성과 언어순화

인간생활의 원칙은 협동(協同)에 있고, 이의 중요한 수단은 언어를 운용하는 것이다. 우리가 잘 아는 구약성서의 바벨탑 이야기는 언어의 소통이 제대로 되지 못해 탑을 쌓던 공사가 와해되었음을 알려 주는 이야기다. '바벨(Babel)'이란 혼란이란 말이고, 바벨탑이란 언어의 혼란이 일어난 탑임을 의미한다. 그리하여 근대국가에서는 국민 통합을 위해 언어의 폐쇄정책을 쓰게 되었고, 특히 다민족(多民族) 국가에서는 법으로 국어를 규정하고, 표준어 정책을 쓰게 되었다.

국어순화란 일언이폐지할 때 표준어를 쓰는 것이라 할 수 있다. 그것은 다음과 같은 표준어의 정의가 단적으로 이를 확인해 준다.

전국 공통어라 불릴 공통어로, '좋은 언어', 규범적 언어라 할 수 있는 것을 특히 표준어라 한다. 이때의 '좋은 언어'란 '바른 말'이고, 거기에다 사상의 표현이나 전달 목적에 부합하고, 교양 있는 사람들이 사용하고, 표현력이 풍부하며, 또한 이해의 범위가 넓은 말이라는 등의 성질을 가질 것이 요청된다(石橋幸太郎 外編, 1969).

이렇게 '표준어'란 규범적 공통어로, 바른 말이며, 교양 있는 사람의 말이며, 표현력이 풍부하고 이해의 범위가 넓은 말이기 때문이다. 이에 국어순화에 대해 논의하기에 앞서 표준어 문제부터 살펴보기로 한다.

표준어는 자연발생적인 것을 이상화한 언어체계이기도 하고, 아카데미 등 특정 기관에서 추장하여 형성되기도 한다. 국가의 공시(公示)에 의해 설정되기도 하며, 보통교육 특히 교과서를 통해 보급되기도 한다. 우리의 경우는 국가의 고시에 의해 정해진 것이고, 영국이나 일본의 경우는 자연발생적인 것을 이상화한 것이라 할 수 있다. 프랑스나 이태리의 경우는 아카데미의 추장에 의해 설정된 것이라 하겠다. 이에 우리의 '표준어'를 살피기에 앞서 영국과 일본 등 외국의 표준어 성립의 예를 간단히 살펴보기로 한다.

영국에서는 공식적으로 '표준어(standard language)'를 정하고, 이에 의한 통제를 하고 있지 않다. 표준어에 대한 인식은 관습적으로 형성된 것이고, 이를 존중하여 애용함으로 이루어진 경우다.

표준영어는 근대에 확립되었는데, 본래 지역 방언의 하나였던 런던 방언이 교양 있는 상류층 사람들이 사용하는 계급방언(class dialect)이 되어 표준어로 확립된 것이다.

표준영어는 문자언어가 먼저 확립되었다. 14세기 런던 출신의 시인인 Chaucer의 문학 활동은 불안정한 구어(口語)를 고정시켜 표준 서사(書寫) 언어로서의 영어를 확립하는 데 기여하였다. 그 뒤 작가들은 그의 어휘 및 문법형태, 구문법을 규범으로 삼아 작품활동을 하였다. 그리고 15세기에 W. Caxton이 인쇄기를 대륙에서 도입하여 서적을 보급함으로 표준영어를 크게 정착시켰다. 그는 많은 문학 및 종교 서적을 출판하였는데, 이들 주요 작품을 런던 방언으로 번역하였다. 그의 영어는 Chaucer의 궁정영어와 달리, 런던의 중산층의 일상용어를 바탕으로 한 것이었다. 인쇄된 책은 또한 구어의 동요를 막고 철자법을 정착시키는 데 기여하였다.

14세기에는 또한 정치 경제 학문 종교의 중심지로서 수도 런던의 구어가 새로 대두되기 시작하였다. 이때 런던의 궁정에 지방의 귀족·무사·법률가·정치가·성직자·상인들이 출입하였고, Oxford, Cambridge의 양 대학은 정련된 목사와 교사를 배출하여 전국의 교구(敎區)와 학교에 파송함으로 표준영어가 보급되게 되었다. 16세기의 문예부흥기 이후에는 서서히 국민 언어 영어에 대해 자부심을 가지게 되었고, 모어(母語) 존중으로 영어 고양시대(高揚時代)를 맞게 되었다. 이때 셰익스피어의 King John, Henry V 등이 이런 경향을 북돋게 하였다. 그리고 종교개혁의 결과 나타난 성서의 영역도 한 몫을 단단히 하였다.

영어 규제의 풍조는 17세기에 표면화하여 아카데미 설립운동이 일어나기도 하였으나, 열매를 맺지 못했고 19세기 중반에 재연되었다.

18세기에 와서는 영어 중시와 더불어 영어 사전과 영문법 서적이 영어 규제의 중대한 역할을 하였다. 사전은 특히 Samuel Johnson의 A Dictionary of English Language(1765)가 정서법과 어의를 규정하여 영어를 한층 표준화하는 데 기여하였다. 문법서는 Bishop Lowth와 Lindley Murray 같은 사람들이 출현하여, 그들의 저술이 장기간 판을 거듭함에 따라 문법 규제에 큰 역할을 하였다.

18세기 이후에는 구어(口語)로서의 표준영어가 상층계급의 언어에 침투하게 되었다. 이때에 귀족계급과 도시의 중산계급의 교섭이 시작되어 동화되기 시작하였다. 18세기 후반 산업혁명에 의해 대도시가 생겨나 자본가가 대두하였는데, 이들 신진 세력은 종래의 귀족이 아닌 중산층이었다. 이들은 당시의 규범적 사전, 문법서에 의해 영어를 사용하려는 사람들이었다. 이들 언어는 런던 상류층의 언어로 당시의 교통발달, 교육보급, 서적의 유포 등에 의해 전국 각지에 파급되었다. 그리고 1870년 교육법령이 통과된 이후 철자에 따른 발음도 새로이 확산되어 표준화를 향해 규제해 나가게 되었다. 그리하여 지역 방언은 자연히 표준영어에 동화되게 되어 오늘날의 표준영어가 형성되었다. 이는 H.C. Wyld가 용인표준어(received standard)라 명명한 표준어라 할 수 있는 것이다.

2.2. 일본의 표준어 형성과 언어순화

일본에도 나라에서 정한 규범적 언어인 '표준어'는 존재하지 않는다. '표준어'라는 용어는 Standard Language의 번역어로 쓰이기 시작하였다. 이의 정의를 일본의 국어사전은 다음과 같이 하고 있다.

> 일국의 공용문이나 학교·방송·신문 등에서 사용되는 규범으로서의 언어. 우리나라에서는 동경의 교양 있는 중류계급의 언어에 바탕을 두는 것으로 생각하고 있다. 공통어와 구별하는 설과 구별하지 않는 설이 있다(新村 出 編, 廣辭苑, 岩波書店, 1979).

일본의 표준어는 정책적으로 일정하게 정해 놓은 것이 아니라, 관용적인 것을 수용하고 있다. '표준어'라는 말은 1895년 우에다(上田萬年)의 '표준어에 대하여(標準語に就きて)'에 의해 정착한 것으로 알려진다. 일본에서는 '표준어'라는 용어 외에 공통어(common language)라는 말도 동경어(東京語)를 기반으로 하여 현실적으로 전국에 통용되는 언어를 가리킨다. 이들의 차이는 표준어가 한 나라의 규범이 되는 언어로서 정식으로 제정된 것인데 대해, 공통어는 실용적 편의적인 것이라 본다. 공통어를 '세련', 규범성을 지니게 하여 통제하고 '이상적'으로 연마한 인공적인 언어가 '표준어'라는 것이다.

일본의 표준어는 각 시대의 정치·문화의 중심지의 언어로 인식되었다. 奈良시대의 야마토(大和)의 말, 평안(平安)시대에서 에도(江戶)시대에 이르는 경도(京都)말, 에도시대 이후의 동경(東京)말이 그것이다. 중세 이래 표준어는 경도 말(京ことば)이었고, 동국(東國)방언은 비속한 말로, 멸시의 대상이었다. 이러한 동국방언권인 동경(東京)으로 1869년 천도하게 되어, 에도(江

戶) 말이 부상되게 되었다. 에도 말은 에도시대 중반 중앙어로서의 지위를 얻게 되었고, 명치(明治)시대에 들어서 보다 세련된 동경어(東京語)가 되었다. 명치유신(明治維新) 이후 동경어는 경도어를 대신하여 일본의 표준어로서의 지위를 확고히 하였다. 이때 일본어 학자 오오쓰키 후미히코(大槻文彦)는 그의 '口語法(1916)'에서 다음과 같이 분명히 표명함으로 동경어의 지위를 부동의 것으로 하였다.

(표준어는) 금일의 동경에서 오로지 교육을 받은 사람들 사이에 행해지는 구어(口語)

동경으로 천도한 이후 일본 정부의 급선무는 중앙집권국가로서 정치·사회적으로 전국을 통일하는 것이었다. 그러기 위해서는 우선 언어의 통일이 필요하였다. 그래서 '방언박멸', '방언교정'이란 슬로건 아래 방언 퇴치 운동을 하였다.

학교 교육에서는 표준어 교육을 강화했다. 표준어는 '좋은 말'이고, 방언은 '나쁜 말', '써서는 안 되는 말'이라는 사회적 평가를 정착시켰고, 마침내 국가통일, 중앙집권을 위해 방언 박멸운동에 나섰다. 그리하여 '방언박멸'은 국어교육의 주무(主務)가 되었다.

소화기(昭和期)에는 '표준어'를 '공통어'라 부르는 경향이 국어교육계를 위시하여 급속히 확산되었다. '표준어'가 통제되는 언어라는 것이 싫었고, 공통어는 '세련'되거나, '이상적'인 언어일 필요가 없어 목표 달성도 쉬워 환영을 받은 것이다. 그리고 '표준어' 제정은 국민 모두가 전국적인 '공통어'를 쓰고 있으므로 따로 이를 제정할 필요성을 느끼지 않아 제정하지 않는 것으로 일러진다. 이렇게 표준어는 정책적으로 일정하게 규정하고 있지 않으나, 사회적으로 '동경의 교양 있는 사람들이 쓰는 언어'라고 관습적으로 인정하고 있다. 따라서 일본에서의 국어순화란 이러한 동경어를 사용하는 것이 된다.

2.3. 한국의 표준어 형성과 국어순화

한국의 경우도 구체적으로 표준어가 논의의 대상이 된 것은 개화기 이후의 일이다. 그러나 경향(京鄕)의 언어의 문제는 박두세(朴斗世)의 '요로원야화기(要路院夜話記)'를 비롯해 곳곳에서 언급되는 것을 볼 수 있다.

국어의 표준어 문제에 대해서는 박갑수(2004)에서 자세히 논의된 바 있다. 따라서 자세한 것은 이 글에 미루고, 여기서는 간략히 논의하기로 한다.

우리의 경우도 중앙집권제도가 강화되면서 점점 공통어가 확립되어 갔을 것이다. 공통어의 확립은 고구려의 대학(大學) 및 경당(扃堂), 신라의 국학(國學), 고려의 국자감과 학당, 조선의 성균관 및 향교와 같은 교육제도의 확립과, 신라의 독서출신과(讀書出身科), 고려의 과거 실시 등으로 말미암아 중앙 관리를 지방관으로 파송함에 의해 촉진되었을 것이다. 그리하여 조선조의 양반계층은 어느 정도 통일된 공통어를 갖추었던 것으로 보인다. 이는 대부분의 국문이나, 국한문 서적이 중부방언을 쓰고 있다는 데서도 이러한 추론은 가능하다. 또한 이덕무(李德懋)의 한훤당섭필(寒暄堂涉筆)에서 지방 관장과 이예(吏隸)의 말이 서로 통하지 않아 일에 착오가 생긴다는 기록은 이러한 중앙어가 지방에 영향을 미치고 있음을 구체적으로 엿보게 한다. 또한 한글의 창제로 말미암아 계몽서적을 간행하고, 고소설이 보급됨으로 공통어 형성이 크게 촉진되었을 것으로 보인다.

개화기 이후에는 공용문(公用文)이 국문 또는 국한문으로 바뀌었고, 사회적으로는 국한혼용문이 세력을 지니게 되었다. 그리고 1895년 신교육제도가 실시되며, 본격적인 국어교육이 정식으로 꾀해지게 되었다. 당시 조선총독부는 1912년 '보통학교 언문철자법'을 제정하였다. 여기에서 표준어는 '경성어를 표준으로 함'이라고 최초로 규정되었다. 그 후 조선어학회의 '한글맞춤법통일안'에서는 이를 좀 더 구체화하여 '표준말은 대체로 현재 중류 사회에서 쓰는 서울말로 한다.'라고 규정하였다. 그리고 이에 의해 교재가 편찬되고, 교육이 행해져 전국적인 표준어교육이 행해지게 되었다.

1988년에는 국가적인 사업으로 '표준어규정'이 제정되어 새로운 표준어 시대를 맞이하였다. '표준어규정'은 학회가 아닌 정부기관에 의해 제정된 것이며, 이는 '표준어 사정 원칙'과 '표준 발음법'의 2부로 되어 종전에 없던 '표준 발음법'을 추가한 것이다. '표준 발음법'은 발음의 원칙을 제시하여 국어의 발음을 통일하고, 이의 혼란을 막고자 한 것이다. 이로 말미암아 국어교육계에서는 비로소 발음교육을 제대로 할 수 있게 되었다.

정부에서는 1988년 '한글맞춤법'과 '표준어규정'을 개정하였고, 1999년 '표준국어대사전' 3권을 간행하여 표준어 사업의 대미를 장식하였다. 이는 표제어 50만 단어의 표준어 대사전이다.

이렇게 한국의 표준어 정책은 영국이나 일본과는 달리 국가적인 차원에서 폐쇄적인 정책을 편 것이다. 이는 '공통어' 이상의 이상적 언어로서의 '표준어'를 지향하고 있다고 할 수 있다. 따라서 앞에서 언급한 바와 같이 특히 한국어의 국어순화란 '일언이폐지할 때 표준어를 쓰게 하는 것'이라 할 수 있다.

3. 국어순화의 대상과 문제점

국어순화란 광의의 순화와 협의의 순화가 있다. 전자는 국어의 통일, 표준어의 제정, 표기 수단의 통일과 같은 정책을 포함한다. 앞에서 살펴본 '표준어 형성과 국어순화'가 이런 것이다. 그러나 흔히 국어순화라 할 때에는 협의의 국어의 순화 또는 미화를 뜻한다. 따라서 여기서는 협의의 순화를 중심으로 논의하기로 한다. 협의의 순화는 효과적인 언어생활을 저해하는 국어의 요소를 제거하는 것을 의미한다. 이는 대외적으로 순수하지 않은 외래 요소를 제거하는 순화(純化, purification)와, 대내적으로 자국어를 아름답게 하려는 미화(美化, beautification)를 의미하게 된다.

국어순화는 이와 같이 국어의 순화와 미화가 그 주된 대상이 된다. 이를 좀 더 구체적으로 말하면, 바람직하지 않은 음운·어휘·구문(構文)·문법·의미·언어활동(langage)·정서법(正書法) 등을 그 대상으로 하여 순화하고 미화하는 것이 된다(박갑수 외, 1976). 다음에 이들 대상에 대해 살펴보기로 한다.

첫째, 음운 면에서 잘못된 발음이 대상이 된다.

'가장(家長)'과 '가 : 장(假裝)'과 같은 음의 장단, '쎄련되다, 고까도로, 크르다, 쿠리다'와 같은 경음화 또는 격음화, '원리(原理)'가 [월리] 아닌, [원리로 발음되는 잘못된 변이, '꼼꼼히'를 [꽁꼼히], '찬물(冷水)'을 [참물로 발음하는 연구개음화, 및 양순음화와 같은 발음의 오류, '애국(愛國)'을 [에국]으로 발음하는 음소의 잘못된 발음 따위가 대상이 된다.

둘째, 어휘 면에서 은어·비어·속어·욕설·사투리·외래어 및 외국어 어휘의 사용 등이 그 대상이 된다.

'깔치(여자 애인), 대가리(머리), 씨팔(욕설), 도치(도끼), 아다리(當)' 등의 사용이 그 예다.

셋째, 통사 면에서는 구문상의 비문법적 요소가 그 대상이 된다.

주술, 객술, 보술, 접속 등의 문장성분의 호응이 제대로 되지 않는 것 등, 비문법적인 것이 그 대상이 된다.

넷째, 문법적으로 바르지 않은 표현이 그 대상이 된다.

대우법, 시제, 태(態) 등이 제대로 쓰이지 않은 것 따위가 그것이다. '나가 할게요 > 제가 할게요.', '잘 쓰여진 글씨 > 잘 쓰인 글씨'

다섯째, 의미 면에서는 어휘 및 문장 상의 의미의 혼란이 그 대상이 된다.

'공갈'이 '거짓말'을, '삼삼하다'가 '예쁘다'를 의미하는 것은 어휘의 의미가 순화 대상이 되는 것이고, 문장에서 의미가 모호해지거나 조리에 맞지 않는 것은 구문상 의미가 순화 대상이 되는 것이다.

여섯째, 언어활동 면에서 어울리지 않는 표현이 대상이 된다.

이는 언어적 맥락(context)이나 사회적 맥락(場面)에 부합하지 않는 표현을 하는 것, 및 바람직하지 않은 언어습관 따위가 그 대상이 되는 것이다. 어른에게 자기를 말하면서 '저' 아닌 '나'를 쓰는 것은 전자의 예이고, 사실 (事實) 세계와 일치하지 않는 표현은 후자의 예가 된다.

일곱째, 정서법(正書法)에 맞지 않는 표기가 대상이 된다.

정서법은 이차적인 언어인 문자언어의 표기법이다. 이는 음성언어에서 올바른 발음을 하여야 하듯, 표기를 할 때 표기법에 맞게 써야 함을 의미한다. '놓치다'를 '놓지다'와 같이 표기 하는 것이 그것이다.

이상 국어순화의 대상을 간단히 살펴보았거니와, 이러한 국어순화를 꾀함에 있어서는 현실적으로 문제점도 없지 아니하다. 이의 가장 대표적인 것은 대상과 방법에서 들려지는 두 가지 문제다.

첫째, 국어순화를 곧 한글전용이나, 한자를 비롯한 외래어의 무조건 배제, 축출로 잘못 생각하는 일부의 경향이다. 문자언어의 순화는 제2차적인 것으로, 한글전용 문제는 광의의 순화 문제인데다가, 이는 국어순화의 전부가 아니요, 궁극적으로 꾀해져야 할 순화의 한 분야에 불과하다. 그리고 한자어를 외래어로 보아 무슨 원수나 되는 것처럼 배제나 축출을 하려는 것도 바람직한 것이 못 된다. 한자어는 다른 외래어와는 달리 준국어(準國語)라 할 수 있는 것이며, 국어 어휘의 과반수를 차지하는 것으로, 이를 배제하고는 문화의 창조·전승은 고사하고, 일상생활을 영위하지도 못하게 된다. 따라서 섣불리 애국을 빙자하여 이를 모두 축출·배제하려는 망상은 하루 빨리 불식하여야 한다. 그것은 영어에서 전체 어휘의 2/3를 차지하는 로망스계(系) 어(語)를 축출할 수 없는 것과 같다. 다른 외래어의 경우도 무조건 배제 축출하려는 것은 현실적으로 바람직한 것이 못 된다. 외래어가 들어오는 조건은 크게 보아 위세적 동기(威勢的 動機, the prestige motive)와 필요적 동기(必要的 動機, the need-feeling motive)의 두 가지로 나누어 볼 수 있다(Hocket, 1958). '바캉스(휴가), 플랜(계획), 노블하다(고상하다), 심플하다(단순하다)' 따위는 거드름을 피우기 위해 차용한 것이니 마땅히 순화 대상이 되어야 할 것이다. 그러나 '고무, 핀, 냄비, 구두, 길마(鞍裝)'와 같은 말은 필요해서 차용한 것으로, 이미 우리말로 익은 것이니 국어로 수용할 것이요, 축출·배제할 대상이 아니다. 더구나 필요적 동기에 의해 차용된 것으로, 우리말에 대체할 말이 없을 때에는 적어도 대체어가 마련될 때까지 국어로 포용하여야 한다. 그리고 외래어는 외국어가 국어와 같이 변한 말로, 이는 국어 어휘를 풍부하게 하는 구실도 한다는 것을 유념해야 한다. 또한 여기 덧붙일 것은 외래어 취사선택의 기준으로 이기문(1976)에서 '세

계성・실용성・민족적 관점'을 들고 있는데, 이는 우리가 국어순화를 하며
유념할 사실이라 할 것이다.

둘째, 국어순화의 방법은 학교나 특수 집단 및 기관, 또는 지역에서만 꾀
하는 것이 아니며, 그 구체적인 방법 또한 게시 일변도로 흘러서는 안 된다
는 것이다. 학교에서만 국어순화운동을 꾀하고 일반 사회에서 호응을 제대
로 하지 않을 때 그것은 도로 아미타불이 되고 말게 된다. 그리고 적절한
방법을 사용하지 않을 때에는 오히려 크게 역효과가 나타나게 된다. 따라
서 국가적, 범국민적 차원에서 순화운동을 하여 방송 프로나 지지(紙誌)의
교양 면에서도 적극 국어순화를 다루도록 하여야 한다. 그리하여 매스컴이
선도적 역할을 하고, 이것이 여론화하여 국민 의식에 자리 잡게 해야 한다.
국어순화는 몇 개의 낱말을 순화함으로 끝나는 것이 아니기 때문이다. 그
리고 학교에서의 구체적 순화방법으로는 강화(講話), 게시, 현장 지도, 일기
지도 등 다양한 방법을 활용하도록 해야 한다.

4. 국어순화의 방안

국어순화 방안은 여러 가지가 논의될 수 있겠으나 원리 면에서 볼 때 다
음과 같은 여덟 가지를 들 수 있을 것이다. 곧 의식혁명, 국어와 민족 국가
간의 관계 인식, 언어사회의 안정 정화, 범국민운동으로서의 전개, 고유어
의 발굴 활용, 생활어부터 서서히, 매스컴과 지식인의 솔선수범 모색 등이
그것이다(박갑수, 1976). 다음에 이들에 대해 살펴보기로 한다.

첫째, 국어에 대한 의식혁명을 일으키도록 한다.

스스로 업신여길 때 남도 나를 업신여기게 마련이다. 그것을 인정해 줄 리가 없다. 국어의 경우도 마찬가지다. 국어는 우리의 사상과 감정을 표현하는 우리의 모어(母語)로 다른 외국어와 바꿀 수 없는 것이다. 이는 또한 다른 언어와 마찬가지로 훌륭한 체계를 지닌 언어다. 따라서 국어를 비하하는 마음이 아니라, 이를 존중하고 사랑하는 마음을 가지도록 하여야 한다. 그리고 저속한 언어활동이 저열한 인격의 반영이며, 외래어의 남용이 주체성 없는 배외(拜外) 지식인으로 규탄되는 의식혁명이 일어나도록 하여야 한다. 이렇게 국어에 대한 자긍심(自矜心)을 가지고, 바람직하지 않은 언어 요소를 제거하고자 하는 의식혁명이 일어날 때 비로소 국어순화의 터전은 마련된다 할 것이다.

둘째, 국어와 민족·국가 간의 관계를 바로 인식하도록 한다.

한 나라나 민족의 언어는 그 나라나 민족의 정신을 반영한다. 그러기에 언어를 민족과 동일시하기도 한다. 이러한 사상은 19세기 독일의 낭만파 운동의 진영에서 활발히 전개되었다. 훔볼트(Humboldt) 같은 사람은 이러한 사상의 대표적인 인물로, 그는 말을 '민족의 존재 기관 그 자체'라 보았고, '인간의 모든 언어의 구조는 민족마다 그 정신적 특성이 다름에 따라 서로 차이가 난다.'고 하였다. 이와 같이 국어에는 민족정신이 반영되어 있다. 따라서 국어는 민족이 결속하는 거멀못 구실을 한다. 이에 민족어의 말살은 그 민족과 국가의 말살·쇠잔(衰殘)을 의미하며, 이의 애호와 존중은 그 민족과 국가의 부흥·발전을 의미한다. 만주어(滿洲語)의 쇠멸은 전자의 예로 민족과 국가의 쇠멸로 이어진 경우이고, 일제 식민지 하의 우리 국어와, 소련이나 독일 침략 하의 폴란드 어는 후자의 예로 민족어를 지킴으로 민족과 국가를 재건하게 된 경우이다.

이런 의미에서 영국에 대한 노르만인의 정복(Norman conquest) 뒤의 영어의 역사는 우리들에게 많은 교훈을 안겨 준다. 11세기 프랑스의 노르만인의 영국 침입과 국토의 봉건 분할은 영어의 통일성을 크게 위협하였다. 특히 1066년 노르만 정복 이래 1362년 국회가 영어로 개회되고, 법정에서의 영어 사용이 허용되는 법률이 제정되기까지 약 300년간 영어는 공용어의 자리에서 물러나 있어야만 했다. 공용어는 프랑스어가 되고, 공용 문장어는 라틴어가 되었다. 그래서 게르만계 어인 영어는 로망스계 어에 눌리게 되고, 지배족인 프랑스인의 노르만계 어에 대하여 영어는 피지배족의 언어로 전락하였다. 그리하여 'ox, pig, calf, sheep'과 같이 사육(飼育)하는 동물 이름은 피지배족의 언어로 되고, 이것이 요리되어 식탁에 오를 때에는 'beef, pork, veal, mutton'과 같이 지배족의 언어로 되는 이중구조를 야기하기까지 하였다(渡部, 1974). 이러한 상태가 계속되었다면 영어와 Anglo-Saxon민족의 운명이 어떻게 되었을까는 불문가지일 것이다. 그러나 영국인은 이에 좌절하지 않고, 수도 런던의 발달, 백년전쟁 뒤의 반불(反佛) 감정, 영국에는 로망스계 어와 더불어 고유어 영어가 존재한다는 인식 등을 가짐으로, 영어로 하여금 국어로 존립할 수 있게 하였다(Andre' Cre'pin, 1973). 그 뒤 영국은 셰익스피어 등의 활동함으로 16세기 영어의 고양시대(高揚時代)를 맞아 '영어의 승리'를 꾀하게 하였다. 그리하여 마침내 영어를 국제어의 자리에 앉혀 놓았으며, 지난날과 같이 영어에 대한 열등의식에 주눅 들지 아니하고, 이로써 그들의 민족문화를 피어나게 하였다. 따라서 우리도 이러한 국어와 민족 국가 간의 관계를 바로 인식하여 국어를 아끼고 순화하는 태도를 몸에 지니도록 하여야 한다. 그러나 이러한 민족정신이 지나치게 발휘되어 편협한 국수주의(國粹主義)에 빠지는 일이 있어서는 안 된다.

셋째, 사회의 안정(安定)·정화(淨化)를 꾀하도록 한다.

우리 속담에 '광에서 인심 난다.'는 말이 있다. 경제적으로 여유가 있을 때 인심을 베풀게 된다는 말이다. 입에 풀칠하기 어려운 사람, 삶에 시달려 악만 남은 국민, 불신 사조 속에 허덕이는 언중은 흔히 거칠고 속된 말이나, 욕설 같은 것을 입에 담게 마련이다. 이에 반해 언어사회가 안정되고 정화되면 자연히 사람들은 친절해지고, 곱고 순화된 말을 쓰게 된다. 따라서 사회적으로 불안정하거나, 바람직하지 않은 사회 요소를 정화함으로 곱고 부드러운 언어생활을 영위할 수 있도록 하여야 한다. 사회의 안정·정화를 위해서는 언어의 감화적 용법, 및 사교적 용법이 기여하는 바 크다. 한말(韓末) 고종 때 단발령(斷髮令)이 내려 머리를 깎인 유생들이 자결까지 한 것은 '신체발부(身體髮膚)는 수지부모(受之父母)라, 불감훼상(不敢毁傷)이 효지시야(孝之始也)'란 지령적(指令的) 언어에 말미암은 것이라 할 것이다. 언어에 의한 사회개조도 모색해 볼 일이다.

넷째, 범국민운동(凡國民運動)으로 전개하여야 한다.

앞에서 언급한 바와 같이 특정한 사회에서만 국어순화를 전개할 것이 아니라, 범국가적·범국민적 순화운동으로 전개하여야 한다. 그러기 위해서는 범국가적 시책으로 추진해 나가야 하며, 사회를 계몽 인식시켜 적극 호응하도록 하여야 한다. 따라서 국가적 차원의 상설 전문 연구기관의 설립이 필요하다. 이때 매스컴은 솔선수범하여 여론을 선도하여야 한다. 대중매체로 말미암아 언어의 가역성(可逆性)은 종전과 달리 훨씬 증대하였다. 학교와 사회의 긴밀한 유대 또한 국어순화의 효과 증대를 위해 필요한 조건이라 할 것이다.

다섯째, 생활어부터 서서히·그리고 꾸준히 전개하도록 한다.

국어순화는 민중의 생활어부터 시작할 것이요, 전문어는 2차적 대상으로 삼을 것이다. 민족주의를 바탕에 깐 효과적 의사소통이 국어순화의 가장 큰 목적이므로 언중의 생활어부터 우선 순화해야 한다. 이는 서둘러서는 안 된다. 일본의 근대화 과정에서 영어 'week'에 해당한 홀란드어가 '일주일(一週日)'로 번역되어 일반화하기에는 반세기가 걸렸다 한다(杉本, 1972). 따라서 언어가 오염되는 데도 많은 시간이 걸리듯, 순화하는 데도 많은 시간을 요하는 것이니 졸속주의(拙速主義)를 지양하고 장기적 안목으로 수행하도록 할 일이다. 번역차용(飜譯借用)한 어휘는 처음에 생소하게 들릴는지 모른다. 그러나 시간이 지나면 익숙해진다. 더구나 대중매체에 의해 보급되고, 문인에 의해 활용되게 되면 언중에게도 친숙한 어휘로 다가갈 것이다. 따라서 처음에 생소하다 하여 너무 타박하거나, 물리치지 않도록 해야 한다.

여섯째, 고유어를 발굴·활용하도록 한다.

어려운 한자어는 풀어쓰거나 고유어로 대체하고, 외래어는 번역 차용하도록 한다. 특히 새로 차용하는 외국어 내지 외래어는 원음차용(原音借用)이 아니라, 번역차용을 하도록 할 일이다. 그렇게 하지 않을 경우 우리의 낱말밭은 온통 국제어의 전시장이 되고 말 것이다. 일본의 근대화 과정에 홀란드어의 번역차용은 참으로 바람직한 것이었다. 만일 이때 일본의 화란 학자(和蘭學者)들이 번역차용을 하지 않았다면, 오늘날과 같은 일본의 근대어(近代語)는 형성되지 못하였을 것이다. 18세기에 나가사키(長崎)의 통사(通詞)와 난학자(蘭學者)들이 홀란드 어를 고심하여 번역함으로, 일본의 근대어가 형성되고 그들의 근대문화가 피어날 수 있었다. '동사·형용사'와 같은 문법용어, '산소·수소'와 같은 화학용어, '화분·세포'와 같은 식물용어, '일주일·일요일'과 같은 일상용어 등은 모두 이때 번역하여 사용하게 된 말들이다(杉本, 1972). 이러한 단어들은 그러한 학문이나 생활 단위가 존재하지 않았던 탓으로 적지 아니한 고생 끝에 이루어진 말들이다. 외국어는 이와 같이 고심하여 자국어로 번역할 때 비로소 그 말이 자국의 어휘가 되고, 그 나라나 민족의 문화를 피워 내게 된다. 따라서 이미 들어와 굳어진 외래어는 뒤로 미루고, 새로 들어오게 되는 외국어 내지 외래어는 가능한 한 고유어로 바꾸어 차용하도록 하여야 한다. 그리고 여기 한두 가지 주의할 것은 억지 조어(造語)나 고유어의 탈을 쓴 의사(擬似) 국어로 조어하여서는 안 된다는 것이다. '전시회'를 '널어보임회', '사이드카'를 '곁붙이차', '케이블카'를 '소리개차' 따위로 고치고자 하게 되면 오히려 국민의 웃음거리가 되고, 호응을 잃게 될 것이다. 그리고 '아래로와, 또와쥬, 나너나, 머시나'등 고유어를 흉내 낸 외국어풍의 상호(商號)는 명명자의 정신을 의심하게 하는 것이다. 이들은 표현 이면의 의식이 문제가 된다.

일곱째, 매스컴과 지식인이 솔선수범하도록 한다.

언어는 불역성(不易性)을 지닌다. 언어는 언중의 동의 없이 개인에 의해 쉽게 바뀌지 않는 사회성을 지니는 것이다. 그러나 이러한 사회성, 불역성은 옛날과 달리 집단매체(mass media)에 의해 여론화함으로 쉽게 바뀔 수 있다. 언어도 쉽게 불역성(不易性) 아닌, 가역성(可逆性)을 지닐 수 있다. 따라서 매스컴은 부당한 외래어를 도입하는 것 같은 경거망동을 삼가고 국어순화에 앞장서서 언중을 이끌고 나가도록 하여야 한다. 그리고 이중언어(二重言語) 사용의 지식인은 외래어 도입원(導入源)이 되므로, 이들은 외국어로 말해야 하는 경우가 아니면 섣불리 외국어 내지 외래어를 국어에 함부로 섞어 쓰지 않도록 자중하여야 한다. 사람들은 상류지향의 심리를 지니고 있기 때문이다. 그래서 지식인들의 언행(言行)은 곧 일반 언중에 파급되게 마련이고, 따라서 외래어는 일반 언중들에게 전수되어 일반 언어사회에 확산되게 마련이기 때문이다.

여덟째, 효과적인 순화방법을 모색하도록 한다.

국어순화의 방법은 여러 가지가 있다. 그러나 이는 앞에서 언급한 바와 같이 그 대상과 장소에 따라 적의 선택하여야 한다. 대표적인 예로 여학교에서 국어순화를 한다고 저속한 비어(卑語)나 속어 및 욕설을 복도에 게시

할 수는 없는 것과 같다. 따라서 방송이나 지지(地誌)를 통한 범국민적 교도 (敎導)를 꾀하는 것 외에 학교에서는 판에 박은 일률적 방법이 아니라, 비속 어는 훈화(訓話), 정서법은 게시, 발음은 현장지도, 오용 사례는 과제 주기 와 같이 사안별로 경우에 따라 어울리는 방법을 골라 시행함으로써 효과를 거두도록 함이 바람직하다. 오늘도 국어생활의 현장은 오염되고 있고, 뜻있 는 사람은 이를 걱정하고 있다. 우리말이 하루 빨리 바르고 고운 말로 순화 되기 바라 마지않는다.

참고 문헌

박갑수(1984), 국어의 표현과 순화론, 지학사

Hocket, C. W.(1958), A Course in Modern Linguistics, New York

龜井孝 外編(1976), 日本語の歷史, 5 近代語の流れ, 平凡社

金田一春彦 外編(1988), 日本語百科大辭典, 大修館書店

白井恭弘(2013), ことばの力學, 岩波書店

杉本つとむ(1972), ことばの文化史, 櫻楓社

松浪有 外編(1983), 大修館 英語學事典, 大修館書店

眞田信治(1988), 標準語成立事情, PHP研究所

渡部昇一(1974), 日本語のこころ, 講談社

박갑수(1976), 국어순화의 의의, 한국국어교육연구회(1976), 국어순화의 방안과 실천
　　　　자료, 세운문화사.

박갑수(1976) 국어순화운동의 현황과 전망, 국어교육, 제29호, 한국국어교육연구회.

박갑수(2004), 표준어 정책의 회고와 반성, 새국어생활, 제14권 제1호 봄, 국립국어
　　　　연구원.

이기문(1976), 국어순화와 외래어 문제, 어문연구, 제4권 제2호, 한국 어문교육연구회

이 글은 '國語의 醇化와 敎育, 정신문화연구원, 1976'에 게재된 논설로, 본서에 수록하기 위해 부분적으로 증보·개고한 것이다. 2015

공포하였다. 이로써 국가적 규범인 '한글맞춤법'은 약 20년이란 진통 끝에 햇빛을 보게 되었고, 1년의 준비 기간을 거쳐 1989년 3월부터 시행하기에 이르렀다.

표준어의 규정은 앞에서 언급한 1912년 '보통학교용 언문철자법'에서 '경성 어를 표준어로 함'이라 한 것이 최초의 명문화된 규정이다. 그 뒤 제2, 제3의 조선총독부의 '언문철자법'의 규정에 이어, 1933년 조선어학회의 '한글 마춤법 통일안'에서 '표준말은 대체로 현재 중류사회에서 쓰는 서울말로 한다.'고 하는 규정을 따르게 되었다. 이는 '한글 맞춤법 통일안'의 '부록 1'에 '표준말'의 규정 6개를 두어 좀 더 구체화하고 있다. 그 뒤 조선어학회에서는 9,547개의 단어를 사정하여 1936년 '사정한 조선어 표준말 모음'을 발간하여, '協同的 愛用'을 바랐다. 그리고 해방 후 1947~1957년에 걸쳐 '큰사전'을 간행하여 표준말을 제시함으로 국어의 통일을 꾀하게 되었다. 이상이 1989년 1월 문교부 고시 88-2호로 공포된 '표준어 규정' 이전의 표준어 규범에 대한 간략한 역사이다.

'조선어 표준말 모음'은 상용하는 말 가운데 뜻이 같은 말과 비슷한 말에 한해 사정한 것이나 표준어 사전 구실을 하였고, 사전 편찬의 원칙과 기준이 되었다. 그러나 이는 사정한 낱말 수가 많지 않으며, 표준 발음법도 갖추지 않았고, 사정한지 이미 반세기가 지나 말이 많이 바뀌어 오늘날의 표준어 규범으로는 부족하였다. 이에 새로운 표준어 규정의 제정이 필요하게 되어 정부에서는 1970년 맞춤법과 함께 개정 작업에 착수하게 되었다. 표준어 개정은 맞춤법의 개정 작업과 함께 진행되어 그 경위는 맞춤법 개정 작업과 같다. 새로 개정한 '표준어 규정'에서는 표준어의 기준을 바꾸었는데, 그것은 계급적인 조건을 제거한 것이다. 그리하여 '표준어는 교양 있는 사람들이 두루 쓰는 현대 서울말로 정함을 원칙으로 한다.'고 하였다.
이 규정은 '표준어 사정 원칙'과 '표준 발음법'의 2부로 이루어져 있다.
1990년 9월에는 어문사업(語文事業)이 문화부로 이관되어, 문화부에서 표준
말을 심의하여 문화부 공고 제36호로 '표준어 모음'을 공포하였다. 이는
'표준어 규정'의 후속 사업으로 사전에 따라 달리 제시된 단어를 심의 통일
한 것이다. 이는 '1. 어휘 선택'과 '2. 발음'의 2부로 되어 있다.

　다에는 문자언어(文字言語)의 순화, 곧 한글 전용에 관한 정책을 보기로
한다.

　앞에서 살펴본 바와 같이 고종(高宗) 때 공문서식을 개정하여 국문의 지
위가 격상되었다. 여기서 고종 32년(1895) 5월 8일 칙령 제86호로 공포된
'公文式'의 제9조를 보면 다음과 같다.

　　第九條 法律命令은다國文으로本을삼고漢譯을附ㅎ며或國漢文을混用홈.

　해방 후 미군정(美軍政) 하에서는 영어와 영문이 공용어와 공용문이 되었
다. 그러나 이는 일시적인 과도기적 현상이었고, 해방의 감격과 함께 우리
어문정책은 한글전용의 방향으로 나아가게 되었다. 그리하여 1945년 발족
한 문교부의 '조선교육심의회'는 학교교육에서 한자 폐지와 횡서를 채택,
시행하였다. 그리고 1948년 10월 1일 국회에서 다음과 같은 '한글전용에
관한 법률'이 통과되었고, 같은 해 10월 9일 법률 제6호로 공포되었다. 이
는 고종(高宗) 때의 공문식의 정신을 계승한 것이다.

　　대한민국의 공용문서는 한글로 쓴다. 다만, 얼맛동안 필요한 때에는 한

자를 병용할수 있다.
　부칙
　본법은 공포한 날부터 시행한다.

　문교부는 한자 폐지 정책 시행에 앞서 교육한자가 문제 되어 1951년 10월 '상용일천한자표'를 마련하였고, 같은 해 11월, 여기에 신 인정 한자 300자를 추가하여 '임시 제한한자 일람표'를 내어 놓았다. 이는 뒤에 '상용한자 일람표'란 이름으로 바뀌었다.

　1956년과 1957년 수차에 걸쳐 이승만 대통령은 한글을 전용하라는 담화를 발표하였다. 그러나 매스컴을 위시한 사회의 여론은 이에 호응하지 않았다. 이에 정부는 한글전용을 실천하여 모범을 보일 생각으로 1957년 12월 국무회의 의결을 거쳐 '한글전용 실천요강'을 마련하였으며, 1958년 1월 1일부터 시행토록 하였다. 이는 '공문서는 반드시 한글로 쓴다.'는 등의 6개 항의 실천요강을 규정한 것이었다. 이로 말미암아 공문서는 한글전용을 하게 되었으며, 거리의 간판도 한글로 바뀌었다. 1961년 5·16혁명 후의 군사정부도 한글전용을 강력히 추진해 나가는 방향을 취하였다. 그리하여 1961년 한글전용법을 강화하기로 하였고, 당시 최고회의 의장 박정희는 '한글전용을 빨리 하도록' 내각에 지시하였다. 1961년 12월 대법원도 '법원 공문서 규칙'을 공포, 공문서에 한글을 전용하도록 하였다. 1962년 설치된 정부의 '한글전용 특별심의회'는 이름과 같이 문자를 다룬다기보다 주로 고유어를 살리고, 한자어를 추방하는 '우리말 도로찾기'와 같은 작업을 하였다. 이에 대해서는 다음 장에서 논의될 것이다.

　정부의 한글전용 정책으로 말미암아 사회와 학교는 간격이 벌어졌고, 이는 1960년대에 접어들어 심각한 사회문제가 되었다. 이에 1963년에 공포된 제2차 교육과정에 근거하여 1964년 9월 신학기부터 국민학교 600자, 중학교 400자, 고등학교 300자의 한자를 교과서에 노출시켜 교육하게 되었다.

1965년 총무처는 교과서의 한자 노출과는 달리 한글전용을 적극 추진하기 위하여 전문 7조, 부칙 1조로 된 '한글전용에 관한 개정법률(안)'을 발표하였다. 그러나 이는 완강한 반대에 부딪쳐 개정되지 못하였다. 1967년 박 대통령은 국무총리에게 '한글전용에 목표 연도를 정하고 연차계획을 세워 한글전용을 전개하라.'고 지시하였다. 그리하여 정부는 1968년 국무회의 의결을 거쳐 '한글전용 5개년계획안'을 발표하였다. 이어 박 대통령은 한글전용 연도를 70년도로 앞당길 것을 관계부처에 지시하고, 다음과 같은 '한글전용 촉진 7개 사항'을 지시하였다.

한글전용 촉진 7개 사항
1. 70년 1월 1일부터 행정 입법 사법의 모든 문서뿐만 아니라, 민원서류도 한글을 전용하며, 국내에서 한자가 든 서류를 접수하지 말 것.
2. 문교부 안에 한글전용 연구위원회를 두어 69년 전반기 내에 알기 쉬운 표기 방법과 보급 방법을 연구 발전시킬 것.
3. 한글 타자기 개발을 서두르고, 말단 기관까지 보급하여 쓰도록 할 것.
4. 언론 출판계의 한글전용을 적극 권장할 것.
5. 1948년 제정된 '한글전용에 관한 법률'을 개정하여, 70년 1월 1일부터 전용하게 하고, 그 단서는 뺀다.
6. 각 급 학교 교과서에서 한자를 없앨 것.
7. 고전의 한글 번역을 서두를 것.

정부는 1970년에 한글전용을 하여 문화 개혁을 꾀하고자 하였다. 그러나 한글전용연구회는 부실하였고, 국어심의회는 유명무실하였으며, 국어조사연구위원회는 작업을 제대로 수행하지 못해 소기의 목적을 달성하지 못하

1984년 4월 대법원은 법원에서 사용하고 있는 어려운 법률용어 100개를 쉬운 우리말로 순화하였다. 이는 한자말이나 일본식 용어, 낡은 표현 방식, 뜻이 혼동되는 말, 건물 등기부 용어를 순화한 것이다.

이밖에 법제처에서도 법률용어를 순화 정비하였다. 1986년에 1,180개를 순화 정비하여 '법률용어 순화 편람'을 간행하였으며, 1990년에 다시 640개를 더 순화 정비하여 86년도 분을 포함한 1,820여 개의 용어를 선정 수록한 '법령 용어 순화 편람(일상생활 공용 법령 용어)'을 1990년 12월에 간행하였다. 그리고 1988년 12월 국어연구소에서는 1977년부터 1988년까지 국어순화운동 협의회와 국어심의위원회에서 심의 결정한 용어를 모아 '국어순화 자료집'을 간행하였다. 1990년 11월 문화부의 국어심의위원회는 제1차로 '일본어투 순화 자료 보완·수정 내용' 397개를 심의하였으며, 제2차로 '일본어투 표현 순화 자료' 317개 어휘를 심의하였다. 제2차 심의 대상 용어는 일본에서 유래한 신조어 89개, 국어심의위원회에서 순화한 일본어투 84개, 일본어투 등 신문 제작 용어 144개 등이다. 이밖에 '특별 순화 대상 행정 용어' 51개도 심의 결정하였다. 또 1992년 2월에는 '건설공사 현장용어 순화안'을 심의하였으며, '미술용어 순화안'을 심의할 계획으로 있다.

이상 협의의 국어순화 정책을 살펴보았다. 그러나 협의의 국어순화 정책은 이러한 정부 차원에서만 수행되는 것이 아니고, 교육계, 매스컴, 사회단체, 학회 등에 의해서도 수행된다. 한국 언론이 수행한 국어순화에 관해서는 박갑수(1983)에서 자세히 논의된 바 있다. 따라서 이에 대한 자세한 논의는 이에 미루고, 여기서는 간단히 언급하기로 한다.

신문, 방송, 잡지의 국어순화는 이들 기관의 기획에 의해 개인 또는 집단에 의해 이루어졌다. 한국의 신문과 방송은 창사와 더불어 국어·국자에 대한 계몽과 보급에 나섰다. 1929년 조선일보의 문맹타파운동과, 1933년 경성방송국의 '한글강좌'가 그 구체적인 예다. 해방 후에는 일본어의 잔재를 일소하자는 운동을 전개하였고, 1950년대에는 공보실 방송관리국의 '放送'지를 통해 '방송과 바른말'에 관해 관심을 보였다. 1960년대에는 '방송용어심의위원회'에 의해 방송 용어 순화 작업이 활발히 전개되었다. 1969년 서울신문은 '우리말을 찾자'는 기획기사를 12회, 1973년 경향신문은 '국어순화'를 20회, 1977년 조선일보는 '어문교육 이대로 좋은가'를 23회, 1983년 한국일보는 '우리말은 아름답다'를 13회 연재하는 등, 각계 전문가의 글을 실어 국어순화를 유도하였다. 그리고 각 신문은 다투어 국어 오용을 개선 순화하려는 난을 설정해 순화운동을 하였다. 이밖에 KBS에서는 해방 직후부터 '국어강좌', '우리말의 바른 길', '바른 말 고운 말', '이것이 바른 말' 등의 프로를 마련 한갑수, 박갑수 등이 진행하였다. 이러한 방송은 1960년대에서 1980년대에 걸쳐 방송사마다 진행하여 국어의 오용을 바로잡는 순화사업을 전개하였다. 이밖에 신문 방송 외에 각종 월간지와 사보도 1970년대에는 다투어 국어순화를 기사화하였다. 1970년대는 가히 국어순화의 전성기라 할 시대였다.

이러한 매스컴의 국어순화는 우선 한문투의 문체를 부드러운 국문체로 순화하였으며, 음운, 어휘를 바르게 순화하는가 하면, 문장을 간결한 문장으로 순화하는 공을 세웠다.

4. 결어

이상 국어순화 정책을 중심하여 순화의 실상을 살펴보았다. 광의의 순화로 표기체계는 일단 그런대로 통일되었다고 할 수 있고, 표준어 문제는 앞

으로 정리가 필요하다 하겠다. 특히 [한국]이냐, [한:국]이냐?라고 나라 이름
까지 문제가 될 정도로 발음의 정비 통일이 아직 되어 있지 못하다. 한글전
용의 문제는 아직 결론을 보지 못해, 시비가 계속되고 있는 실정이다.

　협의의 순화는 국어교육과 매스컴의 영향으로 어느 정도 표준어의 확립
을 보게 되었다. 그러나 구호에 비해 실제적 효과는 별로 거두지 못하였다
고 할 것이다. 그것은 우리 주변의 언어생활이 여전히 오염되어 있고, 혼란
스러운 것과, 방송언어에 문제가 많이 있는 것을 볼 때 쉽게 알 수 있다.
그러니 앞으로 국어순화 정책은 실효성이 있는 방법으로 줄기차게 밀고 나
아가도록 해야 할 것이다.

참고 문헌

김민수(1973), 국어정책론, 고려대 출판부
박갑수(1984), 국어의 표현과 순화론, 지학사
박갑수(1990), 새로운 언어규범에 대하여, 한국어연구논문 제26집, KBS 한국어연구회
　　　　(1990)
국어순화추진회(1989), 우리말 순화의 어제와 오늘, 미래문화사

　이 글은 '광복 후의 국어교육, 한샘출판사, 1992'에 발표한 글을 언론계의 국어순화 등
다소 증보한 것이다. 2015

동을 법령으로 공포하여 일정 기간 뒤부터는 외래어를 사용하는 경우 벌금까지 부과하는 조치를 취하기도 하였다. 그 이래 역대 정부는 표준어 보급 및 속어 박멸에 크게 힘을 기울이고 있다.

2.2. 한국의 국어순화 정책

우리나라는 일찍부터 한문의 영향을 받았고, 몽고어, 여진어 등의 외래어의 영향을 받았지만 이들에 대해 아무런 조치도 취하지 않았다. 오히려 당시의 사대부들은 최만리(崔萬理)의 정음 창제 반대 상소문에 보이듯 중국을 제대로 따르고 배우지 못하는 것을 부끄러워하고 두려워했던 것으로 보인다. 이런 상황 아래 최초의 국어순화 정책이 꾀해진 것은 선조(宣祖) 때 일본어에 대한 것이었다. 임란 때 염습된 왜어의 사용을 엄금한 것이 그것이다.

> 傳曰 都中小民 久陷賊中 不無染習倭語之理 各別掛榜痛禁 如或有倭語者各里中
> 嚴加科正 毋使蠻夷讐賊之音 或雜語閭里之間 <선조대왕실록 권지四十三, 二>
> 命禁民間倭語 <선조대왕수정실록 권지二十七, 계사>

그러나 그 뒤 약 300년간은 별다른 국어순화 정책이 펼쳐지지 않았고, 1894년 공문서식을 개혁함으로써 한문위주에서 「國文爲本」을 삼게 되었다. 이는 언어정책사상 문자언어의 일대 혁신을 의미한다. 1910년대에는 주시경(周時經)에 의해 한자어 축출이란 본격적인 순화운동이 꾀해졌고, 이는 뒤에 조선어학회의 활동으로 이어졌다. 조선어학회의 「한글맞춤법 통일안(1933)」, 「사정한 조선어 표준말 모음(1936)」은 문자와 언어의 통일에 기초를 마련하였으며, 한글학회의 「큰사전(1947-1957)」과 이윤재의 「표준 한글사전(1950)」은 표준어 정착에 기여하였다. 1948년 문교부의 「우리말 도로찾기」란 소책자의 간행은 일본어의 잔재를 일소하기 위한 본격적 순화사업이었다.

정부 차원의 본격적인 국어순화 정책은 1970년대에 들어와서 꾀해졌다. 1976년에 「국어순화운동 협의회」가 구성되고, 국어심의위원회에 「국어순화 분과위원회」가 신설되어 국어순화 사업이 본궤도에 오르게 된 것이다. 각 부처에서 상정된 자료는 심의를 거쳐 10여 권의 「국어순화자료」집으로 간행되었다. 이와는 달리 총무처, 법제처, 과학기술처 등에서는 따로 용어를 순화하여 각각 「행정용어 순화편람」, 「법령용어 순화편람」, 「과학기술용어 용례집」 등의 순화 자료집을 간행하기도 하였다. 이때에 일반 및 민간단체와 언론계에 의해서도 순화운동이 활발히 전개되었다. 그러나 근자에 와서는 세계화의 바람이 불며 국어순화보다는 영어교육이 강조되고, 영어의 공용어화론이 심심치 않게 공론화되고 있다.

3. 국어순화의 범위와 방법

3.1. 순화의 범위

오늘날의 우리 국어를 보면 언어의 구조적인 면에서부터 언어활동이라는 운용면(運用面)에 이르기까지 많은 문제점이 드러나고 있다. 표준어의 형태는 차치하고, 발음이나 문장의 구조에서 그것의 적격 여부를 구분하지 못할 언어가 많아진 것이 오늘의 현실이다.

매스컴 언어도 심각하게 고려해야 할 대상이다. 매스컴은 그의 엄청난 영향력과 교육적 기능을 고려할 때 이들의 혼란을 그대로 방치할 수 없다. 방송언어의 바르지 아니한 발음, 비표준어의 남용, 저속한 표현과, 신문의 비표준어의 사용 및 오철은 국어순화에 역행하는 것으로 순화해야 할 대표적 대상이다.

그러면 국어순화의 범위는 어디까지로 할 것인가? 국어순화에서 제기되는 대표적인 대상을 제시해 보면 다음과 같다.

첫째, 표준발음에서 벗어난 것을 순화한다.

이러한 것의 대표적인 것으로는 음의 장단과, 양순음화와 연구개음화를 들 수 있다. 종래에는 이러한 것이 가정교육, 또는 사회교육을 통해 학습 아닌, 습득을 통해 바로 이루어졌다. 오늘날은 이것이 되지 않는다. 양순음화와 연구개음화는 본인 스스로도 의식하지 못하는 사이에 빚어지고 있다. 철저한 교육을 통해 순화해야 한다. 이밖에 경음화 현상, '애~에'의 혼란 등도 중요한 순화의 대상이 된다.

둘째, 비표준어를 순화한다.

표준어가 아닌, 전통적인 고어 형태이거나, 새로운 변이형 및 복수 형태의 동의어의 비표준어를 순화한다.

셋째, 외래어를 순화한다.

외래어가 모두 순화 대상이 되는 것은 아니다. 필요적 동기에 의해 차용된 것을 제외한, 위세적 동기에 의한 차용어를 순화한다. 외래어도 국어 어휘의 풍부화를 위해 필요한 것이다.

넷째, 저속하거나, 난해한 어휘를 순화한다. '쓰레기 수거', 또는 '쓰레기 투기'에 있어 '수거'나 '투기' 따위는 순화해야 할 난해한 말이다.

다섯째, 문법적인 오용을 순화한다. '스승의 은혜' 가사의 '참되거라 바르거라'와 같은 활용, '비가 올 전망이다'와 같은 성분 호응의 부조화 등이 그 대상이 되어야 한다.

여섯째, 화용상(話用上)의 오용을 순화한다. 구체적 언어 장면에서 화용상의 비문이 순화대상이 된다.

3.2 순화의 방법

국어순화의 방법은 여러 가지를 들 수 있다. 여기서는 다음과 같은 10여 가지를 들기로 한다. 특히 용례 가운데는 바람직하지 않은 것을 많이 들었다.

① langue의 순화와 langage의 순화를 한다.

순화는 구체적으로 수행되는 언어(langage)와 규범으로서의 언어(langue)를 다 대상으로 한다.

② 순화·차용의 방법은 다음과 같은 다양한 방법을 사용한다.

    (a) 표음차용(전체, 생략, 절단) : 이노베이션(innovation), 하우스(vinil house), 에키스(extract), 멘트(announcement), 리조텔(resortel) 생략은 전략(chewing gum), 후략(stainless steel), 중략(game and set) 등의 방법이 있다.

    (b) 음의역(音義譯) : 슈룹(聚笠), 갈(割) 維他命, 浪漫主義, 可口可樂, 百事可樂(펩시콜라)

    (c) 번역차용(직역·의역) : 수소가스(water-stof-gas), 혈맥(blood-ader), 一週日(week), 정성자(qualifier), 정량자(quamntifier), 초읽기(count down)

    (d) 동일문자 차용(한자어의 경우) : 血과沙, 民草, 宅配, 日附印, 歐羅巴, 大物, (三人) 幇

4장 유형별로 본 우리말의 오용과 순화

1. 글머리에

인간생활의 대원칙은 협동에 있고, 이것은 언어에 의해 이루어진다. 더구나 국어는 그것을 모어로 하는 민족을 결속시키는 거멀못 구실을 한다.

그런데 오늘날 우리 국어의 실정을 보면 이러한 구실을 원만하게 수행하는데 장애가 되는 많은 문제가 가로놓여 있다. 소위 국어의 혼란과 오염이 심하다. 이러한 국어생활에 장애가 되는 요소는 발음, 낱말, 구문 등 도처에 나타나고 있다.

우리는 국가적으로 선진 조국을 지향하고 있고, 개인적으로는 원만하고 행복한 생활을 추구하고 있다. 이러한 우리의 목표는 국민언어의 순화·통일 없이 기대할 수 없다. 언어의 통일이야말로 이러한 목표 달성을 위한 초석이라 하겠다.

나는 우리말의 오용을 유형하고 이를 순화하는 내용의 글을 몇 편 쓴 바 있다. 그런데 그간 '표준어규정' 제정으로 많은 표준어가 달라져, 전에 쓴 '우리말의 오용과 순화' 등이 빛을 잃게 되었다. 이에 '표준어 규정'을 살려 새로 오용을 유형화하고 순화하는 글을 써 국민의 언어생활에 도움을 드리기로 하였다. 따라서 이 글에서는 새로 오용(誤用)이 유형화되고, 이에 따른 오용의 실상이 살펴지고, 순화의 방법이 모색될 것이다. 언어를 통일

하여 국민을 통합하고, 효과적인 커뮤니케이션을 하고, 나아가 개인적으로
는 바르고 좋은 언어생활을 할 수 있게 되길 바란다.

2. 우리말 오용의 유형

2.1. 발음상의 오용

우리말의 발음상의 오용은 특히 단음(單音)의 경우 제 소리를 제대로 내지
않는 것과 연음을 제대로 하지 못하는 두 가지가 있다. 단음을 제대로 내지
않는 경우는 [ㅐ, ㅔ, ㅓ, ㅚ, ㅢ]를 제대로 내지 않는 것을 들 수 있다.

1) 음가(音價)의 혼란

① [ㅐ~ㅔ]의 혼란

이는 본래 경상방언의 특징이었으나, 오늘날은 전국적으로 확산되어 혼
란이 일반화되고 있다.

> • 가게>가개/ 가운데>가운대/ 나그네>나그내/ 메마르다>매마르다/
> 자네>자내/ 쩔레>쩔래/ 집게>집개/ 헤집다>해집다
> • 가리개>가리게/ 깔개>깔게/ 내려오다>네려오다/ 덮개>덮게/ 뜨
> 개질>뜨게질/ 술래잡기>술레잡기/ 지우개>지우게/ 찌개>찌게/ 해어
> 지다>헤어지다

② [ㅓ>ㅡ]화 현상

이 현상은 주로 고모음이면서 장모음인 [ㅓ]를 [ㅡ]로 발음할 때 나타난
다. 이는 한자어의 고모음 [ㅓ]를 노인층에서 [ㅡ]로 발음하는 것을 많이 들

을 수 있다.

　• 거머리＞그머리/　거지＞그지/　건널목＞건늘목/　걸상＞글상/　더럽
다＞드럽다/　덤＞듬/　멀다＞믈다/　벌다＞블다/　서다(立)＞스다/　어른＞으
른/　없다＞읎다/　점잖다＞즘잖다/　천천히＞츤츤히/　커다랗다＞크다랗다/
헌신짝＞흔신짝

　• 건강(健康)＞근강/　검사(檢查)＞금사/　번성(繁盛)＞븐성/　범죄(犯罪)＞
븜죄/　성(姓)＞승/　성격(性格)＞승격/　성인(聖人)＞승인/　정(鄭)＞증/　정상
(正常)＞증상/　정의(正義)＞증의/　헌법(憲法)＞흔법

③ 짧고 낮은 [ㅓ(ʌ)]와 길고 높은 [어(ə)]의 혼란

이는 ②의 [ㅓ＞ㅡ]화 현상과 관련이 있는 것이다. 높은 [어(ə)]음은 [의]
로 낼 것이 아니라, [어(ə)]로 내되 장음으로 내면 된다.

　건조(乾燥)～건ː조(建造)/　경계(境界)～경ː계(警戒)/　동정(同情)～ 동ː정
(動靜)/　범인(凡人)～범ː인(犯人)/　서광(西光)～서ː광(瑞光)/　성인(成人)～
성ː인(聖人)/　영구(靈柩)～영ː구(永久)/　정(丁)～정ː(鄭)/　천녀(天女)～천ː녀
(賤女)/　호인(胡人)～호ː인(好人)

④ [ㅚ＞ㅞ] 현상

원음 [ㅚ]는 표준어 규정에서 [ㅞ]로 발음하는 것을 허용하였다. 그러나
가급적 원음을 발음하는 것이 바람직하겠다. 그렇지 않으면 본래의 어형을
잘못 인식하게 될 위험성이 높다.

　괴상(怪狀)＞궤상/　굉장(宏壯)＞궹장/　뇌염(腦炎)＞눼염/　된장＞뒌장/
뵈다(謁見)＞붸다/　쇠다＞쉐다/　외다＞웨다/　죄(全部)＞줴/　최면(催眠)＞
췌면/　회의(會議)＞훼의

⑤ [ㅢ>ㅡ·ㅣ] 현상

[ㅢ]는 [ㅢ]로 발음하는 것이 원칙이다. 소유격 '의'는 [ㅔ](나의 친구>나[에] 친구), 제2음절 이하의 '의'는 [ㅣ]로 발음하는 것이 허용된다(회의(會議)>[회이]). 그러나 방언에서 첫음절의 [의]가 [ㅡ], 또는 [ㅣ]로 발음되는 것은 비표준발음으로 오용에 속한다.

- [ㅡ] : 의사(醫師)>[으사]/ 의심(疑心)>[으심]/ 의식(意識)>[으식]
- [ㅣ] : 의미(意味)>[이미]/ 안중근 의사(義士)>[이사]/ 의회(議會)>[이회]

⑥ 연음법칙(連音法則)의 혼란

종성은 뒤에 모음으로 시작되는 허사(虛詞)가 이어질 때 연음된다. 그런데 우리말은 오랜 동안 7종성을 사용해 온 결과 7종성 외의 받침이 제대로 연음되지 않는 경향이 있다. 자음(子音)의 이름은 예외로 오히려 7종성에 따른다(히읗을>[히으슬]).

ㅈ : 빛을~ [비슬]< [비즐]/ 젖을~ [저슬]< [저즐]
ㅊ : 꽃아꽃아~ [꼬사꼬사]< [꼬차꼬차]/ 달빛을~[달비슬]< [달비츨]/
  살갗에~ [살가세]< [살가체]/ 숯이~ [수시]< [수치]
ㅋ : 동녘에~ [동녀게]< [동녀케]/ 부엌을~ [부어글]< [부어클]
ㅌ : 끝을~ [끄슬]< [끄틀]/ 팥으로~ [파스로]< [파트로]/ 숱에~ [수
  세]< [수테] (끝을~ [끄츨], 밭을~ [바츨]도 오발음이다)
ㅍ : 무릎에~ [무르베]< [무르페]/ 잎이~ [이비]< [이피]

2) 장단음의 혼란

우리말에서 음의 장단은 비분절음소다. 그런데 이것이 크게 혼란을 빚고 있다. 단음(短音)이 장음화(長音化) 하는가 하면, 장음이 단음화(短音化) 한다. '눈

③ 특정한 이형태의 수용에 의한 오용

특정한 이형태의 수용이란 본래 표준어란 그것이 아닌데 어원을 달리하
는 다른 말을 사용함으로 잘못이 빚어지는 경우다. 이러한 예로는 다음과
같은 것이 있다.

> 개비>까치/ 거치적거리다>걸거치다/ 고의>중우/ 깔끄럽다>까끄럽
> 다/ 독불장군이라고>독불장군없다고>/ 두루마기>두루막/ 메우다>메
> 꾸다/ 멧대추>산대추/ 벌레>벌거지/ 산돼지>멧돼지/ 새색시>새악시/
> 성냥>당황(唐黃)/ 센개(白狗)>흰개/ 소나기>소낙비/ 손목시계>팔목시
> 계/ 안절부절못하다>안절부절하다/ 연방>연신/ 윗도리>웃도리/ 윗사
> 람>웃사람/ 윗자리>웃자리/ 잎사귀>잎새

④ 외래어의 잘못된 수용에 의한 오용

우리말에는 많은 외래어가 들어와 있다. 이의 사용은 반드시 오용이라고
는 할 수 없다. 다만 바람직하지 않은 외래어가 사용될 때 문제가 된다. 우
리의 외래어 가운데는 원어(原語)가 아닌, 바람직하지 않은 일제(日製) 외래어
가 많이 들어와 쓰이고 있다. 이것이 문제다. 이들 외래어 가운데는 생략·
절단된 외래어 및 발음이 잘못된 것이 많다. 이들도 대체로 일본을 거쳐 들
어온 형태의 외래어다.

- 일본에서 만든 외래어
  아프터 서비스(after service)/ 올드미스(old miss)/ 고스톱(traffic signal),
  꼴인(reach the goal)/ 샤프펜(automatic pencil, mechanical pencil)/ 스프
  링 코우트(top coat)/ 자크(fastener, zipper)/ 하이틴(late teens)/ 홈인
  (score, reach home)/ 밀크홀(milk bar)/ 오엘(office girl, career women)

• 생략 · 절단된 외래어

아파트(apartment)/ 아마(amateur)/ 인프레(inflation)/ 오우버(over coat), 껌(chewing gum)/ 스낵(snack bar)/ 디스코(discotheque)/ 테레비(television)/ 하이힐(high-heel shoes)/ 펑크(puncture)/ 레지(register)

• 발음이 잘못 수용된 외래어

아이론(iron)/ 오라이(all right)/ 크락숀(klaxon)/ 고로께(croquette)/ 지루박(jitterbug)/ 쓰봉(jupon)/ 세멘(cement)/ 다스(dozen)/ 항카치(handkerchief)/ 삐라(bill)/ 로스(roast)/ 쓰께다시(突出し)/ 가에바시(貝柱)/ 와루바시(割箸)

2) 낱말의 의미상의 오용

어휘의 오용 가운데는 의미상의 오용도 많다. 이들은 유의어(類義語)이거나 동음어라 할 것을 같은 뜻으로 잘못 쓰는 것이다. 이밖에 동의반복(同義反復)의 문제도 있다.

① 비슷한 뜻의 낱말의 오용

거멍~검댕/ 걷다~거두다(收)/ 껍질(皮)~껍데기(殼)/ 그러므로~ 그럼으로/ 느리다(遲)~ 늦다(晩)/ 다르다(異)~ 틀리다(違)/ 두껍다~ 두텁다/ 모래~ 모새/ 모롱이~ 모퉁이/ 목~ 몫/ 목돈~ 몫돈/ 바라보다~ 쳐다보다/ 빠르다(速)~ 이르다(早)/ -번째~ -째 번/ 보우(保佑)하다~ 보호하다/ 볕(陽)~ 빛(光)/ 비추다~ 비치다/ 싸다(包)~ 쌓다(積)/ 엉기다(凝)~ 엉키다/ 잃다(失)~ 잊다(忘)/ 한글(문자)~ 국어(언어)/ 햇볕(陽光)~ 햇빛(日光)/ 홀몸(獨身)~ 홑몸(單身)

② 비슷한 형태의 낱말의 오용

까불다~ 까부르다/ 느리다(垂)~ 늘이다(延)/ 띠다(帶)~ 띄다(顯)/ 맞추다(適)~ 맞히다(的)/ 바치다(獻)~ 받히다~ 받치다/ 벌이다~ 벌리다/

부수다~ 부시다/ 부치다(寄)~ 붙이다(着)/ -박이~ -배기/ 어스름~ 으
스름/ 여위다~ 여의다/ 장이~ 쟁이/ 하나님~ 하느님

③ 동의어의 반복 사용

　결실(結實)을 맺다/ 광교(廣橋)다리/ 낙엽(落葉)이 지다/ 남포등(燈)/ 꼭
필요/ 넓은 광장(廣場)/ 남은여생(餘生)/ 따뜻한 온정(溫情)/ 동해(東海)바
다/ 만족감(滿足感)을 느끼다/ 미리 예비/ 범행(犯行)을 저지르다/ 부담감
(負擔感)을 느끼다/ 삼일(三日)날/ 새신랑(新郞)/ 서로 상의(相議)/ 속내의
(內衣)/ 스스로 자각(自覺)/ 시월(十月)달/ 아직 미혼(未婚)/ 역전(驛前) 앞/
잔존(殘存)해 있는 문제/ 저무는 세모(歲暮)/ 처가(妻家)집/ 청천(靑天)하늘/
피선(被選)되었다/ 피해(被害)를 입다/ 피해를 당하다/ 하얀 백발(白髮)/
허무감(虛無感)을 느끼다/ 현안(懸案) 문제

④ 기타 의미상 오용

　독불장군이라고＞독불장군없다고/ 우연히＞우연찮게

2.3. 문법상의 오용

　문법이란 언어 사용에 있어 실용의 규범이다. 그런데 이러한 규범이 잘
못 적용되어 오용이 빚어지는 것이 문법상의 오용이다. 이는 어휘상의 문
제와 통사상의 문제로 나눌 수 있다.

1) 낱말의 형태적인 오용

　어휘상의 문제로는 활용 및 조사의 오용, 사동·피동의 오용, 대우법의
문제가 대표적인 것이다.

① 활용어미

    · -구료>-구려/ -기에>-길래/ -로라>노라/ -르는지>-ㄹ런지/ 알맞은>알맞는 / 않->안-/ -오>-요(종결어미)/ -어라>-거라/ 우러러>우럴어/ 있소>있오/

    · -던~ -든/ -려~ -러/ -므로~ -ㅁ으로

② 조사·접사

    · -새려>-새로에/ -마저>-마자/ -째>-채(통째~통채)/ -하다>-롭다/ -하다~ -스럽다

    · -개~ -게(지개~지게)/ -로서~-로써/ -에~ -에게~ -께/ -이~ -히(깨끗이~깨끗히, 끔찍이~끔찍히)

③ 사동·피동

    · 개다>개이다/ 꾸다>꾸이다/ 끼어>끼여/ 대다>대이다/ 돋우다>돋구다/ 뵈다>뵈이다/ 채다>채이다/ 패다>패이다

    · 박이다>박히다

④ 대우법

    -사오니>-아오니(하겠아오니)/ -습니다>-읍니다/ -께>-에게(할아버님에게)/ -에>-에게(대지에게)

2) 통사적 오용

통사적 오용은 성분의 호응이 제대로 되지 않는 것이 대표적인 것이다. 통사적 오용에는 주술어의 잘못된 호응, 대등하지 않은 병렬, 종속 접속의 비논리적 표현, 대우법의 부조화 등 문장 전개에 있어 문제성을 보이는 것이 많다. 이들의 예를 몇 개 보면 다음과 같다.

① 성분 간의 호응의 부조화

- 주술 호응 : 천둥(-이 울고) 번개가 치겠습니다.
- 객술호응 : 힘 있는 나라가 될 것을(되기를) 염원해 왔습니다.
- 보술 구성 : 중부지방 소나기가 (올 것으로) 예상됩니다.
- 접속 구성 : 즐거운 시간 보내시고요(보내시기 바라며), 저희는 내일
또 찾아뵙겠습니다.

② 대우법의 부조화

국어의 특성의 하나인 대우법이 제대로 쓰이지 않는다. 호칭과 지칭이
제대로 안 되고, 존댓말이 제대로 안 쓰는 것이다. 지칭 '저'는 거의 사라
지다시피 하였다.

'할아버님, 물어볼(여쭈어볼) 게 있는데요.'
'얘, 10번 테이블 김치 더 달란다(달라고 하신다).'
'빨리 가자, 할머니가 빨리 오란다(오라신다).'
'얘, 너 선생님이 교무실로 오래(오라고 하셔).'

③ 비논리적 표현

말이나 문장 표현에는 비논리적 표현이 많다.

- 이래서야(이렇게 되면) 선거는 정치 행태에 대한 불안과 의혹을 해소
시키기는커녕 자칫 민주정치에 대한 근원적 불신과 회의가 널리 퍼질까
(회의를 널리 증폭시키지 않을까) 두렵다.

- 풍수 때문에 대망이 이루어지리라고 생각하는 것은 자기 자신이나 가
문 사람들 뿐이요, 일반 사람들로부터(사람들로부터는) 그들의 인격이(인
격에) 상처를 받을 따름이다(뿐일 것이다).

④ 번역문투의 표현

'정체를 심하게 만나고 있습니다.'
'위험할 수 있는 것으로 보아집니다.'

2.4. 표기상의 오용

표기상의 문제는 어원을 밝히느냐, 밝히지 않느냐의 여부가 가장 큰 문제다. 이밖에 '-이-히'형 부사의 혼란, 사이시옷의 사용 여부도 문제이다.

1) 어간 또는 명사에 접사가 이어질 때의 어원 표시

어원 표시는 다음과 같은 원칙 아래 표기한다.

어간·명사	접미사	어원
명사-모음	{ -이, -음……	어원 밝힘
	{ -이, -음 이외(以外)……	어원 안 밝힘
어간-자음	……………………………………	어원 밝힘

위의 원칙에 어긋나는 다음의 표기는 따라서 오용이 된다.

* -이/ -음 : 미닫이(推窓)＞미다지/ 벌이(勞得)＞＞버리/ 살림살이＞살림사리/ 얼음(氷)＞어름
* -비/ -음 이외 : 모가지(項)＞목아지/ 꼬락서니(樣)＞꼴악서니/ 지붕(屋蓋)＞집웅

2) '-이'와 '-히'형 부사의 혼란

가지런히(齊)＞가지런이/ 가히(可)＞가이/ 고이(麗)＞고히/ 곰곰이＞곰
곰히/ 깨끗이＞깨끗히/ 꼼꼼히＞꼼꼼이/ 멀찍이＞멀찍히/ 번번이＞번번
히/ 새로이＞새로히/ 일일이＞일일히/ 큼직이＞큼직히

3) 의성·의태적 부사나, '-하다'나 '-거리다'가 붙지 아니하는 어근에 '-이'나, 또는 다른 모음으로 시작되는 접미사가 붙는 명사나 부사는 어원을 밝혀적지 않음.

귀뚜라미＞귀뚜람이/ 기러기＞기럭이/ 뻐꾸기＞뻐꾹이/ 딱따구리＞딱
딱우리

깍두기＞깍뚝이/ 누더기＞누덕이/ 삐쭈기＞삐쭉이/ 얼루기(斑毛獸)＞얼
룩이

갑자기(倉卒)＞갑작이/ 슬며시＞슬멋이/ 짬짜미(密約)＞짬짬이

4) 어간에 다른 소리가 붙어 그 의미가 아주 딴 뜻으로 바뀐 경우 어원을 밝히지 않음.

거두다(收)＞걷우다/ 굽도리(壁下部)＞굽돌이/ 느림(緣物)＞늘임/ 만나
다(逢)＞맞나다/ 미루다(托)＞밀우다/ 이루다(成)＞일우다

5) 사이시옷의 혼란

사이시옷은 우리말의 합성어에서 뒷말의 첫소리가 된소리로 나거나, [ㄴ], 또는 [ㄴ ㄴ] 소리가 덧날 때 붙인다. '냇가, 못자리, 뱃길, 아랫집, 자릿세, 찻집, 햇볕 : 곗날, 멧나물, 훗날, 깻묵, 냇물 : 깻잎, 나뭇잎, 뒷일, 예삿일'이 그 예다. 따라서 다음의 보기에서 뒤에 쓰인 예는 잘못 쓰인 경우다.

개꼬리＞갯꼬리/ 개똥참외＞갯똥참외/ 나무통＞나뭇통/ 보쌈김치＞봇쌈
김치/ 아래층＞아랫층

한자어의 경우는 원칙적으로 사이시옷을 받치어 적지 않는다. 다음의 경
우는 예외다.

곳간(庫間), 셋방(貰房), 숫자(數字), 찻간(車間), 툇간(退間), 횟수(回數)

6) 준말의 오용

서슴지＞서슴치/ 생걱컨대＞생각건대

3. 우리말 오용의 순화

우리말 오용의 유형과 오용의 구체적 용례를 살펴보았다. 그러면 이와
같이 언어 전반에 걸쳐 빚어지고 있는 오용을 어떻게 할 것인가? 국민 용
어의 통일을 위하여 순화하여야 한다. 다음에 광의의 국어순화의 방법을
간단히 살펴봄으로서 결론으로 삼기로 한다.

첫째, 국어 사랑의 의식을 가지도록 한다.
우리는 국어를 통해 사상 감정을 표현한다. 그리고 이러한 의사전달 없이
는 인간생활을 제대로 영위할 수 없다. 따라서 좋은 연모를 바로 사용해야 한
다. 그러기 위해서는 바르고 고운 말을 가꾸기와, 이것을 바로 사용하겠다는
의식을 갖도록 하여야 하겠다. 모어에 대한 무관심, 외국어에 대한 사대의식
(事大意識)은 우리의 건전한 정신을 병들게 한다. 언어는 민족과 불가분의 관

계를 지닌다. 민족 국가의 건전한 발전을 위해 국어 사랑을 하여야 한다.

둘째, 강력한 국어의 순화, 통일 정책이 수립되어야 한다.

근대국가들은 국가의 통일을 꾀하기 위하여 국민 용어의 통일을 하기 위한 언어정책을 수립, 집행하였다. 그런데 우리는 다른 나라와는 달리 '단일민족' 국가이기 때문에 이렇다 할 언어의 통일 정책 한번 제대로 세우지 아니하였다. 이로 말미암아 방언이 득세하고 통일이 되지 아니하였다. 그리하여 방언 간에 상당한 차이를 보인다. 더구나 우리는 분단국가(分斷國家)의 아픔을 겪고 있다. 따라서 민족과 국민의 통합을 위하여는 국어의 순화 통일 정책을 수립하여 강력하게 추진해야 한다. 그래야 민족의 단결과 총화를 이룩하게 된다.

셋째, 국어교육을 정상화해야 한다.

우리의 교육과정에 의하면 국어교육의 목표는 표현·이해의 능력을 기르고, 언어와 문학에 대한 지식을 습득하게 되어 있다. 이러한 목표 가운데 핵심적인 목표는 표현·이해라는 언어 기능의 신장에 있음은 말할 것도 없다.

그런데 이러한 국어교육의 목표가 오늘날 거의 방치되고 있다. 특히 음성언어 교육이 그러하다. 오늘날의 국어교육은 단편적인 지식위주의 교육이 꾀해지고 있을 뿐이다. 이러한 국어교육은 빨리 지양되고, 국어교육 본래의 궤도에 들어서도록 해야 한다. 이러한 국어교육의 탈교육적 현상은 그간 사지선택형의 고사 및 입시제도도 한 몫 했다고 생각된다. 오늘날은 입시제도 및 평가의 방법이 다양해져 그나마 다행이라 하겠다. 커뮤니케이션 교육을 지향해야 한다. 그런데 아직도 국어교육이 이러한 실용교육을 제대로 수행하고 있지 아니하다. 쓰기 교육도 강화해야 한다. 논리적 사고, 비판적 사고의 교육도 그간 소홀히 다루어진 분야다. 국어교육은 단순한 언어의 기능 교육이 아니라, 커뮤니케이션 교육으로 일대전환을 해야 한다.

넷째, 대중매체에 의한 국어교육이 수행되어야 한다.

기성세대를 위해 우리말에 대한 계몽운동을 전개할 일이다. 기성세대는 국어를 제대로 배우지 못했거나, 배웠다고 해도 부실하게 학습하였다. 따라서 이들에 대한 재교육을 대중매체가 수행하도록 해야 한다. 소위 평생교육을 하는 것이다. 국어와 국가・민족, 국어와 문화 등 국어 외적인 일반 교양강좌와 함께 바른 국어, 바른 국어생활에 대한 교육 프로그램을 마련하도록 할 일이다.

다섯째, 국어순화를 범국민운동으로 서서히 지속적으로 전개한다.

일본의 근대화과정에서 홀란드 어 'week'에 해당한 말이 '일주일'로 번역 순화되어 정착되기까지 반세기가 걸렸다고 한다. 국어순화는 졸속주의를 지양하고, 장기적인 안목으로 수행해야 한다. 그리고 이는 특정한 사람이나 기관 또는 특정지역만을 대상으로 전개해 가지고는 실효를 거둘 수 없다. 전국적인 범국민운동으로 전개하여야 한다.

여섯째, 방송, 작가, 지식인이 모범을 보여야 한다.

방송의 영향은 실로 지대하다고 할 수 있다. 따라서 방송이 모범을 보여주도록 하여야 한다. 그리고 작가는 아름다운 우리말을 구사하여 이를 보급하도록 할 일이다. 영국의 영어고양시대의 활동이나, 독일의 괴테 실러 등의 활동을 주목할 필요가 있다. 또한 지식인이 수범을 보여야 한다. 인간은 상류지향(上流指向)의 심리가 있기 때문이다. 그런데 오늘날 우리의 현실을 보면 이러한 지향과는 정반대의 현상이 빚어지고 있다. 방송 출연자, 작가, 지식인은 뼈아픈 반성을 하고, 솔선수범하여야 한다.

일곱째, 공직자는 표준어 구사능력을 평가 받아야 한다.

공직자는 사인(私人)이 아닌 공인(公人)으로서 표준어를 구사할 수 있어야 한다. 따라서 취업을 할 때나, 승진 시에 이 표준어 구사능력을 평가 대상으로 함이 바람직하다. 이는 방언을 쓰지 말라는 것과는 구별된다. 사석에서 방언을 구사하는 것은 별문제다. 공식적인 자리에서는 효과적인 통달과 지역감정이 드러나지 않게 공용어를 쓰도록 해야 한다. 공직자의 표준어 사용은 필수조건이 되어야 한다.

여덟째, 매스컴이 전국적으로 바른 말 쓰기 운동의 분위기를 조성해야 한다.

1970년대까지만 하여도 매스컴은 '바른말 고운 말' 쓰기운동을 다투어 수행하였다. 방송과 신문이 다투어 '바른말 고운 말' 프로와 코너를 마련하여 순화운동을 전개하였다. 그것이 언제부터인가 고개를 숙이고, 오늘날은 우리말을 바르게 쓰자거나, 순화하자는 말이나 글을 거의 보거나 들을 수 없게 되었다. 이러한 상황에서는 국어순화가 되기를 기대할 수 없다. 전 국민이 바른 말을 쓰자, 써야 한다는 분위기가 형성되고, 그런 의욕이 뜨겁게 달아오르게 해야 한다. 그러기 위해서는 매스컴이 다시 한 번 '국어사랑, 나라 사랑'을 모토로 삼고 방송과 신문에 많은 프로그램을 마련하여 국민의 의식을 개혁하고, 국어 사랑의 분위기를 조성하고, 바른말 쓰기를 실천하도록 전 국민을 몰아가야 한다.

아홉째, 국어 오용의 유형을 활용하여 순화하도록 한다.

병은 증상을 알아야 치료할 수 있다. 국어 오용의 유형을 바로 알고 이에 따라 순화 자료를 개발, 순화 치료하도록 할 것이다. 개별적인 오용의 순화도 물론 필요하다. 그러나 개별적인 것을 하나하나 개선 순화하자면 부지하세월이 될 것이다. 유형에 따른 처방을 하여 치료 순화할 때 그 효과는 배가될 것이다. 구성 요소 하나하나를 파악하기에 앞서 구조를 알 때 교육 효과가 큰 것과 마찬가지다. 특히 학교나 공공 기관에서 국어순화 할 때 오용의 유형을 활용함이 바람직할 것이다.

참고 문헌

박갑수(1984), 국어의 표현과 순화론, 지학사.
박갑수(1994), 우리말 사랑 이야기, 한샘출판사.
박갑수(1994), 올바른 언어생활, 한샘출판사.
박갑수(1995), 우리말 바로 써야 한다. 1, 2, 3, 집문당
박갑수(1999), 아름다운 우리말 가꾸기, 집문당.
박갑수(1984), 국어 오용의 경향에 대하여, 국어생활, 1, 국어연구소.
박갑수(1986), 우리말의 오용과 순화, 한국어연구논문, 13, KBS 한국어연구회.
박갑수(1987), 국어 오용의 실태조사 연구, 연구보고서 1, 국어연구소.

이 글은 '국어의 오용 경향에 대하여'(1984), '유형별로 본 우리말의 잘못'(198?) 등을 바탕으로, 오용과 순화 차원에서 2010년 12월 새로 집필한 것이다. (미발표 논문)

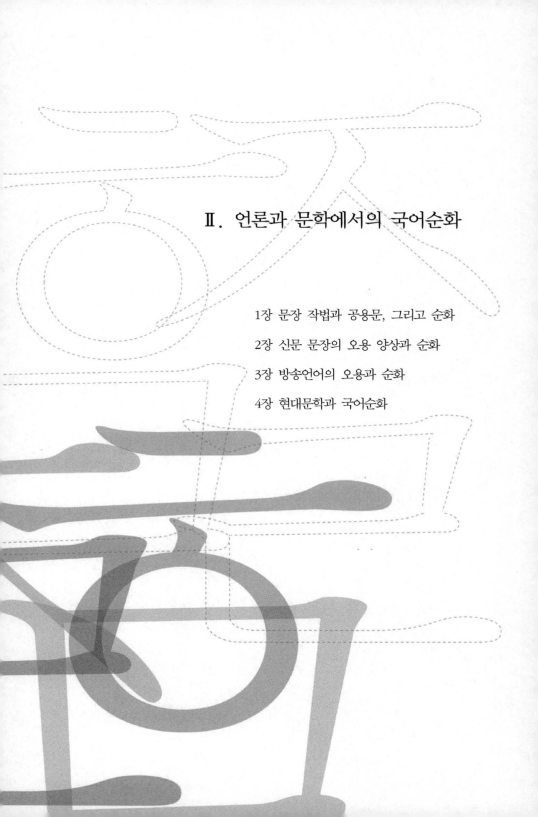

II. 언론과 문학에서의 국어순화

1장 문장 작법과 공용문, 그리고 순화

1. 서언

인간이 다른 동물과 다른 점은 언어를 사용한다는 것이다. 그래서 사람은 만물의 영장이 되었다. 사람들은 음성언어 외에 문자언어를 사용하기도 한다. 문자는 약 400종쯤 되는 것으로 알려진다. 그러나 이들이 다 오늘날 쓰이는 것은 아니다. 이렇게 볼 때 약 3,000개의 음성언어와 비교하면 실제로 사용되는 문자언어는 음성언어의 10분의 1도 안 될 것으로 보인다. 문자언어는 그만큼 귀하다.

문자의 사용은 오늘날 대중교육에 의해 일반화되었다. 전에는 이 문자생활을 한다는 것이 상류계층의 특권이었다. 문장을 쓸 수 있는 사람은 특권계급이었다. 그래서 이들은 이러한 특권을 한껏 누렸고, 일반화하려 하지 않았다. 이들은 문장을 어렵게 썼다. 우리의 선조들만 하여도 오늘날은 표절이라 할(?) 중국의 시인의 시구나 전적(典籍)의 글귀를 끌어다 쓰는 것을 자랑으로 여겼다. 그것도 남이 그 출전이나 전거를 모를 때 쾌재를 부르고, 자랑으로 여겼다. 그러나 오늘날은 유니버설 리터러시(universal literacy), 곧 보편적 식자성(識字性)의 시대에 접어들었고, 누구나 아는 쉬운 글을 쓰는 것이 권장되는 시대가 되었다.

문장의 종류 가운데 공용문(公用文)이란 것이 있다. 이는 사문서(私文書)의 대가 되는 공용문서에 쓰이는 문장을 의미한다. 왕년에 우리의 공용문은 다 한문으로 되어 있었다. 그것이 최근세의 고종(高宗) 때 비로소 국문을 본으로 삼고, 국한혼용문을 아울러 쓰게 되었다. 오늘날도 이러한 정신은 이어져 국문만으로 쓰이고 있다. 그런데 이러한 공용문이 난해한가 하면, 그 표현에 문제가 있어 논란이 되고 있다. 이에 이 글에서는 우선 문장 작법에 대해 논의한 다음, 공용문의 작법을 논의하고, 그 실제를 살피며, 개선·순화의 방향을 모색해 보기로 한다.

2. 좋은 문장의 작법

2.1. 문장 작법의 원리

글은 우리의 사상 감정을 전달하는 수단이다. 이것은 필연적으로 독자에게 이해·전달되어야 한다는 속성을 지닌다. 그렇지 못할 때 우리는 그런 글을 바람직한 글이라 생각하지 않는다. 그리고 그런 글은 쓸 필요도 없다.

문장 작성의 원리의 하나에 '3C론'이 있다. 'Clear(명료), Correct(정확), Concise(간결)'가 그것이다. 글은 명료하고, 정확하며, 간결해야 한다는 것이다. 그런데 우리가 흔히 접하는 글들은 이러한 '3C'와는 거리가 먼 경우가 많다. 이러한 글들은 개선되어야 할 글들이다.

문장 작성의 또 하나의 원리로 들려지는 것은 '노력경제설(Economy of effort)'이다. 이는 H. Spencer가 그의 '문체의 원리(Philosophy of style, 1852)'

에서 제시한 것이다. 이때의 '노력경제'란 독자가 글을 읽는데 노력이 적게 들어야 한다는 말이다. 쉽게 읽혀야 한다는 것이다. 언어나 문장은 자기의 사상을 남에게 전달하는 데 목적을 두고 있으며, 이는 상대방으로 하여금 주의를 하게 한다. 곧 독자는 언어 기호의 의미를 파악하기 위하여 끊임없이 문자가 드러내는 인상을 마음속에서 의식으로 번역해 내지 않으면 안된다. 이로 말미암아 독자는 많은 에너지를 소모하게 된다. 수사(修辭)의 여러 법칙은 이러한 모든 에너지의 상실을 줄이기 위한 연구요, 방안에 불과하다. 따라서 훌륭한 문장은 이와 같은 에너지의 소비를 적게 하는 것을 목표로 하지 않으면 안 된다.

문장은 쉽게 쓰여야 한다. 그런데 지난날에는 글을 쓴다는 것, 곧 문자생활은 상류계층의 특권으로 인식하여, 앞에서 언급하였듯 전통적으로 쉽게 쓰는 것에 반대하였다. 일반 서민이 이해할 수 없게 일부러 어렵게 썼다. 그러나 이러한 인식은 이제 바뀌어야 한다. 현대의 문자생활은 상호 의사 전달에 그 목적이 있다. 글을 쓸 줄 안다는 것을 자랑하자는 것이 아니고, 무엇인가 상대방에게 전달할 것이 있어서 붓을 잡은 것이다. 따라서 상대방이 쉽게 이해하고, 이에 대한 반응이 제대로 일어나도록 써야 한다. 현대의 글은 '명료(明瞭), 정확(正確), 간결(簡潔)하고, 상대방이 쉽게 이해할 수 있게 이독성(易讀性)을 지니도록 써야 한다.

2.2. 좋은 문장과 나쁜 문장

현대의 문장은 '명료(明瞭), 정확(正確), 간결(簡潔), 이독성(易讀性)'을 지녀야 한다고 하였다. 따라서 이러한 조건을 충족시킨 문장은 좋은 문장이요, 그렇지 않은 문장은 나쁜 문장이라 할 수 있다. 그러나 좋은 문장의 조건은 이것으로 충분한 것은 아니다. 이 밖에도 여러 가지를 추가할 수 있다. 모리오카(森岡健二)는 그의 '文章構成法'(至文堂, 1964)에서 다음과 같은 10가지를 들고 있다.

① 읽기 쉬움.
② 가치 있는 주제
③ 주제에 의한 통일
④ 구체적이며 강력한 재료
⑤ 논리적이며, 또한 효과적인 구성
⑥ 효과적인 단락과 단락에서 단락으로의 명료한 전개
⑦ 내용을 정확히 나타내며, 바르고 또한 변화가 많은 문장
⑧ 정확하고 구체적이며 명확한 용어
⑨ 바른 문법, 표기, 구두점, 서식(書式)
⑩ 독창성

모리오카(森岡, 1964)는 벼리 외에 구체적인 문장 작법을 더 제시한 것이다. ①은 이독성(易讀性)의 원리이고, ②는 내용면에서 주제가 가치가 있어야 하며, ③은 주제가 혼란스러워서는 안 되고, 수미일관(首尾一貫) 통일되어야 한다는 것이다. ④는 소재가 강력한 호소력이 있어야 하며, ⑤는 구성을 논리적이고 효과적으로 하여야 한다는 것이다. 구성은 두괄, 미괄, 양괄식의 방법을 쓰거나, 귀납, 내지 연역법을 활용할 수 있다. ⑥은 문단을 구성하는 것이 생각을 뭉뚱그림을 의미한다. 그리고 단락을 바꾼다는 것은 이러한 생각이 바뀌는 것을 의미한다. 우리의 경우 단락을 구분하게 된 것은 최근의 일이다. 단락의 전환은 적절한 접속어에 의해 조리에 맞게 분명하게 써야 한다. ⑦은 내용이 정확하고, 변화가 있어야 한다는 것이며, ⑧은 표현이 정확하고 구체적이어야 하고, 명확해야 한다는 것이다. ⑨는 문

법, 정서법에 맞아야 하고 서식에 어울려야 한다는 말이다. ⑩은 필자의 개성이 반영된 독창성이 있는 것이어야 좋은 문장이란 것이다.

오쿠아키(奧秋義信)는 '폐를 끼치지 않는(迷惑をかけない) 문장'이 좋은 문장이란 전제 아래 다음과 같은 10가지 요건을 들고 있는데 참고가 된다.

① 호소하는 것을 지닌다.
② 쉽게 쓴다.
③ 문맥에 흐름을 가지게 한다.
④ 언어구사나 표현에 품격을.
⑤ 문장에 뼈대를 만든다.
⑥ 뒷받침(裏付)을 중시한다.
⑦ 남의 흉내를 내지 않는다.
⑧ 오해가 빚어지지 않게.
⑨ 용자·용어를 적절하게 사용한다.
⑩ 적당한 센텐스로.

이에 대해 나쁜 문장, 악문으로 규정되는 조건으로는 다음과 같은 것을 들 수 있다(永野賢, 1968).

① 본인이 잘 알고 있지 못함.
② 독자 부재
③ 의도 불명
④ 혼란
⑤ 딱딱함.
⑥ 모호함.
⑦ 오해하기 쉬움.
⑧ 알기 어려움.

위의 조건은 뒤집으면 좋은 문장의 조건이 될 사항들이다. 여기에서는 특히 좋은 문장의 조건인 '명료(明瞭), 정확(正確), 이독성(易讀性)'이 지켜지지 않을 때 악문이 됨을 지적하고 있다고 하겠다. ①은 본인이 잘 모르는 것일 때 글을 제대로 쓸 수 없음을 지적한 것이고, ②는 글을 쓰기 전에 그것을 읽을 독자를 상정해야 함을 의미한다. 소학생을 대상으로 하는 글을 마치 대학생에게 주는 글같이 쓴다면 그것은 번지수를 잘못 찾은 것이다. 일본에서는 신문의 독자를 대체로 중학교를 졸업하고, 인생경험 10년의 사람을 대상으로 한다고 한다. 우리의 경우는 과문한 탓인지 그런 기준이 있는 것 같지 않다. 글을 쓸 때는 독자를 상정하고 글을 써야한다. ③은 글을 쓰는 의도가 분명해야 한다는 것이고, ④ ⑤는 글이 조리에 맞지 않고 혼란스럽거나, 딱딱해서는 안 된다는 것이다. ⑥ ⑦은 글이 명료하지 못해 의미를 파악하기 어렵거나, 오해를 빚게 해서는 안 된다는 것이다. ⑧은 난해해서는 안 되고, 쉬워야 한다는 말이다.

이밖에 문장의 대표적인 문제로 다음과 같은 4가지가 지적되기도 한다 (박갑수 외, 1985).

① 장문성
② 난해성
③ 비논리성
④ 비문법성

이는 문장이 지나치게 길어서는 안 되고, 어려워서는 안 되며, 논리적이고, 문법에 맞는 것이어야 한다는 말이다. 이들의 문제에 대해서는 아래에서 구체적으로 논의하게 될 것이다.

3. 문장 구조의 문제

3.1. 문장의 길이와 구조

문장의 길이는 시대, 장르, 개성에 따라 달라질 수 있다. 그러나 이는 차이만 드러내는 것이 아니고, 일정한 기준, 보편성을 중심으로 넘나드는 것으로 볼 수 있다. Flesh는 가독성(readability)을 중심으로 다음과 같은 가설을 제시한 바 있다.

Word	Ease of Comprehension
8(및 그 이하)	매우 쉬움(very easy)
11	쉬움(easy)
14	꽤 쉬움(fairy easy)
17	보통(standard)
21	꽤 어려움(fairy difficult)
25	어려움(difficult)
29(및 그 이상)	매우 어려움(very difficult)

우리의 경우는 문장 실태를 중심으로 살펴볼 때 다음과 같은 양적 결과가 발견된다(박갑수, 1979 ; 박갑수 외, 1985).

· 한국 현대소설 문장 : 평균 31.15자(최빈치 15.70자, 중앙치 26자).
· 매스컴 문장 : 평균 56.58자

이러한 결과를 바탕으로 볼 때 한국의 문장의 길이는 50자 내외가 적당한 길이로 추정된다. 그것은 영어의 경우 17개 단어(word)가 보통(standard)이라는 것을 고려할 때 더욱 이러한 추정을 긍정적으로 수용하게 한다. 그것은 우리말의 경우 하나의 단어는 2~4음절이며, 이들이 구체적으로 말이나 문장에 쓰일 때는 3음절로 나타나기 때문이다. 따라서 17개 단어는 51개 음절, 곧 51자로 실현된다. 이런 점에서 한국 문장의 길이는 언어 현실을 아울러 고려할 때 50자 내외를 표준으로 정함이 바람직할 것으로 추정된다.

문장의 구조는 단순한 평서문이 적절하다. 포유문(內包文)이나 접속문 등의 복문은 문장이 길어지기 쉽고, 이해를 어렵게 한다. 난독성(難讀性)을 지니기 쉽다. 포유문에 비해서는 접속문이 이독성(易讀性)을 지닌다. 따라서 쉽게 이해할 수 있는 글을 쓰기 위해서는 가능한 한 복잡한 구문의 문장을 피하는 것이 좋다. 문장을 쓸 때 구조면에서 유의할 사항으로는 다음과 같은 것을 들 수 있다(박갑수 외, 1985).

① 단문(短文)을 즐겨 사용한다.
② 복문의 경우 포유문보다는 접속문을 즐겨 쓴다.
③ 문장성분의 호응이 잘 되도록 한다.
④ 장문의 도미문(掉尾文) 대신 산열문(散列文)을 쓰도록 한다.
⑤ 선조적(線條的) 순서(語順)를 바로 한다.
⑥ 장문의 관형절, 부사절 등의 사용을 피하고, 이들을 독립 문장으로 만든다.
⑦ 문장의 삽입·부연을 피하고 나누어 독립 문장으로 만든다.
⑧ 장문의 인용은 별개의 문장으로 분할한다.
⑨ 어법에 벗어난 비문(非文)이 없도록 한다.
⑩ 성분 생략으로 오해가 빚어지지 않도록 한다.

이밖에 다음과 같은 면에도 주의하여야 한다.

① 병렬되는 문장을 동질의 것으로 한다.

② 주·술어 및 수식·피수식어가 지나치게 떨어지지 않도록 한다.

③ 통사론적으로 하자가 없으나, 의미면에서 문제가 있는 표현을 피한다.

④ 모호성을 지니는 표현을 피한다.

⑤ 부적절한 조사·어미 등 허사(虛辭) 사용에 주의한다.

3.2. 문장의 문제성과 작문의 요령

3.2.1. 장문을 짓지 않는 요령

쉬운 문장을 지으란다고 짧은 문장만을 나열하면 문장이 단조로워지고, 유치해진다. 따라서 하나의 글 속에 들어가는 문장은 구조나 장단에 변화가 있어야 한다. 그래야 글이 활기가 있다.

장문을 짓게 되면 자연 조리에 맞지 않는 표현도 나오고, 그렇게 되면 난해한 글이 되기 쉽다. 따라서 지나치게 긴 문장을 많이 쓰지 않도록 하여야 한다. 긴 문장을 짓지 않는 요령으로는 다음과 같은 것을 들 수 있다(박갑수 외, 1985).

첫째, 문장의 길이는 50자 이내로 쓴다.

둘째, 일문일개념(一文一槪念), 또는 일문일사실(一文一事實)의 진술을 원칙으로 한다.

셋째, 문장구조를 단순화한다.

　① 단문을 즐겨 쓴다.

　② 대등절의 반복을 피한다.

　③ 관형절화를 피한다.

　④ 보문화를 피한다.

　⑤ 문장의 접속화를 피한다.

　⑥ 긴 문장의 삽입을 되도록 피한다.

　　⑦ 직접 인용을 길게 하지 않는다.

　그리고 이미 장문이 쓰였을 때에는 추고 단계에서 이를 단형화 할 일이다. 단형화의 요령으로는 다음과 같은 것을 들 수 있다(박갑수 외, 1985).

　　① 일문일개념, 일문일사실 주의로 문장을 분할한다.
　　② 문장의 길이를 50자 전후에서 나눌 수 있는 곳이 없는가 확인한다.
　　③ 병렬, 접속된 것을 분할한다.
　　④ 긴 관형절 등의 내포문을 분할하여 독립시킨다.
　　⑤ 도미문을 산열문으로 바꾼다.
　　⑥ 삽입 부연된 긴 사실은 분할하여 별도의 문장을 만든다.
　　⑦ 긴 인용문은 하나 이상의 복수의 문장으로 분할한다.

3.2.2. 난해한 문장을 짓지 않는 요령

　문장의 대표적인 문제로 지적되는 것이 난해성이다. 문장이 난해하지 않게 하기 위해서는 우선 앞에서 제시한 장문을 짓지 않아야 한다. 따라서 난해한 문장을 짓지 않기 위해서는 문장을 짧게 짓는다, 일문일개념주의(一文一槪念主義)로 문장을 짓는다, 문장구조를 단순화한다는 원리가 적용되어야 한다. 그리고 이밖에 다음과 같은 요령을 들 수 있다(박갑수 외, 1985).

　　① 성분생략을 하지 않는다.
　　② 문장 성분의 호응이 잘 되도록 한다.
　　③ 장문의 도미문을 피한다.
　　④ 어순을 바로 한다.
　　⑤ 병렬되는 문장을 동질의 것으로 한다.
　　⑥ 주·술어 및 수식·피수식어가 지나치게 떨어지지 않게 한다.

⑦ 모호성을 지니지 않게 표현한다.

⑧ 통사적으로 하자가 없으나, 의미면에서 불완전한 문장을 짓지 않는다.

3.2.3. 비논리적 문장을 짓지 않는 요령

글이 비논리적이란 것은 사고에 통일성이 부족하거나, 표현력이 부족해 문장이 제대로 지어지지 못한 것이다. 그리고 비논리성은 앞에서 언급한 장문성, 난해성과도 직·간접적으로 관련된다. 비논리적인 글을 짓지 않기 위해서는 우선 장문 내지 난해한 문장을 짓지 않도록 해야 한다. 따라서 비논리적인 문장을 짓지 않는 요령은 장문을 짓지 않는 요령, 및 난해한 문장을 짓지 않는 요령을 유념할 일이다.

비논리적인 문장을 짓지 않기 위해서는 또한 비논리성을 빚어내는 요인을 제거해야 한다. 이에 장문 및 난해문에서 언급된 비논리성을 빚어내는 요인을 포함하여, 비논리적 문장을 짓지 않는 요령을 몇 가지 제시해 보면 다음과 같다(박갑수 외, 1985).

① 부적절한 접속관계를 피한다.

② 만연한 장문, 만연한 도미문을 피한다.

③ 성분 간의 부적절한 호응, 및 성분의 생략을 피한다.

④ 시제의 통일을 기한다.

⑤ 논지에 모순이 없게 표현한다.

⑥ 주제나 입장을 부당하게 바꾸거나, 주체 및 주어를 부자연스럽게 바꾸지 않는다.

⑦ 부적절한 조사와 어미, 그리고 대명사 등 단어나 어구의 사용을 피한다.

⑧ 의미의 면에서 조응이 제대로 되지 않는 표현을 하지 않도록 한다.

⑨ 문장의 접속을 조리에 맞게 분명히 한다.

3.2.4. 비문법적 문장을 짓지 않는 요령

문법은 사고의 틀이다. 따라서 문법에 맞지 않는 글을 쓰게 되면 그 의미를 파악할 수 없는 난해한 글이 되고, 조리에 맞지 않는 글이 된다. 글의 최소한의 요건은 문법적으로 적격의 글을 써야 한다는 것이다.

문법적인 글은 우선 문장 성분의 호응이 제대로 되고, 조리에 맞고, 시제, 대우법 등이 맥락에 제대로 어울려야 한다. 그리고 여기서 더 나아가 조사, 및 활용어미의 사용이 제대로 쓰어야 한다. 이것이 제대로 되지 않으면 부적절하거나, 의미상 혼란이 빚어지거나, 무의미하거나, 이해할 수 없는 글이 된다. 비문법적 문장을 짓지 않기 위해서는 다음과 같은 요령을 지키는 것이 바람직하다(박갑수 외, 1985).

① 논리적인 사고를 한다.
② 지나치게 긴 문장을 쓰지 않는다.
③ 문장의 호응이 제대로 되게 표현한다.
④ 접속어의 표현이 제대로 되게 표현한다.
⑤ 시제·대우법이 어울리게 표현한다.
⑥ 조사 어미를 의미상 부합되게 표현한다.

4. 공용문의 작법

4.1. 공용문의 성격과 조건

공무원이 직무상 작성한 문서를 공문서(公文書)라 한다. 공문서는 사문서(私文書)의 대가 된다. 그리고 공문서를 흔히 공문(公文)이라 하며, 공서(公

書), 공용문서, 공첩(公貼)이라고도 한다. 이러한 공문서에 쓰인 문장, 곧 글을 공용문(公用文)이라 한다. 이 '공용문'이란 용어는 일용어로 쓰이는 것과는 달리 사전에는 등재되어 있지 않다. 일본에서는 '공용문 작성 요령', '공용문 작성 기준'과 같이 법령용어로도 쓰이고 있다. 그리고 '공용문'에 일반 공문서 외에 법령문, 판결문까지 포함하고 있고, 의무교육 단계에서 충분히 학습할 필요가 있는 것으로 본다.

공문을 쓴다는 것은 공용문을 작성하는 것이라 할 수 있다. 공문은 일정한 서식이 있다. 우리의 근대화 과정에서 고종(高宗)의 칙령 제1호도 바로 이 공문의 서식에 관한 것이었다. 高宗實錄, 卷之三十二를 보면 다음과 같다.

勅令第一號 朕裁可公文式制 使之頒布… 公文式 第十四條 法令勅令 總之國
文爲本 漢文附譯 或混用國漢文

공문서의 서식은 기관에 따라 '작성상의 지침', 혹은 '사무관리 규정' 등이 있어 이에 따라 작성되고 있다. 이와 달리 공용문을 작성할 때 문서의 내용과 형식에 대해 일반적으로 유의할 사항으로는 다음과 같은 것을 들수 있다.

① 시행상, 필요성 전제 조건이 충족되어 있는가?
② 법령, 통첩 등에 저촉되는 부분은 없는가?
③ 기한, 조건, 효력 등에 착오는 없는가?
④ 서식이나 체재 상 불비한 점이나 잘못은 없는가?
⑤ 발신자, 수신자 명은 올바른가?
⑥ 결재, 구분, 송부처 등에 잘못이나 빠진 것은 없는가?
⑦ 철자, 용어, 문법, 및 표현은 올바르며, 용자, 문체는 적당한가?

공문서는 법적, 또는 행정적 효과를 드러내는 것이다. 따라서 위에 열거한 점에 세심한 주의를 기울여 작성하여야 한다. 그러기 위해서는 사전에 충분한 준비·검토를 하여 충실하게 작성하도록 해야 한다. 그렇지 않으면 공용문에 하자가 생겨 문제가 발생한다.

훌륭한 공용문은 다음과 같은 조건을 갖추어야 한다. 따라서 이에 유의할 일이다.

① 논리적이어 읽기 쉽고, 알기 쉬운 문장이며, 서식에 맞아야 한다.
② 바르고 간명하며, 부족함이 없이 표현되어야 한다.
③ 오해나 반감이 빚어질 소지가 없어야 한다.
④ 용어나 문장이 어렵거나 복잡하지 아니한 구어체로 표현한다.

4.2. 공용문 쓰기와 실태

4.2.1. 공용문의 쓰기

그러면 구체적으로 공용문은 어떻게 쓰는가?

글은 주제에 따라 조립하여야 한다. 그 구성은 일반적으로 전문(前文), 주문(主文), 말문(末文)의 3부로 이루어진다.

우선 전문에서는 주제를 밝힌다. 말을 바꾸면 공용문 작성의 이유를 진술한다.

주문에서는 첫째, 이 문서를 작성하는 목적이나 취지를 밝히고, 둘째 이 목적이나 취지를 수행하기 위해 상대방에게 추구하는 바를 밝히며, 셋째 그 수행 방법을 밝힌다.

말문에서는 구체적으로 사무적인 수속 및 처리 방법을 서술한다.

문체(文體)는 한문 투의 문어체가 아닌, 구어체(口語體)로 할 것이며, 문장은 간결하고 복잡하지 아니하게 한다. 문장 수식은 삼간다. 용어는 가능한 한 일용어(日用語)를 쓰며, 피할 수 없는 경우가 아니면 어려운 말이나 전문 용어는 쓰지 않는다. 참고로 '법원 사무관리 규칙(1993. 9. 8. 대법원규칙 제 1265호)' 제10조 1항을 보면 다음과 같다.

> 문서는 쉽고 간명하게 한글로 작성하되 특별한 사유가 있는 경우를 제외하고는 한글맞춤법에 따라 가로로 쓰고, 뜻의 전달이 곤란한 것은 괄호 안에 영문·한자 등 외국어를 넣어 쓴다.
> 다만, km, kg, % 등 각종 단위의 부호를 나타낼 때에는 부호 그대로 표시한다.

4.2.2. 공용문의 표현 실태

앞에서 좋은 문장을 쓰기 위한 요령과 공용문 쓰기의 일반론을 살펴보았다. 그러면 구체적으로 공용문이 어떻게 쓰이고 있는가 살펴보기로 한다. 여기서는 공문을 보다 잘 쓰고, 순화하기 위한 차원에서 공용문의 실태를 간단히 살펴보고, 이어서 이의 문제성을 중심으로 그 실태를 살펴보기로 한다.

공용문은 그간 많은 발전이 꾀해졌다. 저간의 공용문의 문제로 박갑수 (1999)에는 다음과 같은 것이 지적된 바 있다.

① 어려운 한자어의 사용
② 권위주의적 표현
③ 비논리적이고 어려운 문장
④ 길고 복잡한 문장
⑤ 표기·어휘·어법상의 잘못
⑥ 용자

이러한 문제가 오늘날의 공용문에서도 반드시 문제가 안 되는 것은 아니다. 많이 개선되어 양적으로 줄고, 놀라울 정도로 순화되었다. 그 순화된 예를 몇 개 살펴보면 다음과 같다.

① 구어체와 쉬운 용어 사용

종래의 문어체 문장에서 구어체로 많이 바뀌었다. 이에 따라 어려운 한자어가 대부분 쉬운 고유어로 바뀌었다. 이러한 예를 하나 보면 다음과 같다. 이는 '배려하는 마음의 법'이란 유인물로, 법무부에서 추진하는 운동이다.

> 주차문화 서로 양보가 필요합니다.
> ① 주차 라인을 꼭 지켜 주차합시다.
> ② 남의 집 대문 앞이나 출입구에 주차하지 맙시다.
> ③ 다른 차량이 지나다닐 수 있게 주차합시다.
> ④ 주차할 때 차 안에 연락처를 남깁시다.
> ⑤ 주차문제로 시비를 걸지 말고 대화로 해결합시다.

다음의 예는 종래 흔히 '-시(時)'가 쓰이던 것이 고유어 '-때'로 순화한 것이다.

> ▪ 이런 때에는 즉시 신고해 주세요.
> · 범죄가 진행 중이거나 직후인 때(<시)
> · 주변상황으로 봐서 범죄가 예상될 때(<시)
> · 누군가 현재 위험에 처해 있을 때(<시)
> · 위험한 물건이 공공장소에 놓여 있을 때(<시) <서울지방경찰청>

그러나 이렇게 모든 공용문이 구어체와 쉬운 말로만 이루어지고 있는 것

은 아니다. 공용문의 문장에 따라 차이가 있고, 같은 문장에서도 문어체가
남아 쓰이는가 하면, 어려운 한자어가 쓰이기도 한다.

- 최고가매수신고인과 <u>차순위매수신고인</u>을 제외한 다른 매수신청인들
  의 매수신청보증금은 입찰절차가 종결되는 즉시 반환합니다.
  - 최고가매수신고인이 매각결정기일까지 농지취득자격증명을 제출하지
    아니함으로써 매각이 <u>불허가될</u> 때에는 매수신청보증금을 반환하지
    않고 이를 <u>배당시</u> 매각대금에 산입한다. >허가되지 아니할, >배당
    할 때 <법원경매부동산의 매각 공고, 의정부지방법원 ××지원>

② 종결어미의 순화

  종래의 공용문은 종결형태가 '-ㄹ 사', '-ㄹ 것', '-어야 ㄴ다'와 같은
권위주의적인 표현이 많았는데 오늘날의 공용문은 '-ㅂ 니다'거나, '-음',
또는 명사 종결형태가 많아졌다.

- … 토지 등의 소유자 및 관계인에게 개별통지합니다.
  - … 평가한 금액의 산술평균한 금액으로 보상금을 산정합니다.
  - … 열람기간 만료일부터 30일 이내에 사업시행자에게 서면으로 제
    출하여야 합니다.
        <보상계획공고, ×× 시장>
- … 이미 수행중인 과제를 포함해서 2개 과제까지만 지원받을 수 있음.
  - -산학협력 기술개발사업 등 일부사업의 경우, 대학, 연구기관 등
    이 주관기관으로 참여가능
  - 세부 사업별, 과제별 특성에 따라 기술료 납부 기준이 다르므로 개
    별 사업공고를 반드시 참조
  <2016년도 중소·중견기업 기술개발 지원사업 통합공고, 중소기업청>

③ 친절한 표현

일반적으로 공문서가 종전의 고압적 표현에서 친절하고 자상한 표현으로 바뀌었다. 이러한 예를 '가족관계등록부 등의 증명서 교부 등 신청서'의 '작성방법'에서 두어 가지 항목을 보면 다음과 같다.

- 공동상속처럼 신청대상이 수인일 때 신청대상자란에 "별지와 같음" 이라고 기재한 후 별지서식을 이용하여 기재할 수 있으며, 이 경우 신청서와 별지를 간인(서명)을 하여야 합니다.
- 신청서를 작성하는 경우에는 대상자의 성명과 등록기준지를 정확히 기재하여야 합니다. 본인, 배우자, 직계혈족과 그 대리인의 경우와 아래 5.의 경우에는 대상자의 성명과 주민등록번호로도 청구할 수 있으나, 우편으로 청구할 때에는 등록기준지를 반드시 기재하여야 합니다.
- 가족관계등록부의 기록사항 전부를 확인하고자 할 경우에는 '등록사항별 증명서', 그 일부만을 확인하고자 할 경우에는 '일부사항 증명서' 교부를 신청하여야 합니다.

④ 권위주의적 표현이 많이 순화되었다.

공용문에 종래 많이 쓰던 '지시, 시달, 당부' 및 '경고, 엄단, 보고, 제출' 등의 위압적인 용어가 거의 사라졌다. 그리고 법률 문장에서 많이 쓰이던 '-ㄴ 자'가 '사람' 또는 '분'으로 순화되고 있다.

- 주민등록이 되어 있거나… 다음 이유로 외국에서 투표하려는 사람
  · 사전투표기간 개시일 전 출국하여 선거일 후에 귀국이 예정된 사람
  · 외국에 머물거나 거주하여 선거일까지 귀국하지 아니할 사람
  　　　　　<국외부재자 신고 안내문, ×× 구청장>
- … 등록부 등의 기록사항에 관한 증명서를 교부받은 사람은 3년 이하의 징역 또는 1천만원 이하의 벌금에 처하게 됩니다. <가족관계등

록부 등의 증명서 교부 등 신청서>

▪ … 거소불명으로 통지를 받지 못한 분에 대하여는 '공익사업을 위한 토지 등의 취득 및 보상에 관한 법률' 시행령 제8조에 의거 본 공고로 갈음합니다. <보상계획공고, ××시장>

그리고 앞에서 언급한 바와 같이 '-ㄹ 것', '-어야 ㄴ다'와 같은 권위주의적 종결 형태가 대부분 '-ㅂ 니다' 투의 경어체의 평서형으로 바뀌었다.

⑤ '어려운 한자어의 사용, 권위주의적 표현, 비논리적이고 어려운 문장, 길고 복잡한 문장, 표기·어휘·어법상의 오용' 등 문제성이 아직 남아 있다.

이들에 대해서는 다음 항 '공용문의 문제성'에서 살펴보게 된다.

4.3. 공용문의 문제성

① 문어체 및 어려운 한자어의 사용

공용문은 많이 순화되었다고 하나 아직도 어려운 한자어가 많이 쓰이고 있다. 이러한 현상은 법률용어가 아직 순화되지 않아 이로 말미암아 빚어지는 면이 적지 않다.

▪ 친생자관계 부존재확인판결, 친생부인판결 등으로 가족관계등록부 폐쇄후 다시 출생신고하는 경우에만 기재합니다.
  · 출생전에 태아인지 한 사실 및 태아인지 신고한 관서<출생신고서 작성법>
▪ 서기 512년, 이사부 장군의 우산국 부속은 독도영유권에 관한 역사적 권원을 갖는다. <독도와 삼척의 역사문화, 삼척시>
▪ 친양자의 복리를 위하여 필요함을(필요하다는 것을) 친양자의 부모가

구체적으로 <u>소명 할</u> 때 >해명할 <가족관계등록부 등의 증명서 교부 등 신청서>

- 징계개시신청 대표적인 유형
  - 선임계미제출 변론
  - 이해관계 상반 의뢰인간 사건 수임
  - 서면 약정없는 공탁금 등의 보수 전환 <법조윤리협의회>

- '접수공무원의 수임인 신분확인란'은 접수공무원이 <u>수임인</u>인 출석자의 신분증을 통하여 <u>수임인</u>의 인적사항을 확인한 후 접수공무원이 날인하여야 합니다. >위임을 받은 사람<위임장 서식>

- '제품·공정개선 기술개발사업은' 15년부터, '산학협력기술개발' 사업의 참여기업은' 13년부터 참여횟수 <u>계상</u> >계산 <중소기업청>

- … 매수신청보증금을 반환하지 않고 이를 <u>배당시</u> 이를 매각대금에 <u>산입한다.</u> >배당할 때/ 넣는다. <법원 부동산의 매각공고>

- 단, <u>해지시</u> 세금의 <u>차감으로</u> 인해 <u>원본손실</u>이 발생하는 경우에는 보전하지 않습니다.<신한은행 연금솔루션으로>

- 열람을 <u>구하는</u> 사건 1건당 500원
  - 등사를 <u>구하는</u> 부분이 속해 있는 사건 1건당 500원, 1장당 50원 <사건기록 열람/등사 신청서, ×× 중앙지방검찰청>

- 자동차 운전면허 행정처분(취소·정지)에 대한 <u>감경</u>을 요청합니다. <운전면허행정처분 이의신청서, ×× 지방경찰청장>

- 서비스 동의된 후 전화, <u>내소</u>, 방문을 통한 상담 서비스 제공 >본인이 오거나 <서울시 자살예방센터>

② 권위주의적 표현

권위주의적 표현은 대부분 순화되었으나, 아직 사람을 지칭할 때 '-ㄴ 자' 등 다소 폄하하는 느낌을 주는 용어가 사용되고 있다. 이는 법률용어의 영향이 크다. 이밖에 '-어야 합니다'도 아닌, '-어야 함'이란 표현이 보인다.

- 단순음주 취소 처분자
  - ·- 음주운전 인적피해 교통사고를 일으킨 자
  - ·- 측정요구에 불응하거나, 도주, 단속 경찰관 폭행한 자
  - ·- 과거 5년 이내 3회 이상의 인적피해 교통사고 전력이 있는 자

    ＜운전면허행정처분 이의신청 안내, ××지방경찰청＞
- 법조윤리와 관련된 법령을 위반한 <u>자에</u> 대한 징계개시의 신청 또는 수사의뢰 ＜법조윤리협의회＞
- ××구청 홈페이지의 강사은행에 등록된 <u>자</u> ＞사람＜신규강좌 강사 모집 공고＞
- 공동장비를 보유한 대학, 정부출연연구소… 등은 일제조사에 <u>협조하 여야 함.</u> ＜공동활용장비 일제조사 안내, 산업통상자원부＞
- 계약체결 후 18개월 이내에 낙찰금액의 30%를 <u>완납하여야 함</u>. ＜관 광휴양산업용지 매각공고, 여수시＞

③ 비논리적이고 어려운 문장

비논리적인 표현은 우선 부적당한 용어 사용에 의해 빚어지고, 조리에 맞지 않는 사고, 복잡한 문장 등에 의해 빚어진다. 우선 논리적 사고를 하고, 그것을 충실히 문장으로 표현하도록 해야 한다.

- 지원대상 : 중위소득 40% 이하이면서 <u>부양의무자 기준을</u> 충족하는 경우 ＞부양의무자가 없다는 기준·피부양의무기준
  부양의무자기준 : 부양의무자가 없거나 부양의무자가 있어도 <u>부양능 력이 없거나</u> 부양받을 수 없는 경우 ＞부양능력이 없어서 ＜보건복 지부·국토교통부·교육부＞
- 지방공기업의 경영에 관한 전문적인 식견과 능력 및 풍부한 경험을 갖춘 자로서 지방 공기업법 제60조에 규정한 임원의 <u>결격사유에 해당 하지 아니하고</u> 공고일 현재 우리 공단에서 정하는 <u>응모자격에 해당하 시는 분</u>. ＞ 결격 사유가 없고/ 응모자격 기준에 부합하신 ＜××환

경공단 임원추천위원회>

- 그럼에도 불구하고 작금으로 일본의 극우세력들은 이러한 역사적 사실을 <u>부정한 채</u>, 망언과 불법행위를 일삼고 있다. >부정하며 <독도와 삼척의 역사문화, 삼척시>

- 우리 공단에서는 베트남·캄보디아·라오스·중국·미얀마 등 신흥 <u>개도국으로</u> 창업을 준비 중인 분들에게 국가별 맞춤형 교육지원 사업을 추진하고 있습니다. >개도국에서 창업을 하고자 <2015 하반기 해외창업교육 참가자 모집 공고, 중소기업청>

- 법조윤리협의회는 법조윤리 법규 위반자에 대한 징계개시 신청 또는 수사의뢰를 포함 해 법원·검찰·<u>변호사단체를</u> 아울러 국민의 눈높이에 맞는 <u>법조윤리 확립을 위한</u> 대책을 수립하는 독립적이고 중립적인 기관입니다. >변호사단체가/ 법조윤리를 확립 하도록
  · 국민 여러분은 법조윤리 법규위반자를 법조윤리협의회 <u>홈페이지에 진정할</u> 수 있습니다. >홈페이지에 게재할(고발할)
  · 법조윤리협의회는 진정된 내용을 <u>검토한 결과</u>, 혐의가 발견되면 대한변협에 <u>징계개시신청</u> 또는 검찰에 수사의뢰를 합니다. >검토하여/ 징계신청 <법조윤리협의회>

- 기타 자세한 사항은 여수시청 홈페이지 고시, <u>공고나</u> 공영개발과 문의 >공고를 참고 하거나 <관광휴양산업용지 매각공고, 여수시>

④ 길고 복잡한 문장

문장이 지나치게 길면 복잡하고 난해해진다. 앞에서 제의한 바와 같이 문장의 길이는 50자 내외로 하는 것이 바람직하다. 그런데 아직도 판결문, 공소문, 감사원의 감사 문장 등에 지나치게 긴 문장이 많이 쓰이고 있다. 다음에 판결문의 예를 하나 보기로 한다.

이는 2009. 11. 26. 헌재(憲裁)에서 선고된 '혼인빙자 간음죄 사건'에 대한 판결문으로 문장의 길이의 면에서 볼 때 특수한 것이 아닌, 평범한 것이

다. 최근의 판결문은 전에 비해 많이 짧아진 편이다. 이 판결문도 이러한 유형에 속하는 것이라 하겠다. 이 판결문의 '이유'는 13개의 문장으로 되어 있으며, 그 길이는 각각 다음과 같이 되어 있다.

제1문 72자, 제2문 121자, 제3문 79자, 제4문 167자, 제5문 57자, 제6문 62자, 제7문 69자, 제8문 105자, 제9문 125자, 제10문 94자, 제11문 103자, 제12문 148자, 제13문 62자

따라서 이 판결문의 이 부분의 평균자수는 96자로, 바람직한 길이의 약 2배가 된다 할 것이다. 이 판결문에 쓰인 167자의 제4문을 보면 다음과 같다.

이성 간에 성행위를 함에 있어 미성년 또는 심신미약의 부녀를 상대로 한다거나, 폭행이나 협박 등 폭력을 수단으로 한다거나, 여성을 매매의 대상 또는 흥정의 미끼로 삼는다거나, 그 장면을 공중에게 노출시킨다거나, 또는 그로 인하여 위험한 질병이 상대방에게 전염되게 한다거나 하는 등의 해악적 문제가 수반되지 않는 한 이성관계 자체에 대하여 법률이 직접 개입하는 것은 성적 자유에 대한 무리한 간섭이 되기 쉽다.

이 문장은 산술평균을 낼 때 적어도 3개의 문장으로 분할해야 바람직한 길이라 할 수 있다. 이 문장은 1문장 1문절을 이루는 것으로, 그 내용으로 볼 때 적어도 2개의 문장으로 나누는 것이 바람직하다. 첫 문장은 성관계에 의한 해악적 문제에 대해 언급하고, 둘째 문장에서는 해악적 문제가 아닌 한 법률이 개입하는 것은 무리한 간섭이라고 이유를 밝히는 것이다. 그렇게 구분하면 평균 80자 정도가 되어 그래도 긴 편이나 본래의 문장보다는 덜 복잡하고 읽기 쉬운 문장이 될 것이다.

이러한 판결문과는 달리 아직도 700자 이상의 긴 판결문도 꽤 있다. '교

정판례집'(법무부, 2012)에서 그런 예가 들어 있는 긴 판결문을 몇 개 보면 다음과 같다.

영치물사용 불허가처분 (2012. 3. 29) 849자
광주지방법원 선고(손해배상) (2007. 4. 18) 771자
대구지방법원 선고(손해배상) (2008. 10. 17) 849자
수원지방법원 선고(손해배상) (2007. 2. 9) 714자
대구지방법원 경주지원 선고(손해배상) (2011. 8. 19) 1,104자

다음에는 판결문이 아닌, 일반 공용문의 예를 하나 보기로 한다. 이는 구청의 공고로, 154자의 복잡한 문장이다. 이는 둘, 또는 세 문장으로 분할하는 것이 바람직할 것이다.

 • 이수역 2번 출구 외 20개소에 설치되어 있는 자전거 보관대에 10일 이상 무단방치된 자전거 50대를 '자전거이용활성화에 관한법률 제20조·동법 시행령 제11조', '무단방치 자전거의 처분'의 규정에 의거하여 수거·이동보관하고 있으니 무단방치자전거 소유자는 2016. 1. 4(월)까지 거주지 동주민센터 또는 ××구청 교통행정과(××51-××81 담당 ×××)에 문의하여 주시기 바라며, 공고후 찾아가지 아니한 경우에는 매각처분됨을 알려드립니다. <서울특별시 ××구 공고>

⑤ 생략·중복 표현

공용문 가운데는 간결하게 쓰려는 나머지 용어나 조사(助詞) 등을 지나치게 줄여 그 의미를 파악하기 어렵게 하는 것이 있는가 하면, 이와는 반대로 중언부언 반복하여 바람직하지 않게 쓰인 것이 보인다. 먼저 생략에 의한 문제성이 있는 문장을 보면 다음과 같다.

- 종전의 <u>주민등록증</u>(다음 각 목의 어느 하나에 해당하는 경우에는 제외합니다.) >'-을 반납하지 않습니다.'를 추가. <주민등록증 재발급신청서>
- <u>창업을</u> 준비중인 분들에게 국가별 맞춤형 교육지원 사업을 추진하고 있습니다. >창업을 하고자
  - <u>개인정보동의서</u> >개인정보공개동의서 <중소기업청>
- 과세기준 및 과세방법은 향후 <u>세법개정 등에</u> 변동될 수 있습니다. >세법개정 등에 따라서
  - 장년취업 경쟁력 키우기-장년고용 <u>지원금</u>-중장년 일자리 <u>희망센터</u>-생애설계 · <u>이모작지원사업</u> >지원금 제공/ 희망센터 운영/ 이모작지원사업 시행 <신한은행 연금 솔루션으로>
- 국토이용의 효율성 제고와 한정된 토지공간의 <u>이용을</u> 도모하여 지방화시대에 부응하는 지방산업의 육성… 기여코자 하는 데 목적이 있음. >효율적 이용을 도모하여
  <일반산업단지계획 열람공고, ××시장>
- 이런 때는 신고해 주세요.
  - <u>범죄가</u> 진행 중이거나 직후인 때 >범죄행위가
  - 주변상황으로 봐서 <u>범죄가</u> 예상될 때 >범죄행위 발생이<서울지방경찰청>
- 신청방법 ① 서울시이텍스(http//etax.seoul.go.kr) 접속, 화면하단의 <u>전자고지신청클릭</u> >전자고지신청을 <전자고지서비스 안내문>
- '미안합니다', '실례합니다' 말을 자주 합시다. >실례합니다란
  - 서로 양보하고 배려하는 "미안합니다"… "<u>실례합니다</u>" 말은 세상을 따뜻하고 행복하게 만들어 줍니다. >"실례합니다"란 <법무부>
- 현장 <u>실태조사</u> 관련하여 궁금한 사항은 …연구장비센터로 문의 >실태조사와 <공동활용장비 일제조사 안내, 산업통상자원부>

중복 표현을 하여 바람직하지 않은 것으로는 다음과 같은 것이 보인다.

• 지방공기업의 경영에 관한 전문적인 식견과 능력 및 풍부한 경험을 갖춘 자로서 지방 공기업법 제60조에 규정한 임원의 <u>결격사유에 해당하지 아니하고 공고일 현재 우리 공단에서 정하는 응모자격에 해당하시는 분.</u> >결격 사유가 없는< ××환경공단 임원추 천위원회 >

위의 보기에서 '공고일 현재 우리 공단에서 정하는 응모자격에 해당하시는' 은 이미 설명이 끝난 것을 중복하여 언급한 것으로 불필요한 것이라 하겠다.

⑥ 표기 · 어휘 · 어법상의 오용

• 재외국민용 주민등록증은 외교부의 <u>해외이주신고</u> 통보받은 이후에 교부할 수 있습니다. >해외이주신고를 < 주민등록증 재발급신청서 >

• 전자고지혜택 : 자동이체납부시 150원 세액공제, 자동이체납부와 전자고지를 함께 신청 시 <u>500원을</u> 세액공제되며 >500원이 < 전자고지 서비스 안내문 >

• 어린이에게 긴급전화 교육을 <u>시켜주세요.</u> >하여 주세요. < ××지방경찰청 >

• 위기관리 서비스(<u>동의된</u> 대상에 한함) >동의한 < 서울시 자살예방센터 >

• 산업통상자원부가 지원한 산업기술장비(연구장비)의 <u>활용실적을 일제조사하고</u> 현장 실태조사를 통해 활용실태를 파악하여 유휴장비 재배치 등 장비의 활용도를 제고 >활용 실적 조사와 < 공동활용장비 일제조사 안내, 산업통상자원부 >

• 이를 <u>국민에게</u> 미리 알려 의견을 듣고자 다음과 같이 공청회를 개최하오니 많은 참석바랍니다. >국민 여러분께 < 공청회 개최공고, 미래창조과학부 >

• 가능성을 품은 씨앗인 학생들의 꿈이 활짝 <u>피울</u> 수 있도록 자유화기제가 함께 합니다. >피어날 < 꿈꾸는 중학생, 응원하는 대한민국, 교육부 >

• 삶과 죽음에 대한 <u>양가감정</u>에 대해 파악하고 변화에 대한 계획 세우

기 >양자 감정? <서울시 자살예방센터>

위의 '자살예방센터' 문장은 오기, 또는 어휘 사용에 오류가 있는 것으로
의미가 불분명하며, 문맥상 그 의미가 삶과 죽음 '양자(兩者)'에 대한 감정일
것으로 추정될 뿐이다.

⑦ 외래어의 과도한 사용

한자어의 사용이 줄어든 대신 서구 외래어가 많이 쓰이고 있다. 우리말
이 있는 것은 구태여 외래어를 쓸 필요가 없다. 순화해야 한다. 이러한 외
래어의 사용은 근원적으로 기구나 사물명이 외래어로 되어 있어 외래어가
많이 쓰인다는 혐의도 많다. '2016년도 소상공인·전통시장 지원사업 통합
공고'(중소기업청)에는 외래어가 무더기로 쓰이고 있다.

> ▪ 소상공인사관학교 : 유망 아이템 분야로 창업하려는 예비창업자를 선
> 발하여 전문이론교육, 점포경영체험, 창업멘토링을 패키지로 지원
> ·소자본 해외창업지원 : 국내 소상공인 및 해외창업 예정자에게 교
> 육 및 해외 인큐베이팅을 통한 현지 창업활동을 지원
> ·최신 트렌드에 맞는 신사업 아이디어의 사업화에 필요한 이론 및
> 실습교육
> ·ICT 전통시장 : ICT카페, 모바일 POS보급, 스마트 전단지, 쿠폰시
> 스템(앱)지원
> <2016년도 소상공인·전통시장 지원사업 통합 공고, 중소기업청>
> ▪ 원터치 SOS 시스템이란?
> ·원터치 SOS 가입방법
> ·스마트폰 앱(AP) 긴급신고
> ·앱스토어에서 무료 다운로드

· 서울청 <u>모바일홈페이지</u> <u>QR코드</u> <××지방경찰청>
▪ '배려 인증샷' <u>릴레이</u> 캠페인
  법무부에서는 배려문화를 확산시키기 위해 '배려' 경험 댓글 달기, '배
  려' 상황 <u>인증샷</u> 올리기 등의 <u>이벤트</u> <u>캠페인</u>을 벌이고 있습니다.
  <법무부>

⑧ 체언형 종결

공용문의 종결형이 '-ㅂ니다'체로 많이 바뀌었으나, 명사형 어미 '-(으)ㅁ'
이나, 체언, 또는 '-것'으로 끝나는 것도 상당 수 보인다. 특히 체언 실사로
끝나는 것은 경우에 따라서는 의미를 분명히 드러내지 못하는 경우도 있다.
아래의 보기 가운데 "분쟁이 발생하는 경우 응모자 책임" 같은 경우는 '응
모자 책임'이 어떻다는 것인지 분명치 않다. '<u>응모자 책임임</u>.'이라 하여야
의미가 분명해진다.

▪ … 매수신청보증금을 반환하지 않고 이를 배당시 매각대금에 산입한
  다. 불법형질변경으로 인한 원상복구가 필요한 경우 매수인이 이를
  분담할 수 <u>있음</u>.
  · 민간부담 현금은 민간부담금의 40~60% 이상을 원칙으로 <u>할</u>.
    <법원 경매부동산의 매각공고>
▪ 세부내용은 사업별 공고 참조
  · 기업별 기술료납부 비율에 따라 정부출연금의 10~20%를 <u>납부</u>
  · 온라인(인터넷)을 통한 사업계획서 <u>접수</u>
    <2016년도 중소중견기업 기술개발 지원사업 통합공고, 중소기업청>
  · 아이디어 내용 중 타인의 권리 및 지적재산권 등의 이유로 분쟁이
    발생하는 경우 <u>응모자 책임</u> <꽃 생활화를 위한 아이디어 공모전,
    농림축산부, 농협>
▪ 의사나 조산사가 작성한 <u>것</u>

· 출생자가 병원 등 의료기관에서 출생하지 않은 경우에는 출생사실
  을 알고 있는 자가 작성한 것 <출생신고서>

이밖에 종결형은 아니나, 체언형의 표현으로 '-ㄹ 것을 + (동사)'형의
표현은 번역투의 냄새가 나는 바람직하지 못한 어투이다.

▪ 국민 여러분께서도 불법과 폭력이 이 땅에 발붙이지 못하도록 정부를
  믿고 힘을 모아 <u>주실 것을</u> 부탁드립니다. >주시기를 <대국민호소
  문, 교육부장관, 법무부장관 외>

⑨ 용자(用字)

공용문은 대체로 한글전용을 하고 있다. 그런데 어려운 한자어가 많이
쓰인 경우(판결문 등)는 한글전용을 했을 때 이해하기 어려운 경우도 있다.
따라서 이런 경우는 한자를 괄호 속에 병기하는 것이 바람직할 것이다. 최
근의 공용문은 한자가 쓰이지 않는 대신 알파벳이 많이 쓰이는 경향을 보
인다. 이들은 대체로 어두문자의 나열로, 일상적인 것은 별문제가 없으나
그렇지 않은 것은 그 의미를 파악하기 곤란하다. 이는 새로운 공용문장의
문제로 부각되고 있다.

▪ 원터치 SOS 시스템이란?
  · 원터치 SOS 가입방법
  · 스마트폰 앱(AP) 긴급신고
  · 서울청 모바일홈페이지 QR코드 <××지방 경찰청>
▪ MMS를 이용한 112신고
  · IDS(신속배치시스템) 활용 무전지령 <××지방경찰청>
▪ Post China 생산기지 확보를 꿈꾸는 기업인 여러분들의 많은 참여를

부탁드립니다. <Kotra>
- WC300 R&D 사업은 대상기업 별도 안내 예정 <중소기업청>
- ICT 카페, 모바일 POS보급, 스마트 전단지·쿠폰시스템(앱) 지원 <중소기업청>

이밖에 근자에 우리 주변에 동음어에 한자 및 외국어를 알파벳으로 쓰는 것이 유행하고 있는데, 이것이 공용문장에까지 확산되고 있는 것을 볼 수 있다. 이는 고용문의 권위를 실추시키는 것으로 바람직한 것이 못 된다.

- 층간소음은 줄이 GO!
  층간소통은 늘이 GO! <서울특별시>

⑩ 신조어의 사용

공용문의 문제성 가운데는 낯선 신조어의 사용도 그 가운데 하나로 들어야 할 것 같다. 이러한 것으로는 '도우미, 윗물맑기운동, 거수자 신고센터, 문화유산의 해, 청결운동, 분리 수거, 쓰레기 배출, 통일 대박' 따위가 이런 것이다. 이들 용어들은 조어(造語), 어법, 의미 등의 면에서 모두 문제가 되는 것이다. 순화를 요한다. 공공기관의 신조어는 주의에 주의를 기해야 한다.

5. 결어

공용문의 순화를 논의하기 위하여 좋은 문장의 작법을 살피고, 이어 공용문의 실태 및 이의 문제성을 살펴보았다.

공용문이란 나라나 지방 공공단체가 작성한 공문서를 말한다. 이는 협의로 공무원이 작성한 공문서를 뜻하며, 광의로는 관공서의 문장 외에 법령을 가리키고, 나아가 은행이나 회사 등이 발행하는 정식 문서를 가리키기도 한다. 공용문이란 한 마디로 사문서(私文書)가 아닌 공적인 문서, 공용문서(公用文書)라 할 수 있다.

종래의 공용문은 ① 어려운 한자어의 사용, ② 권위주의적 표현, ③ 비논리적이고 어려운 문장, ④ 길고 복잡한 문장, ⑤ 표기·어휘·어법상의 오용, ⑥ 용자의 제한 등의 특성을 지녔다. 그런데 근자의 공용문은 이들이 많이 개선되었다. 많이 순화된 것이다. 그러나 아직도 공용문은 많은 문제성을 지니고 있는 것이 사실이다.

공용문의 문제성으로는 앞에서 제시한 바와 같이 다음과 같은 열 가지를 들 수 있다.

① 문어체 및 어려운 한자어의 사용
② 권위주의적 표현
③ 비논리적이고 어려운 문장
④ 길고 복잡한 문장
⑤ 생략·중복이 많은 문장
⑥ 표기·어휘·어법상의 많은 오용
⑦ 외래어가 많이 사용되는 문장
⑧ 체언형의 종결을 짓는 문장
⑨ 용자에 알파벳이 많이 사용되는 문장
⑩ 낯선 시조어를 사용하는 문장

글은 전달·소통을 하기 위해 쓰는 것이다. 더구나 공용문은 공공기관에서 특정한 사실을 많은 대중, 혹은 특정한 대상에게 전달하기 위해 작성하는 문장이다. 따라서 이는 문장의 기본 요건인 3C1E를 갖추어야 한다.

Clear(명료), Correct(정확), Concise(간결), Ease(이독성)를 갖추어야 한다. 그러기 위해서는 위에 제시한 공용문의 문제성은 개선되어야 한다. 이는 다른 말로 하면 순화해야 한다.

공용문의 순화는 넓은 의미의 국어순화의 차원에서 수행하도록 할 일이다. 앞에 제시한 공용문의 문제성과 같은 것을 개선해야 한다. 그러나 이러한 개별적인 사실의 개선, 순화에 앞서 국어를 순화하고, 이해하기 쉬운 바른 글을 써야 하겠다는 의식이 선행돼야 한다. 이러한 의식 없이는 국어순화, 내지 공용문의 순화는 불가능하다. 공용문의 순화에 앞서 바르고, 고운 우리말을 써야겠다는 의식혁명이 국민 각자의 마음속에 일어나야 한다.

참고 문헌

박갑수(1984), 국어의 표현과 순화론, 지학사.
박갑수(1994), 올바른 언어생활, 한샘출판사.
박갑수(1998), 바람직한 공용문의 작법, 고양시 일산구.
박갑수 외(1985), 현대국어문장의 실태분석, 정신문화연구원.
박갑수 외(1998), 문장력강화특별교육교재, 감사교육원.
법무부(2012), 교정 판례집 Part 1, 법무부 교정본부 분류심사과.
유승환 편저(2015), 한 권으로 보는 최신판례 바이블, 법률저널.
岩淵悅太郎(1969), 新版 惡文, 日本評論社.
奧秋義信(1993), 日本語の文章術, 創拓社.
永野賢(1968), 惡文の診斷と治療の實際, 至文堂.
森岡健二(1964), 文章構成法, 至文堂.
Brooks & Warren(1970), MODERN RHETORIC, Harcourt Brace & World.

이 글은 본서에 수록하기 위해 공용문 작법과 국어순화를 주제로 새로 집필한 것이다. (미발표) (2015. 12. 27.)

2장 신문 문장의 오용 양상과 순화

1. 서언

언어에 대한 규제 정책은 대체로 근대화과정에서 펼쳐지기 시작하였다. 우리의 경우도 마찬가지다. 따라서 우리의 신문기사는 대체로 이러한 규제 정책이 펼쳐지게 된 이후 쓰이기 시작한 것이라 하겠다. 이런 면에서 신문 문장은 규범에 맞는 올바른 문장이 쓰였을 것이 기대된다.

한국의 신문은 1883년 '한성순보(漢城旬報)'를 발행하면서부터 시작되었다. 따라사 신문의 역사는 1세기가 넘었다. 그간 언어 규범은 여러 차례 개변되어, 1988년 오늘의 규범으로 확정되었다. 오늘의 신문 기사는 어느 정도 본궤도에 들어서 잘 쓰이고 있다 할 것이다.

그러나 막상 이 신문 문장을 구체적으로 분석해 보면 많은 문제를 안고 있는 것이 발견된다. 심하게 말하면 방송언어 같지는 않지만, '오용의 보고'라고 하여도 그리 심한 말이 아니다.

이 글에서는 이러한 신문 문장의 오용을 살펴보기로 한다. 다만 문법적인 오용에 그치지 않고, 신문 문장이란 특성을 고려하여 이의 특성과 관련된 표현도 아울러 살펴보기로 한다. 오용의 사례는 1999년에서 2001년 사이의 조선·중앙·동아의 기사를 분석하여 추출된 자료를 바탕으로 살표보게 될 것이다.

이 글에서 구체적으로 논의할 오용 사례는 어휘, 문법·구문, 표현, 표기가 된다. 그리고 구체적인 논의는 오용 사례를 유형화 하여 제시하고, 이러한 사례에 대해 원칙적으로 순화의 예를 그 뒤에 붙이기로 한다. 그리고 필요한 경우 이들에 대해 간단한 해설을 붙이게 될 것이다. 또한 논의를 하는 가운데 필요한 경우에는 이미 발표한 논문(박갑수, 1998 ; 박갑수 외, 1990)의 신문 문장의 오용 사례도 인용, 보충하게 될 것이다.

2. 신문 문장의 오용 양상

저자는 매스컴 언어의 오용과 순화에 대해 여러 편의 글을 쓴 바 있다. 신문 문장의 오용 경향에 대해서도 일찍이 논의한 바 있고, 구체적으로 신문사의 요청을 받아 신문 문장을 분석하고, 연수교육을 하기도 하였다.

이러한 과정에서 신문 문장의 실태를 분석해 보면 대체로 다음과 같은 면에서 오용이 나타나는 것으로 확인되었다.

<어휘>	<문법·문장>	<표현>
1. 형태	1. 주술호응	1. 표현 부족
2. 의미	2. 객술호응	2. 관용 표현
3. 외래어	3. 보술호응	3. 번역체
4. 약어	4. 접속호응	4. 의미호응
5. 난해어	5. 수식호응	5. 반복
6. 접속어	6. 한정호응	6. 주체
7. 지시어	7. 성분생략	7. 논거
8. 조사	8. 능·피동	8. 어순
9. 어근	9. 자·사동	9. 관점
10. 어미	10. 시제	10. 비유
11. 일어투	11. 진행형	11. 비속

<어휘>	<문법·문장>	<표현>
<표기>	12. 열거	12. 문장 간 호응
오기	13. 직·간접 표현	

이상의 영역은 대체로 대부분의 오용 영역이 망라되었을 것으로 생각된다. 따라서 이 글에서는 이상의 영역에 유의하며 오용의 실례를 추출하고, 이에 대한 논의를 전개하게 될 것이다.

3. 문장 표현상의 오용과 순화

3.1. 어휘상의 오용

어휘 사용면에서 문제가 되는 것은 무엇보다 바람직하지 않은 형태와 의미의 어휘다. 이 가운데 좀 더 문제가 되는 것은 문맥에 어울리지 않게 사용되는 의미의 경우다. 그 다음으로 문제 되는 것이 바람직하지 않은 형태의 낱말이다. 우선 이러한 것에는 지역방언, 특히 사투리가 있고, 형태적으로 바람직하지 않은 어근(語根)의 사용과 비문법적인 어휘 사용 등이 있다. 이 밖에 문제가 되는 것으로는 외래어, 약어, 난해어 등의 사용이 있다.

1) 형태상의 오용

형태적으로는 표준어 아닌 사투리가 많이 쓰이는 것을 볼 수 있다. 다음에 어휘 형태의 구체적인 오용 사례를 보기로 한다.

    ① 네트워크株 '시스코 효과' <u>비껴가나</u> (조 01. 11. 7) >비켜가나
    ② "손이 <u>시려워−</u> 꽁!" (조 01. 12. 5) >시리어

　　　손이 <u>시려워</u> '꽁'/ 골이 안터져 '꽁'/ 국민은행 단독2위 올라… 삼성
　　　생명 최소득점 수모 (동 02. 1. 3) ＞시리어

　③ 그래서 평화를 위해 '구체적으로 공헌'한 사람에게 주어지는 평화상
　　　은 이땅에서 <u>괜스러운</u> 불화(不和)의 소재가 되는 게 아닌가도 싶다.
　　　(동 00. 6. 16) ＞괜스레

　④ 집권은 <u>따놓은</u> 당상이고 어떻게 화려하게 해 나가느냐만 남았다.
　　　(문 01. 11. 23) ＞떼놓은

　⑤ 능선 따라 <u>지천에</u> 산나물/ 온몸 감싸는 향긋한 봄맛 (문 01. 5. 11)
　　　＞지천으로

　⑥ 그도 저도 아니고 <u>어정쩡하니</u> 겉모습만 '중립내각'이어서는 1년 내
　　　내 나라 안이 온통 선거바람의 아수라장인 가운데 국정은 끝도 없이
　　　표류할지 모른다. (동 02. 1. 5) ＞어정쩡하게

　⑦ '언챙이 곡마단' (중 01. 11. 21) ＞언청이

　⑧ 忠言逆耳한 잇단 元老 성명 政街 <u>들흔들어</u> (조 01.8. 16) ＞뒤흔들어

　⑨ "<u>임신복</u>도 맵시있고 편하게" (동 01. 11. 1)

　⑩ 삼성전자－하이닉스/ 허리띠 바짝 <u>조른다</u> (동 01. 7. 14) ＞조인다

　②는 지난날 초등학교 교과서에 "손이 시려워 꽁, 발이 시려워 꽁"하는
동요가 있어 오용이 빚어지게 된 것이라 할 수 있다. 이의 기본형은 '시렵다'
가 아닌 '시리다'이다. ③은 '괜스럽다'는 형용사는 없다. '괜스레'라는 부사
를 써야 한다. ④는 '떼놓은 당상'이란 속담을 잘못 인용한 것이다. ⑤는 '지
천에' 아닌, '지천으로'라는 부사를 써야 한다. ⑥은 '어정쩡하니'란 호남
방언을 쓴 것이다. ⑨는 아직 표제어로 올라 있지 않은 말이다. 이는 의미
상 '임부복'이 어울릴 것이다. '임신복'은 어색하다. ⑩은 형태 및 의미가
근사한 말이다. 혁대는 역시 '조르기'보다, '조이는' 것이다.

2) 의미상의 오용

일물일어설(一物一語說)이란 것이 있다. 사물을 바로 표현하기 위해서는, 더구나 사실적인 기사문을 쓰기 위해서는 거기 어울리는 한 단어를 찾아 써야 한다. 그런데 신문 기사에는 의미상 어울리지 않는 표현이 많다.

① 金대통령이 국무회의 석상에서 '이상하다'고 표현한 것은 지난 2월 정부조직개편 당시 지시해 두었던 내용과 <u>틀리기</u> 때문이었다. (중 98. 4. 24) >다르기

② 한국인 징용자 <u>싣고</u> 귀국하다 침몰/ 우키시마號 희생자 일부 확인 (중 01. 11. 12). 태우고

③ 아파트 매매시장이 <u>소강상태에</u> 빠졌다. 거래가 뜸한 채 가격은 좀처럼 움직이지 않고 있다. (동 01. 10. 22) >활기가

④ 인기보다 최고의 연기자를 <u>넘볼</u> 만큼 당찬 욕심도 있다. (경 00. 8. 11) >넘어다볼

⑤ 성균관대 <u>일냈다</u>// 대학 최강 경희대에 5골 뒤지다/ 박태관 막판 분전 극적 뒤집기(중 01. 12. 27) >해 냈다.

⑥ 높이가 4천m나 되지만 그리 높아 보이지 않는다. 마을 자체가 해발 2천m를 넘는 <u>탓이다.</u> (중 02. 1. 16)>때문이다.

⑦ 비뇨기과 안에도 많은 분야가 있지만 요즘 다양한 약제와 치료법의 개발로 진일보하고 있는 성의학 분야도 결국은 이 문제가 <u>관건</u>이다. (동 01. 6. 11.) >해결의 열쇠다.

⑧ 그러나 이를 보장하는 제도적 장치는커녕 '북한의 변화'와 '김정일 위원장의 선의(善意)'를 <u>담보해</u> 주는 증표 또한 없는 현실이다. (사설) (조 00. 10. 2) >보증해

⑨ 그 정도도 '퍼주기'라고 치자. 나는 개혁의 기반을 튼튼하게 <u>꾸리기</u> 위해서라도 우리가 감당할 수 있는 능력과 수준을 주의 깊게 <u>천착하</u> <u>면서</u> 오히려 '퍼주기'의 영역과 심도를 끊임없이 확대하고 <u>심화시킬</u>

필요가 있다고 본다. (경 01. 5. 9) ＞영위하기/ 파악하면서/ 심화할

⑩ "왕건 하나도 안 부러워요"/ 강렬한 카리스마… 궁예 이후 시청률 견인/ 견훤 역 서인석 (중 02. 1. 17) ＞조금도

⑪ 물론 적당한 수준의 부동산 경기 상승은 경제를 자극해 소비촉진과 공급확대의 선순환을 일으킬 수도 있고, 서민들의 내 집 마련의 기회를 넓히는 효과도 있는 것이 사실이다. (동 01. 7. 25) ＞하게 할/ 키우는

⑫ 한 고위 당직자는 "원로들의 뜻을 여야 모두 정파적 이해관계에서 벗어나 받아들여야 한다"고 만 말했다. 전용학(田溶鶴) 대변인과 이미경(李美卿) 제3조정위원장도 "여야가 정쟁중심의 정치에서 벗어나라는 뜻으로 받아들이고 있다"고 우회했다.(조 01. 8. 16) ＞돌려서 말했다.

⑬ 영부인이 몰래 담배 핀다고? WP紙, 9년전 끊었던 부시 女史 흡연說 보도 (조 01. 6. 2) ＞대통령 영부인/ 피운다고

⑭ 꾸러기 책동네// 꾸러기 책광장 (表題) (중 01. 7. 28) ＞장난꾸러기

①, ②는 '다르다(異)'와 '틀리다(違)', '태우다(乘)'와 '싣다(載)'란 혼란이 빚어지는 대표적 예를 잘못 쓴 것이다. ③의 '소강상태'는 '소란이나 분란, 혼란 따위가 그치고 조금 잠잠한 상태'를 뜻한다. ④의 '넘볼'은 '남의 능력 따위를 업신여겨 깔보다'를 뜻하는 말로, 이는 '넘어다보다'와 구별되는 말이다. ⑤의 '일내다'나, ⑥의 '탓이다'는 부정적 의미를 지니는 말이다. ⑦의 '관건'은 '어떤 사물이나 문제 해결의 가장 중요한 부분'을 뜻하는 말로, '열쇠'의 의미가 아니다. ⑧의 '담보'와 ⑨의 '꾸리기'는 북한 어투를 느끼게 한다. ⑩의 부러움은 '하나, 둘' 셀 수 있는 대상이 아니다. ⑬의 '영부인(令夫人)'은 남의 부인의 존칭으로, '대통령 부인'을 지칭하는 말이 아니다. '피다'는 '피우다'의 사투리다. ⑭는 접미사로 독립해 쓰일 말이

아니다. 그래서 이는 '잠꾸러기, 욕심꾸러기, 장난꾸러기, 말썽꾸러기' 등 의미가 한정되지 않는다.

3) 외래어의 문제

외래어를 쓰면 안 된다는 것은 아니다. 다만 위세적 동기(prestige motive)에 의한 것, 난해한 것은 신문의 특성상 자제하는 것이 좋다. 다음의 ⑤ 이하는 '분석자, 전자우편 예금, 안녕, 대단원, 음악영상, 전시 인물' 쯤으로 순화하고, 외래어를 쓰지 않는 것이 좀 더 바람직할 것이다.

① '노래하는 고기떼'의 퍼득이는 감동/ 크로스 오버 그룹 노고떼 (경 99. 2. 26)
② 이를 주도하는 사람들이 이른바 '딕스'(DEWKs : dual employed with kids). (중 99. 3. 5)
③ 요즘 가을 맞아?/ 평년기온보다 3-7도 높아/ 전국 '인디언 서머' 현상 (동 01. 10. 27)
④ 동대문시장에 옷가게 낸 '클론' 멤버 구준엽/ "연예인 접고 새인생 꿈따리 샤바라" (동 01. 12. 4)
⑤ 애널리스트는/ 괴로워… (조 01. 6. 27)
⑥ 이메일 뱅킹. 휴대전화 소액결제/ '바가지 수수료' (조 01. 9. 17)
⑦ 아듀! 시드니/ '우리는 하나' 명승부 17일 접고 아쉬운 작별/ 사상 최대규모 불꽃놀이쇼 '감동의 피날레' (경 00. 10. 2)
⑧ 중국. 동남아 '韓流 열풍' 뮤직 비디오의 '힘' (조 01. 7. 31)
⑨ 社外이사/ '경영감시자'인가 '얼굴마담'인가 (조 00. 10. 2)
⑩ 우리의 월드챔피언 '전세비행기' 타고 가다/ 박세리 2주연속우승 도전 (경 98. 7. 9)

4) 난해어의 문제

일본에서는 대체로 의무교육(중학교)을 마치고 인생경험 10년쯤 한 사람을 신문의 평균독자로 보고 기사나 평론을 쓴다고 한다. 우리나라에서도 대체로 이런 정도를 기준으로 하고 기사를 작성하는 것이 아닌가 한다. 그런데 근자에는 모든 것이 전문화되면서 어려운 전문 용어가 신문에도 많이 쓰이게 되었다. 다음의 ①의 경제 용어, ②의 종교 용어, ③의 의료 용어, ④의 전쟁 용어 같은 것이 그것이다. 이러한 용어는 이해하기가 어려우므로, 그 말 앞에서 뜻을 풀어주면서 이러한 용어를 사용하는 것이 바람직하겠다. ③의 '水因性'은 그나마 한자가 쓰여 다행이고, ④의 '밀영(密營)', ⑤의 '소응(昭應)'은 한글로만 쓰여 더욱 의미파악을 어렵게 하고 있다.

① 분식會計 갈수록 '화장' 짙어져 (조 01. 8. 30)
② 천주교 徐貞德주교 선종 (조 01. 12. 25)
③ 水因性 질병 비상 // "장티푸스 발병 우려/ 수돗물 꼭 끓여마셔야"
   (조 01. 7. 16)
④ 검찰은 백두산 밀영과 묘향산 방명록 서명자 등 추가혐의자를 조사
   하겠다고 밝혔다. 그러나 이에 대해서는 혐의자와 증거를 확보하기
   가 쉽지 않을 전망이다. (동 01. 8. 24)
⑤ 적선을 하면 소응하여 발복하는 것이지 한반도에서 청룡은 승천하고
   백호는 멸종한지 오래라는 것을 알았으면 한다. (조 01. 6. 13)
⑥ 그런데 '성역 없는 조세 정의'와 '언론의 자유' 사이에는 일말의 타
   협 가능성도 없어 보인다. (동 01. 7. 11)

난해어의 문제로는 또 약어가 있다. 신문은 간결을 지향하여 약어(略語)를 많이 쓰고 있다. 익숙한 약어는 그렇지 않으나, 생소한 약어는 그 의미를 알

기 어렵다. 그런데 근자에는 한자어 약어는 물론 고유어 약어, 어두음만 딴 약어 약칭 및 서구어의 어두문자만 딴 약칭이 많이 쓰여 기사를 어렵게 하고 있다. '토초세(토지초과소득세), 행불(행방불명), DCC(digital compact cassette), UNDP(유엔개발계획), 떴다방(이동복덕방), 우생순(우리들 생애 최고의 순간)' 같은 것이 그 예다. 이들은 앞에서 풀이를 하고 이런 약어를 쓰도록 해야 할 것이다.

5) 조사의 문제

조사(助詞)는 허사(虛辭)라 한다. 그러나 이는 무시할 대상이 아니요, 우리 말에 있어 중요한 구실을 하는 어사(語辭)다. 이는 조리를 세우고, 문의(文意)를 결정하는 문법적으로 중요한 요소다. 그런데 신문에서는 간결성을 추구하는 나머지 특히 표제어에서 이것이 많이 생략되는데, 의미 파악이 어려울 정도로 생략하지 않도록 해야 한다. 물론 오용이 되어서도 안 된다. 다음의 몇 개의 예는 잘못 쓰인 경우와 생략의 용례이다. ①~③은 오용의 예이고, ④~⑦은 생략의 예이다.

① 작은 <u>잘못에</u> 전과자 量産막게/ 벌금刑 과태료로 전환 (중 98. 12. 31) >잘못으로
② 어느 시대 어떤 정치 <u>권력도</u> 검찰권 행사에 개입하려는 유혹을 느껴 왔다.(사설) (조 02. 1. 21) >권력이나
③ '믿을 수 있는 내 <u>사람들'에</u> 연연한 채 적당히 넘겨서는 죽도 밥도 안 된다. (동 02. 1. 5) >사람들에게
④ 황태자비 출산 '<u>호들갑</u>'(*) 거품 많아 (동 01. 12. 11) >호들갑에
⑤ 주민들 '<u>뒷북 행정</u>'(*) 반발 (동 01. 5. 10) >행정'에
⑥ 한나라당의 '언론탄압=김정일 답방 사전정지작업론(論)'에 대해 민

주당이 '웬 색깔논쟁?'이람(*) 노발대발하고 나섰다. 조 01. 7. 4) >
'웬 색깔논쟁?'이람 하며

⑦ "北韓은 主敵" 개념(*) 유지/ 국방부 '2000국방백서' (동 00. 12. 5)
  >개념을

⑧ 우리의 월드챔피언(*) '전세비행기' 타고 가다/ 박세리 2주연속우승(*)
  도전 (경 98. 7. 9) >월드챔피언이/ 2주연속우승에

②의 조사 '-도'는 '-이나'가 되어야 조리에 맞는 문장이 된다. ③은 유
정물의 여격(與格)은 '-에' 아닌, '-에게'를 써야 한다. ⑤는 원인을 나타내
는 조사가 생략된 경우이다.

6) 어근(語根)의 문제

'단어를 분석할 때, 실질적 의미를 나타내는 중심이 되는 부분'(표준국어
대사전, 1998)을 어근(語根)이라 한다. 이는 독립하여 쓰일 수 있는 자립어가
아니다. 자립어가 되기 위해서는 '-하다, -대다, -거리다' 따위가 붙어야
한다. 그럼에도 신문에서는 간결성을 추구해, 이 어근이 많이 독립적으로
쓰이고 있다. 이는 특히 표제어에 많이 나타난다. 이러한 어근의 독립어로
서의 사용은 바람직한 것이 못 된다. 그것은 비문법적 표현이기 때문이다.
다음의 예는 접사 '-하다'가 붙어야 하는 말이다.

① 탄저병(炭疽病) 외에도 생화학 무기 '수두룩' (조 01. 10. 18) >수
  두룩하다
② 사후관리 '간간'… 내부통제 '허술' (동 01. 6. 29) >간간하다/ 허술하다
③ '돈 풍년' 코스닥 뒷심도 탄탄 (동 01. 4. 25) >탄탄하다

다음의 예는 첩어 또는 첩어에 접사 '하다'를 붙여야 할 말이다.

① 영화 '찜' 베트남 흥행 1위/ 하노이 삼계탕 집도 '북적' (조 01. 5.
   12) >북적거린다/ 북적북적
② 정치인 북적 기업인 드문 (중 99. 4. 8) >북적거리고 · 북적북적/
   드물다 · 드문드문
③ "당선때 200만원 기부 요구"/ 고교 학생회장 선거 '시끌' (동아) >
   시끌시끌하다 · 시끌벅적('시끌시끌'도 어근임)

7) 체언 종결의 문제

신문의 표현에는 체언 종결형의 문장이 많다는 것이 하나의 특징이다.
이 역시 어근의 독립적 사용과 마찬가지로 간결성을 추구하기 위한 수단이
다. 체언 종결형은 주로 '적발, 취소, 상실, 고민'과 같이 동작성을 나타내
는 명사에 접사 '하다'를 붙이지 않고 서술성을 드러내는 것이다. 그런데
이와 달리 "新공항로 無人카메라/ 아직도 모두 '먹통'" (중 01. 7. 4)'과 같이
서술격 조사 '이다'가 생략되는 경우도 있다. 이들은 물론 문법적으로 수용
할 수 있는 표현이 못 된다. 그러나 이는 그렇다 치고, 이보다 더 문제되는
것이 있다. 그것은 뒤에 서술어가 와야 하는 경우인데 체언만으로 문장을
끝맺는 경우다. 이러한 예로는 다음과 같은 것이 보인다.

① 현대전자 회사채연장 不許/ 채권단 차관발행으로 가닥 (동 01. 4.
   25) >가닥을 잡다
② 政府규제-강성勞組 피해 해외로/ 企業 이민 (조 01. 6. 7) >이민을
   가다
③ '촉감'으로 盤上 헤아리며/ 바둑황제 이창호 한판 (조 01. 7. 20) >
   한판을 이기다
④ 김중배 사장 면담 일정/ 일방적 결정했다 '헛물' (한겨 01. 8. 10)
   >헛물 켰다

⑤ 클린턴 부부 퇴임후 '돈방석' (동 01. 1. 19) >돈방석에 앉다.

위의 ①~④는 서술어가 생략되어 객술호응이 안 되는 경우이고, ⑤는 한정호응이 안 되는 경우이다.

8) 활용어미(語尾)의 오용

어근(語根)과 상대적인 활용어미에 문제를 보이는 것도 있다. 이는 주로 동사에만 쓰이는 어미를 형용사에 씀으로 잘못이 빚어진 경우다.

① 아르헨發 금융위기/ 한국경제는 괜찮나 (동 01. 7. 19) >괜찮은가
② 佛像 커야 佛心 깊나(사설 제목) (중 01. 7. 4) >깊은가
③ 與 젊은 走者들 정말 새롭나 (동 01. 12. 4) >새로운가
④ "우리 母子처럼 가난한 이 돌봐 주거라" (동 98. 11. 4) >주어라
⑤ 머리를 갸웃하며 한국이 민주주의 맞냐고 물었을 정도니까. (조 01. 9. 4) >맞느냐고

④의 '거라'는 동사 '가다'에만 해당되는 불규칙활용이나, 언어 현실에서는 '되거라, 먹거라, 앉거라, 있거라, 자거라, 하거라' 등 폭넓게 일반화 경향을 보인다. ⑤의 '맞다'는 동사와 형용사의 양형이 있는 말이다.

9) 일어투(日語套)의 표현 문제

한·일어에는 같이 쓰는 한자어가 많다. 그리고 일본어를 그대로 수용하여 사용하는 경향이 있다. 우리의 많은 근대어가 일본어의 형태를 그대로 수용하여 사용하고 있음은 주지의 사실이다. 그런데 이와 달리 근자에 새로이 일본에서 쓰고 있는 한자어를 들여와 쓰고 있는 것도 있다. 본래 우리

는 그런 말을 쓰지 않던 것을 한자어의 형태를 띠고 있어 분별없이 그대로 매스컴에서 들여와 쓰는 것이다. 이는 바람직한 현상이 못된다.

① "누가 진짜프로냐" <u>진검승부</u> (동 01. 9. 14)
② 野-檢 오늘부터 '眞劍대결' (조 01. 11. 26)
③ '원조교제' 용어 대체/ '청소년 性매매' 선정 (경 01. 5. 16)
  "일본 용어인 원조교제는 청소년 성매매라는 의미를 희석시켜 당사
  자들이 별다른 죄의식을 느끼지 못하게 하고 있다"며 적합한 용어를
  제시한 사람에게는 50만 원의 상금을 줄 계획이라고 설명… (동 01.
  4. 45)

②는 'しんけんしよぶ(眞劍勝負)'라는 일본 말로, 이는 '목숨을 건 승부', 또는 '진지한 승부'를 뜻하는 말이다. 이 말은 정말 근자에 새로 차용된 번역차용어(일본 발음이 아니니까)라 할 수 있는 것이다.

10) 비속어 및 유행어 사용 문제

신문에는 비속어, 유행어라 할 속어가 많이 쓰이고 있다. 이는 독자의 관심을 끌고, 쉽게 이해하게 하려는 뜻이 있는 것으로 보인다. 그러나 일간 신문은 황색신문(yellow paper)과는 달리 공적인 성격을 띠므로 품위를 지키는 것이 바람직하다. 이런 의미에서 비속어나 저속한 유행어, 내지 상투적인 관용적 표현은 자제하는 것이 바람직하다.

① 500~630사이/ 오르락내리락// '<u>붕어빵 장세</u>' 오나 (동 01. 7. 25)
② "언론사 추징금 <u>뻥튀기기</u> 아니냐" (조 01. 6. 26)
③ '<u>대박</u>의 꿈' 어디로…/ 벤처투자 '<u>쪽박</u>' 위기 (조 01. 7. 9)
  한국영화 '<u>대박</u> 행진' 어디까지 (문 01. 8. 30)

④ "노랑머리면 어때? 방송만 잘 하잖아" >서양인은

⑤ "양보 불가" 못말리는 與野 (동 01. 10. 14)

⑥ 金正日선물 풍산개/ 다섯 마리 '外道출산' (동 01. 6. 13)

⑦ 동영상-MP3 재생SW 인기 '짱' (조 01. 6. 22)

⑧ 고종수 "일 낼거야" 나카타 (동 01. 5. 24)

⑨ 한국 축구 인기 '캡' (9경 99. 2. 26)

⑩ 돈에 대해 짜기로 소문난 방송인 D씨도 '한 성격'하기로는 만만치 않다. (조 01. 12.12)

⑪ "아내는 유학중"… '외기러기 아빠'가 는다 (조 01. 7. 30)

③의 '대박'은 어원도 모르는, 속된 신어이고, ⑥의 '外道출산'은 야한 표현이다. ⑧의 '일내다'는 앞에서도 언급한 바와 같이 부정적 의미를 지니는 말로, 긍정적 의미로 사용하는 것은 잘못 쓰는 것이다.

3.2. 문법 및 구문상의 오용과 순화

말은 선조성(線條性)을 지닌다고 한다. 말은 아무렇게나 늘어놓으면 되는 것이 아니고, 일정한 법칙에 따라 선조적으로, 차례차례 그 구성요소를 배열해야 한다. 이를 문법이라 한다. 문법은 언어에 따라 차이가 있다. 한국어는 한국어의 문법에 따라 말하고 쓰여야 한다. 그런데 경우에 따라서는 이 문법이 제대로 지켜지지 않는 경우가 있다. 이를 우리는 오용이라 하고, 비문(非文)이라 한다. 신문에는 이러한 오용, 내지 비문법적인 표현이 꽤 있다.

비문법적인 표현은 크던 작던 간에 성분의 호응이 제대로 되지 않는 것이 그 대표적인 것이다. 이러한 것에는 주술, 객술, 보술, 접속, 수식, 한정 호응이 제대로 되지 않는 것이 있다. 이밖에 의미의 면에서 제대로 호응이 안 되는 의미 호응도 보인다. 이러한 성분의 호응 외에 문법적으로 잘못 쓰이는 것은 태(능·피동), 자·사동, 시제(時制) 등이 있다.

1) 비문(非文)

문법적 규칙에 합당하지 않은 문장을 비문(non-grammatical sentence)이라 하나, 여기서는 특별히 그 정도가 심한 것을 따로 '비문'이라 하여 보기로 한다. 이들은 적어도 성분 호응에 오용이 한 번 이상 빚어지는 것이다.

① 축전 하루전인 14일 오후까지도 '불허'방침을 고수했던 통일부가 관계부처와 '상당한 협의'를 하려면 적지 않은 시간이 필요했을 터인데도 이날 오후 늦게 갑자기 (*) 결정된 것은 통일부 아닌 다른 곳에서 최종 결정됐을 사정을 시사한다. (조 01. 8. 30) >(축전을 허가하기로) 결정한… 결정했을 것이라는 사실을

② 머리를 갸웃하며 한국이 민주주의 맞냐고 물었을 정도니까. (조 01. 9. 4) >고개를 갸웃하며/ 민주주의 국가가 맞느냐고

③ "黨이 이래서야" 쇄신 목청 (*) (경 01. 5. 9)>쇄신 주장 목청이 높다.

④ 올 여름에는 구비문학 연구에 일생을 바쳐온 김준영 선생의 구수한 입담이 제격일 듯싶다. (동 01. 7. 21) >구수한 입담의 이야기를 듣는 것이

⑤ 언론전쟁에서 (*) 최대의 관건은 법치나 정의가 아니라 결국 여론의 향배가 될 전망이다. (조 01. 7. 6) >사람들이 이기는/ 될 것으로 전망된다.

2) 주술 호응

주어와 서술어가 호응되지 않는 문장이 보인다. 이들은 주어가 생략되었거나, 주술어가 제대로 대응되지 않는 것이다.

① 그러나 朴보사장관 문제가 터지고 다른 고위 관직과 관련해서도 여
  러 가지 문제가 제기되고 있는 사실을 알게 되자 (*) 상황의 심각성
  을 느끼게 된 것. (동 98. 3. 6) >정부는

② 이에 감탄한 걸승이 이 사공에게 잡아준 묘지가 명당으로 후손에 삼
  한삼중대광(三韓三重大匡)을 비롯, 벼슬밭으로 발복을 받았던 것이
  다. (조 01. 6. 13) >비롯하여/ 발복한

③ (*) 지난 9월초 청와대 민정수석에서 법무부 차관으로 취임 3개월만
  에 퇴진하게 됐으며, 이르면 16일이나 17일 서울지검에 소환돼 진승
  현 씨의 돈 1억원 수수여부에 대해 조사받을 예정이다. (조 01. 12.
  15) >辛光玉차관은

④ 권노갑(權魯甲) 전최고위원과 가까운 안동선(安東善) 최고위원은 이
  날 최고위원회의에서 정동영(鄭東泳) 최고위원이 지켜보는 가운데
  "김대중(金大中) 대통령이 지난 4일 국정개혁 기자회견을 13일 갖겠
  다고 일정까지 밝혔는데도 바로 다음날 초·재선들이 또 모여서 기
  자회견을 한 것은 당총재인 대통령에 대한 무시이자 도전"이라고 성
  명파를 겨냥했다. (조 01. 6. 8) >겨냥해 비난했다.

⑤ 마치 언론개혁을 위한 '역사적 사명'이라도 띠고 이 땅에 태어난 듯
  한 이 신문은 제 신문 잘 만들기보다는 남의 신문을 욕하는 데 더욱
  더 전문이다. (조 01. 7. 6) >욕하는 것이

⑥ 숲길마다 모락모락 하얀 그리움/ 물안개 가득한 남이섬 (중 01. 10.
  31)>그리움이 피어오른다.

⑦ '智異山' 도인으로 일컬어지는 그는 독특한 우주관과 철학, 경험을
  바탕으로 최근 수년간 '우주와 神藥' '救世神方' '神藥' 등 韓醫書를
  출간, 화제를 일으키고 있다. (중 90. 10. 19) >화제가 되고 있다.

3) 객술 및 보술 호응

목적어와 서술어가 문법적으로, 혹은 의미 면에서 제대로 호응되지 않는

표현이 보인다. 보어와 서술어가 제대로 호응 되지 않는 것은 ⑨와 같은
것이 보인다.

① 당장 박 부총재나 김 부총재 등은 등원론 같은 소재가 등장할 경우
<u>함께</u> 하며 '의식적'으로 이 총재와 각을 세워갈 공산이 크다. (경
00. 10. 2) >보폭을 같이 하며

② 그런데도 집권측은 국민의 뇌리 속에 야당 총재의 집권지향을 죄악
시하게 하려는 양 <u>안간힘인 것이다.</u> (조 01. 7. 3) >안간힘을 쓰고
있다.

③ 북한측이 경의선 복원을 위해 건설했던 군부대 <u>숙영지(宿營地)와 지
뢰 제거 장비 등을 대부분 철거한</u> 것으로 밝혀져 연내 경의선 연결
공사 완공이 사실상 무산됐다. (동 01. 5. 10) >철거 또는 철수시킨

④ 작년 3월 한일 어업협상 때 해양수산부 협상팀이 <u>'쌍끌이 조업'</u> (*)
을 누락시켜 어민들의 집중항의를 받고서야 누락사실을 아는 등 협
상의 사전준비도 부족했고 협상전략도 없었다는 비판을 받았다. (조
00. 10. 2) >쌍끌이 조업 항목을

⑤ 서울 강북구 우이동 서라벌중학교(교장 이윤석) 학생 130여 명이 14
일 <u>학교급식을 먹은</u> 뒤 15일부터 집단 식중독 증상을 보여 보건 당
국이 조사에 나섰다. (동 01. 9. 16) >학교급식을 받아먹은

⑥ 이번 회담의 결렬로 남북은 모두 상당한 부담을 안게 됐으며, 당분
간 남북 사이에 <u>냉각기가</u> 불가피해 보인다. (한겨 01. 11. 15) >냉
각기를 갖는 것이

⑦ 암반지역이어서 관정을 <u>뚫기도</u> 어렵고 통로가 비좁아 레미콘 차량이
다닐 수도 없다. (동 01. 6. 11) >(관정을) 하기도

⑧ 박세리 '20살 神話'에 황홀한 <u>입맞춤(*)</u> 막힌 우리 가슴 뚫다 (경 98.
7. 8) >입맞춤을 하여

⑨ 머리를 갸웃하며 한국이 <u>민주주의 맞냐고</u> 물었을 정도니까. (조 01.
9. 4) >민주주의 국가가 맞느냐고

4) 접속 호응

단문이 아닌 복합문을 만들면서 그 접속에 문제가 자주 발생한다. 그것
은 대등접속에서 전후 문장이 제대로 대응되지 않거나, 종속접속에서 어울
리지 않는 접속어가 쓰이는 것 같은 경우가 있다.

① 우리는 자신의 방미가 국가이익에 도움이 된다는 황씨의 주장이 남
　북 관계와 한-미, 북-미 관계를 둘러싼 복잡한 현실에 대한 무지에
　서 나온 것이거나, 자신의 주장 이외에는 인정하지 않으려는 아집에
　서 비롯된 것으로 <u>보며, 유감을 금할 수 없다.</u> (한겨 01. 7. 25) >
　보아 유감스럽게 생각한다.

② 조선일보사 김대중 주필이 나흘째 검찰 소환에 응하지 <u>않으면서</u> 검
　찰도 처리 방향을 놓고 고심을 거듭하고 있다. (한겨 01. 8. 10) >
　않고 있어

③ 풍수 때문에 대망이 이뤄지리라고 생각하는 것은 자신이나 가문 사
　람들뿐이요, 일반 사람들로부터(-는) 그들의 인격이(-에) 상처를 받
　을 <u>따름이다.</u> (조 01. 6. 13) >상처를 받을 뿐일 것이다.

④ 사전 시나리오의 잘 짜여진 '대통령의 말'에 익숙했던 국민들은 "YS
　가 초점도 못 <u>맞춘채</u> 저렇게 말을 못하는지 몰랐다"고 황당해했다.
　(중 02. 1. 17) >맞추고

⑤ 그동안 靑瓦臺 비서진들은 金대통령에게 별다른 <u>助言을 하지 않은</u>
　<u>채</u> '反부패선언' '靑瓦臺安家개방' 등 다른 카드로 여론을 反轉시킬
　수 있으리라는 기대를 걸었다. (동 93. 3. 6.) >助言은 하지 않고

5) 수식 호응

수식 호응의 오용은 '때문, 또래, 나름' 등, 자립어가 아닌 의존명사를 관
형어 없이 쓰는 경우가 많고, 그 밖의 수식 호응이 제대로 되지 않는 것이

보인다.

① <u>때문에</u> 철저한 보안을 金科玉條로 삼았던 金泳三 대통령의 인사 스
  타일도 재고 돼야 한다는 반성론이 대두되고 있다. (동 93. 3. 6)
② "<u>또래가</u> 권하는 술 이렇게 피하자" (동 01. 8. 8)
③ 관심은 <u>나름</u>대로 여론의 명분을 타고 있는 등원론을 매개로 단일화
  된 목소리를 내고 있는 비주류의 행보가 집단화, 연속화될 수 있느
  냐에 모아진다. (경 00. 10. 2)
④ 미국 텍사스대학 학생들과 지역 주민들이 동시다발 테러가 발생한
  11일 밤 캠퍼스에 모여 촛불을 <u>밝힌 채</u> 희생자들을 추모하고 있다.
  (조 01. 9. 14) ＞밝히고
⑤ 중국 스광성(石廣生) 대외무역경제합작부장이 지난 10일 카타르 도
  하에서 열린 WTO(세계무역기구) 각료회의에서 중국의 WTO 가입
  안이 통과된 직후 미소를 <u>머금은 채</u> 박수를 치고 있다. (조 01. 11.
  12) ＞머금고

6) 한정 호응

신문기사에는 부사어와 서술어가 제대로 호응되지 않는 경우도 있다. 이
는 서술어가 생략되거나, 어울리지 않는 말이 연합된 경우다.

① 방학하면 '굶기를 밥 <u>먹듯</u>' (문, 01. 7. 28) ＞먹듯 한다
  빠르면 이달말 <u>열릴 듯</u>(남북 장관급 회담) (동 01. 6. 15)＞열릴 듯
  하다.
② 여기에 한술 더 뜨는 것이 '진보로 먹고사는' 어느 신문이다. 마치
  언론개혁을 위한 '역사적 사명'이라도 띠고 이 땅에 <u>태어난 듯한</u> 이
  신문은 제 신문 잘 만들기보다는 남의 신문을 욕하는 데 더욱 더 전
  문이다. (조 01. 7. 6) ＞태어난 것처럼

③ 이를 막으려면 이미 국민신뢰를 잃은 사정기관부터 손봐야 한다. '믿을 수 있는 내 사람들'에 <u>연연한 채</u> 적당히 넘겨서는 죽도 밥도 안 된다. (동 02. 1. 5) >연연해하며

7) 의미 호응

낱말이 아니라, 성분 사이에 의미상 호응이 제대로 되지 않는 것도 보인 다. 이러한 것에는 동의 반복을 하거나, 의미에 주의를 하지 않고 글을 써 서 오용이 빚어지는 경우가 많다.

① 그런데도 집권측은 국민의 <u>뇌리 속에</u> 야당 총재의 집권지향을 죄악시 하게 하려는 양 안간힘인 것이다. (조 01. 7. 3) >뇌리에 (동의반복)

② "흘린 땀만큼 민간외교 <u>결실 맺죠.</u>" (동 01.7. 6.) >결실하죠·열매 맺죠

③ <u>머리를 갸웃하며</u> 한국이 민주주의 맞냐고 물었을 정도니까. (조 01. 9. 4) >고개를 갸웃하며

④ <u>비만 인구</u>가 급속히 늘고 있다. 최근 전세계적으로 <u>비만 인구</u>가 11 억 명이 넘는 것으로 조사돼 기아에 시달리는 인구를 넘어섰다. 이 제 비만은 모든 나라의 주요 보건 이슈로 떠오르고 있다. (조 01. 7. 16) >비만형 인구/ 비만형 인구

⑤ 감사원 감사와 기획예산처 평가 결과 정부 1년 예산의 2배가 넘는 각종 기금이 투자비 회수가 어렵거나 중복 투자가 되는 등 부실, 방 만하게 운영된 것으로 나타나 근본적인 수술이 필요하다는 <u>지적을 사고 있다.</u> (동 01. 11. 26) >지적을 받고 있다.

⑥ 비뇨기과 안에도 많은 분야가 있지만 요즘 다양한 약제와 치료법의 개발로 진일보하고 있는 성의학 분야도 결국은 이 문제가 (*) <u>관건 이다.</u> (동 01. 6. 11) >진일보의

8) 자·사동형

사동사에는 '-시키다'형이 있다. 그런데 이들 가운데는 타동사를 잘못 자동사로 알고, 타동사를 만드는 과정에서 '-시키다'를 붙여 잘못 사동사를 만드는 경우가 많다. 아래에 보이는 '소개시키다'나, '교육시키다' 같은 것은 그 대표적인 것이다.

① 늘어나는 교통문제, 환경문제를 감안하여 교통세와 특소세를 올린다 면 동시에 금융, 부동산의 자산소득에 대해서도 세부담을 <u>증개시켜 야</u> 한다. (조 00. 10. 2) >증개해야

② 이 전무는 지난해 9월 국회 재경위 국정감사에서 "(주가 조작혐의로 수사를 받은) 삼애인더스사 대표 이용호씨에게 보물선 사업자를 <u>소 개시켜 줬다</u>"고 증언해 구설수에 올랐었다. (조 02. 1. 19) >소개해

③ 그동안 靑瓦臺 비서진들은 金대통령에게 별다른 助言을 하지 않은 채 '反부패선언' '靑瓦臺安家개방' 등 다른 카드로 여론을 <u>反轉시킬</u> 수 있으리라는 기대를 걸었었다. (동 93. 3. 6.) >反轉할

9) 능동과 피동

우리말은 본래 피동 표현이 발달하지 않은 언어다. 그런데 근자에 서구 어의 영향으로 피동 표현이 많이 쓰이게 되었다. 그래서 피동이 아닌, 능동 표현을 해야 하는 경우에도 피동 표현을 하는 경우가 있다.

① 축전 하루전인 14일 오후까지도 '불허'방침을 고수했던 통일부가 관 계부처와 '상당한 협의'를 하려면 적지 않은 시간이 필요했을 터인 데도 이날 오후 늦게 갑자기 <u>결정된</u> 것은 통일부 아닌 다른 곳에서 최종 <u>결정됐을 사정을</u> 시사한다. (조 01. 8. 30) >결정한/ 결정했을

② 적선을 하면 소응하여 발복하는 것이지 한반도에서 청룡은 승천하고

백호는 멸종한지 오래라는 것을 알았으면 한다. (조 01. 6. 13) >발복되는

10) 시제(時制)

시제 표현이 잘못 되는 경우도 종종 있다. 이러한 예로는 다음과 같은 것이 보인다.

① 대북정책이 이렇게 불투명하다면 국민적 동의를 받을 수 <u>없는 것은</u> 지극히 당연하다. (동 01. 6. 29) >없을 것임은
② 윤태식 기자회견/ '부장지시' 電文/ 나도 <u>모른채</u> 발송 (동 02. 1. 19) >모르는 채

3.3. 표현상의 오용과 순화

신문 기사는 새로운 정보를 전달하기 위해 쓰이는 것이다. 따라서 이는 의사전달이 제대로 되게 쓰여야 한다. 그렇지 못한 것은 바람직한 것이 못 된다. 이런 면에서 신문 문장은 어법에 맞고 안 맞는 것이나, 그것이 바르게 쓰였느냐, 그렇지 않으냐는 문제 외에 표현효과의 면에서 바람직한 것이냐, 아니냐가 문제가 된다.

표현 면에서 볼 때 신문 문장은 우선 그 의미를 파악할 수 없는 비논리적 문장이거나, 어색한 번역조의 문장이어서는 곤란하다. 육하원칙(六何原則)에 따라 주체와 논거가 분명해야 하겠으며, 상투적인 관용어나 비유, 및 비속어가 마구 쓰여서는 안 된다. 다음에는 이러한 신문 문장의 바람직하지 않은 표현을 찾아 순화해 보기로 한다.

1) 표현 부족

바람직하지 못한 대표적인 신문 문장의 예라면 한 마디로 '표현이 부족'
한 문장이라 하겠다. 이는 조리가 없거나, 적절하지 아니한 어사들을 구사
하거나, 필요한 성분을 생략하여 의미를 파악할 수 없게 하는 것이다. 이러
한 문장의 대표적인 것은 광의의 '비문'이라 하겠다. 그러나 이는 앞에서
살펴본 문법적인 '비문'에 비해 훨씬 그 정도가 심한 것으로, 어떻게 손을
보아 교정하기도 어려운 문장이다. '정박아'의 글이라고나 할 문장이다.

① 좋은 하루 되세요? (중 02. 1. 19)
② 적선을 하면 소응하여 발복하는 것이지 한반도에서 청룡은 승천하고
   백호는 멸종한지 오래라는 것을 알았으면 한다. (조 01. 6. 13)
③ 다 말하는 것처럼 우리 사회는 오랜 기간 부패가 끊이지 않고, 많은
   분야에서 부패와 관행간의 한계가 모호한 사회다. (중 01. 7. 10)
④ 국경일의 의미를 한번쯤 생각해 보고, 좀 거창할지 몰라도 대한민국
   국민으로서의 정체성과 애국심을 느끼려는 의식이 거의 사라져가고
   있다는 것이 문제인 것 같다. (조 01. 8. 13)

이들은 모두가 조리가 없거나, 조리에 닿지 않게 쓰인 글이다. 특히 ①
은 상용되다시피 하는 말이나, 문장의 '마술사'라 할 기자라면 써서는 안
될 말이다. 적어도 이 글의 주체는 '당신'이 되어야 할 것이고, 서술어는
'하루가 되다'가 될 것이다. 그런데 '되다'는 '되세요'라 쓰여 있어 그 주체
는 빼도 박도 못할 '당신'이란 상위자가 될 수밖에 없다. 어떻게 사람이
'하루'가 될 수 있을 것인가? 이는 적어도 주체가 행할 수 있는 '보내세요'
나, '즐기세요'가 돼야 정상인의 표현이 된다. ②, ③, ④는 문자 그대로
비논리적인, 표현이 부족한 문장이다.

2) 상투적 관용 표현

관용적인 표현은 어쩌면 그만큼 친숙한 표현이어 써도 괜찮다고 할는지도 모른다. 그러나 지나치게 상투적인 표현은 독자에게 고루하고 어쩌면 황당하다는 느낌까지 갖게 한다. 보기 ③의 "뉘 집 애 이름인가" 같은 것이 그러하다.

① '껌값' 가지고 호들갑 떨긴… (命名) (조 01. 7. 4)
② 흥행 대어 '쉬리' 몰고온 '반영웅'/ 영화 '쉬리'서 북한 특수부대 주
   역 최민식 (경 99. 2. 26)
③ '1조 원'이 뉘집 애 이름인가 (조선)

3) 상투적 비유

비유도 관용적인 경우와 마찬가지다. 이것도 상투적인 관용적 비유를 하게 되면 독자들이 흥미를 상실하게 된다. 신문 문장은 흥미성도 있어야 한다. 읽도록 해야 하기 때문이다. 그래서 동음어, 또는 유의어에 의한 곁말도 특히 표제어에 자주 활용된다. 비유는 본의(temor)와 유의(vehicle)가 잘 대응되어야 한다. ①의 '고사리 손'은 어린이가 주먹을 쥔 귀여운 손가락에 대한 비유다. 음악대의 단원이나, 책장을 넘기는 아이의 손가락은 이미 '고사리 손'이라 할 수 없는 것이다.

① 6·25때 軍위문한 '고사리들 합창曲'/ 해군 어린이음악대 음반 발굴
   (조 01. 6. 22)
   "책장 넘기는 고사리손 보면 마음 뿌듯" (조 01. 12. 17)
② "전화 폭주에 파김치/ 신부수업 만만찮네요" (동 01. 5. 17)
   "첼시야, 힘내"/ 클린턴 딸 작년 옥스퍼드 입학/ 공부하느라 5주만

에 <u>파김치돼</u> (조 02. 1. 16)

③ 코앞 마주 보는 두 지역/ 한쪽은 개발 한쪽은 제한 (동 01. 5. 9)

④ '<u>콩가루 집안</u>'은 살아남지 못한다 (동 01. 12. 8)

4) 번역 투의 표현

번역 투란 외국어의 문체, 외국 문장의 문투라는 것으로 우리말 같지 않다는 말이다. 신문기사는 어색한 문장이나 문체여서는 곤란하다. 술술 읽히는, 친숙한 우리말투여야 한다. 그것이 번역체의 생소한 문장이어서는 곤란하다.

① 결국 이번 프리올림픽쇼는 방송사, 제작자, 관객, 언론 모두가 아직
   은 소위 '세계적인 엔터테인먼트'에 <u>익숙하지 못해 있음을</u> 깨우쳐
   주었다고 할 수 있다. (조 88. 5. 11) >익숙하지 못하다는 것을

② 6·15선언이 한반도 분단사에서 갖는 역사적 의미는 <u>아무리 강조해도</u>
   <u>지나치지 않는다.</u> (동 01. 6. 15) >막중하다·더 할 수 없이 크다.

5) 비속한 표현

신문은 불특정다수가 읽는 문장이다. 따라서 고상할 필요는 없으나, 어느 정도의 품위를 지켜야 한다. 그것은 의무교육을 마치고 인생 경험 10년의 독자를 상정하고 기사를 쓴다는 데서도 확인된다. 더구나 신문기사는 보도문장이기 때문이다. 이런 의미에서 비속어의 사용은 삼가는 것이 좋다.

① "<u>닭살연기 짱</u>" (중 02. 1. 10)

② 說… 說… <u>설설 기는</u> 금융권 (문 01. 5. 11)

③ 女근로자 '간접 性차별' <u>큰코다친다</u> (01. 8. 7)

④ 이를 막으려면 이미 국민신뢰를 잃은 사정기관부터 <u>손봐야 한다.</u>

'믿을 수 있는 내 사람들'에 연연한 채 적당히 넘겨서는 죽도 밥도
안 된다. (동 02. 1. 5)

5) 위장된 객관

기사문은 객관성을 지향한다. 그래서 주체와 자료원을 분명히 밝히고자
한다. 그렇게 함으로 기사의 신뢰성을 고조하는 것이다. 그런데 이러한 과
정에 소위 '위장된 객관'이라 하여 기자의 사견을 제3자의 말로 위장하는
경우가 있다. 객관성을 높이기 위한 전술이다. 그러나 이는 과용하면 안 하
니만 못하다. 이러한 예로는 다음과 같은 것이 보인다.

① 또 이제는 국정의 최고 책임자로서 국민 앞에 어떤 방식으로 사전
검증을 거쳐 의사결정을 해야 한다는 게 衆論이다. (동 98. 3. 6)
② 정부는 이런 지적을 포함한 미측의 대북 정책 검토 결과에 대한 우리
측 방침을 최종 정리해 빠르면 이번 주말경 양성철(梁性喆) 주미 대
사를 통해 미측에 전달할 방침인 것으로 알려졌다. (동 01. 5. 30)

4. 표기법

신문에는 오기, 또는 오식으로 보이는 표기도 상당히 보인다. '되어, 뵈어'
가 축약된 형태 '돼, 봬'를 '되, 뵈'라 쓰고 있는 것은 그 대표적인 경우다.

① '비추미 여성大賞'/ 이효재씨 등 4명 受賞 (세상을 밝게 비추는 빛과
같은 존재) (동 01. 10. 23)
② 고아로 자란 남매 "네가 있음에…" (동 01. 12. 11)
③ 막히는 동해 휴가길 돌아가면 빨라요 (동 01. 8. 2)

②의 '있음에'는 '그대 있음에 내가 있네.'라는 어느 시인의 시에서 이유를 나타내는 어미 '있으매'를 '있음에'로 잘못 쓴 것이 이러한 오기를 낳게 하고 있는 것으로 보인다.

5. 결어

신문 기사는 일반적으로 하자가 없는 바람직한 문장일 것이라 생각한다. 그러나 사실은 그렇지 않다. 앞에서 살펴본 바와 같이 많은 문제를 안고 있다.

20세기 말에서 21세기 초기에 걸친 한국의 대표적인 신문의 오용 실태를 살펴보았다. 그 결과 오용 양상은 대체로 다음과 같은 결과로 나타난다.

<어휘>	<문법 문장>	<표현>	<표기>
1. 형태 10개	1. 비문 5개	1. 표현부족 8개	1. 오기·오식 3개
2. 의미 14개	2. 주술호응 7개	2. 상투적 관용표현 3개	
3. 외래어 11개	3. 객술호응 8개	3. 상투적 비유 4개	
4. 난해어 및 약어 6개	4. 보술호응 1개	4. 번역투 2개	
5. 조사 8개	5. 접속호응 5개	5. 비속한 표현 4개	
6. 어근 6개	6. 수식호응 5개	6. 위장된 객관 2개	
7. 체언 종결 5개	7. 한정호응 3개		
8. 활용어미 5개	8. 의미호응 8개		
9. 일어투 3개	9. 자·사동 3개		
10. 비속어·유행어 11개	10. 능·피동 2개		
	11. 시제2개		

이는 물론 절대적인 경향이라고는 할 수 없다. 그러나 적어도 이러한 경향을 보인다고는 할 수 있을 것이다.

위의 도표에 보이는 바와 같이 어휘 면에서는 형태, 의미, 외래어, 조사, 비속어의 면에서 바람직하지 않은 것이 많이 보인다. 그리고 문법·문장 면에서는 비문, 주술 호응, 객술 호응, 의미 호응 등에서 바람직하지 않은 표현이 많고, 표현 면에서는 표현이 부족하다고 할 '악문'이 두드러지다고 할 수 있다.

이러한 바람직하지 않은 표현은 신문의 특성상 나타나는 것과 사회적인 혼란이 반영된 것, 기자의 능력이 부족해 빚어진 것 등이 있다고 하겠다. 그러나 이들은 일언이폐지하여 글을 쓴 기자에 문제가 있는 것이다. 그것은 신문의 속성, 사회적인 영향, 필자의 인격을 망각하고 부실한 표현을 하고 있는 것이라 할 수 있기 때문이다.

사회적으로 얼마나 표준어를 구사하느냐에 따라 문화의 정도를 가름하기도 한다. 이런 면에서 신문의 문장이야 말로 그 사회의 문화정도를 가늠하는 척도라 할 수 있을 것이다. 신문의 오용, 바람직하지 않은 요소가 말끔히 제거되는 날이 오기를 기대해 마지않는다.(*)

참고 문헌

박갑수(1984), 국어의 표현과 순화론, 지학사.
박갑수(1994), 우리말 사랑 이야기, 한샘출판사.
박갑수(1994), 올바른 언어생활, 한샘출판사.
박갑수(1999), 아름다운 우리말 가꾸기, 집문당.
박갑수(1998), 신문˙광고의 문체와 표현, 집문당.
박갑수 외(1990), 신문기사의 문체, 한국 언론연구원.

이 글은 1999년에서 2001년 사이의 소위 조·중·동의 일간 신문을 분석하여 신문 문장의 오용 양상과 순화 문제를 다룬 논문으로, 2004년 10월 집필된 것이다. (미발표)

3장 방송언어의 오용과 순화

1. 서언

국어교육이 시작된 지도 약 100년이 되었고, 표준어가 서울말로 규정된 지도 환갑이 지났다. 더구나 얼마 전에는 4대 어문 규범을 국가적 규범으로 제정 발표하였다. 이제 우리 언어생활에 표준어가 어느 정도 정착될 때도 되었다. 더구나 표준어의 사용이 그 나라나 민족의 문화 정도를 가늠하는 잣대가 되는 것이고 보면 더욱 그러하다.

방송언어는 공용어이어야 한다. 그런데, 이 방송언어가 많은 문제를 안고 있어 문제다. 이는 신문지상에 기사화되는 방송언어에 대한 표제만 보아도 그 실상을 알 수 있다. 몇 개 기사의 표제어를 보면 다음과 같다.

> '견딜 수 없는 라디오의 저질 언어' (중앙, 98. 2. 19.)
> 우리말 파괴하는 라디오 진행자들 (조선, 98.3. 16)
> 방송·CF·영화계 유행어 '바람' (경향, 98. 12. 29.)
> 엉터리 방송인에 멍드는 한글 (동아, 99. 10. 9.)

방송언어는 다음과 같은 너덧 가지 특성을 지니는 것으로 본다(박갑수, 1998).

① 표준어이어야 한다.   ② 구두어이어야 한다.
③ 쉬운 말이어야 한다.   ④ 순화된 말이어야 한다.

그리고 방송은 보도, 오락성과 함께 교육성을 지닌다. 따라서 반송언어는 표준어를 구사하여야 하고, 순화된 말을 써야 한다.

이 글에서는 바람직한 방송언어의 사용을 위하여 방송언어의 실상을 살펴보고, 이의 순화 방안을 강구하게 될 것이다. 오용 사례는 1990년대 초, 곧 1990년에서 1994년 사이에 방송된 언어를 중심으로 추출된 것이다. 이들은 구체적적으로 음운, 표기, 어휘, 문법·문장의 순으로 살피게 될 것이며, 오용 사례 뒤에는 순화한 예를 보여 방송언어를 순화할 수 있게 하기로 한다.

한국의 방송언어가 정상화되고, 방송언어가 공용어 가운데도 표준어가 되는 날이 빨리 다가오기를 기대한다.

2. 발음상의 오용과 순화

2.1. 자생적 변이음

방송언어의 잘못된 발음은 크게 두 가지로 나눌 수 있다. 하나는 자생적 변이음이고, 다른 하나는 결합적 변이음이다. 이들 오용의 예는 유형화하여 살펴보도록 한다. 발음은 분절음(分節音) 외에 음의 장단과 같은 비분절음도 살펴보기로 한다.

1) 모음의 변동

모음의 변동은 'ㅐ ~ ㅔ'의 혼란이 두드러지고, 이밖의 문제는 대체로 지역 방언이 잘못 쓰인 것이다. 이들에는 '에>이'화, '의>어·으·이'화, 전설모음화 등이 보인다.

> 산채 제배(栽培) (k2tv) >재배
> 가개를 내 놓는 사람 (k1tv) >가게
> 내 것 내 것(sbs) >네것
> 세집(新屋)을 지어 이사했습니다. (mtv) >새집
> 가슴이 미어지는 것 같구나 (mtv) >메어지는
> 십이지의 어미(意味)를 어떻게 보아야겠습니까?(sbs) >의미
> 그것이 무슨 의미(意味)가 있는가? (k1tv) >의미
> 으문(疑問)이 많이 납니다. (mtv) >의문
> 직석에서 만들 수 있습니다. (mbc) >즉석
> 메시꺼움과 두통에 시달렸습니다. (sbs)>메스꺼움
> 으시대고 있네. (mtv) >으스대고

2) 자음의 변동

자음의 변동은 경음화, 유성음화되는 현상이 두드러지게 나타난다. 경음화는 어두(語頭)만이 아니고 어중, 어말에도 많이 나타난다. '간딴, 등끼, 불뺍, 창꾸'는 그 대표적 용례다. 그리고 외래어의 경음화 또한 심하다. 영어의 어두 'b, d, g, s' 음은 대부분 경음으로 실현되고 있다.

① 경음화 현상

* 지역별 발생 껀수(k1tv) >[건수(件數)]
따른 건 없구요. (mtv) >[다른]

마루를 <u>딲고</u> 집안 정리하고 (mtv) >[닦고]

그 사람은 힘이 꽤 <u>쎄던데</u> (sbs) >[세던데]

<u>짤라서</u> 먹잖아요 (k1tv) >[잘라서]

<u>쫌</u> 흩어진 모습(mtv) >[좀]

* 아주 <u>간딴하게</u> 주머니를 접어서 만들었어요. (sbs)/ <u>간딴하지</u> 않은 것
 임을 예고하고 있습니다. (mtv) >[간단]

승패의 <u>관껀</u>이 된다고 말하고(mtv)/ <u>관껀</u>입니다 (k1tv) >[관건]

<u>김빱</u>을 잘 맙니다.(k1tv)/ <u>김빱</u> 집 아주머니(mtv) >[김밥]

부동산 <u>등끼</u> 의무화 (mtv)/ 의장 특허 <u>등끼</u> (sbs) >[등기]

<u>불뻡</u>으로 전매하거나(k1tv)/ <u>불뻡</u>주차 단속 (mbc-r) >[불법]

소매치기를 <u>일쌈아</u> 온 (k1tv)/ 강도 강간을 <u>일쌈아</u> 온(cbs r) >[일삼아]

<u>창꾸</u>에 나와 있지만 (sbs)/ 매표 창꾸 앞에 선 긴 행렬(k2tv) >[창구]

* 대형 <u>까스</u> 폭발이 난 (k1tv)

<u>땐쓰</u> 파티를 열고 (sbs) >[댄스]

<u>뻐쓰</u> 위주(k1tv)/ <u>뻐쓰</u>를 우선적으로 (k1tv) >[버스]

<u>땜</u>의 수량이 불어나고 있습니다. (mtv) >[댐]

오늘의 <u>쎄미나</u> (k1tv) >[세미나]

이분은 <u>쏘세지</u>만 만든대요. (mtv) >[소시지]

② 격음화

그들에게도 <u>나침판</u>이 있습니다. (k1tv) >[나침반]

<u>폭팔</u> 가능성이 있는 (sbs)/ 공중 <u>폭팔</u>하면서 추락해 (cbs-r) >[폭발]

<u>통채</u>로 먹으려한다. (k2tv) >[통째]

<u>키타</u>를 치는 가수 (mtv) >[기타]

<u>타이고</u>(大鼓) 춤 (mbc) >[다이코]

③ 유성음화

경음화에 대한 오용을 많이 지적한 때문인지, 된소리로 발음되어야 할

말이 오히려 유성음으로 많이 발음되고 있다.

> 안간(gan)힘을 다했습니다. (k1tv)/ 수해 복구를 위해 안간(gan)힘을 쏟
> 고 있습니다. (sbs)/ 안간(gan)힘을 쓰고 있으나(k1tv)/ 안간(gan)힘을
> 썼습니다. (mtv) >[안깐힘]
> 부산지검의 사건(geon) 축소 (k1tv) >[사껀]
> 본격(giek)적인 수사 (k1tv) >[본껵적]
> 총부(bu)리를 겨누어 (sbs) >[총뿌리]
> 철골조(jo) 아파트 (mbc) >[철골쪼]
> 자발적(jeok)으로 참석하는데 (mbc) >[자발쩍]
> 잠자(ja)리에서 일찍 일어나신 분 (mbc) >[잠짜리]

④ 겹받침의 발음

> 영상 5도 안팎으로 (k1tv) >[안파끄로]
> 굴찍한 선수들이 많습니다.(mtv) >[국-]
> 물이 매우 맑따. (sbs) >[막-]
> 짧게는 한 달, 길게는 두 달 (mtv) >[짤께는]
> 수돗물이 끊긴 지역 (k1tv) >[끈킨]
> 전등이 밝찌 않다. (mtv) >[박지]
> 무심히 꽃잎을 밝꼬 갑니다. (k1tv) >[밥고]

2.2. 결합적 변이

결합적 변이현상에서는 받침소리가 제대로 연음되고 있지 않으며, 광의
의 자음동화라 할 연구개음화와 양순음화 현상이 많이 잘못 나타난다. 연
구개음화와 양순음화는 본인이 거의 의식하지 못하고 잘못 발음하고 있어
더욱 문제가 심각하다.

1) 연음법칙

들녘에 메뚜기가 돌아왔습니다. (mtv)/ 들녘에는 알곡이 여물고 있는
실정입니다. (sbs)/ 들녘을 돌아보겠습니다. (mtv)/ 황혼의 들녘을 걸어가
는 농부 (mbc r) >[들녀케], [들녀큼]

텍사스 목화 밧에는 가뭄이 들어 (sbs) >[바테는]

밫을 놀릴 수야 없지 않습니까? (mtv) >[바틀]

우리 꽃을 보호하고 (kbs r) >[꼬츨]

이 덧을 만들어 공급하는 (k1tv) >[더츨]

빗의 반사현상도 없습니다. (k1tv) >[비츼]

무릎이 아파서 병원에 다녀요. (mtv) >[무르피]

0도 안팤에 머물겠고 (sbs) >[아파께]

2) 동화현상

① ㅣ모음동화

ㅣ모음동화는 원칙적으로 표준발음으로 인정하지 않는다.

우리 애기(아기), 착한 애기(k1tv) >[아기]

일을 매끼면(맡기면) 잘 해요. (k2tv) >[맏기면]

애 옷을 베끼면(벗기면) (k1tv) >[벋기면]

색힌(삭힌) 김치는 찌개를 해 먹습니다. (mtv) >[사킨]

해필이면(하필이면) 오늘 전산발매 시스템이 고장 나서(sbs) >[하피리면]

사람은 생각하는 동물이요(동물이오). (k1tv) >[동무리오]

꽃이 피여(피어) 있는 나무는 (mtv) >[피에]

② 자음동화

연구개음화(軟口蓋音化)와 양순음화(兩脣音音化)는 표준발음으로 인정하지
아니하는 음운 변동이다.

* 연구개음화

총무원장 선출이 <u>영기</u>(迎期)될 가능성도 없지 않습니다. (sbs)

또 다른 <u>경강원</u>(健康院)입니다.(k1tv)/ 경강(健康) 관리(k1tv)

이번 <u>영구</u>(研究)에는 (k1tv)/ <u>영구</u>(研究) 결과에서는 (k1tv)

<u>항국</u>(韓國) 노동영구원(mbc-r)

책장을 <u>넹기고</u>(넘기고) 앉아 있다. (k1tv)

<u>황경</u>(환경) 마크/ <u>황경</u>(환경)친화제품(k1tv)

실내 공기를 자주 <u>황기</u>(환기)시켜 주어야 (k1tv)

<u>뽁기</u>(뽑기)를 했어요. (mtv)

상을 <u>박고</u>(받고) 신나했어요. (k1tv)

그걸 <u>알악거든요</u>(알았거든요). (mtv)

<u>옥꼬름</u>(옷고름)을 입에 물고 (stv)

* 양순음화

<u>감밤</u>(간밤)에 학생들이 충돌했습니다. (mbc-r)

감발(間髮)의 차 (k1tv)

<u>김박감</u>(緊迫感)이 있습니다. (k1tv)

두 시간 <u>밤</u>(半)만에 (mbc-r) >반만에

<u>옴몸</u>(온몸)이 쑤시고 아파 오고 (mtv)

<u>섬풍기</u>(扇風機) 바람을 쐬서 (k1tv)

누구로 단일화될 것으로 <u>점망</u>(展望)하고 (k1tv)

<u>팝밥</u>(팥밥)을 해 먹었어요. (k1tv)

<u>꼽밭</u>(꽃밭)에 꽃이 많이 피었습니다. (mtv)

그러면 <u>갑방</u>(갓방)을 쓰세요. (k2tv)

<u>숨불</u>(숯불) 갈비를 먹자 (mtv)

2.3. 음의 장단

음의 장단 문제는 보도(報道)를 하는 보도 요원조차 이를 [보:도]라고 장음으로 발음하지 못하는 사람이 있을 정도로 심각하다. 이는 장음을 단음으로 내는 것, 단음을 장음으로 내는 것의 두 가지가 있는데, 장음을 단음으로 내는 쪽이 빈도가 높은 것으로 보인다. 이들 오용의 예를 간략히 보기로 한다.

1) 장음의 단음화

　　오늘 경선에서는 (k2tv)
　　경찰병력이 동원되고 있습니다. (stvs)
　　단거리 선수 (k2tv) / 단기 훈련(stv)
　　어떤 동화가 생각날지 (k1tv)
　　일본 만화나 (k1tv)
　　엠비씨 보돕니다. (mtv)
　　사람을 대상으로 하는 (k1tv)
　　사고(事故) 현장(現場)에 나와 있습니다. (k1tv)
　　당 사역(四役)을 만나는 등 (mtv)
　　올 선발(選拔) 시험은 4월에 치를 예정입니다. (ktv)
　　세포 조직 검사 (stv)
　　양식(養殖) 어류 워크샵 (mtv)
　　전화를 빌려 주거나 (mtv)
　　제품(製品)을 생산하고 있는 제조(製造)회사 (k1tv)
　　조기(早期) 경영 정상화(stv)
　　엄중 항의했습니다. (k2tv)

3章 방송언어의 오용과 순화 157

2) 단음의 장음화

날로 발달하는 <u>가:</u>전제품(mtv)

<u>가:</u>격을 결정해 나갔다. (k2tv)

특별범죄 <u>가:</u>중처벌법 (k1tv)

<u>감:</u>사원(監査院) <u>감:</u>사 (k1tv)

<u>고:</u>속전철 사업(mtv)

<u>무:</u>력화(無力化)시키고 있습니다. (mtv)

<u>자:</u>금(資金)을 지원해 주도록 (k1tv)

<u>장:</u>기간(長其間) 동안 병으로 시달렸다. (stv)

<u>장:</u>인(匠人)의 손질 (k1tv)

새로운 <u>파:문(波紋)</u> (mtv)

<u>화:</u>장품의 경우 (k1tv)

3. 철자상의 오용

철자의 오용은 그리 심각한 편은 아니나, 근자에는 '되다, 쇠다' 등 '외다' 형의 용언에서 '되어, 쇠어'가 축약된 '돼, 쇄'가 '되, 쇠'로 쓰이는 현상이 자주 나타나고 있다.

직접 <u>만듦</u> (kbstv)/ 지붕은 갈대로 <u>만듦</u> (kbs) >만듬

사업이 잘 안 <u>되요</u>. (ktv)/ 집에도 (전화) 해야 <u>되요</u>? (sbs) >돼

햅쌀 <u>선뵈</u> (mtv) >선봬

77명 장례식 <u>치뤄</u> (k1tv) >치러

잘 지키기 <u>바래요</u>! (자막) (mtv) >바라요.

일요일 일요일 밤에 <u>기대하십시요</u>. (mbc) >기대하십시오.

초등학생 <u>뇨검사</u> (k1tv) >요검사

백설 공주와 일곱 <u>난장이</u>(kbs) >난쟁이

<u>테라우찌</u> 문고반입 (mtv) >데라우치

비디오 <u>테잎</u> (mbc) >테입

4. 어휘상의 오용과 순화

4.1. 형태상의 오용

형태상 잘못 쓰는 대표적인 것에는 지역 방언을 쓰는 경우와, 자막으로
제목처럼 처리한 표현 형태에 많이 나타난다. 지역 방언은 표준어 교육이
제대로 되지 않아 잘못 쓴 것이며, 제목처럼 처리한 표현은 표현의 간결성
을 노려 어근(語根)을 독립하여 쓴 경우가 많다. 어근은 의존형태소로 독립
하여 쓰일 수 없는 것이다. 따라서 이는 오용에 속하며, 교육적으로 방송의
역기능을 드러낼 수 있다. 따라서 사용에 주의하여야 한다.

1) 어휘 형태

형태적인 오용은 고어형을 쓰는 것(내음, 이쁘다, 나래)과 개신형을 쓰는 것
(개이다, 깡충깡충, 들리다(經由), 바램, 삼가다, 설레이다, 푸르르다, 풍요롭다), 이형
태를 취하는 것(가리키다(敎), 틀리다(異)) 등이 있다.

① 고어형

갯가에도 봄 <u>내음</u> (자막) (sbs)/ 가을 <u>내음</u> (자막) (mtv)/ 봄 <u>내음</u>이 가
득합니다.(시금치에) (sbs) >냄새

<u>이쁜</u> 것 사셨어요? (mbc)/ 참 <u>이쁘네요</u>. (k2tv)/ 이쁘고 산뜻하게 보이

드라구요. (mtv)/ 참 이쁘지요? (mtv) > 예쁘다

　상상의 나래를 마음껏 펴는 동화의 나라 (mtv)/ 노래의 나래 위에 (k1tv)

② 개신형

　차차 개이겠고 (mtv)/ 내일은 흐린 뒤 개이겠습니다 (k2tv) >개겠습니다
깡총깡총 깡깡총 (mtv 뽀뽀뽀)/ 깡총깡총 깡깡총 (k1tv)/ 깡깡총체조
(자막) (k1tv) >깡충깡충

　도움을 주었으면 하는 바램입니다.(k2tv)/ 울려 퍼졌으면 하는 바램입니
다. (k2tv)/ 이런 행사들이 많아졌으면 하는 바램입니다. (mtv)/ 우리 어린
이의 바램은 어떻구. (k2tv)/ 그런 바램이 듭니다. (kbs-r) >바람

　남긴 김치를 깨끗히 씻어 (sbs)/ 깨끗히 청산할 수 있습니다. (mtv) >
깨끗이

　유치원에 같이 댕겼던 아드님 (k1tv) >다녔던

　동갑나기 부인의 힘이 컸습니다. (sbs) >동갑내기

　한번 쯤 들려야 하는 곳 (k2tv)/ 이 고궁에 들리지 않으면 후회할 것 같
애. (k2tv)/ 한번 들리셔서 (mtv) >들러야, 드리지, 들르셔서

　재난관리법을 맨들었습니다. (sbs) >만들었습니다.

　안전한 먹거리를 가꾸어야 하겠습니다. (sbs) >먹을거리

　메시꺼움과 두통에 시달렸습니다. (sbs) >메스꺼움

　반팔만으로 외출해도 좋을 정돕니다. (k2tv)/ 반팔차림의 옷차림이 무난
한 것 같습니다. (k2tv) >반소매 옷

　말을 삼가하지 않고 마구 한다. (mtv) >삼가지

　여섯 살박이 석주가 눈에 띄었습니다. (sbs)/ 세 살박이 어린이에게도
성탄절은 즐거웠습니다. (sbs)/ 세 살박이 유아들 (sbstv)/ 한 살박이 아이
가 500만원의 주식을 갖고 있는 등 (k1tv) >-살배기

　다섯 살 난 어린이 (cbs-r) >된

　삼가해 주십시오. (mbcr)/ 오늘 좀 삼가해 주시고요 (k2tv) >삼가

　보는 이를 설레이게 한다. (k2tv)/ 가슴의 설레임을 억누르고 (mtv) >

설레게, 설렘
　　손끝이 <u>시려울</u> 정도입니다. (k2tv)/ 손이 <u>시려워</u> 꽁꽁(mtv) >시릴, 시려
　　달아난 <u>쉬혼</u> 세 살 김 ×× (mtv) >쉰
　　한판 승부(프로 이름) (mbc)/승부를 벌입니다. (mbc) >시합·경쟁
　　<u>옛부터</u> 전해오는 전통을 느낄만큼 (kbs-R) >예부터
　　난을 받쳐 주는 <u>지줏대</u> (sbs) >지지대
　　<u>진눈개비</u>가 계속 내리고 있으며 (mtv) >진눈깨비
　　<u>7부</u> 능선까지 물들어 있는 단풍(mbc) >7푼
　　사실상 <u>뒤켠</u>으로 밀려났습니다. (k2tv) >뒤편
　　회사를 <u>통채로</u> 먹으려 하고 있다. (k2tv) >통째로
　　<u>티격태격하며</u> (k1tv) >티격태격하며
　　<u>푸르른</u> 남산에 나와 있습니다. (mtv)/ 유월의 <u>푸르름</u>에 싱그럽게 다가
섭니다. (k2tv)/ 그 <u>푸르름</u>을 더해 가고 있습니다. (mtv) >푸른·푸름
　　<u>풍요로운</u> 음의 재건(k1tv)/ <u>풍요롭게</u> 살기 위해서는 (k1tv)/ <u>풍요롭게</u>
만들어 주는 (k1tv) >풍요하게
　　혹시 집안이 <u>풍지박산</u>이 난 건 아닌지 (k1tv)/ 무슨 이유로 우리 집안이
<u>풍지박산</u>이 나서 이렇게 됐지? (k1tv) >풍비박산

③ 이형태

　이는 의미가 다른 말을 잘못 전용해 쓰는 것이다. '가르치다~가리키다,
껍질~껍데기, 돋우다~돋구다, 메우다~몟구다, 틀리다~다르다, 한글~
우리말'과 같은 것이 그것이다. 이 밖의 예는 '의미의 오용' 항에서 다루기
로 한다.

　　　요령도 <u>가리켜</u> 주세요. (mtv)/ 안 <u>가리켜</u> 주었어요. (mtv)/ 제가 잘 <u>가</u>
　리켜 드릴게요. (k1tv)/ 고모 이것도 <u>알으켜</u> 주세요. (k1tv)>가르쳐
　　게 <u>껍질</u>의 신비(k1tv)/ 계란 <u>껍질</u>을 벗기고 (mtv) >껍데기

아침 미각을 <u>돋굴</u> 수 있는 곳 (k2tv)/ 구미 <u>돋굴</u> 소식 (k2tv) >돋울
환율을 <u>메꾸어</u> 왔는데 (k1r)/ 정상수지를 <u>메꾸지</u> 못했는데 (k1r) >메우다
색깔은 <u>틀리지만</u> (sbs)/ 이거는 <u>틀린</u> 거 같아요. (mbc)/ 맛이 조금은 <u>틀</u><u>리거든요.</u> (mbc)/우선 박자가 <u>틀려요.</u> (k1tv)/ 다른 술하고 맛이 어떻게
<u>틀립니까?</u> (k1tv)/ 맛이 좀 <u>틀린</u> 거 같아요(k1tv) >다르다(異)
교포라며 <u>한글도</u> 못한다. (mtv) >우리말 · 국어

2) 어근의 독립

신문의 표제어에는 흔히 의성 · 의태어의 어근이나, 용언의 어근을 독립
시켜 사용하는 경향이 있다. 이러한 경향이 방송 자막에도 나타나는 것이
보인다. 이는 물론 잘못 쓴 것이다.

* 부동산 투기 "<u>들먹</u>" (자막) (mtv)/ 주변 땅값 <u>들먹</u> (mtv)
대장균 "<u>득실</u>" (자막) (mtv)/ 대장균 <u>득실</u> (자막) (k1tv)/ 세균 <u>득실</u>(자
막) (sbs)/ 어묵 제품 대장균 <u>득실</u>(자막) (k2tv)
* 내일도 <u>포근</u> (자막) (mbc)/ 맑고 <u>포근</u> (자막) (sbs)/ 오전 <u>쌀쌀</u> 오후
<u>포근</u> (자막) (sbs)/ 화토 비 비교적 <u>포근</u> (자막) (sbs)/ 한낮 <u>포근</u> (자막)
(sbs)/ 전국 맑고 <u>포근</u> (자막) (k1tv)
통제 시스템 <u>허술</u> (자막) (sbs)/ 등급체계 <u>허술</u> (자막) (mtv)/ 신용금고
감시체계 <u>허술</u> (자막) (k2tv)/ 출입국 관리 <u>허술</u> (자막) (kbs)
1인 2역 <u>거뜬</u> (자막) (k1tv)
맑고 <u>쌀쌀</u> (자막) (sbs)/ 오전 <u>쌀쌀</u>(자막) (sbs)
오염 <u>주춤</u> 부양작업 시작(자막) (mtv)
전형료 수입 <u>짭짤</u> (자막) (sbs)
참패로 <u>허탈</u> (자막) (sbs)

3) 외래어

<u>샤시공</u> (자막) (mtv) >새시공
거실 <u>쇼파</u>에 앉아 (k1tv)/ <u>쇼파</u>에 기댄 채 숨져 있었습니다.(k1tv) >소파
음식을 <u>부페</u>로 만들어 먹어야 합니까? (k1tv) >뷔페

4) 관용어

관용어에는 전통적인 관용어로 바람직하지 않은 것도 보이고, 사물의 세계와 어울리지 않는 관용적 표현도 보인다. 후자의 대표적인 예의 하나는 명절 때만 되면 빠지지 않고 등장하는 '선물 꾸러미'란 말이다. '꾸러미'란 지난날 '계란 꾸러미'와 같이 '싼 물건'을 뜻하는 말로, 오늘날의 현실과 거리가 있다. 오늘날은 '선물 상자'가 많다. 따라서 '선물 상자'라 하거나, '선물 보따리'라 하는 것이 어울릴 것이다. 그리고 정중하게 말한다고 '주시다'를 습관적으로 반복 사용하는 것도 어울리는 표현이 아니다.

　　이재민들은 <u>입을 모았습니다.</u> (mtv)
　　선물 꾸러미를 들고 (mtv)/ 선물 <u>꾸러미</u>를 든 귀성객으로 붐볐습니다. (sbs)/ 선물 <u>꾸러미</u>를 든 인파 (mtv)/ 손에 손에 선물 <u>꾸러미</u>를 들고 (mtv)
　　푹 끓여 <u>주시고요</u> (k1tv)/ 소금을 약간 넣어 <u>주시고요</u> (mtv)/ 스노우 타이야를 교환해 <u>주셔야겠고요</u> (k2tv)/ 오늘 좀 삼가 <u>주시고요</u> (k2tv) >'주시고요'를 생략
　　어서 <u>종아리를</u> 걷어라. (k1tv) >바지를
　　<u>배꼽 잡는</u> 푼수 모녀 (자막) (k2tv) >웃기는
　　<u>팔을</u> 걷어붙이고 (mtv) >소매를

4.2. 의미상의 오용

어휘는 그 형태를 잘못 쓰는 것 외에 의미의 면에서 잘못 쓰는 경우가
의외로 많다. 이들은 의미를 잘못 알고 쓰는 경우가 많은데, 이러한 것에는
이미 습관적으로 쓰여 관용화된 것이 많다. '관건, 너무, 귀성, 넘보다, 꾸
러미, 당부, 틀리다, 시간, 소강상태, 진통, 통제, 하나도' 등은 그 대표적인
것이다. '관건'은 바로 열쇠라는 말이 아니다. 이는 사물의 '가장 중요한
곳'을 이르는 말이다. '너무'는 지나치다는 뜻으로 부정적 의미를 지니는
말이며, '귀성'은 '귀향'과 동의어가 아니다. 부모를 뵙기 위하여 고향에 돌
아가는 것이다. '넘보다'는 깔보는 것이다. '당부'는 윗사람이 부탁하는 것
이고, '틀리다'는 다르다(異)와 동의어가 아니다. '시간'은 어떤 시각과 시각
의 사이로, 시각(時刻)과 동의어가 아니다. '소강상태'는 소란이나 분란이
그치고 좀 잠잠한 상태를 의미한다. '통제(統制)'는 곧, 금지의 의미가 아니
다. '진통(陣痛)'은 단순한 고통이 아니고, 일이 되어 가는 과정의 어려움을
의미한다. '하나도'는 셀 수 있는 것의 조금을 뜻한다. 셀 수 없는 것에는
쓰일 수 없는 말이다.

1) 어휘의 의미

말씀이 <u>계셨는데요</u>. (k1tv)/ 인사 말씀이 <u>계셨습니다</u>. (mtv) >있으셨다.
야권통합의 <u>관건</u>(關鍵)이 달려 있는 것입니다. (cbs-r)
<u>너무</u> 재미있네요. (sbs)/ <u>너무</u> 편리하죠? (mtv)/ 색깔이 <u>너무</u> 예뻐
요.(mbc)/ <u>너무</u> 성의 있어 보이지 않으세요? (sbs)/ <u>너무</u> 한국말을 잘 하
십니다. (k2tv)/ <u>너무너무</u> 예쁜데요. (sbs)/ <u>너무너무</u> 따뜻하고 뿌듯하지
요? (sbs) >매우, 참
<u>귀성</u>차량이 한꺼번에 몰리고 있기 때문인 것으로 보고 있습니다. (sbs)/

추석 <u>귀성</u>전쟁이 본격적으로 시작되고 있음을 보여 주고 있습니다. (sbs)/ <u>귀성</u>객들이 많이 나와 있습니다. (sbs)/ 영동지방 <u>귀성</u>객들 (sbs) >귀향

　정상을 <u>넘보는</u> 그룹 (k2tv)/ 4선 고지를 <u>넘보고</u> 있습니다. (sbs) >넘어 다보다

　투표에 참여할 것을 <u>당부하고</u> 있습니다.(k1tv)/ 월동 장구를 갖출 것을 도로공사는 <u>당부했습니다</u>. (sbs)/ 행정쇄신에 힘 써 달라고 <u>당부했습니다</u>. (sbs)/ 여러분의 노력을 <u>당부합니다</u>. (sbs) >부탁하다 · 바라다

　이 <u>시간</u> 현재 투표상황을 알려 드리겠습니다. (k1tv)/ 이 <u>시간</u> 현재 전국 주요 인터체인지의 교통상황을 알아보겠습니다. (mtv)/ 이 <u>시간</u> 현재 전국 의 고속도로 상황을 CCTV를 통해 알아보겠습니다. (sbs) >시각(時刻)

　장마전선이 <u>소강상태</u>를 보이면서 (mtv)/ 장마의 <u>소강상태</u>가 사흘째 계 속되는 가운데 (k1tv)/ 모처럼 <u>소강상태</u>를 보이던 서울도 내일은 빗줄기를 보게 되겠습니다. (tbc)/ 파업국면 전체적으로 <u>소강상태</u> (k1tv)

　어제 내린 눈으로 말미암아 미시령의 교통이 전면 <u>통제</u>되고 있습니다. (k1r)/ 청계 고가도로 전면 <u>통제</u> (mtv)/ 미시령 차량 전면 <u>통제</u> (자막) (mtv) >금지

　제적을 둘러싼 <u>진통</u>이 예상됩니다. (sbs)

　하나도 안 피로해요. (mbc)/ 나는 <u>하나도</u> 안 싱거운데 (ktv)/수매 실적 이 <u>하나도</u> 없는 실정입니다. (mtv) >조금도

　아마도 이번에 미국에 <u>들어가면</u> (k2tv) >나가면

　<u>방금 전에</u> 영장이 발부되었는데 (kbs)/ 사고 현장 정리가 <u>방금 전에</u> 끝 났는데요. (mtv)>조금 전에

　<u>분위기</u> 있는 음악인데요. (ktv)

　디자인으로 <u>승부</u> (자막) (k1tv)/ <u>승부</u>근성이 있으신거에요. (mtv) >결 판 · 경쟁심

　승객 40여 명을 <u>싣고</u> 가던 에어프랑스 (mtv) >태우고

　지금 속도가 <u>느리고</u> 있습니다. (k1r) >느려지고

　<u>수십</u> 여 명에 이르고 있습니다. (mtv)/ <u>수백</u> 여 명이 다쳤습니다. (mtv)

<u>않고 있습니다</u>. (mtv)/ 해결책이 <u>보이지 않고 있습니다</u>. (mbc) >보이지 않습니다. (번역투)

아직 전두환 대통령은 병원에서 <u>출발하지 않고 있습니다</u>. (sbs) >출발하지 않았습니다.

도착된 것이 아직 <u>확인되지 않고 있습니다</u>. (sbs)/ 이 정보의 사실 여부는 <u>확인되지 않고 있습니다</u>. (sbs)/ 바람도 거의 <u>불지 않고 있습니다</u>. (k1tv) >-지 않습니다.

이상 동향은 <u>관측되고 있지 않습니다</u>. (k1tv)/ 특별한 이상증후는 <u>발견되고 있지 않지만</u> (k1tv) >관측/발견되지 않습니다.

스무명이 <u>넘고 있는</u> 그런 실정입니다. (k1tv) >넘는

불편이 <u>계속되고 있습니다</u>. (k1tv) (번역투) >계속 불편합니다.

3) 사동형

타동사를 사동사가 아닌, 타동사로 사용하면서 공연히 '-시키다'를 붙여 사동사의 형태를 취하는 것이 많으며, 경우에 따라서는 자동사를 사용하며 '-시키다'를 붙여 사용하는 경우까지 보인다.

* <u>소개시켜</u> 준 대가로 (mtv) >소개해 / 경관을 <u>훼손시키고</u> 있다고 합니다. (mtv) >훼손하고/ 국회를 <u>무력화시키는</u> (k1tv) >무력화하는/ 체인을 감지 않은 소형 차량 통행을 <u>금지시키고</u> 있습니다. (sbs) >금지하고/ 체력을 <u>소모시켜야</u> 하고요. (mtv) >소모해야/ 혼란을 <u>가중시키고</u> 있습니다. (k1tv) >가중하고

* 일본은 어떻게 <u>교육시키는지</u> 알아봅니다. (k1r) >교육하는지/ 확실히 <u>교육시켜</u> 가지고 (k2tv) >교육해/ <u>거짓말시켰을</u> 경우 한 대 맞는 겁니다. (mbc) >거짓말할

4) 피동형

능·피동의 오용이 보인다. 그리고 국어는 피동형이 발달하지 않은 언어
인데 근자에는 서구어의 영향으로 피동표현이 어울리지 않게 남용되는 경향
을 보인다.

> 분리수거도 <u>생활화해</u> 가고 있고 (mbc) >생활화돼
> 용비교가 <u>철거에 들어갑니다.</u> (sbs) >철거됩니다
> 전시가 <u>계속될</u> 예정입니다. (sbs) >전시를 계속할
> 무공해 단지로 만들 수 없을까 그런 소망도 <u>들어집다.</u>(cbs-r) >듭니다.
> 태풍은 몇 번이나 올 것으로 <u>예상돼집니까?</u> (k2tv) >예상됩니까?
> 이렇게 <u>뵈지게</u> 되죠. (k2tv) >보이게
> 폭풍우가 <u>내려질</u> 예정입니다. (mbc) >내릴 (것으로) (예상됩니다.)
> 전시가 계속될 예정입니다. (sbs) >전시를 계속할

5) 명령형

형용사의 활용에는 명령형이 없다. 그런데도 형용사에 명령형 어미를 붙
여 명령형으로 쓰는 경우를 많이 볼 수 있다. 이는 잘못 쓰는 것이다.

> <u>행복하세요.</u> (자막) (sbs)/ <u>행복하십시오.</u> (sbs)/ 항상 <u>건강하세요.</u> (kbs)/
> 건강하십시오(mtv) >행복·건강하시기 바랍니다/, 행복·건강하시기
> 를…
> <u>행복해라</u> (k1tv) <u>착하거라</u> (mtv)/ <u>부지런해라</u> (k2tv)/ <u>아름다워라</u> (sbs)
> >행복해져라/ 착해져라/ 부지런해져라/ 아름다워져라.

5.2. 문장상의 오용

구문상의 오류는 무엇보다 성분 간의 호응이 제대로 되지 않는 것이다. 이러한 오용에는 주술구성, 객술구성, 보술구성, 접속구성이 많다. 그러나 이들보다 훨씬 많이 오용되는 것이 있으니 그것은 의미 호응이 제대로 되지 않는 표현이다. 언어는 형태와 의미로 이루어진다. 형태만이 아니라, 의미에도 많은 신경을 써서 표현하도록 해야 한다.

1) 주술 호응

우리말은 고맥락(高脈絡) 언어이기 때문에 흔히 주어가 생략된다. 방송의 경우도 화자가 흔히 생략된다. 주어가 화자가 아닌 경우에는, 말의 내용, 곧 화제(話題)가 주어가 된다. 기상예보의 "날씨였습니다"의 경우는 '누가 날씨를 전해드렸습니다'라거나, '누가 날씨를 말씀 드렸습니다.'라 하여야 한다. '기상요원 ×××가 날씨를 전해 드렸습니다.'와 같이 하게 된다. "지금까지 부산이었습니다." 형 보도도 "누가 ××에서 말씀 드렸습니다." 가 되어야 한다. 화제를 주어로 하는 경우는 '지금까지 말씀 드린 것은 날씨였습니다.'라 하거나, 주어를 생략하고 '국도 소식을 전해드렸습니다.'라 하게 된다. 지역을 밝히는 경우 '지금까지 전주에서 소식을 전해드렸습니다.'와 같이 할 수 있다.

날씨였습니다.(mtv), (k1tv), (sbs) (k2tv)
국도(國道) 소식이었습니다. (k1r)
청주였습니다. (sbs)/ 지금까지 부산이었습니다. (mtv)/ 지금까지 전주였습니다.(k1tv)/ 지금까지 마산이었습니다. (mbc)/ 지금까지 아산의 인주 사거리였습니다. (k1r)

지금까지 <u>라디오정보센터였습니다.</u> (k1r) >라디오정보센터에서 말씀드
렸습니다.
지금까지 보도국이었습니다. (k1tv) >보도국에서 말씀드렸습니다.
폭풍우가 내려질 <u>예정입니다.</u> (mbc) >(내릴 것으로) 예상됩니다.
승객들이 얼마나 피해를 입고 있는지는 <u>들어오고 있지 않습니다.</u> (k1tv)

2) 객술 호응

객술구성의 경우는 형식을 갖추었으나 의미상 호응이 안 되는 경우와 객
술구성을 하여야 함에도 그 형식을 갖추지 아니한 두 가지가 있다.

* 깊은 <u>유감을</u> 표시하고 (mbc)
올해 <u>스포츠계를</u> 결산합니다. (sbs)>스포츠의 전적을
<u>수매(收買)를</u> 안 하고 우리가 판매합니다. (mtv) >수매에 응하지 아니
어린이나 노약자는 각별한 <u>주의를</u> 당부했습니다. (보건복지부) (sbs)
(非文) >주의를 해야 한다고
이국에서 <u>애환(哀歡)을</u> 달래고 (sbs) >슬픔을
<u>제보를</u> 주셨습니다 (mbc r) >제보를 해
황 비서 문제를 빨리 <u>진척시키기</u> 위해 (sbs) >해결하기
<u>전시가 계속될</u> 예정입니다. (sbs) >전시를 계속할
80 밀리가 넘는 비가 <u>올 것을</u> 예상하고 있습니다. (k1r) >올 것으로
* 조심해서 <u>운행</u> 해 주서야겠습니다. (mtv) >운행을
많은 <u>기대</u> 해 주시기 바랍니다. (sbs) >기대를
가게에 <u>보탬이 되고</u> 싶어 (sbs) >보탬을 주고

3) 보술 호응

보술구성은 '-이/가 되다'형이나, '-ㄹ 것으로 예상되다/ (동작동사) -이/

가 예상되다'형에 문제가 있는 것이 대부분이다. '즐거운 시간 되세요.' 형
은 객체로 하여금 그리 되라는 말인데 실제는 될 수 없는 것들이다. 따라서
이는 '되다' 아닌 '즐기다, 보내다'와 같은 동작동사가 돼야 한다. '(동작동
사)-이/가 예상되다'는 '격렬한 시위가 예상되고 있습니다. (cbs-r)'와 같
은 경우다. 이 경우도 '격렬한 시위가 있을 것으로 예상되고 있습니다.
(cbs-r)'가 바람직한 표현임은 말할 것도 없다.

 * 즐거운 시간 되세요. (mtv)/ 행복한 저녁 되세요. (sbs)
 여러분 편안한 밤 되십시오. (mtv)/ 좋은 밤 되시기 바랍니다. (k1tv)
 편안한 휴일 되시기 바랍니다. (mbc)/ 편안한 주일 되시기 바랍니다.
(mtv)/ 여러분 좋은 하루되시길 바랍니다. (k2tv)
 * 많은 눈이 (*) 예상됩니다. (k1r)/ 소나기가 (*) 예상됩니다. (k1tv)/남
부지방에는 한 때 소나기가 (*) 예상됩니다.(k1tv) >내릴 것으로
 초겨울 날씨가 (*) 예상됩니다. (k2tv) >될 것으로
 좋은 성적이 (*) 예상됩니다. (sbs) >나올 것으로
 인양에는 많은 어려움이 (*) 예상됩니다. (k2tv) >있을 것으로
 * 다음은 전국의 투표율이 되겠습니다. (k1tv)/ 먼저 전국 투표율이 되
겠습니다. (k1tv) >투표율입니다.

4) 수식 호응

수식구성은 '-ㄹ 것으로 전망되다'라고 서술되어야 할 것이 '-ㄹ 전망
이다'로 표현되어 잘못 쓰인 것이 대부분이다.

 허름한 스타일이 많이 등장할 전망입니다. (k2tv)/ 정상을 위협할 전망
입니다. k1tv)/ 활약이 두드러질 전망입니다 (k1tv)/상무의 도전이 거셀
전망입니다. (k1tv)>-ㄹ 것으로 전망됩니다.

물결이 점차로 낮아질 전망입니다. (kbsr)/ 상당 기간 계속될 전망입니다.(k1tv)/ 불가능할 전망입니다. (cbs-r) >-ㄹ 것으로 전망됩니다.

또 하나의 (혜성의) 우주쇼가 펼쳐질 예정입니다. (mtv) >펼쳐질 것으로 예상됩니다.

5) 한정 호응

한정구성의 대표적인 오용의 예는 '-ㄴ 채 발견되다'라는 것이다. '채'는 의존명사로, '어떤 상태가 계속된 대로 그냥'의 뜻을 나타내는 말이다. '불을 켠 채 잠을 잤다.', '신을 신은 채 방으로 들어섰다.'와 같은 것이 그 예다. 그런데 오용의 예는 이러한 의미라기보다 전후 나열이라 할 그런 상황을 나타내는 경향이 짙다.

  * 나무에 매달려 숨진 채 발견 됐습니다.(mbc)/ 범인이 숨진 채 발견됐습니다. (sbs)/ 정 군 등은 숨진 채 발견됐고 (k1tv) >숨겨 있는 것을 (발견했습니다.)
  박영진 씨가 보도에서 피를 흘린 채 숨겨 있는 것을 발견했습니다. (mtv)>흘리고
  이회창 대표 체제는 골격을 갖춘 채 출범을 하고 있습니다. (mtv) >갖추고
  쇼파에 기댄 채 숨겨 있었습니다. (k1tv)>기대고
  포승줄에 묶이지 않은 채 (sbs) >않고
  * 한총련 사실상 와해 위기(자막) (k1tv) >위기에 빠졌다.

6) 접속 호응

접속구성에는 대등접속과 종속접속의 두 가지 표현에 오류가 나타나는 것을 볼 수 있는데, 대등접속은 방송을 마무리하는 인사에서 많은 오용이 나타난다. '-고요'라는 대등접속어미를 종결어미로 잘못 생각하고 사용하

3장 방송언어의 오용과 순화 175

는 것이다. '즐거운 하루 되시고요, 저희는 내일 뵙겠습니다.'와 같은 표현
의 접속구성을 할 경우, '즐거운 하루 보내시기 바라면서, 저희는 내일 뵙
겠습니다.'와 같이 바꾸어 표현해야 한다.

* 환기 잊지 <u>마시고요</u>, 저희는 내일 아침 찾아뵙겠습니다. (sbs) >마시
기 바랍니다.
　알찬 주말 <u>되고요</u>, 저희는 내일 아침 <u>찾아뵙겠습니다.</u> (k2tv) >보내시
기 바라면서… 찾아뵙도록 하겠습니다.
　종목별 시세 <u>보시고</u>, 저는 내일 이 시간에 뵙겠습니다. (sbs) >보시기
바라며
　활기찬 하루 <u>되시고요</u>, 저희는 내일 아침 6시에 찾아뵙겠습니다.
(k2tv) >보내시기 바랍니다.
　주말 잘 <u>보내시고요</u>, 저희는 내일 모레 찾아뵙겠습니다. (mtv) >바라면서
　알찬 휴일 가꾸시고요, 저희는 새로운 내용으로 다음 주일에 찾아뵙겠
습니다. (k2tv)
* 여러분 다음 시간 뵈올 것을 <u>기대하면서</u> 안녕히 계세요. (kbs) >기대
합니다.
　화이팅을 기원하면서 다음 시간에 또 <u>만나요.</u> (sbs) >만나기로 하겠습니다.
　애인이라는 곡을 들으면서 저희는 <u>내일 또 찾아뵙겠습니다.</u> (mtv) >작
별을 하겠습니다.

7) 의미 호응

의미 호응의 오용의 대표적인 예로는 '노고를 치하하다, 유감을 표하다,
몇 승을 올리다' 따위를 들 수 있다. '노고'는 치하할 일이 아니고 위로할
일이며, 유감은 '유감' 아닌, '유감의 뜻'을 표해야 한다. 근자에는 어떤 상
황에 단정을 내리기가 어렵다. 그래서 '같아요'라는 추측의 표현을 잘 쓴다.

이것이 사실의 표현에 쓰여서는 안 된다. 실제로 좋아서 즐기고 있으면서 "기분이 어떠세요?"하면 "좋은 거 같아요."라고 하는 것이 이런 것이다. 이는 완곡한 말 같지만 완곡한 말이 아니다. 바보 같은 말이다. 다음과 같은 표현도 추측이 아닌, 사실의 표현일 때 바람직한 것이 못 된다.

> 목소리가 너무 예쁜 거 같애요(stv)
> 좀 더 새로웠던 거 같애요(k1tv)
> 되게 귀여웠던 거 같애요(k2tv)
> 현실적으로 정보를 받을 수 있어 좋은 거 같애요(mtv)

'육수를 끓여 주시고요.'와 같이 쓰이는 조동사 '주시다'도 의미 호응이 잘 안 되는 표현이다. 공손하게 표현하겠다는 의식이 지나쳐 봉사를 뜻하는 '주시다'가 남용되는 것이다. '끓이고요.'로 충분할 말이다. '몇 승을 올리다'는 멋스러운 표현을 한다고 하는 것이나 바람직한 것이 못 된다. '올리기'는 무엇을 올린다는 말인가?

> 그동안의 노고를 치하하고 (sbs)/ 월드컵 대표단의 노고를 치하한다며 (sbs)/ 월드컵 유치단의 노고를 치하했습니다. (kbs)/ 재소자들의 노고를 치하했습니다.(sbs) >위로
> 미군 폭행에 유감을 표하고 (sbs)/ 유감을 나타냈습니다. (k1tv)/ 이번 사태에 대해 유감을 표명하고 (k1tv)/ 유감을 표시한다고 말했습니다. (mtv) >유감의 뜻을
> 재미있고 즐거웠던 거 같애요. (음악이 어떠냐에) (k1r)/ (남대문 시장 오시니까 어떠세요?) "산다는 걸 느끼는 것 같아요." (mbc)/ 기분이 좋은 거 같애요. (sbs)
> 2연승을 올렸습니다. (mtv)/ 1승을 올렸습니다. (k1tv)/ 선발 3연승을

올리며 (k1tv)

　8승째를 <u>올렸습니다</u>. (k1tv)　>하다

　학생들을 <u>싣고 가던</u> 차량이 (mbc-r)　>태우고 가던

　<u>우려가</u> 높아지고 있습니다. (mbc)　>우려의 목소리가

　음식을 부페로 만들어 먹어야 합니까? (k1tv)　>뷔페 형식으로

　<u>신체장애를 앓고</u> 있으면서 (mtv)>신체장애를 갖고

　오징어 <u>수매</u> 거부 (자막) (mtv)　>정부 수매

8) 어색한 표현 - 번역체

　우리말답지 않은, 번역문투라고나 할 어색한 표현이 많이 보인다. 이러한 것에는 영어 'from'에 해당하는 표현을 언제나 '<u>으로부터</u>'로 나타내는 것, '-ㄹ 것을 부탁/ 당부하다'와 같이 표현하는 것, 인용격 '-라고' '-라는'의 남용 등이 그중 대표적인 것이다.

　* 어떤 내용인지 양 ××교수<u>로부터</u> 들어보겠습니다. (k1r)　>-에게

　* 힘을 합해 <u>줄 것을</u> 당부했습니다. (sbs)/ 많이 노력해 <u>주실 것을</u> 부탁드립니다. (kbs r)/ 국정운영을 위해 도와 <u>줄 것을</u> 부탁했습니다. (k1tv) >주(시)기를

　감시의 눈초리를 늦추지 <u>말 것을</u> 부탁드립니다. (kbs r)　>말기를

　파업을 <u>중지할 것을</u> 당부할 것으로 알려졌습니다. (k1r)　>준비해 달라고

　반드시 <u>준비할 것을</u> 전문가들은 당부하고 있습니다. (k1tv)　>준비하기를

　<u>투자할 것을</u> 예상했습니다. (mtv)　>투자할 것으로

　* 체질을 알 수 있<u>기를 기대했습니다</u>. (kbs)　>있게 되기를 바랐습니다.

　좋은 결과가 있<u>기를 기대했습니다</u>. (kbs)

　오래도록 기억되는 <u>가수가 기대합니다</u>. (k2tv) (비문)

　* 무슨 일을 <u>해야겠다라고</u> 생각해요? (k2tv)　>(해야겠다)고

　웬만한 남자들보다 <u>큰 키를 갖고 있습니다</u>. (k1tv)

언행에 <u>관심을 갖게 되길 소망해 보겠습니다.</u> (k2tv) >관심을 갖게 되길 바랍니다.

6. 결어 – 방송언어 오용 경향과 순화

지금까지 방송언어의 오용에 대해 살펴보았다. 이들 오용의 경향은 대체로 다음과 같이 나타난다.

유형	경향	주요 오용 사례
발음		
1. 자생적 변이		
1) 모음의 변이	11	ㅐ~ㅔ의 혼동
2) 자음의 변이	37	①경음화, ③유성음화, ④겹받침의 발음
2. 결합적 변이		
1) 연음법칙	9	연음
2) 모음동화	6	ㅣ모음동화
3) 자음동화	18	연구개음화·양순음화
3. 음의 장단		
1) 단음화	15	장음의 단음화
2) 장음화	11	단음의 장음화
철자	10	ㅙ~ㅚ의 혼란
어휘		
1. 형태		
1) 어휘 형태	38	① 고어형(내음, 이쁘다, 나래), ② 개신형(개이다, 들리다, 바램, 푸르르다), ③ 이형태(가리키다, 넘보다, 틀리다 등)
2) 어근의 독립	9	'들먹, 득실, 포근, 허술, 거뜬, 쌀쌀, 짭짤' 등의 사용
3) 외래어	4	
4) 관용어	5	'꾸러미, 주시고요' 등 관용적 표현 사용

유형	경향	주요 오용 사례
2. 의미		
1) 어휘 의미	24	의미 변화(가리키다. 귀성, 너무, 넘보다, 당부, 시간, 소강상태, 통제, 틀리다 등)
2) 동의 반복	9	'결실을 맺다, 해를 입다' 등
3) 비속어	4	'던지다, 빠져나가다' 등
4) 조사의 의미	8	'-에~-에게' 등의 혼란
문법·문장		
1. 문법상의 오용		
1) 활용	15	'같애요, 내노라, -냐, -거라' 등
2) 시제	8	'-겠다, -고 있다'
3) 사동	2	'-시키다'의 남용
4) 피동	7	'돼지다, 보아지다'
5) 명령형	5	'행복해라' 등 형용사의 명령형
2. 문장상의 오용		
1) 주술 호응	7	'날씨였습니다, 청주였습니다'
2) 객술 호응	12	'유감을 표시하고'
3) 보술 호응	8	'즐거운 시간 되세요, 눈이 예상되다' 등
4) 수식 호응	2	'-ㄹ 전망이다' 등
5) 한정 호응	6	'-ㄴ채 발견되다' 등
6) 접속 호응	9	'-고요,… 겠습니다 형' 등
7) 의미 호응	13	'노고 치하, 유감 표명, 같애요, -겠습니다' 등
8) 어색한 표현	13	'-ㄹ 것을 부탁합니다' 등

이상이 방송언어의 오용의 큰 경향이거니와 여기서 주의할 것은 이들 오용의 큰 흐름의 하나가 사회 일반에서 흔히 쓰이는 통용어라는 것이다. 말을 바꾸면, 그것이 비록 표준어는 아니나, 사회에서 일반적으로 사용되는 공통어가 많다는 것이다. 이런 면에서는 우리의 표준어에 대한 재검토가 필요하다 하겠다.

그러면 다음에는 이러한 방송언어의 오용에 대한 순화방안을 살펴보기로 한다.

첫째, 의식개혁을 해야 한다.

방송언어의 순화는 몇 개 어휘를 순화함으로 이루어질 일이 아니다. 언어 전반에 걸쳐 순화운동이 행해져야 한다. 방송언어는 불특정 다수와 소통되어야 할 언어이기 때문이다. 그러기 위해서는 공용어, 표준어가 사용되어야 한다. 따라서 방송 출연자는 시종 표준어를 써야 하며, 방송의 품위를 위해 순화된 말을 써야 한다는 의식 개혁이 있어야 한다. 더구나 방송은 교육성을 지니므로 더욱 그러하다.

둘째, 전문 심의기구를 설치해야 한다.

방송언어의 문제는 스크립트에서 실제 방송에까지 이른다. 따라서 이러한 방송언어의 문제를 다룰 전문기구가 각 방송사에 있어야 한다. 방송위원회의 심의위원회에서 이런 일을 하나 그 일에는 한계가 있다. 그리고 방송위원회에서는 정책적인 심의를 하고, 각 방송사에서는 발음, 표기에서 언어 전반에 걸쳐 실제를 심의 계도하도록 함이 바람직할 것이다.

셋째, 전문방송인의 참여도를 높이고, 비전문인의 출연을 억제한다.

언어교육을 제대로 받지 않은 리포터 등 함량 미달의 출연자가 너무 많다. 언어면에서 적어도 일정한 수준에 올라 있는 사람으로 하여금 방송을 하도록 해야 한다. 그렇지 않으면 방송은 사투리와 비속어의 전시장이 될 것이다. 이런 의미에서 전문 방송인을 양성하여 마이크를 잡도록 하여야 한다.

넷째, 방송인의 언어사용을 인사 고과에 반영한다.

사람들은 이해득실에 민감하다. 방송인의 경우 교육을 받으라고 하면 바쁘다는 핑계로 참여하지 않는 경우가 많다. 방송인의 언어사용은 자질의 문제이니 이의 사용 여부를 인사 고과에 반영하면 실제 효과를 거둘 수 있을 것이다. 방송언어 사용을 고과에 반영하는 방법을 추진해 볼 일이다.

다섯째, 방송인은 철저한 수련을 해야 한다.

방송인에게 철저한 언어 연수를 실시할 일이다. 얼마 전에 '대게'에 대한 특집에서 해설자는 '대:게'라고 계속 '대'의 발음을 길게 하고 있었다. '대게'의 '대'가 '대나무(竹)'의 '대'로 짧은 음이라는 것을 모르는 모양이었다. 특집 내내 '대:게, 대:게'라고 긴 소리를 내고 있으니 기가 막힐 노릇이었다. 교육은 집체 훈련도 필요하겠지만, 개별적으로, 구체적인 교육이 되도록 해야 한다. 그리고 여기서 부언할 것은 PD의 교육이 필요하다는 것이다. PD는 언어교육이 필요한 것 같지 않지만, 실제로 방송을 연출하는 사람이니 이들이 바로 바른말을 알고 방송물을 올바로 제작하도록 해야 한다.

여섯째, 연예오락 및 어린이 프로의 언어 사용에 특별히 주의한다.

순화되지 않은 방송언어가 많이 쓰이는 장르는 무엇보다 연예오락 프로그램이다. 이 분야는 시청자도 많고 하니 특별히 주의하여 제작하도록 하여야 한다. 흥미나 시청률을 의식해 지나친 비속어가 난무하게 해서는 안 된다. 그리고 어린이 프로 제작에 신경을 써야 한다. 이들은 아직 주체성이 형성되지 않아 방송언어를 그대로 따라하게 되므로 특히 교육성을 염두에 두고 제작하도록 해야 하겠다.

여덟째, 순화운동은 서두르지 말고 꾸준히 실시한다.

방송언어는 오염의 전시장처럼 알려졌다. 이것이 하루 이틀에 개선되기를 바랄 수는 없다. 서두르지 말고, 꾸준히 순화활동을 전개할 일이다. 일시적으로 반짝 하게 되면 '순화합네' 하고 시늉만 내다 말게 된다. 언어는 본래 쉽게 변하지 않는 것이지만, 요사이는 강력한 매스컴의 힘에 의해 잘 변하기도 한다. 매스컴에 의한 꾸준한 순화활동은 더욱 바람직할 것이다. 학교교육에서도 국어순화에 관심을 가지고 적극 지도하도록 하여야 한다.

참고 문헌

박갑수(1984) 국어의 표현과 순화론, 지학사.

박갑수(1996), 한국방송언어론, 집문당.

박갑수(1986), 오용되는 방송언어, KBS표준방송언어, 한국방송공사.

박갑수(1990), 언어의 된소리화는 사회현실이 각박해 가는 까닭, 방송, 6월호, 방송위원회.

박갑수(1990), '맞춤법 개정안'에서 틀리기 쉬운 보통어, 방송, 8월호, 방송위원회.

박갑수(1990), 의미와 어법상 맞지 않는 표현이 너무 많다, 방송, 9월호, 방송위원회.

박갑수(1990), 점잖지 못한 낱말들이 서슴없이 쓰이고 있다, 방송, 10월호, 방송위원회.

박갑수(1990), 관용어도 다시 한번 생각해 보고 써야 한다, 방송, 11월호, 방송위원회.

박갑수(1990), 소리의 장단은 뜻을 구별하는 중요한 언어 요소, 방송, 12월호, 방송위원회.

박갑수(1991), '주시다'라는 조용언이 남용되고 있다, 방송, 1월호, 방송위원회.

박갑수(1991), 사용하는 방송언어는 '멋'보다 '정확함'이 먼저, 방송, 6월호, 방송위원회.

이 글은 '오용되는 방송언어(1986)' 이후의 방송언어의 오용과 순화 문제를 살핀 논문으로, 2000년 4월 집필된 것이다. (미발표)

4장 현대문학과 국어순화

1. 서론

고대에는 언어에 대해 규제 아닌 방임 정책을 폈다. 그러나 근대 국가가 형성되면서 언어 정책은 180도로 바뀌었다. 국민 용어를 통일하기 위해 폐쇄 정책을 펴게 된 것이다. 이러한 대표적인 예가 러시아의 경우이다. 징기스칸의 침략 이후 문장어와 방언 사이에 커다란 차이가 생겼는데 피터 대제는 불가리아 문장어를 버리고, 모스크바 어를 토대로 하는 러시아 표준어를 강력한 집권 정책으로 보급하였다. 이때 푸시킨을 비롯한 국민적 작가에 의해 러시아의 문예어가 발달되게 되었다. 이렇게 서양에서는 봉건제도가 붕괴되고, 민주 의식이 고양되며 국민 문예가 성립되고, 표준어가 결정되는 일련의 과정을 겪었다.

한 나라의 표준어의 형성, 나아가 국어의 순화는 이렇게 문예 작품과 밀접한 관련을 갖는다. 예를 들면 프랑스는 루이 13세 때 프랑스 아카데미를 설립, 문학 작품 가운데 걸작을 포상하여 국민 언어를 육성하였으며, 루이 14세 때에는 라신느, 모리에르, 코르네이유, 라 폰테느, 파스칼 같은 문인을 배출하기에 이르렀다. 그리하여 프랑스는 근대에 들어서 국민 문예의 고전기를 이루게 되었고, 여기에 쓰인 언어가 그대로 프랑스의 표준어가 되게 되었다. 영국의 경우도 로망스어에 눌려 있다가 1362년 영어를 공용어로 채택한 된 뒤 영시(英詩)의 아버지 초서가 출현하고, 16세기 영어의 권위 고 양시대를 배경으로 문호 셰익스피어 등이 활동함으로 영어의 승리를 꾀하 게 되었다. 그리고 17세기 제임스王의 영역 성서가 완성되며 표준 영어의 틀이 마련되었다. 독일의 경우도 마르틴 루터의 성서가 번역되며 공통어가 형성되었고, 레싱, 괴테, 실러 등 국민적 작가의 활발한 문예운동으로 표준 독일어가 크게 보급되었다. 이렇게 문학과 국어 순화는 불가분리의 관계를 갖는다.

우리도 비슷한 경향을 보인다고 할 수 있다. 우리말과 우리글은 19세기 의 개화기에 들어와 「국어」, 「국문」이란 명칭을 처음 쓰게 되었으며, 이 때 공식적으로 한문의 질곡에서 벗어나게 되었다. 1894년 11월 「軍國機務 處進議案」에서 「公私文字」를 국문으로 번역하여 시행하게 하였으며, 칙령 제1호 「公文式制」에서 공문은 모두 국문으로 본을 삼고 한문을 번역하여 붙 이며, 혹 국한문을 혼용하도록 하였다(法律勅令 總之國文爲本 漢文附譯 或混用國 漢文)(高宗實錄 卷之三十二). 1985년의 「公文式」 제9조는 다음과 같이 되어 있다.

第九條 法律 命令은 다 國文으로 本을 삼고 漢譯을 附ᄒ며 或 國漢文을 混用홈

이렇게 하여 일찍부터 주로 서민과 여류 및 승려 계층에서 써 오던 국문 체가 개화기 이후 신소설에 이어져 본격적으로 활용되게 되었다. 그리고 문자에 이어 언어에 대한 관심을 갖게 되었다. 김만중(金萬重)에 이어 국어 존중의 국어관을 편 이봉운(李鳳雲)의 생각이 이러한 것이다. 그는 「국문정 리」(1897)의 서문에서 다음과 같이 쓰고 있다.

…대뎌 각국 사름은 본국 글을 슝샹ㅎ야 학교를 설립ㅎ고 학습ㅎ야 국
정과 민ᄉᆞ를 못홀 일이 업시ㅎ야 국부민강ㅎ것ᄆᆞᄂᆞ 죠션사름은 ᄂᆞᆷ의 나
라 글ᄆᆞᆫ 슝샹ㅎ고 본국 글은 아죠 리치를 알지 못ㅎ니 졀통ᄒᆞᆫ지라.

현대문학은 이러한 흐름을 이어받아 그간 국어의 통일 및 순화에 크게
이바지 하였다. 그러나 문학이 반드시 국어순화만을 꾀하는 것은 아니다.
그것은 문학적 표현 효과를 드러내기 위하여 국어순화에 역행하는 표현도
의도적으로 하기 때문이다.

여기서는 이러한 현대문학과 국어순화의 관계를 살펴보기로 한다. 따라
서 국어순화란 큰 흐름 속에 표현 효과를 드러내기 위한 역기능적 표현이
어떻게 쓰이고 있는가 살펴지게 될 것이다. 국어 순화(醇化)란 국어를 '순화
(純化)'하고, '미화(美化)'하는 것을 말한다. 말을 바꾸면 우리말을 '바른 말 고
운 말'로 바꾸는 것이다. 따라서 여기서는 現代詩와 現代小說에 방언, 외래
어, 비속어, 및 비규범적 문장이 어떻게 쓰이고 있는가를 살피게 될 것이다.

2. 현대문학과 국어순화

2.1. 방언(方言)의 사용

대부분의 언어와 마찬가지로 우리말에도 일찍부터 표준어의 개념이 있었
던 것은 아니다. 표준어가 최초로 공식적으로 규정된 것은 1912년 '普通學
校用 言文綴字法'에서다. 여기서 '京城語를 표준으로 함'이라 규정한 것이
그것이다. 그 이후 1921년 '보통학교용 언문철자법 대요'에서는 '용어는 현
대의 경성어를 표준으로 함'이라 하였고, 1930년의 '언문철자법'에서는 '용

어는 현대 경성어로 표준함'이라 규정하였다. 1933년의 조선어학회 '한글마
춤법 통일안'에서는 이것이 좀 더 정비되었다. 여기서는 '표준말은 大體로
現在 中流 社會에서 쓰는 서울말로 한다.'고 하였다. 그리고 1988년 문교부
의 고시로 공포된 '표준어 규정'에서는 '표준어는 교양 있는 사람들이 두루
쓰는 현대 서울말로 정함을 원칙으로 한다'고 하였다. 이렇게 표준어는 지역
적으로 서울말로 정하였다. 1936년 조선어학회에서 약 10,000단어(9,547단어)
를 사정하여 '사정한 조선어 표준말 모음'을 발간한 것이나, 1947-1957년
에 걸쳐 '큰사전'을 간행한 것은 이러한 규정의 보완으로, 일반인의 언어생
활에 전범으로서 표준어를 제시한 것이다.

　이러한 표준어의 규정이 아니더라도 우리는 전통적으로 서울말, 상류 계
층(양반)의 말을 공용어로 인식하였다. 그리하여 우리의 문학 작품은 표준어
규정과는 관계없이 일반적으로 표준어권의 말로 쓰였다. 이것은 우리의 고
전소설이나, 신소설이 대부분 중부 방언으로 쓰인 것이 그 단적인 증거이
다. 이에 대해 판소리계 소설은 전라도 방언을 바탕으로 하여 흥을 돋우고
있음은 다 아는 사실이다.

2.1.1. 소설 작품의 경우

　근대소설은 사실성을 추구하고, 인물 묘사와 성격 창조를 그 중심과제로
한다. 따라서 근대소설은 지문보다 대화를 중시한다. 지문은 그 성격상 해
설적일 수밖에 없고, 이에 대해 대화는 사실성을 띠기 때문이다. 방언은 이
러한 대화를 통해 그 성격을 손쉽게 드러낼 수 있다. 그리하여 김동인(金東
仁)을 비롯한 많은 작가들이 다소간에 그들 작품의 대화에 방언을 구사하고
있다.

방언의 사용에 대해 김우종(1973)은 김동인이 최초로 쓴 것이라며, 이것이야말로 동인이 남긴 '근대적 문장운동의 공적'이라 하였다.

> 이와 같은 사투리의 사용은 東仁이 그 맨처음의 테이프를 끊은 것이다. 이것이야말로 東仁이 남긴 근대적 문장운동의 공적이 될 수 있는 것이었다. 그런데 동인은 이와 같은 사실상의 공적은 별로 스스로 깨닫지도 못하고 딴 허위공적만 주장해 나갔다.

이는 그가 '배따래기'(1921)에서 방언을 사용하고 있음에 주목한 것으로 보인다. 그러나 꼭 그런 것은 아니다. 그것은 이보다 앞서 여류소설가 김명순(金明淳)이 '疑心의 少女'(1917)에서 방언적 효과에 대해 언급까지 해 가며, 방언을 쓰고 있기 때문이다.

> 또한 疑心을 일으키게 하는 것은 三人이 各各 他鄕 言語를 쓰는 것이라. 翁은 純然한 平壤사투리오, 범네는 사투리 없는 京言이며, 女人은 嶺南말세라.
> "네가 특실이냐?" 특실이는 반가웁게 그 土地語로,
> "웅, 너이 하루바니 어디 가섯늬?" 무럿다. 범네는 어엿븐 얼굴에 우슴을 씌우며,
> "발서부터 城內에 가섯는데…" 하고 말마치기 前에 銀杏皮 갓혼 눈겁을 붉혓다. 두 少女는 暫間 잠잠하다가
> "너는 아버니는 안 계시니?" 하고 특실이가 물으매 범네는
> "아바니는 庶母하고 큰언니하고 서울 계시구…" 쏘다시 눈섭이 붉어진다.

따라서 김동인은 김명순에 이어 방언을 구사한 작가라 할 것이다. 김동인의 「배따래기」(1921)에는 평안도 방언이 쓰이고 있다.

"고향이 영유요?"

"예, 머, 영유서 나기는 했디만, 한 이십년 영윤 가보디두 않았이요."

"왜, 이십년씩 고향엘 안 가요?"

"사람의 일이라니, 마음대로 됩데까?"

그는 왜 그러는지 한숨을 짓는다---

"저 운명이 데일 힘셉디다."

이러한 방언의 사용에 대해 이태준(李泰俊)은 지문(地文)은 절대적으로 표준어여야 하고, 표현하는 방법은 어느 방언이라도 좋다고 보았다. 방언은 배경, 인물을 드러내고 현실감을 드러낸다는 것이다. 그는 그의 「문장강화」(1921)에서 김동인의 「감자」(1925)를 인용한 뒤 다음과 같이 쓰고 있다.

여기서 만일 복녀 夫妻의 對話를 標準語로 써 보라. 七星門이 나오고, 箕子墓가 나오는 平壤 背景의 人物들로 얼마나 現實感이 없어질 것인가? 作者 자신이 쓰는 말, 즉 地文은 절대로 標準語일 것이나 表現하는 방법으로 引用하는 것은 어느 地方의 사투리든 상관할 바 아니다. 물소리의 「졸졸」이니, 새소리의 「뻐꾹뻐꾹」이니를 그대로 擬音해 효과를 내듯, 方言 그것을 살리기 위해서가 아니요 그 사람이 어디 사람이란 것, 그곳이 어디란 것, 또 그 사람의 리얼리티를, 여러 설명 없이 효과적이게 표현하기 위해 그들의 發音을 그대로 의음하는 것으로 보아 마땅할 것이다. 그러니까 어느 地方에나 方言이 존재하는 한 또 그 地方 人物이나 風情을 記錄하는 한 擬音의 효과로서 文章은 方言을 묘사하지 않을 수 없을 것이다.

이러한 방언의 사용으로 두드러진 것을 든다면 박경리의 「토지」의 경상방언, 조정래의 「태백산맥」, 최명희의 「혼불」의 전라방언을 들 수 있을 것이다. 李文求도 토속어를 대담하게 사용하는 작가이다. 그의 「우리 동네 李氏」(1978)에는 충청방언이 쓰이고 있다.

"엄니, 나 그럼 크리스마스헌티 안 가구 고고 추는 디 갈래."

"츠녀 새댁 아줌마덜만 뫼여 노는디, 사내꼭지가 게는 또 왜 간다는겨?"

"나두 고고 출지 안단 말여."

"여자들찌리 노는디 머스매가 찌면 못 쓰는 겨."

"왜 못써. 비바람 찬 이슬(TV극)처럼 여자허구 뽕꼬만 안허면 되여. 씽--"

"뭐시여? 작것아, 너는 대관절 누굴 타게서 이모냥다리루 가로 퍼지네?"

그러나 이와는 달리 방언을 구사하지 않는 작가도 있다. 춘원의 「無情」
(1918)에도 표현 효과를 의식한 방언은 쓰이지 않고 있다.

"매우 분하고 괘씸하여 보입데다. 옷은 집에서 서너벌 가지고 갔었으나,
밤낮 물 긷고 불 때기에 다 더럽고 더러워도 빨아주는 사람이 없어서 제 손
으로 빨아서 풀도 아니 먹이고 다리지도 아니하고 입었읍니다. 제일 걱정은
옷 한 벌을 너무 오래 입으니깐 이가 끓어서 가려워 못 견디겠어요…"

이는 평안남도 안주 출신인 영채가 형식에게 말하고 있는 것인데 그녀는
거의 평안방언을 쓰지 않고 있다. 벽초(碧初) 홍명희(洪命熹)의 「林巨正」
(1928)도 마찬가지다. 여기서는 함경도 산중의 운총이 남매에게도 함경방언
이 아닌, 표준어를 씌우고 있는 것을 보여 준다.

"너도 짐생을 잡아 보았늬?"

하고 운총이가 묻는 말에 꺽정이가

"잡어 보지 못했다."

하고 대답하였더니

"사나이 인간이 짐생도 못 잡아 보았나."

"사나이라고 다 짐생 잡을 줄 아나."

하고 누이 동생이 비웃어 말함으로 꺽정이가

"한번 나하고 같이 사냥 가 보려늬?"
하고 말하니 운총이는
"짐생을 잡을 줄 모른다며 가서 무어하나."

현대소설에는 이렇게 방언을 의도적으로 사용하는 작가와 사용하지 않는
작가가 있다. 방언의 표현효과를 살리려는 작가는 의도적으로 많이 쓰고 있
고, 또 그 경향이 강해지는 것으로 보게 한다. 그러나 이러한 경향은 최근의
추세로 현대 문학 초창기에는 아직 표준어와 비표준어에 대한 구별도 명확하
지 않았다. 그래서 작가 나름으로 적절한 어휘, 신선한 표현을 암중 모색하였
다고 볼 수 있다. 김용직(1996)은 이때의 상황을 다음과 같이 지적하고 있다.

> 우리 문인들의 이런 시도는 우리 語文의 근대화 표준화에 결정적인 힘
> 이 되었다. 李光洙, 金東仁, 주요한, 金億 등의 등장 활약할 때만 해도 우
> 리 사회에서 詩와 小說은 아주 강한 전파력을 가지고 있었다. 그때는 아직
> 영화·연극이 일반화되기 전이었고, 라디오도 보급되지 않았다. 그런 상
> 황이었으므로 일반대중에게는 문학작품이 가장 큰 문화 교양의 발전체였
> 고 세계 인식의 견인차 구실을 했다.

이렇게 하여 우리 표준어는 형성 보급되고, 새로운 표현이 정착되기에
이르렀다. 그러나 이와는 달리 이때의 작가들이 표준어에 대한 소양이 부
족하였기 때문에 비의도적인, 국어순화에 역행하는 표현도 많이 자행한 것
도 사실이다. 작가의 국어에 대한 이해 부족은 다음의 김동인(1976)의 고백
으로 저간의 사정을 짐작하고도 남음이 있다.

> …나는 자라난 가정이 매우 엄격하여 집안의 하인배까지도 막말을 집안
> 에서 못 쓰게 하여 어려서 배운 말이 아주 부족한데다 열다섯 살에 외국에

건너가 공부하니만치 조선말의 기초지식부터 부족하였고, 게다가 표준어 (경기말)의 지식은 예수교 성경에서 배운 것뿐이라 어휘에 막히면 그 난관 을 뚫기는 아주 곤란하였다. 썩 뒤의 일이지만 그때 독신이던 나더러 廉想 涉이 경기도 마누라를 아내 삼으라 권한 일이 있다. 조선어(표준어)를 좀 더 능란하게 배울 필요상 스승으로 경기도 출신 아내를 얻으라는 것이다.

방언의 사용은 작품의 배경에 따라 사용 경향이 달리 나타나고, 1인칭 소설 의 경우 서술자에게 방언을 씌우느냐, 씌우지 않느냐에 따라 지문의 성격이 달라진다. 그리고 표현 효과를 고려하여 의도적으로 방언을 사용하게 하느냐 의 여부에 따라 차이가 난다. 그런데 최근에는 전에 비해 방언이 많이 사용되 는 것으로 보게 한다. 이의 사용은 소설 작품의 사실성 부여와 함께 이해에 장애를 초래하고, 국어순화에 역행한다는 점이 고려되어야 할 것이다. 사실성 은 방언에 의해서만 얻어지는 것은 아니다. 그것은 고전 작품이나, 방언을 사 용하지 않은 많은 사실적인 작품이 잘 설명해 준다. 방언은 유형화 아닌 등장 인물의 개성을 드러냄에 꼭 필요할 때만 사용하는 것이 바람직하다 하겠다.

2.1.2. 시 작품의 경우

시는 그 형태와 구조를 살리고, 심상(心象)이나 운율적 기능을 드러내기 위해 언어를 효과적으로 운용한다. 방언의 효과적인 사용은 이러한 것을 좀더 가능하게 한다. 또한 방언의 사용은 시의 장면이나 상황을 사실적으 로 드러내 준다. 그리하여 시인에 따라서는 방언을 시에 의도적으로 활용 하기도 한다. 김소월, 김영랑, 백석, 홍사용, 이상화, 서정주, 이용악 등이 그 대표적인 시인이다.

오오 안해여, 나의 사랑!/ 하눌이 무어준 짝이라고/ 밋고 사름이 맛당치

안이한가?/ 아직 다시 그러랴, 안 그러랴?/ 이상하고 별납은 사람의 맘,/
저몰나라, 참인지, 거즛인지?/ 情分으로 얼근 짠단 두 몸이라면./ 서로 어
그점인들 쏘 잇스랴.

ㅡ김정식, 진달래꽃(夫婦) (1925)

   밤이 깊어가는 집안엔 엄매는 엄매들끼리 아르간에서들 웃고 이야기하
고 아이들은 아이들끼리 웃간 한방을 잡고 조아질하고 쌈방이 굴리고 바
리깨돌림하고 호박떼기하고 제비손이구손이하고 이렇게 화디의 사기방등
에 심지를 몇 번이나 돋구고 홍게닭이 몇 번이나 울어서 졸음이 오면 아
릇목싸움을 하며 히드득거리다 잠이든다 그래서 문창에 텅납새의 그림자
가 치는 시누이 동세들이 욱적하니 흥성거리는 부엌으로 샛문틈으로 장지
문틈으로 무이징게국을 끓이는 맛있는 내음새가 올라오도록 잔다.

ㅡ白石, 사슴(여우난골族) (1936)

   소월과 백석은 평안도 정주 출신으로 그들의 시에 평안 방언을 구사하고
있다. 이들은 시 감상에 앞서 이해를 가로막을 정도로 난해한 방언도 구사
하고 있다. 방언의 사용도는 소월에 비해 白石이 훨씬 더한 편이다.

   흰 옷자락 아슴아슴/ 사라지는 저녁답/ 썩은 초가지붕에/ 하얗게 일어
서/ 가난한 살림살이/ 자근자근 속삭이며/ 박꽃 아가씨야/ 짧은 저녁답을/
말없이 울자

ㅡ朴木月, 靑鹿集(박꽃) (1946)

   들창을 열면 물구지떡 내음새 내달았다/ 쌍바라지 열어 제치면/ 썩달나
무 썩는 냄새 유달리 향그러웠다

ㅡ李庸岳, 오랑캐꽃(두메산골 1) (1947)

박목월은 경상방언을, 이용악은 함경방언을 사용하고 있다. 이들은 각각

그들의 시에 출신지의 향토적인 시어를 쓰고 있는 것이다. 특히 이용악의 시에는 난해한 방언이 많이 쓰이고 있다. 최근에는 황지우와 장정일이 많은 방언을 활용하여 시작을 하고 있다. 이들은 전자에 비하여 좀더 의도적으로 방언을 구사하고 있는 것으로 보게 한다.

> 워어메 요거시 머시다냐/요거시 머시여/응/머난 마리여/사람 미치고 화
> 완장하것네/야/머가 어쩌고 어째냐/옴메 미쳐불것다 내가 미쳐부러/니/그
> 것이 그것이고/그것은 그것이고/뭐/ 그것이야말로 그것이라니/이런/세상
> 에 호랭이가 그냥/캭/무러가 불 놈 가트니라고
>   ―黃芝雨, 겨울―나무로부터 봄―나무에로(1983년/말뚝이/발설) (1985)

> 쇠람들은 당쉰이 육일만에/ 우주를 만들었다고 하지만/ 그거는 틀리는
> 말입니다요./ 그렇습니다요./ 당쉰은 일곱째 날/ 끔찍한 것을 만드셨습니
> 다요.
> 그렇습니다요/ 휴쉭의 칠일째 저녁./ 당쉰은 당쉰이 만든 땅덩이를 바
> 라보쉈습니다요/ 마치 된장국같이/ 천천히 끓고 있는 쉐계!/ 하늘은 구슈
> 한 기포를 뿜어올리며/ 붉게 끓어올랐습지요.
>   ―장정일, 햄버거에 대한 명상(쉬인) (1987)

詩에도 방언을 의도적으로 사용한 경우와 비의도적으로 사용한 경우의 두 가지가 있을 수 있다. 전자는 시적 표현성으로 그 사용의 타당도가 평가되어야 할 것이다. 이에 대해 비의도적(非意圖的)인 사용, 곧 시인의 방언(方言)이 시어로 많이 쓰인 것은 비판의 대상이 되어야 한다. 이는 시인이 표준어에 대한 인식이 부족한 데서 연유하는 것이다. 한국의 현대시에는 이러한 것이 많다. 특히 해방 이전 시의 경우 거의 모든 작품에 방언, 나아가 비표준어라고 할 시어가 쓰이고 있다 해도 과언이 아니다. 이러한 방언이 사용된 작품은 공

감에 앞서, 이해를 어렵게 하는 것도 적지 않다. 김소월의 경우 약 800개의
방언이 사용되고 있는 것으로 알려지는데, 「진달래꽃」, 「길」, 「개여울」, 「가는
길」, 「왕십리」 등은 그렇지 않으나, 「記憶」과 같은 작품은 이해하기조차 어려
운 것이다. 이 작품은 다음과 같이 되어 있다.

> 달 아래 시멋없이 섰던 그 女子,
> 서있던 그 女子의 해쓱한 얼굴,
> 해쓱한 그 얼굴 적이 파릇함.
> 다시금 실 벋듯한 가지 아래서
> 시커먼 머리낄은 반짝어리며.
> 다시금 하룻밤의 식는 江물을
> 平壤의 긴 단장은 숯고 가던 때.
> 오오 그 시멋없이 섰던 女子여!
>
> 그립다 그 한밤을 내게 가깝던
> 그대여 꿈이 깊던 그 한 동안을
> 슬픔에 귀여움에 다시 사랑의
> 눈물에 우리 몸이 맡기웠던 때.
> 다시금 고즈녁한 城밖 골목의
> 四月의 늦어가는 뜬눈의 밤을
> 한두 個 燈불 빛은 울어 새던 때.
> 오오 그 시멋없이 섰던 女子여!

이러한 비표준어인 방언의 사용은 국어순화에도 역행하는 것이다. 이러
한 방언의 사용이 국어를 어지럽히고 있는 것도 적지 않다. '-고프다, 나
래, 뒤안, 발자욱 소리, 설레이다, 영글다, 있음에' 따위는 그 대표적인 것
이다. 심상이나 운율 및 향토적 정조를 드러내고자 하는 것이 아닌, 비의도

적인 방언의 사용은 오용으로 그 사용은 억제돼야 한다. 그러기에 김용직
(1996)에도 다음과 같이 언급하고 있는 것을 보여 준다.

> 그러나 詩는 범박하게 보아도 고도로 숙련된 상태에서 언어를 사용할
> 것이 요구되는 예술이다. 그런 이상 이런 오용형 방언 사용이 詩作에서 권
> 장될 일은 아닐 것이다.

참고로 광복 이전의 시인이 쓰고 있는 방언과 준방언이라 할 대표적인
시어를 보면 다음과 같다. 이러한 시어들은 표준어에 대한 이해와 인식이
부족해 방언을 쓴 것이다. 이러한 방언 가운데는 시인의 고향 방언이 아닌
타 지역 방언이 쓰이는 경우도 많다. 이들은 순화되어야 할 대상이다.

> 거저, 나래, 나려(降), 나른다, 나릿한, -내다, 내음, 눈보래, 님, 드을(野),
> 메인(塞), 발서, 발자욱소리, 버레, 벼개, 부비며(摩), 부엉이, 비인(空), 사
> 루면(燒), 새악시, 서리우고(蟠), 설음(悲), 수집어, 아츰, 어대, 어여쁜, 왼
> (全), 우(上), 웨, 이슷한(似), 자최, 적은(小), 하마, 하이얀, 해벌, 호을로
> (자료 : 詩集 上, 한국문학전집 34, 민중서관)

2.2. 외래어(外來語)의 사용

어휘의 차용은 다른 언어 사회와의 접촉으로 말미암아 이루어지는 것으
로, 이는 문화적으로 수준이 높은 데서 낮은 데로 흘러드는 것으로 본다.
이러한 사정으로 말미암아 국어 어휘에는 과반수 이상의 한자어가 들어와
있고, 이 밖의 많은 외국어에서 외래어가 들어와 쓰이고 있다.

언문불일치(言文不一致)의 한문투의 표현은 어느 정도 신소설에서 극복되
었다고 할 수 있다. 그러나 아직 완전한 언문일치가 된 것은 아니었다. 그

리하여 이러한 한문투의 표현은 현대소설에까지 이어진다. 1917년에 발표된 이광수의 「소년의 비애」가 이러한 것이다.

'그러나 文浩는 美的, 情的 文學을 愛함에 反하여, 文海는 知的, 善的 문학을 愛한다.'
'그는 此洞中 靑年女子界에 文學으로 最先覺者다.'

그러나 이러한 표현은 같은 해 발표된 「無情」에서 극복된다.

이형식은 아직 독신이다. 남의 여자와 가까이 교제하여 본적이 없고, 이렇게 순결한 청년이 흔히 그러한 모양으로 젊은 여자를 대하면 자연 수줍은 생각이 나서 얼굴이 확확 달며 고개가 저절로 숙어진다. 남자로 생겨나서 이러함이 못 생겼다면 못 생겼다고 하려니와, 여자를 보면 아무러한 핑계를 얻어서라도 가까이 가려 하고, 말 한 마디라도 하여 보려 하는 잘난 사람들보다는 나으리라. 형식은 여러가지로 생각을 한다.

이렇게 한문투의 표현은 현대문학이 자리를 잡으면서 극복되었다. 그러나 이것은 소설과 시에 한정된 것이었다. 폐허(廢墟)나 백조(白潮)에 수록된 수필이나 평론은 아직도 한문투를 벗어나지 못하였다. 이들 가운데는 소설의 문장과는 천양지판의 문체의 글도 적지 않았다. 다음 백조(白潮) 제2호에 수록된 박종화의 「嗚呼 我文壇」(1922)은 이러한 예의 하나다.

吾人이 어찌 慷慨를 是事하는 者이랴. 스스로 心을 傷하고 스스로 意를 苦하여 天을 怨하고 人을 恨하여 禹禹鬱鬱히 月을 送하고 歲를 迎하여 悲嘆自苦로 生을 詛呪하기를 好하는 者이랴. 其運이 洋洋한 我文壇을 向하여 어찌 不祥事의 此嗚呼를 加하기를 好하였으며 其命 多奧의 我文壇에 對하여 어찌 此歎息을 叫하기를 好하였으랴.

한자어가 아닌 외래어는 필요적 동기에 의해 일상어에 수용되어 있는 일반 외래어와, 문학적 표현성을 높이기 위해 의도적으로 사용하는 외래어가 다 같이 쓰이고 있다. 이러한 외래어의 사용은 시대적인 흐름과 함께 증가 추세를 보인다. 현대문학 개화기의 문예지에 사용된 외래어 사용 경향을 연도별로 보면 다음과 같다(안동숙 외, 1972).

기간	해당 잡지	수	%
제1기 1910-1915	소년	12	1
제2기 1916-1920	폐허, 창조	18	2
제3기 1921-1926	금성, 백조, 조선문단	312	34
제4기 1927-1930	조선문단	181	20
제5기 1931-1936	조선문단	389	43

외국어의 영향은 이러한 외래어의 문제만이 아니고, 우리말 구문에 간섭(干涉)으로도 나타난다. 따라서 이에 대해서도 주의를 기울여야 한다. 이러한 외국어의 간섭은 일본어와 영어의 간섭이 그 대표적인 것이다. 비인칭적 대명사나 부정명사(無情名詞)가 주어의 위치에 오고, 지시대명사가 필요 이상 나타나며, 피동 표현이 남용되는 따위가 이러한 것이다.

2.2.1. 소설 작품의 경우

소설에 쓰인 외래어의 경향을 보면 앞에서 언급한 바와 같이 증가 일로의 추세를 보인다. 「血의 淚」 이하의 신소설에 사용된 외래어는 「후로코트(血), 호텔(血)(銀), 뽀이(血), 포케트(銀)(鬼), 테불(血)(銀), 아멘(雉), 가방(雉), 쯔메에리(雉), 빼스볼(雉)」 등 열 개 안팎의 것이 연20회 사용되었을 뿐이다(서재극, 1987). (괄호 속은 출전 표시로, 血 : 血의 淚, 銀 : 銀世界, 鬼 : 鬼의 聲,

雉 : 雉岳山을 가리킨다.) 그런데 그 뒤에는 일본어, 영어 등의 서구어가 많이 사용되게 된다.

계제에 마침 좋은 자리가 있었고요. 「미네상」이라고 「미쓰꼬시」 앞에서 빠나나 다다끼우리를 하는 인데 사람이 퍽 좋아요.
우리집 「다이쇼-」(主人)도 잘 알고 허는데 그이가 늘 날더러 죄선 오깜상하구 살았으면 좋겠다고, 중매 서달라고 그래쌌어요.
— 蔡萬植, 痴叔(1938)

너는 뭐냐? 나미꼬? 너는 엊저녁에 어떤 마찌아이에서 방석을 비고 十九분동안- 아니아니 어떤 삘딩에서 아까 너는 걸상에 포개 앉았었느냐 말해라- 헤헤- 碧飲亭? N삘딩 바른편에서부터 둘째 S의 사무실? (아- 이 주책없는 李箱아 東京에는 그런 것은 없읍네) 계집의 얼굴이란 다마네기다. 암만 베껴 보려므나. 마즈막에 아주 없어질지언정 正體는 안 내놓느니
— 李箱, 失花(1939)

그는 두 잔째의 술도 역시 단숨에 들이키었다.
"코리아 막걸리 베리 나이슨데. 이건 틀림없이 밀주입니다. 서울선 이런 술 좀처럼 만나기 힘들지요. 이건 정말 그애네들이 좋다는 '카나디안'보다 못하지 않구만요."
— 金利錫, 뻐꾸기(1957)

이러한 외래어는 주로 생활어라 할 수 있는 것이다. 당대의 사회적인 여건이 그러하기 때문에 소설에도 이러한 언어 현실이 반영된 것이다. 그러나 여기 조금 주의해야 할 것은 우리의 현대문학은 주로 일본의 영향을 받아 형성·발전되었기 때문에 일본어의 영향을 많이 받았다는 것이다. 현대문학의 성립기는 일본 식민지 시대로 많은 작가들이 일본어를 배워서 일본

어로 문필활동을 하다가 다시 우리말을 사용하여 작품을 쓰는 예가 많았다. 이러한 과정에서 일본 문어가 자연스럽게 우리말 작품 속에 나타나게 된 것이 적지 않으리라는 것이다(정광, 1995). 이러한 것은 일본의 관용어가 오늘날 우리의 관용어로 자연스럽게 들어와 쓰이는 데서 이를 확인할 수 있다. 일본 관용어로 보이는 것을 몇 개 보면 다음과 같다(박갑수, 1984).

가미나리가 오치루(雷が落ちる＞벼락이 떨어지다)/ 가베니 쓰키 아타루(壁に 突き當る＞벽에 부딪치다)/ 가오가 히로이 (顔が廣い＞얼굴이 넓다)/ 가오오 다스(顔を出す＞얼굴을 내밀다)/ 가타가 오모이(肩が重い＞어깨가 무겁다)/ 고코로오 야루(心をやる＞마음을 주다)/ 고훈노 루쓰보(興奮のるつぼ＞흥분의 도가니)/ 구치가 오모이(口が重い＞입이 무겁다)/ 구치오 소로에루(口をそろえる＞입을 모으다)/ 기보니 모에루(希望に燃える＞희망에 불타다)/ 네오 오로스(根を下ろす＞뿌리를 내리다)/ 네코노 구비니 스즈오 쓰케루(猫の首に鈴を付ける＞고양이 목에 방울을 달다)/ 데니 아세오 니기루(手に汗を握ぎる＞손에 땀을 쥐다)/ 데오 쓰케루(手を付ける＞손을 대다)/ 동구리노 세쿠라베(團栗の背くらべ＞도토리 키재기)/ 막카나 우소(眞赤な嘘＞새빨간 거짓말)/ 메 가시라가 아쓰쿠 나루(目頭が熱くなる＞눈시울이 뜨거워지다)/ 미미가 도오이(耳が遠い＞귀가 멀다)/ 미미오 우타가우(耳を疑う＞귀를 의심하다)/ 바갸쿠오 아라와스(馬脚を現す＞마각을 드러내다)/ 소오조오니 가타쿠 나이(想像に難くない＞상상하기 어렵지 않다)/ 시겐니 스베루(試驗にすべる＞시험에 미끄러지다)/ 쓰라노 가와가 아쓰이(面の皮が厚い＞낯가죽이 두껍다)/ 아이쿄가 고보레루(愛嬌が溢れる＞애교가 넘친다)/ 아타마오 시보루(頭を絞る＞머리를 짜다)/ 요쿠니 메가 구레루(慾に目が暮れる＞욕심에 눈이 어두워지다)/ 유메노 요오니 스기루(夢の樣に過ぎる＞꿈과 같이 지나가다)/ 이카리오 오로스(碇を降ろす＞닻을 내리다)/ 이키오 고로스(息を殺す＞숨을 죽이다)/ 준푸니 호오 아게루(順風に帆を揚げる＞순풍에 돛을 달다)/ 하나시니 하나가 사쿠

(話に花がさく)> 이야기에 꽃이 피다)

이들 가운데는 반드시 일본 관용어의 차용이라고 할 수 없는 것도 있겠으나 일본어의 영향을 실증하는 데 좋은 자료라 할 것이다. 그것은 관용어는 그렇게 쉽게 차용 정착되는 것이 아니기 때문이다. 이러한 관용어의 차용은 우리의 표현을 풍부하게 하여 준 것이 사실이다. 그러나 한편 우리말을 오염시킨 것도 사실이라 하겠다.

2.2.2. 시 작품의 경우

시에도 현대문학 초기에는 외래어가 별로 쓰이지 않았다. 1929년의 「三人詩歌集」에서 「요한 시가」를 보면 '포플라, 리듬, 구두, 호미'가 쓰였을 뿐이요, 「역시(訳時)」에도 '쨘(2), 하이랜즈(7)'가 쓰였을 뿐이다(괄호 속의 숫자는 빈도수이다. 이하 같다). 여기에는 외래어다운 외래어는 '리듬' 하나가 쓰였을 뿐이라 하겠다. 이러한 경향은 소월의 「진달래꽃」(1939)과 「靑鹿集」(1946)에도 그대로 이어진다. 이들 시집에는 외래어가 전혀 쓰이지 않았다. 이에 대해 주지주의 시인들의 작품에는 많은 서구 외래어가 쓰이고 있다.

　블랑키트, 앨쓴 지도, 픠이트(2), 노크, 체펠린, 프로펠러, 커-브, 망토, 마스트, 따이빙, 넥타이(2), 로만틱, 아라비아, 페스탈로치, 오르간, 사루마다, 에스페란토, 푸로우픠일, 오랑쥬(2), 빠나나, 고무뽈, 카페 프란스(2), 루바쉬카, 보헤미안 넥타이, 페이브멘트, 패롤, 꾿이부닝(2), 커틴, 테이블, 세멘트, 愛施利·黃, 피에로, 따알리아(4), 뮤스, 마드로스 파이프, 靑만틀(2), 마담·R(2), 코란經, 헬멭, 피일림, 소냐, 만틀, 잉크빛, 오리옹 星座, 이스라엘, 그리스도, 갈릴레아(2)

　　　　　　　　　　　　　　　　　　　－鄭芝溶, 鄭芝溶詩集(1935)

   아라비아, 사라센, 라디오, 쥬네브, 삼판 갑판, 테잎, 리본, 스마트라, 5킬
로<世界의 아침>, 넥타이, 니그로(2), 콜베-르 씨, 헬매트, 파씨스트, 이
태리, 아메리카, 파리, 막도날드 씨, 아멘<市民行列>, 바기오, 바시, 파우
스트(3), 괴테, 발칸, 690밀리, 35미터, 아세아<태풍의 起寢時間>, 테-
블, 라우드스피-커, 쁘람-쓰, 벤취, 하이칼라한, 쌘드위치, 삐-프스테일,
나리사, 삘딩, 에-텔, 양키- 씨, 소-다수, 워싱톤, 카나안, 아-멘, 소크라
테쓰, 헤-겔, 녹크, 스카-트, 베레, 알미늄 대야, 담뱃집, 고무냄새, 삘딩,
사이렌, 마르코폴로, 라디오 비-콘, 구락부, 고무, 墨西哥行, 쿠리, 키드,
하이힐<자취>, 칸바쓰, 빠나나, 구두<病든 風景>, 캐베지, 테블, 아라
비아, 아라스카, 씨-자, 칼렌다, 페이지, 타골<올빼미의 呪文>, 메트로폴
리스, 데모스테네스, 마스트, 시베리아<쇠바퀴의 노래>

                                                  ─金起林, 氣象圖(1936)

   램프<夜車>, 포프라나무<황량>, 포푸라나무, 비오롱<향수>, 칸나
(2)<대낮>, 瓦斯管, 빅톨氏, 카리에스<短章>, 램프, 호텔, 시네마, 필
림, 스크린<幻燈>, 폴-란드, 도룬시, 넥타이, 포프라나무, 세로광紙<秋
日抒情>, 미모사, 포스트, 필림<長谷川町에 오는 눈>, 아스피린, 나타
샤, 캬스파<눈 오는 밤의 詩>, 달리아, 로-타리, 커-브, 포스트(2), 뉴-
스, 스피-커, 봐리에테, 글라스컵<도심지대>

                                                  ─金光均, 寄港地(1947)

   이와는 달리 김종길(金宗吉) 등 외국문학을 전공한 학자의 시에도 외래어
가 많이 쓰이고 있다. 그리고 새로운 시를 모색하는 젊은 시인에 의해서도
많이 쓰인다. 蔣正一의 「햄버거에 대한 명상」(1987)과 같은 것이 그것이다.
여기에 쓰인 외래어를 보면 다음과 같다.

   바빌론, 슬레이트, 버스(6), 페인트, 커튼, 비닐끈, 아이스 케키, 해피, 트

럭(4), 타이어(2), 담배, 맥주홀, 주스, 스트로우, 포스터, 아틀란티스, 아나
운서, 예수쟁이, 메리(6), 아카시아향, 무드, 메가톤, 윈도우(2), 차차(2),
왈츠(2), 룸바(2), 탱고, 삼바, 디스코, 아파트(4), 스트립 춤, 아이스크림,
코카콜라, 팝송, 부르주아, 캘린더, 루터란 아워, 그리스도, sweet(6), love,
baby, 이오, 나르시스, 와이셔츠, 넥타이, 라면상자, 빵(3), 네온, 컨베이어
시스템, 엠파이어 스테이트 빌딩, 히말라야, 쉬베리아, 마요네즈(2), 펜대,
햄버거(5), 버터(3), g, 빵가루(2), 마요네즈소스(2), 브라운소스(2), 슈퍼(3),
프라이팬(2), 가스레인지, 세일즈맨, 대학노트, 노트, 카다로그, mamma I
love you, 알콜, 하이힐

시에서의 외래어의 사용은 앞에서 언급한 바와 같이 특정 문예사조와 밀
접한 관계를 갖는다. 그것은 광의의 모더니즘의 시 작품에 많이 쓰인다는
것이다. 그 가운데도 김기림은 외래어를 많이 쓰는 대표적인 시인이다. 이
에 대해 순수 서정시인은 외래어를 별로 쓰고 있지 않다. 따라서 외래어의
사용은 지역적 방언이라기보다 사회적 방언의 성격을 지닌다. 이런 의미에
서 지성인의 외래어 사용의 자제가 요청된다.

2.3. 비속어(卑俗語)의 사용

비속어란 비어와 속어를 아울러 이르는 말이다. 비어(卑語)란 점잖지 않
은 천한 말이거나, 상대방을 낮추어 보거나 얕보아 하는 말을 가리킨다. 이
에 대해 속어(俗語)는 통속적으로 쓰이는 저속한 말이나, 상말을 가리킨다.
이러한 비속어 가운데에는 은어, 욕설이 포함된다. 비속어는 사실적인 표현
을 위해, 또는 그 말이 지니는 환기적(喚起的)인 가치를 효과적으로 활용하
기 위해 문학 작품에 많이 활용된다.

2.3.1. 소설 작품의 경우

말은 인격을 반영한다. 등장 인물의 대화는 사실성을 지닌다. 그리하여 소설에는 화자의 신분을 환기하거나, 현장감을 나타내기 위하여 비속어가 사용된다. 물론 이러한 비속어 대신 간접적인 표현을 할 수도 있다. 이는 작가의 선택에 달린 문제다. 비속어는 등장인물의 사회적인 계급과 밀접한 관계를 갖는다. 이는 점잖은 상류 계층의 말이라기보다 하류 계층이 선호하는 말이다. 그러기에 우리 고전에도 보면 양반의 문학이 아닌, 판소리에 비속어가 많이 쓰이는 것을 볼 수 있다.

현대소설에는 화자의 신분과 개성을 드러내고 현장감을 주기 위하여 비속어가 대화에 많이 쓰이고 있다. 이들은 그 표현 특성상 사실주의 작품에 많이 나타나는가 하면, 서민과 민중의 대화에 많이 나타난다. 최서해, 현진건, 나도향, 김유정 등의 작품에 많이 보이는 것은 이 때문이다.

"에이, 오라질년, 조랑 복은 할 수가 없어. 못 먹어서 병, 먹어서 병, 어쩌란 말이야! 웨 눈을 바루 뜨지 못해!"하고 김 첨지는 앓는 이의 뺨을 한 번 후려갈겼다. 흡뜬 눈은 조금 바루어졌건만 이슬이 맺히었다. 김첨지의 눈시울도 뜨끈뜨끈하였다.

이 환자가 그러고도 먹는 데는 물리지 않았다. 사흘 전부터 설렁탕 국물이 마시고 싶다고 남편을 졸랐다.

"이런 오라질년! 조밥도 못 먹는 년이 설렁탕은. 또 처먹고 지랄병을 하게."라고 야단을 쳐보았건만 못 사 주는 마음이 시원치는 않았다.

　　　　　　　　　　　　　　　　　　－玄鎭健, 운수 좋은 날(1924)

"남의 뽕을 네것같이 따 가? 온참, 이년! 며칠째냐 벌써? 이렇게 남의 것이라고 건깡깽이로 먹으면 체하지 않을 줄 알았더냐! 저리 가자."

안현집은,

"살려주소. 제발 잘못했으니 살려만 주소. 나는 오늘이 처음이요. 저 삼돌이란 놈이 날마다 따 가지 나는 죄가 없쇠다."하고 손이 발이 되도록 빈다.

"듣기 싫어. 이년아! 무슨 변명이냐. 육시를 하고도 남을 년 같으니. 왜 감옥소의 콩밥맛이 고소하다냐?" -羅稻香, 뽕(1925)

"아주 바본게로군? 허긴 얘! 바라볼수록 기집애에게 미치나 보더라. 왜 저우리 켠녀석 좀 봐. 얼병이같이 어릿어릿하는 자식이 그래도 기집애 꽁무니만 노리고 있지 않어?"

"글세 아마 그런가 봐. 그런 것한테 걸렸다간 아주 신세 조질걸? 정숙이 언니 좀 봐. 좀 가여운가. 게다 그 후 일 년두 채 못 돼서 딸까지 마저 잃었으니. 넌 모르지만 카페로 돌아다니며 벌어다가 모녀가 먹고 살기에 고생 묵진히 했다. 나갈 때마다 켠 여편네에게 어린애 어디 가나 좀 봐 달라구 신신부탁은 허나 어디 애들 노는 걸 일일이 좇아다니며 볼 수 있니?"

－金裕貞, 夜櫻(1936)

"워떤 옘병허다 용 못 쓰고 뎌질 것이 그류? 밥 짓구 국 끓이구 찌개 허면 하루 시 끼니께 연기가 열두 번 나지 워째서 일곱 번이여. 끈나풀을 삼어두 워째서 그런 들 익은 것으루 삼었으까. 그런눈깔을 빼서 개 줄 늠 같으니…"

"…"

"워떤 용천(나병)허다 올러 감사헐 것이 그런 거짓말을 헙듀? 뜯어서 젓 담글 늠. 그런 것은 안 잡어가유?"

－李文求, 冠村隨筆(1972)

"그년 핑계도 좋게 기어드는구나. 어찌 화류병이라도 없더냐?"

"물에 사는 달팽이집이라 하여 객물 든 걸 보았습니까?"

모화란 년이 제 손으로 자릿저고리를 벗어 말코지로 내던지고 이불 속으로 기어드는 첫고동에 붙임성있게 허벅지를 유필호의 사추리에 걸었다.

"어허, 이런 고연 것이 있나?"

"좋거든 입이나 닥치십시오."

"어허, 봉패로다. 이것 놓지 못할까."

"난 나으리께서 어지자지가 아니면 개호주가 물어간 줄 알았더니 물꼬같은 거양(巨陽)을 차고 계시군요. 뻔질들락 행실을 내시다가 자칫하면 쉰네 뱃구레에 무슨 변고 내시겠습니다요."

"이끼 그년 주둥이도 헤프다."

—金周榮, 客主(1982)

비어(卑語)는 대체로 점잖지 않은 사람이 쓰는 말로 야비하고 비천한 어감을 갖게 한다. 그리고 속어(俗語)는 격식을 차리지 않을, 비격식적 장면에서 쓰인다. 이는 일반사회에서 진부하고 격식에 매인 표현을 피하고, 그 표현에 신선미를 주려고 할 때 사용된다. 신선미는 그 말이 지닌 환기적(喚起的)인 가치에서 비롯된다. 이는 사회적인 집단이나, 개인적인 신분, 심리 상태 등 특별한 환경을 환기한다. 그리하여 문예 작품에서는 이러한 환기적인 가치를 드러내기 위해 비속어가 많이 쓰이는 것이다. S. 울만이 그의 「의미론 원리」(1959)에서 다음과 같은 대화를 인용하고 있는 것도 이러한 연유에서다.

청년 1 : 야, 이 타고난 바보야!
청년 2 : 야, 형편없는 늙은 당나귀야!
아가씨 : 난 너희들이 그렇게 잘 아는 사이인지 몰랐어.

그리고 욕설(辱說)도 이러한 환기적인 가치를 갖는다. 거기에다 욕설은 파괴의 안전판(安全瓣) 구실을 한다. 따라서 일상생활에서와 마찬가지로 소설에서 이것이 쓰일 수 있음은 물론이다. 그러나 이러한 욕설의 사용이 지나쳐서는 곤란하다.

비어, 속어, 욕설과 같은 것은 사회적인 방언으로 볼 때 하류계층에 속할 말들이다. 이들은 표현 효과를 고려하여 신중하게 사용하는 것이 바람직하다. 그렇지 않으면 이들이 환기해 주는 표현 효과와는 달리 작품의 품위를 떨어뜨리게 된다. 국민 정서를 황폐화하고, 언어를 속되게 만든다. 따라서 지나치게 사용해서는 안 된다. 뜨거운 감자와 같은 것이니 적정선을 유지해야 한다.

2.3.2. 시 작품의 경우

시에서의 비속어의 사용은 많지 아니하다. 특히 순수 서정시에는 비속어가 거의 쓰이지 않는다. 주로 이념시에서 정서적 의미를 극대화하기 위하여 이것이 원용된다. 우리의 경우 KAPF 등의 구호시에 이 비속어와 욕설이 동원되고 있는 것을 볼 수 있다. 요사이는 황지우, 장정일 등 젊은 시인들에 의해 이를 활용한 시가 쓰이고 있다. 이러한 비속어의 사용은 일반화하여 평가할 것은 못 된다. 작품성과 관계를 지어 그 의미를 논의하여야 할 것이다. 그러나 다음과 같은 시의 표현들은 국어 순화와 관련시켜 볼 때 아무래도 그 정도가 지나친 것으로 보인다.

> 저 새끼가 죽을라고 환장했나, 야 새끼야 눈깔을 엇다 뜨고 다녀?/ 뭐 새끼야? 이 새끼가 엇다 대고 새끼야 새끼야 나발까는 거야? 左回轉車線에서 영업용 택시 운전수와 자가용 운전자(ah, he owns a Mark V GXL Ford)가 손가락을 하늘로 찔러대면서 악쓴다.
>
> ─황지우, 겨울─나무로부터 봄─나무에로(1985)

개새끼… 너는 개새끼야… 그래… 난… 너 같은 놈들을… 알아… 잘
안다구… 흐흐… 좋아… 빨리 해… 그리고… 꺼져… 꺼져… (여자, 개처
럼 짖는다.) 멍멍…… 꺼져…… 멍멍…… 가…… 멍멍…… 멍멍……(하
늘에는 달, 어둔 골목에는 개. 그 막막한 사이를 바라보며, 여자 혼자 운
다.)

ㅡ蔣正一, 길안에서의 택시잡기(늙은 창녀) (1988)

2.4. 비규범적(非規範的) 표현

여기서 비규범적 표현이란 언어 규범에 맞지 않거나, 의미 호응이 제대
로 되지 않는, 비적격의 표현을 말한다. 따라서 여기에는 음운(표기), 어휘,
구문이 다 포함된다.

우리 현대문학의 경우 초기에는 작가·시인들이 우리말을 제대로 공부하
지 못해 비규범적 문장이 많이 쓰였다. 그 뒤 이러한 오용은 국어 교육에
의해 많이 개선되었다. 그러나 오늘날의 문학 작품에도 어휘를 비롯해, 문
법적으로 바르지 아니한 것, 문장의 구성이 제대로 되지 않은 것, 의미 호
응이 제대로 되지 않는 것 등이 많이 발견된다. 이러한 것은 비의도적인 오
용이다. 이러한 오용은 국어교육에서 언어의 기능교육을 제대로 꾀하지 않
았기 때문에 빚어진 것이라 하겠다. 다음에는 이러한 비적격의 문장 표현
을 살펴보기로 한다.

2.4.1. 소설 작품의 경우

(1) 어휘상의 문제

1인칭 소설의 경우 화자가 의도적으로 방언을 사용하는 것이 아니라면,

지문은 표준어로 씌어야 한다. 그런데 이러한 지문에 어울리지 않게 방언이 쓰이는 경우가 있다. 이것은 작자가 우리말에 대해 소양이 부족하기 때문에 저질러진 실수이다. 이러한 실수가 우리의 현대문학 작품에는 많이 보인다. 몇 개의 예를 보이면 다음과 같다.

　　놈이 번이(본디) 괄괄은 하지만 그래 놓고 날더러 석유값을 물라구 찌다우(지다위)를 붙는다.
　　　　　　　　　　　　　　　　　　　　　　　　　　　　　－金裕貞, 봄봄

　　앞뜰 건너편 수평(수풀)을 감돌아 싸늘한 바람이 낙엽을 흩뿌리며 얼굴에 부딪친다.
　　　　　　　　　　　　　　　　　　　　　　　　　　　　－金裕貞, 산골 나그네

　　안개 속을 헤메던(헤매던) 내가 불현드키(불현드시) 나를 위하여는 마코 두갑, 그를 위하여는 배 십전어치를 사가지고 여기 兪政을 찾은 것이다.
　　　　　　　　　　　　　　　　　　　　　　　　　　　　　－李箱, 失花

　　그런 깅가밍가한(긴가민가한) 소리를 서뿔리(섣불리) 입밖에 내었다가는 무슨 화를 볼른지(볼는지) 알 수 있나.
　　　　　　　　　　　　　　　　　　　　　　　　　　　　　－李箱, 날개

　　그리다가(그리 하다가) 동무가 있으면 땅따먹기(땅뺏기)도 했다.
　　　　　　　　　　　　　　　　　　　　　　　　　　　　　－黃順元, 별

　　송진을 상채기(생채기)에다 문질러 바르고 그 달음으로 칡덩굴 있는 데로 내려가 꽃 달린 줄기를 이빨로 끊어 가지고 올라온다.
　　　　　　　　　　　　　　　　　　　　　　　　　　　　－黃順元, 소나기

(2) 문법·문장상의 오용

문법 문장상의 오용은 방언적 활용을 하거나, 성분 간의 호응이 제대로 안 되거나 하는 것 등을 생각할 수 있다. 이러한 표현이 지문에 사용된 경우는 그리 많지 않다.

> 십만원이면 죄선 부자로 쳐도 千석군이니 머, 떵떵거리고 살게 아니라 구요.(아니냐구요)
>
> ─蔡萬植, 치숙

> 내가 제법 한 사람의 사회인의 자격으로 일을 해 보는 것도 안해에게 사설 듣는 것도 (싫고), 나는 가장 게을른(게으른) 동물처럼 게을른(게으름을 피는) 것이 좋았다.
>
> ─李箱, 날개

> 이마가 홀떡 까지고 양미간이 벌면 소견이 탁 트였다지 않냐.(않느냐)
>
> ─金裕貞, 안해

> 마는(그렇지마는) 그래도 안해는 나이 젊고 얼굴 똑똑하겠다, 돈 이 원쯤이야 어떻게라도 될 수 있겠기에 묻는 것인데 들은 체도 안 하니 썩 괘씸한 듯싶었다.(괘씸하였다)
>
> ─金裕貞, 소나기

> 다만 애키는(마음이 켕기는) 것은 자기의 행실이 만약 남편에게 발각되는 나절에는 대매에 맞아죽을(맞아죽게 될 것이라는) 것이다.
>
> ─金裕貞, 소나기

(3) 의미상의 오용

의미상의 호응은 개별어의 의미가 부적절한 경우와, 조리에 맞지 않는

경우가 있다. 특히 조리에 맞지 않는 표현은 비논리적인 사고를 한 때문에
빚어진 오용현상이다.

① 부적절한 의미의 개별어

　그대의 作品은 한번도 본 일이 없는 旣成品에 의하여(비하여) 차라리 輕
便하고 高邁하리라.

－李箱,날개

　기어이(아무래도/마침내) 기차 다리 부근에서 떠나기가 싫었던 것이다.

－金東里, 바위

　나 아니라 더한 사람이 불러도 못 나오는 모양이라고 믿어지자(생각되
자), 돌쇠 소리 질러 소 몬 것 싱겁다(싱겁게 느껴졌다).

－郭夏信, 신작로

② 비논리적 표현

　…나도 더럽단 듯이 울타리께를 힝하게 돌아내리며 약이 오를 대로 올
랐다. 라고 하는 것은 암탉이 풍기는 서슬에 나의 이마빼기에다 물찌똥을
찍 갈겼는데 그걸 본다면 알집만 터졌을 뿐(터진 게) 아니라 골병은 단단
히 든 듯싶다(듯하다).

－金裕貞, 동백꽃

　오죽해야(오죽하면) 우리 동리에서 누굴 물론하고 그에게 욕을 안 먹는
사람은 명이 자르다고 한다.(하겠는가?)

－金裕貞, 봄봄

형익은 지게를 진채 바위 위에 서서 자기가 지금 무엇을 보고 있는지도 모르게 될 때까지 그 한 점을 응시하고 있었다. 그러나 지게가 거추장스러워졌다는 생각도, 그리고 이 길로 곧장 저 남자에게 뛰어가 버릴 수는 없는 자기의 위치란 것이 석달만에 비로소 맛보아지는 속된 외로움, 그리고 그 간격의 탓이라는 계산도 이미 그의 것이 아니었다.

-李文熙, 人間의 마을

2.4.2. 시 작품의 경우

(1) 어휘상의 문제

시에는 앞에서도 살펴본 바와 같이 많은 방언이 사용되고 있다. 방언뿐 아니라 일본식 표현이 사용되고 있기도 하다. 여기서는 시행(詩行)에 어울리지 않는, 비의도적으로 사용된 몇 개의 방언과 일본식 용어를 보기로 한다.

물결치는 뱃술게(뱃수레)는 졸음 오는 「리즘」의 形象이 오락가락--

-주요한, 불놀이

薰香내 높은, 나렷한(나른한) 살 기운/ 당장 곧 따스할 듯하구나

-박종화, 十一面觀音菩薩

여간 비천하지 않는(않은) 사내들이 사철나무 그늘 혹은 화물 창고

蔣正一, 지하인간(화물)

하므로(그러므로), 만났다 헤어질 때 이별의 말을 하지 않는다.

-장정일, 지하인간

그리고 나는,/ 나 自身이 이미/ 숨쉬는 木乃伊(미라)임을/ 아, 나는 弔喪한다.

-金炯元(1922)

(2) 문법·문장상의 오용

활용 등 문법적인 오용과 문장 구조상 잘못된 것도 많다. 이 가운데 몇 개를 보면 다음과 같은 것이 있다.

「孝子盧迪之之旌門」 먼지가 겹겹이 앉은 木刻의 額에(액자에)/ 나는 열 살이 넘도록 갈지字 둘을 (보고) 웃었다.

— 白石, 旌門村

내 영혼이 태어나기도 전부터, 바다는 저렇게 푸르르며(푸르러) 있고, 넘실대며(넘실대고) 있고, 하나 가득 충만하며(충만하여) 있었던 것일까?

— 朴斗鎭, 바다의 靈歌

어쩌면 말씀을 들을 수 있겠읍니까/ 邪念이 꼬리에 꼬리를 물고 오는데/ 차라리 송곳이(송곳으로) 귀를 뚫어오리까.

— 이효상, Vanitas Vanitatum

이제는 도무지 슬퍼(슬퍼해) 보지도 못하는/설흔 세살 난 사나이에게

— 李漢稷, 餘白에

아무렴, 슬픔이사 來日이지/ 아름다운 사람이(사람아) 나와 함께 오늘을 살자.

— 張瑞彦, 女人像

이 명상을 행하는 이로 하여금 좀더 훌륭한 명상이 되도록(명상을 하도록)/ 매우 주의깊게 순서가 만들어졌는데

— 蔣正一, 지하인간(햄버거에 대한 명상)

(3) 의미상의 오용

시에는 개별어의 의미가 어울리지 않는 것과, 논리적인 호응이 제대로 되지 않는 표현이 의외로 너무 많다. 이들의 예를 몇 개 들어 보면 다음과 같다.

① 부적절한 의미의 개별어

나는 얼음판 우에서/ 전혀(매우) 분방한 한 속도의 기사다.
　　　　　　　　　　　　　　　－金起林, 태양의 풍속 (스케이팅)

시온은 오늘 돌아드는 발자국(발걸음) 소리로 소연코나.
　　　　　　　　　　　　　　　－金起林, 태양의 풍속(새해의 노래)

엇저녁 風浪 우에 님 실려(태워) 보내고
　　　　　　　　　　　　　　　－鄭芝溶, 정지용시집(風浪夢2)

다만/ 鐘路2街에서/ 대낮에 버스를 내리는 斗鎭을 만나/ 길거리에서 對話를 나누고/ 出版紀念會가 파한 밤거리를/ 南秀와 함께 거닐고, 宗吉은(에게서는) 어느날 아침에 電話가 걸려왔다.
　　　　　　　　　　　　　　　－朴木月, 日常事

공 던지는 날랜 손발(손), 책보 낀 여생도의 힘있는 두 팔
　　　　　　　　　　　　　　　－梁柱東, 조선의 脈搏

② 비논리적 표현

동방의 전설처럼 믿을 수 없는/ 아마도 실패한 실험이냐(실험이리라).
　　　　　　　　　　　　　　　－金起林, 태양의 풍속(올빼미의 呪文)

실상 그가 남기고 간 자최가 얼마나 좁그럽기에/ 오랜 後日에야 平和와
슬픔과 사랑의 선물을 두고 갈 줄을 알었다.(알았을까?)
                                    ─鄭芝溶, 정지용시집(悲劇)

숱한 감시의 눈을 뚫고 몰래 나가요/ 불타는 집을 끄러!(집의 불을 끄러)
                                    ─蔣正一, 지하인간(불타는 집)

우표 수집가가 아무리 구하기 어려운 귀한 우표를 구해/ 간직한들(간직
한다 하여도), 그 때문에 세상이 바뀌지 않듯/ 시인이 아무리 좋은 시를
쓴들(쓴다고 하여도), 또한 세계는 변함/ 없는 것.
                                    ─蔣正一, 지하인간(길안에서의 택시 잡기)

3. 결어

川端康成(1970)는 「예술활동에는 예술창작과 예술수용의 두 가지가 있다.
예술창작의 활동은 표현에 도달함으로써 완료되고, 예술수용의 활동은 그
표현을 접함에 의해 시작된다. 표현은 이 두 가지의 연결점이며, 두 가지가
서로 만나는 하나의 다리이다」 이렇게 말하고 있다. 그는 다시 이렇게도
진술하고 있다.

「문학에 있어서 표현이 중요한 의미를 지닌다는 것은 이러한 이유에서이
다. 좁게 말하면 표현 즉 내용이며, 예술 표현이라고도 말할 수 있을까. 표
현을 통하지 않고는 작자가 나타내려는 내용을 알 길은 없다.」

우리 현대문학 작품은 그간 약 1세기를 지나오며 언문불일치(言文不一致)
의 문장을 세련된 문장으로 바꾸어 놓았다. 그러나 그것이 전부는 아니다.
앞에서 본 바와 같이 현대문학 작품의 표현은 비의도적인 오용이 많이 보

이는가 하면, 의도적인 방언, 외래어, 비속어 등의 사용이 긍정적 효과와는 달리 부정적 의미도 많이 드러낸다. 등장인물의 방언의 사용만 하더라도 사실성을 드러내는 외에, 이해 아닌 감(感)으로 소설을 읽게 하는 면이 있는가 하면, 대하소설에서 장광설은 그곳 방언 화자가 아니면 따분하고 지루한 느낌을 갖게 한다. 따라서 이는 창작자의 입장이 아니라, 수용자의 입장을 고려하여 조정되어야 한다. 더구나 이것이 국민의 언어생활에 영향을 미침에랴? 게다가 비규범적 표현은 교정되어야 할 대상이다.

현대문학 작품은 좀 더 표현에 주의를 기울여야 하겠다. 그리하여 우선 문학 작품이 공감의 예술이 되도록 하여야 하고, 국민 언어를 통일하고 순화하는 구실을 하는 데도 기여하도록 하여야 한다. 이러한 문학 작품의 순화를 위해서는 다음과 같은 점이 고려되어야 하겠다.

첫째, 비의도적 방언의 사용 및 오용에 의한 "순화 대상"의 생산을 가능한 한 하지 않도록 하여야 한다. 소설의 지문 및 시에서의 방언의 비의도적 사용이나 오용은 바람직한 것이 못 된다.

둘째, 일부 "의식있는" 작가들의 국어 표현에 대한 의식 전환이 이루어져야 한다. 이는 특정한 문예사조 및 이념적 작가·작품에 문제가 있음을 의미한다. 여기서는 외래어 및 비어의 사용 등이 특히 문제가 된다.

셋째, 문인들은 수용자의 이해와 국민들의 언어 생활에 미치는 영향을 고려하여 글을 써야 하겠고, 아름다운 우리말과 글을 가꾸어야 하겠다. 셰익스피어나 괴테 등의 작가와 시인이 좋은 영어와 독일어를 만드는 데 기여한 사실을 유념하여야 한다.

넷째, 외국어의 바람직하지 않은 간섭을 배제해야 한다. 일어식, 또는 영어식 표현이 많이 들어와 우리말을 어지럽히는가 하면, 번역문투로 바꾸고 있는 언어 현실을 직시하고, 이러한 언어현실을 개선하려는 노력을 경주하여야 한다.

　다섯째, 수용자, 독자의 입장에서는 많은 "순화대상"을 안고 있는 조잡한 문학 작품을 거부하겠다는 의식을 갖도록 하여야 한다. 그렇게 함으로 바람직하지 않은 표현의 문학 작품이 이 땅에 뿌리박지 못하도록 하여야 한다.

참고 문헌

김민수(1973), 국어정책론, 고대출판부.

김우종(1973), 한국현대소설사, 선명문화사.

박갑수(1977), 문체론의 이론과 실제, 세운문화사.

박갑수(1984), 국어의 표현과 순화론, 지학사.

박갑수(1994), 우리말 사랑 이야기, 한샘출판사.

박갑수(1994), 올바른 언어생활, 한샘출판사.

이태준(1939), 문장강화, 박문석관.

김동인(1976), 문단삼십년사, 동인전집 제8권, 홍자출판사.

김용직(1996), 방언과 한국문학, 새국어생활 6-1, 국립국어연구원.

서재극(1987), 개화기 외래어와 신용어, 동서문학, 계명대학교.

송민(1979), 언어의 접촉과 간섭유형에 대하여, 성심여자대학 논문집, 성심여자대학.

안동숙·조유경(1972), 1900년대 初期에 나타난 外來語 考察, 한국어문학연구 12, 이화여자대학교.

정광(1995), 일본어투 문장 표현, 새국어생활 5-2, 국립국어연구원.

S. Ullman(1957), The Principles of Semantics, Glasgow-Oxford.

川端康成(1970), 新文章讀本, 新潮社.

鹽田紀和(1977), 諸國語의 混亂과 統一, 黑潮出版.

　이 글은 1997년 12월 '한글사랑', 제6호(한글사랑사)에 발표된 것이다. 이는 그 뒤 저자의 제4논설집 '아름다운 우리말 가꾸기'(집문당, 1999)'에 전재된 바 있다.

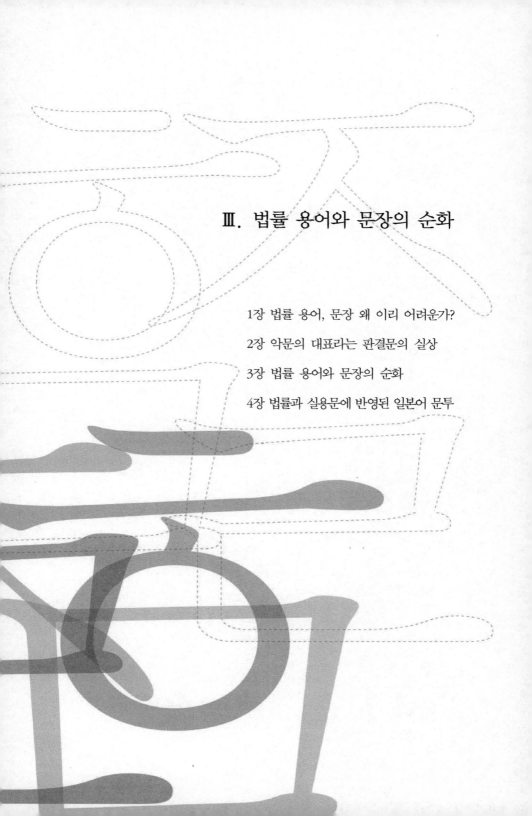

Ⅲ. 법률 용어와 문장의 순화

1장 법률 용어, 문장 왜 이리 어려운가?

1. 머리말

'그 사람은 법 없이도 살 사람이다.'라는 말이 있다. 이 말은 그 사람됨이 매우 착해서 죄라는 것은 짓지 않을 사람이란 말이다.

법이란 사회의 안녕·질서를 위하여 제정된 실천규범이다. 따라서 이는 모든 국민이 알아야 하고 생활화해야 할 규범이다. 법이란 국가권력의 통치수단으로 이해되기 쉬우나, 오히려 국민의 권리 보장을 위해 존재하는 것이다. 그럼에도 우리가 흔히 이를 잘못 인식하고 있는 것은 과거에 이를 잘못 운용한 탓이며, 또한 법률 문장에도 문제가 있었기 때문이다.

우리의 법률 문장은 우선 어렵고 권위주의적인 표현이 많다. 그러기에 친근한 맛을 주기보다 내용을 알 수 없고, 우리와 거리가 먼 것이며, 두려운 것이라는 느낌을 갖게 한다. 법률 문장은 하루빨리 이러한 인상을 털어내고 친근한 느낌이 들도록 개선하여야 한다.

법률 문장은 흔히 난해한 한자어, 일본식 용어, 한문 투의 표현, 권위주의적인 표현이 문제점으로 지적된다. 이밖에 판결문의 장문성도 문제의 대상이 된다. 그러나 문제는 이에 그치지 않는다. 법률에 관련된 표현은 쉬워야 하고 명확해야 함에도 이 명확성에 많은 문제가 있다. '말 잘하면 변호사, 잘 따지면 판검사'라고 하는데, 이들이 다루는 법률 및 표현은 조리에 맞지 않고, 어법에 맞지 않는 것이 많아 문제가 되고 있다. 흔히 법률관계 표현은 논리적으로 바로 쓰였을 것이라고 생각되나, 현실은 오용, 악용이 심한 실정이라 반기대의 법칙이 작용한다.

다음에 이러한 바람직하지 않은 법률관계 표현을 살펴보기로 한다. 고찰의 순서는 일반적으로 지적되는 어휘와 표현의 문제를 살피고, 그 다음에 어법상의 문제, 장문의 문제를 다루기로 한다.

2. 어휘상의 문제

우리나라의 법은 일본 법을 참고하거나, 번역해 만든 것이 많기 때문에 한자어, 일본식 용어 및 권위주의적인 문구가 많은 것으로 일러진다. 따라서 어휘상 문제가 되는 것은 어려운 한자어 및 일본식 용어이다.

1) 어려운 한자어

법률관계 용어가 어렵다는 것은 누구나 공감하는 사실이며, 법무부, 법제처, 대법원 등에서 끊임없이 순화작업을 전개해 오고 있으나, 개선의 성과는 미미해 여전히 문제가 되고 있다. 이제 그 구체적인 법문을 몇 개 보면 다음과 같다.

- 外國과 通謀하여 大韓民國에 對하여 戰端을 열게 하거나 (형법 제92조)
- 姦通을 慫慂 또는 宥恕한 者 (형법 제241조)
- 替當金을 支給할 義務 (상법 제141조)
- 其他 客의 集來를 위한 施設 (상법 제151조)

- 地役權은 要役地 所有權에 附從하여 移轉하며 (민법 제282조)
- 그 元本 以上의 金額을 還給 (금융실명거래에 관한 법률 제2조)

이러한 난해한 한자어는 쓰이지 말아야 하거나, 시대감각에 맞지 않는 것이다. 다음에 난해한 한자어를 보기로 한다.

첫째, 일상생활에서 잘 쓰이지 않는 어려운 한자어가 무수하다. 이제 이들 보기 가운데 몇 개를 들어 보면 다음과 같다. 왼쪽이 난해한 현행용어이고, 오른쪽 용어가 바람직한 쉬운 말이다.

건정(鍵錠)- 자물쇠	결궤(決潰)하다- 무너뜨리다
금원(金員)- 돈	도찰(塗擦)- 바르기
몽리면적(蒙利面積)- 물대는 면적	범장(帆檣)- 돛
사력(砂礫)- 자갈	소장(消長)이 없다- 차이가 없다
수도(隧道)- 굴·터널	언제(堰堤)- 둑
원책(垣柵)- 울타리	자변(自辨)- 자기부담
자견(仔犬)- 새끼 개	재식(裁植)- 심기
주벌(舟筏)- 배와 뗏목	첩부(貼付)- 붙이기
취미(臭味)- 냄새와 맛	치탈(褫奪)- 박탈
파식(播植)- 뿌려 심음	폭원(幅員)- 너비
표항(標杭)- 측량표지 막대	현황지목(現況地目)- 사실상의 지목
호창(呼唱)하다- 외치다	회뢰(賄賂)-뇌물을 주고 받음
횡도(橫道)- 건널목	흠결(欠缺)- 흠

이상의 용어들은 생활어로 쓰이는 말로 법조인이나, 고도의 한문 지식을 가진 사람이 아니면 이해하기 곤란한 용어다. 이토록 법률용어는 문제성을 지닌다.

둘째, 시대 감각에 맞지 않는 어색한 용어가 많이 쓰인다. 이러한 예를 몇 개 보면 다음과 같다.

가(可)하다- 옳다, 좋다	공(共)히- 함께, 모두
고지(告知)하다- 알리다	공(供)하다- 제공하다, 주다
구신(具申)- 보고함, 알림	긍(亘)하여- 걸쳐
기(旣)히- 이미, 앞서	당해(當該)- 그
본지(本旨)- 본뜻	부(附)하다- 붙이다
생(生)하다- 생기다	시건(施鍵)- 자물쇠, 잠금
심굴(深掘)- 깊이 팜	심대(甚大)- 매우 큰
완제(完濟)하다- 다 갚다	월담(越-)하여- 담을 넘어
의(依)한다- 따른다	임(臨)하여- 가서, 이르러서
전행(專行)하다- 오로지 …하다	제(際)하여- 즈음하여, …함에 있어
종지(終止)하다- 끝내다	지득(知得)- 알게 되다
지실(知悉)하다- 다 알다	지정(池井)- 못, 샘
최촉(催促)하다- 독촉하다	(의) 치(値)로- 값으로
패용(佩用)하다- 달다	필(畢)하다- 마치다
해태(懈怠)하다- 게을리 하다	휴지(休止)하다- 쉬다, 그만두다

이상은 시대적으로 보아 오늘날의 언어 감각에 맞지 않는 지난날의 한문 투의 용어들이다. 이들은 오른쪽에 적어 놓은 말과 같이 순화할 때 쉽게 이해할 수 있는, 바람직한 표현이 된다.

2) 일본식 용어

앞에서 언급한 바와 같이 우리나라의 법은 일본법의 영향을 많이 받았기 때문에 법률용어에는 일본식 용어가 많이 쓰이고 있다. 그리하여 우리 법률에 쓰인 일제 법률용어의 잔재를 추방하는 운동이 전개된 바 있기도 하다. 법률에 쓰인 일본식 용어 몇 개를 보면 다음과 같다.

견적(見積)- 추산, 머리잡기	명찰(名札)- 이름표
소제(掃除)- 청소	수하물(手荷物)- 짐
신립(申立)- 신청	연출(連出)- 데리고 나감
이서(裏書)- 배서	인상(引上)- 철수
입회서기(立會書記)- 참여 주사	조상(操上)- 앞당김
조체(操替)- 전용	주취중(酒醉中)- 취중, 술 취한 가운데
지분(持分)- 몫	지입(持込)- 가지고 들어옴
지출(持出)하다- 가지고 나가다	진출(振出)- 발행
차압(差押)- 압류	차입(差入)- 넣어 줌
차출(差出)하다- 뽑아내다	차하(差下)- 돌려줌
취급(取扱)하다- 다루다	취기(取寄)- 가져 옴
취조(取調)- 조사	취입(取入)- 끌어들임
취하(取下)- 철회	하조(荷造)-포장

이들은 모두 한자 형태를 빌린 일본의 고유어들이다. 이를 한자어로 잘못 알고 수용한 것이다. 이밖에 등기 용어에도 일본어가 많이 쓰인다.

- 납옥(納屋) 납가(納家) 물치(物置)- 광
- 이계건(二階建) (住宅)- 2층(주택)
- 평가건(平家建) (住宅)- 단층(주택)
- 평옥개(平屋蓋)·육옥근(陸屋根)- 슬러브 지붕

3. 표현상의 문제

표현상 문제가 되는 것으로는 흔히 한문 투의 표현과 권위주의적 표현을 든다.

1) 한문 투의 문체

어려운 한자어가 많이 쓰이는 것과 함께 우리의 법률 문장에는 한문 투의 문어체가 즐겨 쓰이고 있다. 이러한 현상은 1983년 개정된 '경범죄 처벌법'과 1988년 개정된 이의 현행법을 비교할 때 쉽게 알 수 있다. 1988년 개정된 법은 국민이 알기 쉽도록 순화의 차원에서 개정한 것이기 때문이다. 이들 조문 두어 개를 비교해 보면 다음과 같다.

제1조 14항
- 飮用에 供하는 淨水를 汚穢하거나 또는 그 使用을 妨害하는 자(者)
- (飮用水 使用妨害) 사람이 마시는 물을 더럽히거나 그 사용을 방해한 사람

제1조 15항
- 炮煮・洗滌・剝皮하지 아니하고 그대로 食用에 供하는 食品에 覆蓋를 設置하지 아니하고 店頭에 陳列하거나 行商한 者.
- (덮개 없는 飮食物販賣) 껍질을 벗기거나 익히거나 씻거나 하지 아니하고 그대로 먹을 수 있는 음식물을 덮개를 덮지 아니하고 가게 밖이나 한데에 내놓거나 돌아다니며 판 사람(제1조 17항).

예문으로 보아 쉽게 알 수 있듯 앞엣것이 개정되기 전, 뒤엣것이 개정된 후의 것이다. 개정된 뒤의 것은 구어체의 쉬운 말로 되어 있는데, 그 전의 것은 그렇지 아니하다. 오늘날 우리의 대부분의 법률 관련 문장은 1988년 개정 이전의 '경범죄 처벌법'과 같이 한문 투 문어체의 어려운 표현을 하고 있다. 따라서 법은 딱딱하고, 일반 국민과는 거리가 먼 것으로 인식되고 있다.

이러한 지난날의 문어체 법률 문장의 예를 몇 개 살펴보면 다음과 같다. 예문의 오른쪽이 이들 법률을 쉽게 바꾼 표현이다.

- 그 지(旨)를 오신(誤信)하고- 그런 줄 잘못 알고
- …구(求) 석명(釋明)- 석명을 구하다
- 본건(本件) 계쟁(係爭) 건물- 이 사건의 분쟁 대상이 되어 있는 건물
- 소범(所犯)된 바 있고- 범죄를 저지른 바 있고
- 전(前) 동일(同日)- 위 같은 날
- 전방 주시(注視) 의무를 해태(懈怠)하여- 앞을 잘 살펴야 할 의무를 게을리 하여
- 주기(酒氣)에 승(乘)하여- 술김에
- 직무를 행함에 당(當)하여- 직무를 수행함에
- 차한(此限)에 부재(不在)하다- 그렇지만은 않다
- 처(妻)는 부(夫)의 가(家)에 입적한다- 아내는 남편의 집에 입적한다
- 토지를 심굴(深掘)하지 못 한다- 땅을 깊이 파지 못 한다
- 형을 수(受)한- 형을 받은
- 확답을 발(發)하지 아니한 때- 확답을 표시하지 아니한 때

이러한 표현들은 현실과 괴리가 있는 것으로, 이는 다음에서 알 수 있는 바와 같이 판검사의 공소장이나 판결문에 영향을 미치는 것으로 보인다.

2) 권위주의적 표현

법이란 알고 지켜야 할 실천규범이다. 따라서 이는 알기 쉽고, 지키고자 하는 마음이 일도록 표현되어야 한다. 그런데 우리 법률 관련 문장은 권위주의적인 문구가 많다. 이러한 것의 대표적인 것으로는 '-ㄹ 사', '-ㄹ 것'으로 표현되는 명령적인 것, '명한다, 명할 수 있다'와 같은 군림하는 표현을 들 수 있다. 이와 같은 예로는 다음과 같은 것이 있다.

- 권리 <u>신고할 사</u> (신고를 하십시오)
- 명령을 <u>준수할 것</u> (지켜주기 밝니다)
- <u>결심한 변론의 재개를 명한다</u> (종결한 변론을 재개한다)
- <u>보고할 것을 명한다</u> (보고하기 바랍니다)
- 법정대리인의 <u>출석을 명할 수 있다</u> (출석하도록 할 수 있다)
- 변론을 <u>명할 수 있다</u> (하도록 할 수 있다)

　이밖에 한문 투의 '-ㄴ 자', 및 '-에 처한다'도 오늘날의 언어감각으로
는 권위주의적인 표현으로 받아들여진다. 이들은 '-ㄴ 사람', '-에 부친다'
로 순화함이 바람직할 것이다. 다음이 이런 예다.

- 적국의 간첩을 <u>방조한 자</u> (방조한 사람)
- 귀화 또는 혼인으로 인하여 국적을 <u>취득한 자</u> (취득한 사람)
- 100만 원 이하의 벌금에 <u>처한다</u> (부친다)
- 2년 이상의 유기징역에 <u>처한다</u> (부친다)

4. 어법 및 의미상의 문제

　분명하고 논리적이어야 할 법률 관련 문장에는 또 어법에 맞지 않는가
하면, 의미상 부적당한 용어들이 많이 쓰이고 있다. 이로 말미암아 그 표현
은 정확성을 결하고, 조리에 맞지 않아 비논리적으로 표현된 것을 많이 볼
수 있다. 이러한 오용은 법률 문장의 치명적 결점이라 할 것인데, 이들 오
용은 헌법 조문에까지 많이 보인다. 법률 관련 문장의 이러한 오용은 접속법,
능·피동형, 사동형, 주술 호응 등 문장 호응, 성분 생략, 조사 활용, 및 문
체, 의미 등의 면에 많이 나타나는 것을 볼 수 있다. 다음에 이들 대표적인

예를 살펴보기로 한다.

첫째, 대등접속의 호응에 문제가 있는 것이 보인다. 대등접속은 전후가 대칭이 되어야 하는데 그렇지 않은 문장이 많다. 이러한 예는 헌법에 많이 보인다.

- 공무원은 국민 전체에 대한 <u>봉사자이며</u>(봉사자로서), 국민의 대하여 책임을 진다. (헌법 제7조)
- 혼인과 가족생활은 개인의 존엄과 양성의 평등을 기초로 성립되고 <u>유지되어야</u> 하며, 국가는 이를 <u>보장한다</u>. (보장해야 한다) (헌법 제36조)
- 국민의 자유와 권리는 국가안전보장, 질서유지 또는 공공복리를 위하여 필요한 경우에 한하여 법률로서 제한할 수 <u>있으며</u>(있으나), 제한하는 경우에도 자유와 권리의 본질인 내용은 침해할 수 없다.(헌법 제37조)
- 재의의 요구가 있을 때에는 국회는 재의에 <u>붙이고</u>(부치며), 재적의원 과반수의 출석과 출석의원 3분의 2 이상의 찬성으로 전과 같은 <u>의결을 하면</u>(의결하게 될 때) 그 법률안은 법률로서 확정된다. (헌법 제53조)

둘째, 능·피동의 혼란이 빚어지고 있는 예도 많다.

- 사회적 특수계급의 제도는 <u>인정되지</u>(인정하지) 아니하며, 어떠한 형태로도 이를 창설할 수 없다. (헌법 제11조)
- 혼인의 신고는 … 기타 법령에 <u>위반함이</u>(위반됨이) 없는 때에 이를 수리하여야 한다.(민법 제813조)
- 미달한 과징금과 그 과징금의 100분의 10에 <u>해당하는</u>(해당되는) 금액을 가산금으로 징수한다. (금융실명거래에 관한 법률 제11조)

셋째, 사동형의 혼란도 많다. 사동형은 특히 사동이 아닌, 단순한 타동을

'-시키다'를 사용하여 표현하는 경우가 많다. 다음의 예가 이러한 것이다.

- 소정의 규칙에 의하지 아니하고 초병을 <u>교체시키거나</u>(교체하거나) (군형법 제40조)
- 이 법은 … 하천 사용의 이익을 <u>증진시키기</u>(증진하기) 위하여 (하천 법 제1조)
- 관리청은 … 하천을 손상하거나 하천의 현상을 <u>변경시키는</u>(변경하는) 행위로 인하여 필요하게 된 하천공사… (하천법 제20조)
- 국토를 僭竊하거나 국헌을 紊亂할(문란하게 할) 목적으로 폭동한 자 (형법 제87조)

　넷째, 주어와 서술어의 호응이 잘 되지 않는 것도 있다. 주술어의 호응이 제대로 되지 않는 것은 적격이 아닌 비문으로, 논리 면에서도 문제가 되는 것이다. 다음의 예가 이러한 것이다.

- 혼인의 신고는 그 혼인이 제807조 내지 제811조 및 전조(前條) 제2항 의 규정 기타 <u>법령에</u>(법령을) 위반함이 없는 때에는 이를 수리하여야 한다. (민법 제813조)
- 혼인이 제807조 내지 제811조의 <u>규정에</u>(규정을) 위반한 때 (민법 제 816조)

　다섯째, 수식과 피수식 관계도 바람직하지 않은 것들이 있다. 다음의 예 가 그것이다.

- <u>법률이 헌법에 위반되는</u>(법률의 헌법 위반) 여부가 재판의 전제가 된 경우 (헌법 제107조)
- 명령 규칙 또는 <u>처분이 헌법이나 법률에 위반되는</u>(처분의 헌법 및 법

률 위반) 여부가 재판의 전제가 된 경우 (헌법 제107조)

여섯째, 성분생략이 문제가 되는 경우가 많다. 다음은 그 예다.

- 정당의 설립은 <u>자유이며</u>(자유롭게 할 수 있으며) 복수정당제는 보장
  된다. (헌법 제8조)
- 국가는 전통문화의 계승발전과 민족문화의 <u>창달에</u>(창달을 위해) 노력
  하여야 한다. (헌법제9조)
- 국가는 농수산물의 수급균형과 유통구조의 <u>개선에</u>(개선을 위해) 노력
  하여 가격안정을 도모함으로써 농어민의 이익을 보호한다. (헌법 제
  123조)
- 인력의 개발을 통하여 국민경제의 <u>발전에</u>(발전을 위해) 노력하여야
  한다. (헌법 제127조)

일곱째, 용언의 활용에 문제가 있는 것도 많다. 이러한 예로는 활용하지
않는 체언을 활용시킨 것(간첩-하다, 주취-하다)과 시제에 맞지 않게 활용한
것이 많다. 다음은 그 예다.

- 적국을 위하여 <u>간첩하거나</u>(간첩활동을 하거나) (형법 제98조)
- 적을 위하여 <u>간첩한</u>(간첩활동을 한) 자 (군형법 제18조)
- <u>주취하여</u>(술에 취하여) 그 직무를 태만히 한 자 (군형법 제40조)
- 長期 3년 이상의 형에 해당하는 죄를 <u>범하고</u>(범하였고) 도피 또는 증
  거인멸의 염려가 있을 때 (헌법 제12조)
- 合倂後 *存續한*(존속하는) 회사의 변경등기 (상법 제288조)
- 사람은 <u>생존한</u>(생존하는) 동안 권리와 의무의 주체가 된다. (민법 제3조)
- 기타 법령에 위반함이 <u>없는</u>(없을) 때에는 이를 수리하여야 한다. (민
  법 제813조)

- 공작물 설치자의 동의를 <u>얻는</u>(얻은) 것에 한한다. (하천법 제2조)

여덟째, 조사의 오용 및 생략에 의해 문제가 되는 것도 많다. 다음은 그 예다.

- 기타 <u>법령에</u>(법령을) 위반함이 없는 때 (민법 제813조)
- 제810조의 <u>규정에</u>(규정을) 위반한 때 (민법 제813조)
- 기타의 <u>상황이</u>(상황에) 하천의 물의 흐름이 미치는 부분으로 (하천법 제2조)
- 제48조 또는 제49조의 규정에 의하여 <u>國庫가</u>(국고에서) 부담하여야 할 하천에 관한 비용은 대통령령이 정하는 바에 따라 (하천법 제51조)
- <u>14세</u>(14세가) 되지 아니한 자 (형법 제9조)
- 淫行의 <u>常習</u>(상습이) 없는 부녀 (형법 제24조)
- <u>원인</u>(원인이) 된 행위 (형법 제263조)
- 생활의 <u>근거</u>(근거가) 되는 곳을 주소로 한다. (민법 제18조)
- 그 해제의 <u>원인</u>(원인이) 있음을 안 때에 해제된 것으로 본다. (민법 제805조)
- 중대한 <u>사유</u>(사유가) 있음을 알지 못한 때 (민법 제816조)

아홉째, 번역문투의 어색한 문체도 보인다.

- 국회에 제출된 법률안 기타의 의안은 회기 중에 <u>의결되지 못한 이유</u>로 폐기되지 아니한다. (헌법 제51조)
- <u>夫가 妻의 家에</u> 입적할 수 있다. (민법 제826)
- <u>죄의 성립요인 사실을 인식하지 못한 행위</u>는 벌하지 아니한다. (형법 제13조)
- <u>그 목적한 죄의 실행에 이르기 전에</u> 자수한 때 (군형법 제8조)
- 제5조 또는 6조의 <u>죄를 범할 것을 선동하거나</u> 선전한 자 (상동)

- 상관의 <u>생명에 대한 위험을 발생하게 하거나</u> (군형법 제52조)
- 다만 讓受人 또는 합병후 존속하는 法人이 양수 또는 합병시에 그 처분 또는 위반 사실을 <u>알지 못하였음을 증명하는 때</u>에는 그러하지 아니하다. (식품위생법 제61조)

열째, 의미상 어울리지 않거나, 조리에 맞지 않는 표현도 많다. 조리에 맞지 않는 이러한 표현은 법률 문장의 맹점이 된다고 하겠다.

- 정당의 설립은 자유이며, 복수정당제는 보장된다. (헌법 제8조)
- 모든 국민은 신체의 자유를 가진다. (헌법 제12조)
- 국민의 모든 자유와 권리는 국가안전보방·질서유지 또는 공공복리를 위하여 필요한 경우에 한하여 법률로써 제한할 수 있으며, 제한하는 경우에도 자유와 권리의 본질적인 내용을 침해할 수 없다. (헌법 제37조)
- 재심의 요구가 있을 때에는 국회는 재의에 붙이고, 재적의원 과반수의 출석과 출석의원 3분의 2 이상의 찬성으로 전과 같은 의결을 하면 그 법률안은 법률로서 확정된다. (헌법 제53조)
- 상대방과 통정한 허위의 의사표시는 무효로 한다. (민법 제108조)
- 前 2項의 의사표시의 취소는 선의의 제3자에게 대항하지 못한다. (민법 제110조)
- 당해 토지에 있어서의 초목 생장의 상황 기타의 상황이 하천의 물의 흐름이 미치는 부분으로서 매년 1회 이상 물이 흐른 형적을 나타내고 있는 토지의 구역 (하천법 제2조)

이상은 조리에 맞지 않는 조항의 예들이다. 위의 헌법 제37조, 제53조 및 하천법 제2조는 그 대표적인 것이다. 다음의 보기들은 의미상 어색한 조문들이다.

- 군사에 관한 것도 또한 같다. (헌법 제82조)
- 대통령으로 선거될 수 있는 자는 … 선거일 현재 40세에 달하여야 한다. (헌법 제67 조)
- 제1항 및 제2항의 죄를 범한 자에 대하여도 제1항의 형과 같다. (군형법 제13조)
- 제250조의 예에 의한다. (형법 제253조)
- 기타 객의 集來를 위한 시설 (상법 제151조)
- 합병 후 존속한 회사 (상법 제238조)
- 하천에 관한 비용 및 하천으로부터 생기는 수익 (하천법 제47조)

어법에 문제가 있고, 조리에 맞지 않는 표현은 이밖에 대표적인 것으로 판결문, 공소장, 심리조서 따위가 있다. 일본에서는 판결문을 정박아의 작문의 뒤를 잇는 악문(惡文)의 챔피언으로 보는 견해가 있거니와(岩淵, 1961), 우리의 판결문도 이에서 크게 벗어나지 않는 것으로 보인다. 판결문이나 공소장은 다음에 보듯 장문으로 되어 있고, 위에서 살펴본 법률 문장의 문제점을 다 안고 있다. 이제 짧은 문장 한두 개를 보면 다음과 같다.

- 그러나 앞에서 본 바와 같이 원고는 하천부지 점용허가의 申請節次에 (점용허가를 신청함에) 그 구비서류를 補完하지 않고 있는 사이에(동안에) 피고가 위 회사의 점용허가처분을 한 것이므로, 그 처분이 取消될 특별한 사정이 있다 한들(하여도) 원고에게(원고가) 점용허가처분을 받지 못한 不利益이 회복되는 것은 아니다.
  요컨대 원고에게는 이 사건(사건의) 行政處分을 취소할(취소해야 할) 정당한 이익이 없는 것이다.
- 이 사건 行政處分은 피고가 시기와 종기를 명시하여, 그 기간 동안 원고에게 영업정지를 명한 내용이었고 원심 인정과 같이 그 처분의 효력 또는 집행이 정지된 바 없다면 위 처분이 잔존함으로 말미암아 원

고에게(원~~~~~ 어떠한 법률상 <u>이익의 침해가 있다고</u>(이익침해를 받
~~~~~ 볼 만한 별다른 사정이 없는 한 원고로서는 종기가 지나버린
이제 와서 그 처분의 취소를 구할(청구해야 할) 법률상의 이익이 없다
할 것이다.(1986.7. 대법원 판결문)

이들 보기들은 그래도 나은 것이거니와 판결이나 공소내용조차 알 수 없
는 것도 많다고 일러진다. 만약 그렇다면 이들은 판결이나 공소의 의미를
져버린 것이라 하겠다.

5. 장문의 문제

우리나라 문장의 평균 길이는 신문기사가 62자, 논문이 51자, 소설의 지
문이 31자로 나타난다. 그리고 현대 문장의 평균치는 50자 대로 나타난다.
따라서 가독성(可讀性)을 지니는 것은 50자 내외의 문장이라 할 수 있다.
그런데 법률 관련 문장, 특히 판결문, 공소장은 장문(長文)으로 유명하다.
물론 이러한 문장에도 짧은 것이 없는 것은 아니다. 그러나 일반적으로 긴
것이 많다. 판결문의 한 예를 보면 다음과 같다.

[주문] 원심 판결을 파기하고, 사건을 서울고등법원에 환송한다.
[이유] 원심판결의 이유에 의하면, 원심은 … 판시하고 이를 취소하였
다. 그러나 학문을 연구하는 자가 … 부당하다.
피고가 시행하는 감정은… 보아야 할 것이다.
그런데 원심은… 밖에 없다. 이 점을 지적한 논지는 이유 있다.
이에 원심판결을 파기하여 … 주문과 같이 판결한다.

이 판결문의 판결 이유는 6문으로 되어 있으며, 각각 3,780자, 120자, 760자, 170자, 15자, 60자로 되어 있다. 따라서 평균 길이는 817.5자란 장문이다. 12·12사태 때의 '전 계엄사령관 정승화 공소장'은 전문이 한 문장으로, 2,867자란 장문으로 되어 있음을 보여 준다. 이 공소장은 다음과 같은 구조로 되어 있다.

피고인은(13자 약) 출생하여(16자 약) 졸업하고, (66자 약) 교장을 거쳐 (39자 약) 승진되었고, (38자 약) 해면된 자로서, (97자 약 [괄호 안 50자 포함]) 지내오고 있었으며, (72자 약) 생각하여 오던 중, (929자 약) 초대를 받고 (25자 약) 중앙정보부장실에 도착, (59자 약) 대기하다가 (92자 약) 이야기를 나누고 있을 무렵, (110자 약) 출발하여 (95자 약) 물었으나, (138자 약) 물었으나, (45자 약) 물어도 (84자 약) 가다가 (108자 약[괄호 안 6자 포함]) 버렸으며, (114자 약) 비상발령을 하고, (159자 약) 확인하였음에도 불구하고, (165자 약) 범행을 돕기 위하여
1. (151자 약) 메모하고,
2. (102자 약) 은폐하고,
3. (222자 약) 지시하고,
4. (103자 약) 지시하고,
5. (578자 약) 방조한 것이다.

따라서 이 문장은 200자 원고지 20매가 넘는 장문이다. 이러한 장문은 문장구조가 복잡할 뿐 아니라, 성분 간의 호응도 잘 안 되는 등 비문을 이루어 난해하고 알 수 없는 문장이 되었다. 판결문이나 공소장은 당사자가 그 내용을 알아야 할 문장이다. 따라서 짧고 단순한 구조의 쉬운 문장으로 개선하도록 해야 한다. 그래야 법을 믿고 의지하게 된다.

6. 맺는 말

법률 관련 문장은 분명하고 논리적일 것이라 생각한다. 그러나 앞에서 살펴본 바와 같이 이런 기대와는 달리 우리의 법률 관련 문장은 어려운 한자어에 어법에도 맞지 않는 비논리적 표현이 많다는 것을 발견하게 된다. 이러한 현상은 법을 생활화해야 할 국민생활에도 바람직하지 못할 뿐 아니라, 국어생활이란 차원에서도 좋은 현상이 못 된다.

법령은 단계적으로, 개정된 '경범죄 처벌법'처럼 쉬운 구어체의 문장으로 바꾸어야 한다. 그래야 판검사의 판결문과 공소장이 순화되고, 국민이 법을 이해하고 이를 믿고 지키게 된다. 그렇게 되면 법률 관련 문장에 의해서도 우리말은 순화되고 바로잡힐 것이다. 법률 관련 용어 및 문장 순화에 법조인의 좀 더 많은 관심과 노력이 기울여지기를 바라 마지않는다.

참고 문헌

박갑수(1984), 국어의 표현과 순화론, 지학사
박갑수 외(1985), 현대 국어 문장의 실태 분석, 한국정신문화연구원
宮地裕(1961), 文の續き方, 岩淵悅太郎 編(1961), 新版 惡文, 日本評論社

이 글은 언론과 비평, 제12호, 언론과비평사(1990. 7.)에 발표된 것이다.

2장 악문의 대표라는 판결문의 실상

1. 서언

글을 쓴다는 것은 상대방에게 사상과 감정을 전달하기 위해서다. 이는 달리 말하면 언어의 기능이 통달적 기능과 정서적 기능에 있음을 말한다. 이들 기능 가운데도 통달적 기능에 중점이 놓임은 말할 것도 없다. 그래서 문장 표현의 기본은 '달의(達意)'에 있다고 보고, 의미 전달이 제대로 되지 않는 문장을 악문(惡文)이라 한다.

악문(惡文)에는 여러 가지가 있으나 '알 수 없는 문장, 오해의 소지가 있는 문장, 딱딱한 문장, 혼란스러운 문장'을 들 수 있다(岩淵, 1969).

'알 수 없는 문장'은 문장구조가 복잡하여 그 의미를 파악하기 어려운 것이다. 이는 문장이 길어 그 구조가 복잡한 경우와, 짧으면서도 문장구조가 복잡한 경우가 있다. '오해의 소지가 있는 문장'은 '찬란한 슬픔의 봄'과 같이 그 의미가 몇 가지로 해석되어 독자를 혼란스럽게 하는 문장이다. '딱딱한 문장'은 '부드러운 구어'투의 문장이 아닌, 문어체의 한문 투의 문장을 말한다. 개화기의 국한혼용체 문장을 생각하면 쉽게 이해된다. '혼란스러운 문장'은 글에 조리가 없는 문장이다.

일본에서는 '판결문'을 악문의 챔피언이라고 하는 경향이 있다. 그것도 정박아(精薄兒)의 작문에 이은 '악문의 챔피언'(宮地, 1969)이라 한다. 이는 특별히 문장의 접속 면에서 볼 때 그러한 것으로 본다. 끝도 없이 문장이 길게 늘어져 주술어의 호응이 제대로 안 된다. 소주어(小主語)의 서술어에 신경을 쓰다 보면 대주어의 서술어를 놓치게 되고, 그렇게 되면 대주어의 주술호응이 제대로 안 된다. 따라서 독자는 이런 문장을 읽는데 신경질이 나고, 골치를 앓게 된다. 거기에다 우리말의 구조가 도미문(掉尾文)인데다, 문장이 길다보니 접속호응이 제대로 안 된다. 그러니 자연 조리 없는 문장이 된다. 따라서 독자는 그 의미를 제대로 파악할 수 없고 혼란 속에 빠진다. 그래서 판결문을 흔히 악문의 대표라 하는 것이다.

한국의 법률 문장은 일본의 법률 문장을 '복사'한 것이나 다름없다. 그런가 하면 일제(日帝) 하에는 일본법이 그대로 적용되었고, 해방 후에도 '의용(依用)' 법률로 그대로 사용되다가 대체로 1950~60년대에 현행법들이 제정되었다. 법조인은 일제의 교육을 받았거나, 일본법에 익숙한 사람들이었다. 따라서 판결문의 형식이나 문장도 종전의 형식을 벗어날 수 없었다. 이에 우리의 판결문도 그간 '악문'의 탈을 벗을 수 없었다.

그동안 세월이 많이 흘렀다. 해방이 된 지도 반세기 이상이 흘렀다. 그래서 법조계도 신진대사가 되었고, 많이 변하였다. 육법 가운데 하나인 '민사소송법'이 왜색을 벗고, 순화되는가 하면, 법률용어에 대한 순화작업도 꾸준히 전개되었다. 판결문을 순화하려는 노력도 활발히 전개되었다. 그러나 아직도 많은 법률 문장이 구각을 벗어나지 못하였고, 재판은 판례에 의존하는 면도 많아 용어나 문장이 만족할 수준으로 개선되지 못한 것이 현실이다. 이에 이 글에서는 법률용어 및 문장의 순화를 위해 판결문에 대한 현황을 살피고 나아가 이의 개선을 위해 판결문의 실체를 살펴보기로 한다.

2. 판결문 작성과 그 실제

판결문은 어떻게 작성하는가? 이는 앞에서도 언급한 바와 같이 판례가 하나의 전범이 될 것이다. 그리하여 이는 전통을 이어 하나의 전형을 이루는가 하면, 구습을 답습하여 병폐로도 작용한다. 이에 법조계는 개선을 위해 꾸준히 노력해 오고 있다. 개선을 위한 기준을 마련하고, 실제로 개선해 오고 있다.

판결문 개선을 위한 규정들은 몇 가지가 있다. 대법원 송무예규인 '판결서 작성의 개선을 위한 참고사항(1991. 2. 7.)은 이러한 것의 하나다. 이의 관련 부분을 보면 다음과 같다.

- 제1항 가. 판결서는 당사자를 위한 것이기도 하므로 법률가가 아닌 당사자도 이해하기 쉽도록 판결서에는 되도록 쉬운 단어를 사용하고, 문장은 되도록 짧게 세분하여 간명하게 작성하도록 한다.
- 제4항 가. 항목별로 번호를 붙여 기재하고, 문장을 되도록 짧게 세분하며, 구두점을 적절히 찍어 판결이유를 이해하기 쉽도록 한다.

이는 판결문이 길고 난해하므로, 문장은 짧고 간명하게, 개조서(箇條書)를 하며, 쉬운 단어를 사용하고, 구두점을 찍어 이해하기 쉬운 문장을 지향하도록 한 것이다. 법원행정처(1997)의 '판결문장 구조의 개선 및 한자어 순화' 지침도 이러한 판결문 개선을 위한 것이다(감사교육원, 1998). 여기에서 '(1) 문장구조의 개선' 부분을 보면 다음과 같다.

- 한문투의 문어체 일본식 표현(대표적인 것으로 '대하여', '있다' 등의 남용을 들 수 있음), 또는 영어 등 번역체 문장을 우리식의 문장으로

　　바꿈.
- 비문법적인 문장을 고쳐 문장성분의 호응(주술호응, 객술호응, 접속호응, 수식호응, 태의 호응)을 바로잡고, 시제, 조사 등을 정확히 사용함.
- 명사구('-음을, -ㄹ 것을' 등)의 사용을 줄임.
- 길고 복잡한 문장구조를 고쳐 긴 문장은 몇 개의 짧은 문장으로 구분하여 기술하거나, 개조(箇條)로 나타냄.
- 어려운 낱말을 사용하여 그 의미를 가늠할 수 없게 하거나, 비문법적이고 모호한 문장을 고침.
- 의미 파악을 하기에 충분한 자료를 제공하지 않고 생략한 것을 보충함.

　위에 제시한 바와 같이 여기서는 한문투의 문어체 및 일본식 표현과 번역체 문장을 지양하고, 비문법적 요소를 제거하며, 명사구 사용을 줄이고, 긴 문장은 개조서를 하고, 지나친 생략으로 문의 파악을 어렵게 하지 않으며, 어려운 낱말을 사용하여 그 의미 파악을 어렵게 하지 않도록 하고 있다.

　이러한 문장개선의 요건은 바로 판결문의 단점을 파악하고 이를 개선하고자 노력한 것이라 하겠다. 곧, 판결문은 문장이 길고, 한문투의 문어체 내지 일본식 표현이 많고, 비문법적인 표현이 많으며, 의미를 파악하기 어렵게 하는 생략을 많이 하고 있으며, 어려운 말을 많이 쓰고 있다는 것이다. 따라서 판결문의 이러한 문제점은 개선 순화하여야 한다. 특히 판결문의 장문성은 만병의 근원이니 무엇보다 이를 지양하도록 해야 한다. 저자는 일찍이 장문을 짓지 않는 요령을 제시한 바 있다. 이를 보면 다음과 같다(박갑수, 1985).

　(1) 문장의 길이는 50자 이내로 쓴다.
　(2) 1문 1개념, 또는 1문 1사실의 진술을 원칙으로 한다.
　(3) 문장구조를 단순화한다.

① 단문(單文)을 즐겨 쓴다.
② 긴 대등절의 반복을 피한다.
③ 긴 관형절화를 피한다.
④ 긴 보문화를 피한다.
⑤ 긴 문장의 접속화를 피한다.
⑥ 긴 문장 삽입을 피한다.
⑦ 직접 인용을 길게 하지 아니한다.
(4) 문장이 길어질 경우에는 개조서를 한다.

따라서 판결문을 지을 때도 이러한 점에 유의하여야 난해한 문장, 비논리적 문장을 짓지 않게 될 것이다. 난해한 문장을 짓지 않는 요령으로는 다음과 같은 것을 들 수 있다(박갑수, 1985).

(1) 성분생략을 하지 않는다.
(2) 문장성분의 호응이 잘 되도록 한다.
(3) 장문의 도미문(掉尾文)을 피한다.
(4) 어순을 바로 한다.
(5) 병렬되는 문장을 동질의 것으로 한다.
(6) 주·술어, 및 수식·피수식어를 지나치게 떨어뜨리지 않는다.
(7) 모호성을 지니는 표현을 피한다.
(8) 통사적으로 하자가 없더라도, 의미면에서 불완전한 문장을 피한다.

그리고, 문장의 표현이 비논리적으로 되지 않게 하기 위해서는 다음과 같은 점에 유의하여 문장을 작성하도록 하여야 한다(박갑수, 1985).

(1) 부당한 접속 표현을 피한다.
(2) 만연한 장문, 만연한 도미문을 피한다.

(3) 성분 간의 부적절한 호응 및 성분의 생략을 피한다.
(4) 시제의 통일을 기한다.
(5) 논지에 모순이 없게 표현한다.
(6) 주제·입장을 부당하게 바꾸거나, 주체 및 주어를 부자연스럽게 바꾸지 않는다.
(7) 부적절한 단어나 어구의 사용을 피한다.
(8) 의미면에서 호응이 제대로 되지 않는 표현을 피한다.

3. 판결문의 실체 분석

판결문은 앞에서도 언급한 바와 같이 그간 많이 개선되었다. 따라서 최근의 판결문은 반드시 '악문의 대표'라고는 하지 않아도 좋을는지 모른다. 그러나 아직도 문제가 많이 있음에는 틀림없다. 이에 판결문의 실체를 분석하여 그 실상을 보기로 한다. 판결문은 크게 각급 법원의 판결문과 헌법재판소의 판결문의 둘로 나누어 살펴보기로 한다.

3.1. 법원의 판결문

법원은 지방법원과 고등법원, 대법원이 있다. 따라서 여기서는 이들 각급 법원의 판결문을 한두 개씩 보기로 한다.

첫째, 지방법원의 판결문을 두어 개 살펴보기로 한다.
수원지방법원에서는 2012년 3월 29일 '영치물품사용불허가처분취소'가 선고되었다. 이 판결문은 문장의 구조적인 면에서 볼 때 크게 문제되는 것

2장 악문의 대표라는 판결문의 실상 **243**

이 없다. 문제가 되는 것은 판결문을 '악문'이라고 하는 대표적인 특징, 문장의 길이다. 이 판결문의 '2. 주장 및 판단'의 '다. 판단'을 보면 6개의 문장으로 되어 있다. 그리고 각 문장의 길이는 65자- 201자- 114자- 178자- 202자- 849자, 곧 음절(音節)로 되어 있다. 따라서 주로 긴 문장으로 되어 있으며, 문장의 길이에 변화를 주고 있다. 문장의 일반적인 길이는 50자 내외가 바람직하다(박갑수, 1985). 따라서 이들 문장은 모두가 50자 이상이 되어 바람직한 문장이 못 된다 하겠다. 거기에다 마지막 문장은 바람직한 문장의 17배나 된다. 그리고 '판단'문의 전체 자수는 1,609자, 따라서 평균 길이는 267자다. 그러니 바람직한 문장 50자의 5배나 된다. 이런 의미에서 이 판결문은 '악문'이라 할 것이다. 그런데 다행스러운 것은 849자의 가장 긴 문장은 개조서(箇條書)를 하고 있다. 따라서 끊임없이 이어지는 문장이 아니라, 중간 중간마다 분절한 것이다. 이는 이 판결문의 장문성을 다소 희석시켜 주는 바람직한 조치라 하겠다. 849자의 장문을 구체적으로 보면 다음과 같다(예문의 원문자 및 밑줄은 저자).

　　이 서건 처분의 근거가 된 영치금품관리지침 제25조 제7항이 재량권을 일탈·남용한 것이라고 할 정도로 합리적인 목적 없이 원고의 기본권을 과도하게 제한 침해했는지에 대해서 살피건대, (1) ① 수형자의 교정교화와 건전한 사회복귀를 도모하고 수용자의 처우와 권리 및 교정시설의 운영에 관하여 필요한 사항을 규정함을 그 목적으로 하는 수용자처우법은 교정시설의 구내와 교도관이 수용자를 계호(戒護)하고 있는 그 밖의 장소로서 교도관의 통제가 요구되는 공간으로만 그 적용범위를 한정하는 한편 그 법집행에서의 인권존중(제4조)과 차별금지(제5조)를 명문으로 금지하고 있는 바, ② 이와 같은 수용자처우법 및 그 위임을 받아 수용자의 기본권에 대한 제한·침해를 최소화하는 한도에서 세부적인 기준을 마련하여

<u>수용자처우법의 자의적 해석 및 적용을 경계하고 있는</u> 하위법규의 전체적인 체계 등으로 미루어 볼 때, 영치금품관리지침 제25조 제7항이 수용 목적 외에 다른 목적 즉, 피고 측의 경제적인 이익이나 단순한 행정상의 편의를 위해 악용될 가능성은 거의 없다고 보이는 점, (2) 영치금품관리지침 제25조 제7항이 [별표3-1]로 19개 품목만을 정하여 수용자간 위화감 해소, 수용질서 확립을 통한 ③ <u>평온한 수용환경 조성, 수용자 가족 등의 경제적 부담경감, 자살방지, 보안검사 불능해소, 부정물품 반입방지</u> 등 교정사고 예방을 위한 목적에서만 금품의 외부반입, 즉 교부금품의 사용을 불허함으로써 그 침해를 최소화하고 있고, 위 19개 품목에 해당하는 물품의 경우에도 영치금품관리지침 제25조 제7항 단서 [별표 10]에서 정한 일정한 ④ <u>신청자격을 갖춘 자에게는</u> 교부금품의 사용을 허가하고 있는 점, (3) 수용자 처우법 제27조 제1항 각 호의 사유는 위 법률의 적용이 미치는 한도에서 수용자의 교정교화를 도모하기 위한 ⑤ <u>필요최소한의 심사요건이</u>고, 이러한 제한 없이는 수용자를 교정시설에 수용하는 목적의 달성이 힘들 것으로 보이는 바, 영치금품관리지침 제25조 제7항은 그 달성하고자 하는 공익적 목적이 분명하고, 이를 수용자 개인의 기호가 반영되지 못한다거나 경제적으로 다소 부담이 된다는 불이익과 <u>비교형량해</u> 봤을 때 그 공익목적의 달성이 우위에 있다고 보이는 점 등을 종합하여 보면, 이 사건 처분 및 그 근거가 된 영치금품관리지침 제25조 제7항이 재량권을 일탈·남용한 것이라는 원고의 주장도 받아들일 수 없다.

이 문장은 전제, (1)~(3)의 3가지 판단, 소결론(小結論)으로 이루어졌다. 따라서 이 문장은 문맥으로 볼 때 적어도 5개 문장으로 분할할 수 있다. 그렇게 하면 다소나마 글 뜻 파악이 용이할 것이고, 독자도 이 글을 읽는데 덜 피로할 것이다. 그리고 밑줄 친 ①~③과 같은 관형절을 독립문장으로 만듦으로 문장을 좀 더 세분할 수 있다. 밑줄 친 ④는 권위적인 표현의 냄새가 나므로 '신청자격을 갖춘 사람에게는'이라 바꾸는 것이 바람직하다.

그리고 밑줄 친 ⑤는 '필요최소한의 심사요건으로'라고 병렬 아닌, 부사절로 바꾸는 것이 좀 더 설득력을 지니게 할 것이다. 밑줄 친 '계호(戒護)하고, 비교형량해'는 난해한 어휘다. 쉬운 말로 풀어 씀이 좋을 것이다.

다음에는 광주지방법원에서 2003년 9월 18일 선고한 '마약류관련사범지정처분취소' 사건의 판결문을 하나 더 보기로 한다. 이는 마약류사범으로 지정된 것이 행정절차법에 위배된다는 소에 대한 판결문이다. 이의 '다. 판단' 부분은 다음과 같이 되어 있다.

살피건대, 항소소송의 대상이 되는 행정처분은 행정청의 공법상 행위로서 특정사항에 대하여 법규에 의한 권리의 설정 또는 의무의 부담을 명하거나, 기타 법률상 효과를 발생하게 하는 등 ① <u>국민의 권리 의무에 직접 관계가 있는 행위를 가리키는 것이고</u>, 상대방 또는 기타 관계자들의 법률상 지위에 직접적인 법률적 변동을 일으키지 아니하는 ② <u>행위는</u> 항고소송의 대상이 되는 행정처분이 아니다.

그런데, 위 인정사실에 의하면, 원고가 광주교도소로 이송되어 오자 피고는 그 무렵부터 원고를 마약류사범으로 지정하여 관리·처우하고 있는 점은 인정되나 피고가 마약류사범의 효율적인 ③ <u>관리를 위하여 마련된</u> 내부 업무지침인 마약류관리지침에 따라 원고를 마약류사범으로 지정하여 관리·처우하였다고 하더라도, 위와 같은 마약류사범 지정 그 자체로 말미암아 원고가 ④ <u>무슨 법령상의 의무를 부담하게 되거나, 권리에 제약을 받게 되는</u> 등 원고의 법률상 지위에 직접적인 법률적 변동을 초래하는 것이라고 볼 수 없고, ⑤ 달리 원고에 대한 마약류사범 지정 그 자체로 말미암아 원고가 구체적으로 무슨 의무를 부담하게 되었다거나 ⑥ <u>무슨 권리에 제약을 받게 되었음을</u> 인정할 자료도 없으므로, ⑦ <u>이를</u> 행정소송의 대상이 되는 처분에 해당한다고 볼 수 없다.

따라서, 피고의 원고에 대한 마약류사범 지정이 행정소송의 대상이 되

는 처분임을 전제로 위 지정처분의 취소를 구하는 원고의 이 ⑧ <u>사건</u> 소
는 ⑨ <u>부적법하다</u>.

이 판결문은 156자, 299자, 61자의 세 문장으로 되어 전체 516자, 평균
길이는 172자의 긴 문장이다. 밑줄 친 ①은 대등접속이 될 수 있는 문장이
아니다. 이 문장은 조건절로, '행위를 가리키는 것으로'라 하거나, '가리키
는 것인데 대해'와 같이 방임형 어미가 와야 할 문장이다. '행위를 가리키
는 것으로'라는 조건절로 표현한다면 ②의 '행위는'은 '이러한 행위는'이라
고 '이러한'을 추가해야 한다. 이 문장은 부사절이 길어 복잡한 긴 문장이
되고 있으므로, 원칙적으로 '행정처분은… 가리키는 것이다.'라 분절하는
것이 좋다. 그러면 '사전 예고'하는 문장이 된다. 밑줄 친 ③과 ④는 '마련
한', '무슨 법령상의 의무를 부담하거나, 권리에 제약을 받는'이라고 능동형
으로 바꾸는 것이 좀 더 의미가 분명해진다. 밑줄 친 ⑤는 '이와 달리'의
뜻을 나타내기 위해 쓴 것으로 보이나 잘못 쓴 것이다. '또한'이란 접속어
를 쓰는 것이 바람직하다. 밑줄 친 ⑥은 '무슨 권리에 제약을 받았다고'와
같이 목적어 아닌 부사어로 표현해야 의미가 분명하고 순해진다. 또한 여
기의 '제약을 받았음을'이란 명사형은 번역체의 어투를 느끼게 한다.
　둘째 단락은 주어다운 주어가 보이지 않는 문장이다. 따라서 밑줄 친 ⑦
을 '이는'이라고 주제격(主題格)으로 표현함으로 주체를 드러냄으로 그 의미
를 분명히 하는 것이 바람직하다. 밑줄 친 ⑧은 '사건의'라고 조사 '-의'를
추가해야 매끄럽고, 분명한 표현이 된다. 밑줄 친 ⑨는 '적법하지 아니하
다.'라 하는 것이 쉽고 문맥에 어울린다.

　둘째, 고등법원의 판결문을 하나 보기로 한다. 이는 2005년 9월 16일 대

구고등법원에서 선고된, 손해배상 사건의 판결문이다. 이 판결문의 [이유]
부분을 보면 다음과 같다.

1. 이 법원이 이 판결에 설시한 이유 중 손해배상책임의 발생과 손해배
상액에 관하여는 제1심 판결의 '2.의 라.항'을 다음과 같이 고치는 것을
제외하고는 제1심 판결 이유의 제1항 및 제2항 ① 기재와 같으므로, 민사
소송법 제420조에 의하여 이를 그대로 인용한다.

"라. 나아가 피고가 지급하여야 할 위자료의 액수에 관하여 살피건대,
이 사건 계구사용이 이루어진 기간, 정도, 원인, 원고가 요통으로 약물치
료를 받는 중에도 계구사용이 계속되었으며, 원고가 이 사건 계구사용이
해제된 이후인 2001. 11. 7. 엑스레이 촬영결과 척추전방전위증으로 진단
받은 점 등 이 사건 변론에 나타난 여러 사정을 종합적으로 고려할 때 위
자료의 액수를 20,000,000원으로 정함이 상당하다."

2. 그렇다면, 피고는 원고에게 위자료 20,000,000원과 이에 대하여 불법
행위 종료일 다음날인 2001. 6. 6.부터 피고가 손해배상책임의 존부와 범
위에 관하여 항쟁함이 상당하다고 인정되는 제1심 판결선고일인 2005. 2.
17.까지는 민법이 정한 연 5%의, 2005. 2. 18.부터 갚는 날까지는 소송촉
진 등에 관한 특별법이 정한 연 20%의 ② 각 비율로 계산한 지연손해금
을 지급할 의무가 있다고 할 것이므로 (원고는 불법행위 개시일로부터 지
연손해금의 지급을 구하나, 위 인정의 자료로는 불법행위가 계속된 기간
동안 원고가 입은 정신적 고통에 대한 손해배상금이어서 불법행위 종료일
다음날부터 지연손해금을 지급함이 상당하므로, 위 인정범위를 넘는 원고
의 지연손해금 청구는 이유 없다.) 원고의 이 사건 청구는 위 인정범위 내
에서 ③ 이유 있어 이를 인용하고, 나머지 청구는 ④ 이유 없어 이를 기
각할 것인 바, 제1심 판결 중 피고에 대하여 위 인정금원을 초과하여 지급
을 명한 피고 패소부분은 부당하므로 이를 취소하고, 그 취소부분에 해당
하는 원고의 청구를 기각하며, 원고의 항소 및 피고의 나머지 항소는 ⑤
이유 없어 이를 모두 기각하기로 하여 주문과 같이 판결한다.

이 판결문은 괄호 속의 문장을 포함하여 네 문장으로 되어 있으며, 각각 105자, 168자, (115자), 319자로 되어 있다. 따라서 전체가 707자, 평균 177자란 장문으로, 복잡하고 난해한 문장이다. 그리고 이 판결문에는 밑줄 친 '설시한, 계구(戒具)사용, 존부, 인정금원'과 같은 문어 내지, 어려운 말이 쓰이고 있고, 의미의 면에서 '상당하다'와 같은 일용어와 다른 의미로 쓰이는 말이 사용되고 있다. 따라서 법률용어로 피치 못할 것이 아니라면 쉬운 말로 바꾸어 씀이 바람직하겠다. 밑줄 친 ①은 과도한 생략으로 '기재사항과'로 바꾸어야 의미가 분명해질 말이고, ②의 '각 비율로'의 '각'은 필요 없는 군더더기 말이다. 밑줄 친 ③은 '이유가 있어 이를 인용하였고'라고 조사를 추가하고, 시제를 바꾸는 것이 바람직하다. 밑줄 친 ④ 이하는 '이유가 있어, 이유가 없어'와 같이 조사 '-가'가 있어야 의미가 분명해진다. 괄호 속의 문장은 길게 접속될 문장을 분할한 효과를 드러낼 수 있는 것으로 이는 바람직한 것이다.

셋째, 대법원의 판결문을 하나 보기로 한다. 이는 1998년 1월 20일 선고된 손해배상 사건의 판결문이다. 판결 [이유는 다음과 같이 되어 있다.

구 행정법(1995. 1. 5.법률4936호로 개정되기 전의 것) 제14조는 수형자의 도주, 폭행, 소요 또는 자살의 방지, 기타 필요한 경우에는 포승, 수갑 등 계구를 사용할 수 있음을 규정하고 있고, 같은 법 제62조는 미결수용자에 대하여 준용하고 있는 바, 계구의 사용은 사용목적과 필요성, 그 사용으로 인한 기본권의 침해정도, 목적달성을 위한 다른 방법의 유무 등 제반 사정에 비추어 상당한 이유가 있는 경우에 한하여 그 목적달성에 필요한 최소한의 범위 내에서만 허용된다고 봄이 상당하다.

　원심판결 이유에 의하면 ① <u>원심은 원고는</u> 1993. 7. 22. 전투경찰대설
치법위반죄로 구속되어 수원지방법원에서 징역1년6월을 선고받고 항소하
여 영등포구치소에 수감되어 있던 중, 1994. 1. 19. 13:45경 ② <u>인사를 공</u>
<u>손히 하지 아니한다</u>는 이유로 교도소장인 소외 송○○으로부터 훈계를 받
자, 그에게 욕설과 폭언을 하고 이어 출입문을 발로 2, 3회 걸어차는 등
소란을 피운 사실, 교도소 직원인 소외 이○○이 같은 날 14:00경 원고를
불러내어 이러한 소란행위를 조사하기 위하여 수갑을 채우려 하자, 원고
는 이를 거부하며 성명미상의 직원과 멱살을 잡고 시비하는 등 소란을 피
우다가 결국 교도소 직원인 소외 김○○ 등에 의하여 수갑이 채워지고 ③ <u>포</u>
<u>승으로 묶인</u> 채 독거실인 ④ <u>10사 19호실</u>로 수용되기에 이르렀고, 이러한
과정에서 끌려 나가면서 휴게실 출입문을 발로 차 손괴한 <u>사실</u>, 원고는 독
거실에 수용된 후에도 계속하여 수갑이 채워지고 양손목과 양팔 및 상체
가 포승으로 묶인 상태로 지내오다가 같은 달 22. 개최된 징벌위원회에서
소란행위 및 시설물 손괴를 이유로 금치1월의 징벌처분을 받고 종전과 같
이 수갑이 채워지고 포승으로 묶인 상태로 독거실인 ⑤ <u>10사 20호실</u>로 수
용되었으며, 독거실에 수용된 같은 달 19.부터 징벌처분을 받은 같은 달
22.까지 교도소장과의 면담을 요청하면서 단식을 계속하여 온 <u>사실</u>, 교도
소측은 원고에게 수갑을 채우고 포승으로 묶은 지 9일이 지난 같은 달
27. 수갑과 포승을 풀어 주었는데, 원고는 그 동안 위와 같이 수갑이 채워
지고 포승으로 묶여 있었기 때문에 취침 시 쪼그려 앉거나 옆으로 누워
잠을 잘 수밖에 없었고 식사도 제대로 하지 못하는 등 수용생활에 있어
상당한 고통을 받은 사실을 ⑥ <u>인정한 다음</u>, 교도소장이 교도관의 멱살을
잡는 등 소란행위를 하고 있는 원고에 대하여 수갑과 포승 등 계구를 사
용한 조치는 적법하나, 원고가 소란행위를 종료하고 독거실에 수용된 이
후 별다른 소란행위 없이 단식하고 있는 상태에서는 ⑦ <u>원고에 대하여</u> 더
이상 ⑧ <u>계구를 사용할 필요는 없는 것</u>이고, 그럼에도 불구하고 ⑨ <u>원고</u>
<u>에 대하여</u> 9일 동안이나 계속하여 계구를 사용한 것은 위법한 행위라는
이유로 피고는 원고에 대한 손해배상의무가 있다고 판단하였다.

이 사건 기록과 앞서 본 법리에 비추어 살펴보면, 위와 같은 원심의 사실인정 및 판단은 정당하고, ⑩ 거기에 상고이유의 주장과 같은 채증법칙 위반이나 심리미진으로 인한 사실오인 및 법리오해의 위법이 없다. 따라서 상고 이유는 모두 받아들일 수 없다.

그러므로 상고를 기각하고 상고비용은 패소자의 부담으로 하기로 하여 주문과 같이 판결한다.

이 판결문의 [이유]는 5문장으로 이루어졌다. 첫 문장은 174자, 둘째 문장은 868자, 셋째 문장은 82자, 넷째 문장은 17자, 다섯째 문장은 38자다. 따라서 다양한 길이의 문장이 쓰이고 있다. 이러한 길이의 변화는 바람직한 것이다. 이들 문장은 1179자로, 평균 길이는 236자다. 둘째 문장은 868자로, 소위 판결문을 '악문'이라 하는 장문의 전형을 보여 주는 것이다. 이 둘째 문장의 구조는 '원심은 원고의 제1, 제2, 제3, 제4의 사실을 인정하고, 단식 중의 계구사용은 위법행위라고 판단하였다.'는 것이다. 그런데 이 문장이 네 가지 사실을 열거하고, 위법 사실을 제시하고 있어 복잡한 문장이 되었다. 따라서 이 문장은 적어도 다섯 가지 사항을 분리 제시하는 것이 바람직하다. 그리고 이 글의 주문은 '원심은… 원고에 대한 손해배상의무가 있다고 판단하였다.'라 하겠는데, 주어와 서술어가 문장의 처음과 끝에 있어 판결의 결과를 알려면 868자란 긴 문장을 끝까지 읽지 않으면 안 되게 되어 있다. 이런 의미에서 주술어(主述語)의 거리가 문제가 되는 문장이다. 따라서 이는 대주어와 서술어가 가까이 놓이도록 순화해야 한다. 그러기 위해서는 주문을 앞세워 '예고를 하는 문장'이 되게 해야 한다. 그리고 여기서 특히 언급할 것은 네 가지 '사실'이 열거되었으나, 접속어가 전혀 쓰이지 않고 이어서 쓰고 있다는 점이다. 따라서 비논리적이며, 소위 '정박아'의 문장이라 할 문장이 되었다. 접속어를 사용하여야 한다. 그래야 조리

있는 문장이 된다. 그렇게 함으로 이해하기 쉬운 문장이 되도록 해야 한다.

다음에는 이 판결문의 구문상의 문제를 구체적으로 살펴보기로 한다. 밑줄 친 ①은 법률 문장에 많이 쓰이는 '-는… -는' 형태의 표현으로 문의를 파악하기 어렵게 하므로 '원고는'은 '원고가'로 바꾸는 것이 좋다. 밑줄 친 ②는 어순의 문제로, 문의를 위해 '소외 송OO으로부터'를 '소외 송OO가'로 바꾸어 앞으로 돌린다. 밑줄 친 ③은 의미호응을 위해 '묶여'로, ④는 '10사 19실에'로, 밑줄 친 ⑤는 '10사 20호실에'로 바꾸어야 의미호응이 제대로 된다. 밑줄 친 ⑥은 문장 접속의 문제로, 이는 '인정하였다.'로 문장을 끝맺고, 접속어 '그리고'를 삽입하는 것이 가장 바람직하다. 밑줄 친 ⑦, ⑨는 법률 문장에 많이 쓰이는 일본어 투로, 이는 '원고에게'라 표현하여야 한다. 밑줄 친 ⑧은 번거로운 표현으로, '계구를 사용할 필요가 없음에도'라 함이 바람직하다. 밑줄 친 ⑩은 조사의 사용이 문제가 되는 것으로, '거기에다가'라고 비교의 의미가 분명히 드러나게 표현하는 것이 좋다. 이 밖에 이 문장에는 긴 관형절, 부사절이 많이 쓰이고 있어 이것이 문제다. 이들은 가능한 한 별개 문장으로 독립시켜 복잡한 구조에서 벗어나도록 해야 한다.

이러한 판결문이 지나치게 긴 문장을 써 '악문'의 표본을 보여주는 것은 2001년 10월 26일 대법원에서 선고한 '위자료'에 관한 사건에서도 볼 수 있다. 이 판결문은 판결 [이유]를 밝히는 과정에서 특히 장문을 쓰고 있는데, 아래에 보이듯, 상고 이유 제1점과 제2점을 밝히는 과정에서는 1문장 1단락의 형식으로, 그것도 500자 내외의 장문을 쓰고 있는 것을 볼 수 있다 (법무부, 2012). 원문의 제시는 장황하여 피하기로 하거니와, 각 문장의 길이만을 참고로 제시하면 다음과 같다.

1. 원심이 적법하게 인정한 사실관계는 다음과 같다.
   가. 145자, 나. 122자, 117자, 다. 130자, 159자, 94자, 라. 136자,
   마. 128자
2. 상고이유 제3점에 대하여… 76자
3. 사고이유 제1점에 대하여… 519자
4. 상고이유 제2점에 대하여
   가. 518자, 나. 540자, 다. 470자
5. 결론… 62자

3.2. 헌재의 판결문

그간 말도 많고 탈도 많던 '일본군 위안부' 문제가 타결되었으나, 여전히
여론의 도마 위에 올라 있다. 이에 '일본군 위안부의 배상분쟁 해결 부작위
사건'으로, 헌재에서 2011년 8월 30일 위헌 확인을 한 판결문을 보기로 한
다. 이의 주문은 다음과 같다.

> 청구인들이 일본국에 대하여 가지는 일본국위안부로서의 배상청구권이
> '대한민국과 일본국간의 재산 및 청구권에 관한 문제의 해결과 경제협력
> 에 관한 협정' 제2조 제1항에 의하여 소멸되었는지 여부에 관한 한·일
> 양국 간 해석상 분쟁을 위 협정 제3조가 정한 절차에 따라 해결하지 아니
> 하고 있는 피청구인의 부작위는 위헌임을 확인한다.

그리고 이어서 판결문은 'Ⅰ. 헌법소원심판청구의 적법 여부', 'Ⅱ. 피청구
인의 부작위의 기본권 침해 여부', 'Ⅲ. 결론'을 밝히고 있다. 여기서는 이
가운데 'Ⅰ. 헌법소원심판청구의 적법 여부'의 문장을 보기로 한다. 그 원문
은 다음과 같다.

I. 헌법소원심판청구의 적법 여부

1. 행정부작위에 대한 헌법소원

행정권력의 부작위에 대한 헌법소원은 공권력의 주체에게 헌법에서 유래하는 작위의무가 특별히 구체적으로 규정되어 이에 의거하여 ① 기본권의 주체가 행정행위 내지 공권력의 행사를 청구할 수 있음에도 공권력의 주체가 그 의무를 해태하는 경우에만 허용된다. 위에서 말하는 "공권력의 주체에게 헌법에서 유래하는 작위의무가 특별히 구체적으로 규정되어"가 의미하는 바는, 첫째, 헌법상 명문으로 공권력 주체의 작위의무가 규정되어 있는 경우, 둘째, 헌법의 해석상 공권력 주체의 작위의무가 도출되는 경우, 셋째, 공권력 주체의 작위의무가 법령에 구체적으로 규정되어 있는 경우 등을 포괄하고 있는 것으로 볼 수 있다.

2. 피청구인의 작위의무

이 사건 협정 제3조 제1항 및 제2항에 의하면, 이 사건 협정의 해석에 관하여 우리나라와 일본 간에 분쟁이 발생한 경우, 정부는 이에 따라 1차적으로 외교상 경로를 통하여, 2차적으로 중재에 의하여 해결하도록 하고 있는데, 이것이 앞에서 본 '공권력 주체의 작위의무가 법령에 구체적으로 규정되어 있는 경우'에 해당하는지를 본다.

② 청구인들은 일제에 의하여 강제로 동원되어 성적 학대를 받으며 위안부로서의 생활을 강요당한 '일본군위안부 피해자'들로서, 일본국에 대하여 그로 인한 손해배상을 청구하였으나, 일본국은 이 사건 협정에 의하여 배상청구권이 모두 소멸되었다며 청구인들에 대한 배상을 거부하고 있는 반면, 우리 정부는 청구인들의 위 배상청구권은 이 사건 협정에 의하여 해결된 것이 아니어서 아직까지 존속한다는 입장이므로, 결국 이 사건 협정의 해석에 관하여 한·일간에 분쟁이 발생한 상태이다.

③ <u>우리 헌법 제10조의 인간의 존엄성은 '국가권력의 한계'로서 국가에 의한 침해로부터 보호받을 개인의 방어권일 뿐 아니라, '국가권력의 과제'로서 국민이 제3자에 의하여 인간존엄성을 위협받을 때 국가는 이를 보호할 의무를 부담한다.</u> ④ <u>또한 헌법 제2조 제2항은 "국가는 법률이 정하는 바에 의하여 재외국민을 보호할 의무를 진다"라고 규정하고 있고, 헌법재판소는 국가의 재외국민에 대한 보호의무가 헌법에서 도출되는 것임을 인정한 바 있다.</u> 한편 우리 헌법은 전문에서 "3·1운동으로 건립된 대한민국 임시정부의 법통"의 계승을 천명하고 있는바, ⑤ <u>비록 헌법이 제정되기 전의 일이라 할지라도 국가가 국민의 안전과 생명을 보호하여야 할 가장 기본적인 의무를 수행하지 못한</u> 일제강점기에 일본국위안부로 강제 동원되어 인간의 존엄과 가치가 말살된 상태에서 장기간 비극적인 삶을 영위하였던 ⑥ <u>피해자들의 훼손된 인간의 존엄과 가치를 회복시켜야 할 의무는</u> 대한민국임시정부의 법통을 계승한 지금의 정부가 국민에 대하여 <u>부담하는</u> 가장 근본적인 보호의무에 속한다고 할 것이다.

위와 같은 헌법 규정들 및 이 사건 협정 제3조의 문언에 비추어 볼 때, 피청구인의 작위의무는 헌법에서 유래하는 작위의무로서 그것이 법령에 구체적으로 규정되어 있는 경우라고 할 것이다.

3. 공권력의 불행사

이 사건에서 문제되는 공권력의 <u>불행사</u>는 이 사건 협정에 의하여 일본군위안부 피해자들의 일본에 대한 배상청구권이 소멸되었는지 여부에 관한 해석상의 분쟁을 해결하기 위하여 이 사건협정 제3조의 분쟁해결절차로 나아갈 의무의 불이행을 가리키는 것이므로, ⑦ <u>일본에 대한 피해자들의 배상청구권 문제를 도외시한 외교적 조치는 이 사건 작위의무의 이행에 포함되지 않는다.</u> 또한 청구인들의 인간으로서의 존엄과 가치를 회복한다는 관점에서 볼 때, 가해자인 일본국이 잘못을 인정하고 법적 책임을 지는 것과 우리 정부가 위안부 피해자들에게 사회보장적 차원의 금전을 제공하는 것은 전혀 다른 차원의 문제이므로, 우리 정부가 피해자 등에게

일부 생활지원 등을 하고 있다고 하여 ⑧ <u>위 작위의무의 이행으로 볼 수</u>
<u>는 없다.</u>

한편 우리 정부는 앞서 본 바와 같이 2005. 8. 26. '민관공동위원회'의
결정을 통해 일본군위안부 문제는 이 사건 협정에 의하여 해결된 것으로
볼 수 없다고 선언한 바 있는데, ⑨ <u>이것이</u> 이 사건 협정 제3조의 외교상
통로를 통한 분쟁해결조치에 해당된다고는 보기 어렵다고 할 것이므로,
⑩ <u>어느 모로 보더라도 작위의무를 이행한 것이라고는 할 수 없다.</u>

4. 소결

그렇다면 피청구인은 헌법에서 유래하는 작위의무가 있음에도 이를 이
행하지 아니하여 청구인들의 기본권을 침해하였을 가능성이 있다.

이 판결문에서 우선 문장의 길이를 보면 장문을 쓰고 있다. 이들 문장의
길이는 다음과 같다.

> 행정부작위에 대한 헌법소원 : 2문- 106자, 143자
> 피청구인의 작위의무 : 6문- 133자, 195자, 96자, 84자, 220자, 76자
> 공권력의 불행사 : 3문- 153자, 138자, 139자
> 소결 : 1문- 56자

위의 판결문은 총 12문, 1539자이다. 따라서 문장의 평균 길이는 128.2
자다. 이렇게 길고 복잡한 글은 분할하여 순화하는 것이 바람직하다.

다음엔 문장의 구조를 보기로 한다. 위의 판결문 가운데 밑줄 친 ①은
그 의미를 파악할 수 없게 된 표현구조의 문장이다. 이는 행정권력의 부작
위에 대한 헌법소원은 '기본권의 주체가 행정행위 내지 공권력의 행사를
청구하였음에도 공권력의 주체가 그 의무를 게을리 하는 경우에만 허용된
다.'는 내용을 나타내고자 한 것이다. 따라서 이 문장은'… 청구할 수 있음

에도'란 부적절한 접속어가 쓰여 의미상 혼란이 빚어지게 된 문장이다. 이는 위에 제시한 바와 같이 '청구하였음에도'가 돼야 한다. 기본권의 주체가 공권력의 행사를 '청구할 수 있는'이 아니라, '청구하였음에도' 공권력이 '작위'하지 않는 것이 헌법소원의 대상이 되기 때문이다. 이는 법리를 잘못 설명한 것이다.

밑줄 친 ②는 크게 보아 1문 2 사실의 표현을 한 것이다. 그것은 청구인들의 손해배상 청구권을 일본에서는 이미 소멸되었다고 보는가 하면, 한국에서는 상존한다고 보는 것과, 이는 이 사건 협정에 대한 해석에 관해 분쟁이 발생한 것이란 두 가지 사실이다. 따라서 이 문장은 두 문장, 혹은 전자를 두 문장으로 나누어 세 문장으로 만들므로 이해하기 쉬운 문장을 만드는 것이 바람직하다. 그리고 무엇보다 문장 후반부의 '결국' 다음에 "일본군위안부 피해자문제는"이란 주어를 밝혀야 의미의 혼란을 막고 그 취지를 바로 전달할 수 있다. 그리고 이것이 key 센텐스가 돼야 한다. 현재로서는 주어를 알 수 없는 비문(非文)이다.

밑줄 친 ③은 주술어의 호응이 제대로 되지 않는 비문이다. 이 문장의 주문은 "인간의 존엄성은… 개인의 방어권일 뿐 아니라, … 국가는 이를 보호할 의무를 부담한다."라는 복문이라 할 수 있다. 따라서 "개인의 방어권일 뿐 아니라"라는 방임형의 접속어에, 문말(文末)의 '의무를 부담한다.'는 제대로 호응되지 않는다. 이는 적어도 '국가는 이를 보호할 의무를 지니는 것이다.'라 해야 주술 호응이 제대로 된다.

밑줄 친 ④는 헌법에 국가가 국민을 보호할 의무를 지닌다고 규정한 사실을 밝히고자 한 것이나 그 내용이 '재외국민'에 관한 것일 뿐 아니라, 앞뒤 문맥상 결속성이 약해 오히려 문의를 혼란스럽게 하고 있다. 이는 일본에서 소위 '지나치게 정중한 병'이라는 병을 앓게 한, 지나친 친절이다. 생략하는 것이 바람직하다. 밑줄 친 ⑤도 판결문을 간결·명료하게 쓴다는 의미에서 생략하는 것이 좋다. 더구나 ⑤를 포함한 ⑥ 앞의 문장은 '피해자들을'을 꾸미는 관형절로 문장을 복잡하게 만들고 있다. 밑줄 친 ⑥의 표현은 하자라기보다 명료히 한다는 의미에서 개고가 필요하다. '지금의 정부가 국민에 대하여 부담하는'을 '지금의 정부가 져야 할 것으로 이는'이라 바꾸는 것이 좋다.

밑줄 친 ⑦은 이 문장의 주문이라 할 수 있다. 그 앞의 문장은 부문장이다. 그런데 부사절로 된 이 부문장이 길어 복잡하고 난해한 문장이 되었다. 따라서 이 문장은 주문과 나누어 별개의 문장으로 처리하는 것이 바람직하다. 밑줄 친 ⑧은 '볼 수는 없다'를 서술절로 볼 때 주어와 목적어가 생략된 비문이다. 주어는 내현 주어(內顯主語)라 본다고 하더라도 목적어는 있어야 한다. 그래야 문의가 분명해진다. 목적어 '이를'을 '위 작위의무의 이행으로' 앞에 넣어야 한다. 밑줄 친 ⑨ 앞의 조건문도 별개의 문장으로 만드는 것이 바람직하다. 밑줄 친 ⑨의 조사는 '이것-도'로 바꾸는 것이 좋다. 앞의 배상청구권을 도외시한 외교적 조치와 함께 민관공동위원회의 결정도 분쟁해결조치에 해당하지 않는다고 보는 것이기 때문이다. 이는 이어지는 문장 '어느 모로 보더라도'와 호응되기 위해서도 '이것-도'가 돼야 한다. 그리고 밑줄 친 ⑩은 ⑧과 유사한 문장구조로 주어가 생략된 문장이다. 이는 '어느 모로 보더라도 작위의무가 이행되었다고는 할 수 없다.'고 주어를 밝혀야 분명한 표현이 된다.

다음에는 어휘문제를 보기로 한다. 이 판결문에는 "부작위, 작위의무, (의무를)부담, 법통, (공권력의) 불행사"와 같은 문어적, 어려운 말이 쓰이고 있다. 이들 가운데 "부작위, 작위의무"는 법률용어라 하겠으나, '작위(作爲)'란 법률용어를 '[법] 일정한 신체행동을 하는 적극적 태도'(국립국어연구원, 1988)라고 풀이하고 있음을 볼 때, 순화할 수 있을 것이다. 곧, '부작위(不作爲)'는 '적극적 행동을 하지 않음', '작위의 의무'는 '적극적 행동을 하여야 할 의무'라 풀어 쓸 수 있을 것이다. '(의무를) 부담'은 '지다(負)'의 명사형 '짐'으로 순화할 수 있다. 본 판결문에도 '보호 의무를 진다'라 표현한 구절이 보인다. '불행사(不行使)'는 문어적 표현으로 '행사하지 않음'이란 쉬운 말로 바꾸는 것이 바람직하다.

다음엔 어문규정 사건인 '표준어 규정사건'의 판결문을 하나 더 보기로 한다. 이는 2009년 5월 28일 [기각, 각하]된 사건으로, 지역 방언에 의해 교과내용을 편성하지 아니하고, 표준어에 의해 편성한 것이 행복추구권, 평등권 및 교육권을 침해한 것이라 하여 헌법소원을 청구한 사건이다. 판결문의 [주문]은 다음과 같다.

> 이 사건 심판청구 중 표준어규정(1988. 1. 19. 문교부 고시 제88-2호) 제1부 제1장 제1항 및 지방자치단체가 초·중등교육과정에 지역어 보전 및 지역의 실정에 적합한 기준과 내용의 교과를 편성하지 아니한 부작위 부분을 각하하고, 나머지 부분을 기각한다.

이 판결문에서 'Ⅱ. 이 사건 법률조항들의 위헌 여부에 대한 판단' 중 '2. 이 사건 법조항들과 비례의 원칙 위반 여부'의 문장 실태를 부분적으로 살펴보기로 한다. 우선 원문을 보면 다음과 같다.

> (1) 행복추구권
> (가) 입법목적의 정당성, 수단의 적합성
> 단일한 언어를 사용하는 국가 공동체라도 방언차가 심하면 의사소통에

어려움을 겪게 되는 바, 표준어는 이와 같은 방언차에 따른 의사소통의 불편을 해소하고, ① 이를 촉진하기 위한 준거기능을 담당하며 동일한 언어공동체가 보다 통일된 공동체로서 일체감을 갖도록 하는 구실을 한다. 이 사건 법률조항들은 ② 교육과 행정언어를 통하여 표준어를 정립하는 것을 목적으로 하고 있는 바, 이러한 입법목적은 입법자가 추구할 수 있는 헌법상 정당한 공익이라 할 것이고, ③ 이 사건 법률조항들이 정하고 있는 규율 내용은 이러한 공익을 위한 적절한 수단이 될 수 있다.

(나) 피해의 최소성

이 사건 법률조항들 중 공문서의 작성에 관하여 규율하는 구 국어기본법 제14조 제1항 부분에 관하여 보면, 각기 다른 지방에 거주하는 국민들은 한 국가 공동체의 공공기관이 작성하는 공문서에 사용되는 언어의 통일성에 대하여 일정한 신뢰를 가지고 있다 할 것이고, ④ 이는 공문서에 사용되는 국어가 표준어로 통일되지 않는 경우 의사소통상 혼란을 가져올 수 있다는 점에서 ⑤ 공익을 위하여 필요불가결한 부분이라 할 것이다.

…중략… (3단락)

서울의 역사성, 문화적 선도성, 사용인구의 최다성 및 지리적 중앙성 등 다양한 요인에 비추어 볼 때, ⑥ 서울말을 표준어의 원칙으로 삼는 것이 필요한 최소한의 범위를 넘어 기본권을 침해하는 기준이라 하기 어렵고, 또한 서울말에도 다양한 형태가 존재하므로, ⑦ 공문서와 공교육의 표준으로 교양 있는 사람들이 사용하는 말을 삼는 것은 일단 합리적 기준이라 할 수 있으며, 다른 선진국의 경우에도 수도나 경제·문화 중심지의 ⑧ 교양 있는 사람들이 쓰는 언어를 표준어의 기반으로 삼는 것이 상례이기도 하다.

결국, 이 사건 법률조항들이 피해의 최소성원칙을 준수하지 아니한 기본권 제한이라고 보기 어렵다.

(다) 법익의 균형성

공문서와 공교육의 교과용 도서에 표준어를 사용함으로써 기본권이 제한되는 것은, 국민의 언어생활 중 광범위하고 다양한 사적 영역을 제외한 나머지의 일부에 국한되는 것으로서 그 비중이 그다지 크지 않음에 반하여, 공문서와 공교육의 교과용 도서가 지방의 지역어에 의하여 작성될 경우 ⑨ 공익에 미치는 영향은 적다고 보기 어렵다. 결국 입법자는 이와 같은 공익을 달성하기 위하여 이 사건 법률조항들을 통하여 기본권을 제한하고 있다 할 것이므로, 이는 공익과 사익 사이에 적절한 균형을 이루는 입법이라 할 것이다.

(2) 부모의 자녀 교육권

헌법 제31조 제6항는 "학교교육 및 평생교육을 포함한 교육제도와 그 운영, 교육재정 및 교원의 지위에 관한 기본적인 사항은 법률로 정한다." 고 규정하여, ⑩ 국가에게 학교제도를 통하여 교육을 시행하도록 위임하고, ⑪ 이로써 학교제도에 관한 포괄적인 규율권한과 자녀에 대한 학교교육의 책임을 부과하고 있다. 학교교육을 통한 국가의 교육권한은 부모의 교육권 및 학생의 인격의 자유로운 발현권 및 자기결정권에 의하여 헌법적 한계가 설정되나, 학교교육에 관한 한, 국가는 헌법 제31조에 의하여 부모의 교육권으로부터 원칙적으로 독립하여 독자적인 ⑫ 교육권한을 부여받고, ⑬ 이로써 학교교육에 관하여 광범위한 형상권을 가지게 되는 것이다.

이 법률조항들 중 학교의 교과용 도서를 표준어규정에 의하도록 한 부분은 국가의 학교교육의 내용과 목표를 정할 수 있는 포괄적인 규율권한 내의 문제라 할 것으로서, 국가는 이를 통하여 국가 공동체의 통합과 원활한 의사소통을 위하여 ⑭ 표준어규정으로 교과용 도서를 제작하는 것을 선택한 것이고, 앞서 행복추구권 부분에서 언급한 이유에 비추어, 이와 같은 입법자의 판단은 학교교육에 관한 입법재량의 범위를 넘는 것이라고 보기 어렵다.

결국, 이 사건 심판대상조항 중 초·중등학교의 교과용 도서를 편찬하거나 검정 또는 인정하는 경우에 ⑮ 표준어규정에 의하도록 한 부분은 부모의 자녀교육권을 침해하는 것이라 보기 어렵다.

III. 결론

그렇다면, 이 사건 심판청구 중 이 사건 ⑯ <u>표준어규정</u> 및 이 사건 부
작위 부분은 부적법하므로 이를 각하하고, 나머지 부분은 이유 없어 이를 기
각하기로 하여, 재판관 김종대, 재판관 이동흡의 반대의견을 제외한 ⑰ <u>나머</u>
<u>지 관여 재판관 전원의 일치된 의견으로</u> 주문과 같이 결정한다.

위의 판결문은 12문, 1459자로 문장의 평균 길이는 121.5자다. 일반 문
장의 배의 길이다. 밑줄 친 ①은 지시어 사용에 문제가 있는 것으로, 오해
의 소지가 있는 있는 표현이다. 이는 바로 앞의 '의사소통의 불편 해소'를
가리키는 것으로 보이나, '의사소통'을 촉진하는 준거 기능을 담당한다고
보아야 문맥이 자연스럽다. 따라서 '이는'이란 지시어 대신 구체적으로 '의
사소통을'이라 바꾸는 것이 바람직하다. 밑줄 친 ②는 의미상 문제가 있는
것으로, '행정용어'는 '공문용어'라 구체화하는 것이 바람직하고, '<u>교육과</u>
<u>행정언어를 통하여 표준어를 정립하는 것을 목적으로 하고 있는 바</u>'는 표
준어 정립이 교육의 목적은 되나, 행정용어(公文用語)의 목적이 된다고는 볼
수 없다. 따라서 내용상 문제가 된다. 밑줄 친 ③은 접속호응에 문제가 있
는 것으로, 앞의 대등접속의 서술어가 '할 것이고'이므로, 말미의 서술어는
'적절한 수단이 된다 할 것이다.'가 되어야 한다.

밑줄 친 ④의 지시어는 '언어의 통일성'을 가리키는 것으로 보이나, 사
실은 '구 국어기본법 제14조 제1항'을 가리킨다. 오해의 소지가 있으므로
분명히 밝혀 독자를 고생시키지 않는 것이 바람직하다. 밑줄 친 ⑤는 대등
접속의 주문이다. 따라서 이는 '공익을 위하여 필요불가결하다고 할 것이
다'가 돼야 호응이 제대로 된다. 밑줄 친 ⑥은 '삼는 것이'가 아니라, '삼는
것은'이라고 주제격을 써야 어울린다. 그리고 표준어의 규정의 '원칙'이란

'서울말'을 원칙으로 한다는 것이 아니라, '서울말로 정함'을 원칙으로 한다는 것이다. '서울말'은 '원칙'이기보다 오히려 '기준'에 해당한다. 부적절한 표현이다. 밑줄 친 ⑦은 어순의 문제로, '교양 있는 사람들의 말을'을 앞으로 보내고, 부사어 '공문서와 공교육의 표준으로'를 뒤로 돌려 서술어와 가까이 놓는 것이 바람직하다. 밑줄 친 ⑧도 접속호응에 문제가 있는 것이다. 이는 문장의 후반부를 '(기반으로 삼는 것으로) 바람직하다 하겠다'라 바꾸는 것이 좋다.

밑줄 친 ⑨는 의미상 혼란이 빚어지는 것으로 '공익에 미치는 영향'의 '영향'은 좋은 의미의 '영향'으로 읽힐 부적절한 어휘이므로, '폐해는'으로 바꾸어 분명히 함이 바람직하다.

밑줄 친 ⑩은 조사가 잘못 쓰인 것으로, 무생물에는 '-에'를 써야 한다. 밑줄 친 ⑪은 지시어의 문제로, '위임'과 '법'의 양의성을 지녀 모호한 표현이고, 밑줄 친 ⑫는 접속호응이 문제가 되는 것으로, 주문의 어미를 '가지게 되는 것이다.'가 아닌, '가지게 된다.'로 함이 바람직하다. 밑줄 친 ⑫는 대등접속이 되어서는 안 된다. 이는 '교육권한을 부여받아'란 부사절이 되어야 한다. 밑줄 친 ⑬ 가운데 있는 '이로써'도 중의성을 지닌다. 해석상 오해가 빚어지지 않게 생략하지 말고, 충분한 자료를 주어야 한다.

밑줄 친 ⑭는 조사 사용의 문제로, '표준어규정에 따라'라고 해야 의미 호응이 되고, 의미가 분명해진다. 밑줄 친 ⑮는 의미의 문제로, '표준어규정'에 의하는 것이 아니라, '준수하도록'이라 해야 교과용도서 편찬 취지와 부합된다. 밑줄 친 ⑯은 '표준어규정 적용의 위헌성'이라고 구체적으로 밝혀야 나타내려는 의도와 부합된다. 밑줄 친 ⑰은 대부분의 대법원 판례가 그러하듯, '나머지 관여 재판관 전원의 일치된 의견'이라고만 해서는 모호한 표현이다. 구체적으로 관여 재판관 몇 명 가운데 나머지 몇 명이라고 밝혀야 한다. 그래야 내용이 분명해지고, 판결문을 읽는 사람이 승복하게 된다. 참여한 전체 재판관의 수를 명시할 일이다.

이상 판결문의 실제를 각급 법원과 헌재의 판결문을 통해 구체적으로 살펴보았다. 이제 앞에서 살펴본, 판결문의 문제점을 정리해 보면 판결문의 실상은 다음과 같이 요약된다. 관련 판결문의 제시는 앞에서 살펴본 순서에 따라 <지법1>, <지법2>, <고법>, <대법>, <헌재1>, <헌재2>라 약호를 쓰기로 한다.

(1) 문장의 구성면

① 판결문의 문장이 일반적으로 길다.

앞에서 인용한 6개의 판결문은 총 7,009자, 42문이다. 따라서 평균 길이는 166.8자란 긴 문장이다. 원래 평균은 극단적인 수치를 제외하는 것이므로 판결문의 평균 길이는 150자 정도로 보는 것이 좋을 것이다. 특히 문제가 되는 긴 문장은 <지법1>, <고법>, <대법>, <헌재1>등에 보인다.

② 1문 1단락의 장문이 쓰이고 있다. <대법>

③ 1문 2사실의 문장이 쓰이고 있다. <헌재2>

④ 지나친 배려로 번거롭거나, 장문화하는 경향이 있다. <대법>, <헌재1>

⑤ 분절(分切))이 필요한 긴 관형절이 쓰이고 있다. <지법1>, <헌재1>

⑥ 분절이 필요한 긴 부사절이 쓰이고 있다. <지법2>, <헌재1>

(2) 문장성분의 호응

① 주술 호응에 문제가 많다. <지법2>, <헌재1>

② 객술 호응에 문제가 있다. <지법2>, <헌재1>

③ 접속 호응에 문제가 있다. <지법1>, <지법2>, <대법>, <헌재1>, <헌재2>

　접속어가 없어 문제가 되는 것도 있다. <헌재2>

④ 의미 호응이 되지 않는 문장이 있다. <지법2>, <고법>

(3) 표현상의 면

① 어순(語順)에 문제가 있다. <대법>, <헌재2>

② 지나친 생략으로 의미 불통의 문장이 보인다. <고법>

③ 지나친 열거로 복잡한 문장이 쓰인다. <대법>

④ 번역어투, 또는 일본어투의 표현이 쓰이고 있다. <지법2>, <대법>

⑤ 접속어를 많이 생략한다. <대법>

⑥ 사실 파악이 잘못된 문장도 보인다. <헌재2>

(4) 문법상의 면

① 능·피동에 문제가 있다. <지법2>

② 주제격(主題格) 반복의 거북한 표현이 보인다. <대법>

③ 시제의 오용이 보인다. <고법>

④ 조사 사용에 문제가 있다. <헌재2>

(5) 어휘상의 면

① 문어체의 난해한 어휘가 쓰이고 있다. <지법1>, <고법>, <헌재1>
② 지시어 및 조사 등 부적절한 어휘가 쓰이고 있다. <헌재2>
  ▪ 지시어의 사용에 많은 문제가 보인다. <헌재2>
  <헌재2>의 판결문에는 지시어의 의미가 중의성을 지녀 오해의 소
  지가 있거나, 지나친 생략에 의한 자료 부족으로 그 의미를 파악하기
  곤란한 표현이 많다.
  ▪ 조사의 생략, 의미 호응 등에 문제가 많다. <고법>, <지법2>,
  <고법>, <대법>, <헌재1>, <헌재2>
③ 권위적인 표현이 쓰인다. <지법1>

4. 결어

판결문이란 소송이 제기되어 법원이 그 사건에 대해 판결을 내린 문장이
다. 따라서 그 결과는 누구보다 소송을 제기한 원고와 소송을 당한 피고의
양측이 알아야 할 문장이다. 따라서 그 문장은 원고와 피고가 읽어서 잘 알
수 있는 쉽고 분명한 글이 되어야 한다. 어려워서 알 수 없거나, 모호하고
복잡하여 판결의 진의를 제대로 파악할 수 없는 것이어서는 곤란하다. 판
결문이야 말로 실용의 실용문이다.

문식성(文識性)이란 것이 본래 그러한 것이거니와, 우리의 판결문도 의식적이
든, 무의식적이든 외부자를 차별하고 있다 할 수 있다. 그리하여 자기들의 전
문영역에서 사용하는 용어나 술어를 주의를 기울이지 않고 사용함으로 국외자

로 하여금 잘 알지 못하게 한다. 이는 판결문의 성격상 있을 수 없는 일이다.

우리의 법률 문장 및 판결문은 일본의 영향을 받아 악문의 범주에 속한다. 그러나 그간 많이 개선되었다. 그럼에도 특히 판결문의 경우 구체적 자료를 바탕으로 실태를 살펴보면, 앞에 제시한 바와 같이 아직도 많은 문제가 남아 있다. 이러한 문제점들은 앞으로 계속하여 순화해 나가야 할 것이다. 일본에서는 판결문이 ① 장문병 ② 예고 없는 병, ③ 결론을 안 내는 병, ④ 지나친 정중병 등 네 가지 병에 걸린 것으로 본다(宮地, 1961). 우리의 경우도 예외가 아닌 것으로 보인다. 판결문은 쉽고 간명해야 한다. 소위 '악문'의 타성을 빨리 벗도록 해야 한다. 소송 당사자들이 쉽게 판결문을 판독할 수 있어야 한다. 특히 긴 문장을 짓지 말고, 문장에 오용이 없도록 해야 한다. 법조인은 적어도 우리 사회에서는 최고의 교양과 학식을 지닌 사람들이다. 이러한 영재들이 정박아(精薄兒)로 오해되거나 무지한 사람으로 낙인찍히는 것은 바람직한 사실이 아니라 할 것이다.

참고 문헌

감사교육원(1998), 문장력 강화 특별교육교재, 감사교육원.
박갑수(1984), 국어의 표현과 순화론, 지학사.
박갑수 외 (1985), 현대 국어문장의 실태분석, 한국정신문화연구원.
박갑수(1998), 바람직한 공용문의 작법, 고양시 일산구.
법무부(2012), 교정 판례집 part 1, 법무부 교정본부 분류심사과.
岩淵悦太郞 編著(1968), 新版 惡文, 日本評論社.
白井恭弘(2013), ことばの力學- 應用言語學への招待, 岩波書店.
宮地裕(1961), 判決文のまずさ, 岩淵悦太郞 編著(1961), 新版 惡文, 日本評論社.

이 글은 본서에 수록하기 위해 2016년 1월 20일 탈고한 것이다. (미발표)

3장 법률 용어와 문장의 순화

1. 서언

"그 사람은 법 없이도 살 사람"이란 말이 있다. 사람이 착해서 남을 해치지 않을 사람이라는 말이다. 이렇게 법이란 사회 생활을 전제로 한 규범이다.

법이나 법률이란 사회 생활의 질서를 유지하며, 사람들의 배분 및 협력 관계를 규율하기 위하여 발달된 것이다. 그래서 집단 사회를 이루어 살기 전에는 도덕이나 윤리는 있어도 법이나 법률은 없었다. 법이란 이렇게 사회의 안녕, 질서를 유지하기 위하여 제정된 실천 규범이다. 이것은 모든 사람이 알아야 하고, 실천해야 하는 것이다.

사람들이 법이나 법률을 알고 실천하기 위해서는 우선 그 문장이 쉽고 분명해야 한다. 그렇지 않으면 이를 지킬 수가 없어 유명무실한 것이 된다. 그럼에도 종래의 법이나 법률 문장은 어렵고 권위주의적이었다. 그것은 법이나 법률이 실천하는 규범이 아니라, 규제하는 규범으로 인식돼 그 문장이 너무 쉬워서는 안 되고, 권위가 있어야 한다고 생각하였기 때문이다. 이것은 지난날 문자를 인식한다는 것이 오늘날의 보편적 식자성(universal literacy)과는 달리 하나의 특권으로 인식되던 것과 맥을 같이 한다.

오늘날의 우리의 법률 문장은 일반적으로 이러한 어렵고 권위주의적인 것이라 할 수 있다. 헌법을 비롯한 육법(六法)이 그러하고, 법률이 그러하다. 그래서 친근한 맛이 없고, 어렵고 껄끄러운 것으로 인식된다. 따라서 이러한 법률 문장은 우리 사회의 안녕, 질서를 유지하기 위하여 하루 빨리 순화, 개선할 필요가 있다.

우리의 법률 문장이 이렇게 인식되는 것은 난해한 한자어 및 일본식 용어를 사용하고, 한문투의 표현을 하는가 하면 어법에 맞지 않는 표현을 하고, 명령형 등의 표현을 하고 있기 때문이다. 이러한 표현들은 마땅히 순화되어야 한다. 이에 우리 사회의 안녕 질서를 유지하고, 행복한 법률 생활을 하기 위하여 우리의 법률 문장의 순화에 대해 살펴보기로 한다. 살펴보는 순서는 어휘와 문장의 순으로 하기로 한다.

2. 어휘상의 문제

우리나라의 현행되는 법은 모두 해방 이후에 제정된 것이다. 이들은 많건 적건 일본법의 영향을 받았다. 그래서 한자어, 일본식 용어가 많이 쓰이고 있다. 현행되는 소위 육법의 제정 연도를 보면 헌법이 1987년, 민법이 1958년, 상법이 1962년, 민사소송법이 1960년, 형법이 1953년, 형사소송법이 1954년으로 되어 있다.

헌법은 본래 1948년 제정되었으나, 1952년에 제1차 개헌이 꾀해졌고, 1954년 제2차 개헌이, 1960년 제3차 개헌이, 같은 해에 제4차 개헌이, 1962년 제5차 개헌이, 1969년 제6차 개헌이, 1972년 제7차 개헌이, 1980년 제8차 개헌이 꾀해졌고, 1987년 제9차로 개헌된 것이 오늘날의 전면 개정된 헌법이다. 따라서 육법 가운데 현행 헌법을 제외한 나머지 법은 모두

1950대 초에서부터 1960년대 초에 걸쳐 제정된 것이다. 이렇게 1950~60년대에 법이 제정되다보니 자연 참고할 법으로, 손쉽게 접하게 된 것이 일본법(日本法)이었다. 그래서 우리의 법은 일본법과 닮은꼴을 보여 준다. 여기서 참고로 가장 닮은 민사소송법의 제1조에서 제3조를 비교해 보면 다음과 같다.

第1條의2 [普通 裁判籍] 訴는 被告의 普通 裁判籍 所在地의 法院의 管轄에 屬한다.

第2條 [사람의 普通 裁判籍] 사람의 普通 裁判籍은 住所에 의하여 定한다. 다만, 大韓民國에 住所가 없거나 住所를 알 수 없는 때에는 居所에 의하고 居所가 없거나 居所를 알 수 없는 때에는 最後의 住所에 의한다.

第3條 [大公使 등의 普通 裁判籍] 大使, 公使 기타 外國에서 治外法權있는 大韓民國 國民이 第2條의 規程에 의한 普通 裁判籍이 없는 때에는 그 普通 裁判籍은 大法院 所在地로 한다.

第1條 [普通 裁判籍] 訴ハ 被告ノ 普通裁判籍 所在地ノ 裁判所ノ 管轄ニ 屬ス

第2條 [人の 普通 裁判籍] ①人ノ 普通裁判籍ハ 住所ニ 依リテ 定ル
②日本ニ 住所ナキトキ 又ハ 住所 知レサルトキハ 普通 裁判籍ハ 居所ニ依リ 居所ナキトキ 又ハ 居所ノ 知レサルトキハ 最後ノ 住所ニ 依リテ定ル

第3條 [大公使の 普通 裁判籍] 大使, 公使 其ノ 他 外國ニ 在リ 治外法權ヲ 享クル 日本人ガ 前條ノ 規定ニ 依リ 普通 裁判籍ヲ 有セサルトキハ 其ノ者ノ 普通裁判籍ハ 最高裁判所ノ 定ムル 地ニ 在ルモノトス

위의 일본 민사소송법은 1996년 현행법으로 바뀌기 전의 조문이거니와 보기와 같이 두 조문 사이에는 거의 차이를 보이지 않는다. 이렇게 우리의 법률 문장은 일본의 영향을 받은 것이다.

2.1. 어려운 한자어

우리의 법률 관계 용어는 앞에서 지적한 바와 같이 난해한 것이 많다. 그래서 지금까지 법제처 및 대법원에서는 끊임없이 순화작업을 전개해 오고 있으며, 법제처는 1985년 이래 「법령용어 순화편람」 6집을 내고 있다. 그러나 현실적으로 법률 관계 용어가 얼마나 순화되고 있는지는 의심스럽다. 순화 용어가 새로운 법률 문장에 적극적으로 수용되어야 하겠는데 그것이 현실적으로 활용되는 것은 미미한 것으로 보이기 때문이다. 순화 용어가 비교적 잘 반영된 것으로는 1988년에 개정된 '경범죄 처벌법'을 들수 있을 정도이다. 여기에서는 어려운 한자어들이 대부분 순화되었다. 그리고 문장이 쉽게 고쳐졌다. 이러한 법률 문장의 순화작업으로는 또 1996년이래 대법원에서 추진하고 있는 민사소송법 순화작업을 들 수 있다. 여기서도 용어를 순화하고, 문장을 다듬는 작업을 하고 있다. 그러나 이 작업은 한계를 갖고 있다. 그것은 다른 법에 개념 규정이 되어 있거나, 다른 법에 쓰이고 있는 소위 「법률 용어」는 혼란을 피하기 위해 가급적 순화를 보류하는 것을 원칙으로 하였기 때문이다. 순화사업을 한다면 전향적(前向的)으로 전개하여야 할 것이다. 하나하나 고쳐 나가야 한다. 먼저 손댄 것부터 고치고, 다음에 고쳐지지 아니한 것은 따라서 고치는 방법을 취해야 할 것이다. 그래야 법률 문장 전반에 대한 순화가 꾀해질 수 있다. 그렇지 않으면 법률 문장 요소 요소에는 당연히 순화되어야 할 것들이 흉물처럼 남아 있게 될 것이다.

그러면 아직 제대로 순화의 손길이 미치지 않은 어려운 한자어들이 들어 있는 법률 조항을 몇 개 구체적으로 보기로 한다.

- 민법 제239조 [경계표 등의 공유 추정] 경계에 설치된 境界標, 담, 溝
  渠 등은 相隣者의 공유로 추정한다. 그러나 경계표, 담,
  구거 등이 상린자 一方의 단독 비용으로 설치되었거나
  담이 건물의 일부인 경우에는 그러하지 아니하다.
- 민법 제844조 [夫의 친생자의 추정] ①처가 혼인중에 胞胎한 子는 부
  의 자로 추정한다.
- 상법 제161조 [임치물의 검사, 견품 적취, 보존 처분권] 任置人 또는
  창고증권 소지인은 영업시간내에 언제든지 창고업자에
  대하여 임치물의 검사 또는 見品의 摘取를 요구하거나
  그 보존에 필요한 처분을 할 수 있다.
- 민사 소성법 제55조 [소송 능력 등 흠결에 대한 조치] 소송 능력, 법
  정 대리권 또는 소송행위에 필요한 授權이 欠缺된 때에
  는 법원은 기간을 정하여 그 補正을 명하고 만일 지연으
  로 인하여 손해가 생길 염려가 있는 때에는 일시 소송
  행위를 하게 할 수 있다.

이들 문장 가운데 「溝渠, 相隣者, 胞胎, 夫, 任置物, 見品, 授權, 欠缺, 補正」 등은 잘 쓰이지 않거나, 시대 감각에 맞지 않는 구시대적인 것이다. 이러한 용어들을 유형화하여 보면 다음과 같은 것이 있다. 이들의 구체적인 용례는 법제처의 최신 '법률용어 순화편람(1996)'에서 가려뽑기로 한다.

첫째, 일상생활에서 잘 쓰이지 않는 어려운 용어가 많다.

이들 난해한 용어들은 그 의미를 알 수 없는 것이 많다. 법 또는 법률은

앞에서 언급한 바와 같이 실용 규범이다. 그런데 그 용어가 의미를 파악할 수 없는 것이라면 실천 규범으로서의 구실을 제대로 할 수 없게 된다. 따라서 이들은 순화되어야 한다. 이들의 예를 몇 개 들어 보면 다음과 같다.

가액(價額)- 값	가제(加除)- 갈아끼움, 고침, 뺌
감능(堪能)- 견딜수 있는, 감당할 능력	개체(改替)-바꿈
결궤(決潰)- 무너뜨리다	구신(具申)- 보고함, 알림
금원(金員)- 돈	기수(旣遂)의- 이미 끝난
도과(徒過)- (기간 따위를) 넘김	몽리(蒙利)- 혜택 입는, 이익을 보는
배물(排物)- 쓰레기	보정(補正)- 바로잡음
비기(誹譏)- 헐뜯기	소장(消長)- 차이
수도(隧道)- 굴, 터널	액와(腋窩)- 겨드랑이
언제(堰堤)- 둑	예삭(曳索)- 끌바
완제(完濟)하다- 다 갚다	유서(宥恕)하다- 용서하다
유탈(遺脫)하다- 빠지다, 빠뜨리다	인낙(認諾)- 받아들임
인영(印影)- 도장 자국	제각(除却)하다- 없애다
제척(除斥)- 제침, 치움	주벌(舟筏)- 배와 뗏목
지변(支辨)- 충당, 지급	직근(直近)- 가장 가까운
차폐(遮蔽)- 가림	체당금(替當金)- 미리 충당한 돈
취미(臭味)- 냄새와 맛	측약(側藥)-마찰약, 마찰제
탈루(脫漏)- 누락, 빠짐, 샘	파식(播植)- 뿌려 심음
폭원(幅員)- 너비	표항(標杭)- 측량표지 막대
해태(懈怠)하다- 게을리하다	회뢰(賄賂)- 뇌물을 주고 받음
흠결(欠缺)- 흠	

둘째, 구시대적 한문투의 용어가 많다.

이들은 구시대적 표현 용어로, 한문투의 표현에 쓰이던 것이다. 오늘날 어려운 한자 용어들이 기피되고, 쉬운 우리말이 즐겨 쓰이는 상황에서는 이들도 마땅히 순화되어야 할 용어들이다. 이들은 현대식 표현으로 바뀌어야 한다.

가리(加里)- 칼리	가(可)하다- 옳다, 좋다
각별(各別)로- 각각, 따로따로	감(鑑)하여- 비추어, 살피어
경(經)하여- 거치어	공(共)히- 함께, 같이, 모두
(-에)공(供)하다- (-에) 제공하다	궐(闕)한- 빠진, 비어 있는
구신(具申)- 보고함, 알림	긍(亘)하여- 걸쳐
기(旣)히- 이미, 앞서	당해(當該)- 그
(-을)대동(對同)하고- (-을) 데리고	미도래(未到來)하다- 오지 않다
(조건을)부(附)하여- 붙여서	생(生)하다- 생기다
소생유아(所生幼兒)- 태어난 어린아이(-의)	치(値)로- (-의) 값으로
요대체(要代替)- 대체 요함, 바람	임(臨)하여- 가서, 이르러서
(그) 정(情)을 알고- 사실을 알고	지득(知得)하다- 알게 되다
최촉(催促)하다- 독촉하다	패용(佩用)하다- 달다, 차다
필(畢)하다- 마치다, 끝내다	휴지(休止)하다- 쉬다 그만두다

셋째, 준말이라 할 어려운 용어도 많다.

이들은 원말을 쓰면 대부분 그리 어렵지 않을 말이다. 그런데 이들을 줄여서 씀으로 말미암아 그 뜻을 알기 어려운 말이 되었다. 그러니 이들은 순화 이전에 적어도 원말을 씀으로 난해성을 제거해야 한다.

격물(隔物)- 이격물	공과(公課)- 공적 부과
공연(公然)히- 공공연히	범정(犯情)- 범행 정상
복몰(覆沒)- 전복 침몰	분수(分收)- 수익 분배
서증(書證)- 서면 증거	세수(世數)-세대수
속구(屬具)- 부속 기구	액상(液狀)- 액체 상태
익금(益金)- 수익금, 이익금	자소작(自小作)- 자작 소작
장표(帳票)- 장부 전표	전해(電解)- 전기 분해
존안(存案)- 보존 안건	착급(着給)- 도착 지급

넷째, 일반 용어로 흔히 쓰이는 말이나 좀 더 순화할 수 있는 말이 많다.

　이들 용어는 생활 용어로 흔히 쓰이는 말이다. 그러나 법률 용어가 생활
화되자면 좀더 쉬운 말로 바꾸는 것이 바람직하다. 우리말은 한자어와 고
유어의 이중구조로 된 유의어가 많다. 이러한 유의어들 가운데 고유어를
가려 쓸 때 법률 문장은 한결 쉬운 것이 될 것이다. 이러한 용어들은 무수
하다. 이들 예를 몇 개 만 민사소송법에서 들어 보면 다음과 같다.

개요(槪要)- 줄거리	개봉(開封)하다- 뜯다
고지(告知)하다- 알리다	교부(交付)하다- 내어 주다
달(達)하다- 이르다	매수(買受)하다- 사다
변경(變更)하다- 바꾸다	부여(附與)- 주기
상실(喪失)- 잃음	서면(書面)- 글
승계(承繼)하다- 이어받다	열람(閱覽)하다- 훑어보다
위배(違背)- 어긋남	이송(移送)- 옮겨보내기
접수(接受)하다- 받다	지체(遲滯)- 늦어짐
처(處)하다- 물리다	체결(締結)하다- 맺다
하자(瑕疵)- 흠	후일(後日)- 뒷날

2.2. 일본식 용어

　일본식 용어는 우리의 법률 문장에 난해한 한자어보다는 많지 않지만 많
이 쓰이고 있다. 그것은 앞에서 보기를 든 민사소송법에서 본 바와 같이 일
본법이 모법이다시피 되어 있는 것이 우리 현실이고 보면 이를 개정 순화
하기 이전에는 어쩔 수 없는 것이 오늘의 현실이라 하겠다.

　우리는 일본의 압제에서 벗어나 조국의 광복을 꾀한지 벌써 반세기가 지
났다. 그럼에도 우리의 법이나 법률 문장은 아직 일본의 탈을 크게 벗어나
지 못하고 있다. 민족과 국가의 자부심을 살리기 위해서도 이를 순화하여

하루 빨리 이 일본적 잔재를 씻어 내도록 하여야 하겠다.

　일본식 용어는 음독되는 한자어와 훈독(訓讀)되는 한자어가 있다. 음독되는 한자어는 일단 귀화된 말로 보는 것이 좋을 것이다. 그것은 우리의 근대어들은 대부분 일본에서 조어한 한자어들로 이것을 사용하지 않는다면, 학문은 말할 것도 없고, 일상 생활도 영위하기 힘들 정도이기 때문이다. 그러나 이와는 달리 한자의 탈을 쓴 훈독어는 순화하는 것이 바람직하다. 더구나 이에 해당한 우리말이 있을 때는 더 말할 것도 없다. 다음에 한자어의 탈을 쓴 일본의 훈독어를 몇 개 제시해 보기로 한다.

가건물(假建物)- 임시건물	견본(見本)- 본(보기)
권취조절(券取調節)- 감기조절	도선(渡船)- 나룻배
매상(賣上)- 팔다	명도(明渡)- 내주다, 넘겨 주다
물치(物置)- 광, 헛간	부물(附物)- 부속물, 딸린 것
불하(拂下)- 매각, 팔아버림	상회(上廻)하다- 웃돌다, 넘다
선교(船橋)- 배다리	수불(受拂)- 받고 치름
수입(受入)하다-받아들이다	수취(受取)하다- 받다
승입(乘入)- 탑승, 타기	신립(申立)- 신청
신병(身柄)- 몸체, 신분	월할계산(月割計算)-달셈
육절기(肉切機)-고기 자르개	인수서(引受書)- 수용확인서
인장력(引張力)- 당길힘	인출(引出)하다- 찾다, 찾아가다
인하(引下)하다- 낮추다, 내리다	전차금(前借金)-미리 받은 돈, 빌린 돈
절상(切上)하다- 올리다, 끌어올리다	절취(切取)-자름, 잘라 가짐
조상(繰上)- 앞당김	조적(組積)- 벽돌 쌓기
조체(繰替)- 일시 전용	주취자(酒醉者)- 술취한 사람
지불(支拂)하다- 지급하다, 치르다	차관선(借款先)- 차관공여자
차수(借受)- 빌림	차인(差引)- 빼냄, 뺀
착출(搾出)한- 짜낸	초생지(草生地)- 풀밭
추월(追越)- 앞지르기	취급(取扱)한- 다룬
취입(吹入)- 녹음	취체(取締)- 단속, 규제

취출(取出)- 꺼냄	취하(取下)- 철회, 취소
토취장(土取場)- 취토장, 흙파는 곳	하상(河床)- 강바닥, 냇바닥
하조(荷造)- 포장, 짐꾸리기	하주(荷主)- 짐임자, 화물 주인
할인(割引)- 에누리, 깎음	행선지(行先地)- 가는 곳

이들은 대부분 우리에게 익숙해 이들이 일본의 훈독어인가 의심하는 사람도 많을 것이다. 그러나 이들은 틀림없는 본래 우리말이 아닌, 일본의 훈독어가 우리말처럼 쓰이고 있는 것이다. 앞에서 언급한 바와 같이 우리말에 동의어가 있을 때는 우선 그것을 쓸 것이요, 그렇지 않은 훈독어들은 이들을 그냥 쓰거나, 순화어를 새로 만들어 쓰도록 하여야 할 것이다. 그리고 우리말에 동의어가 있는 것인 경우에도 그 말이 어려운 말일 때는 우리의 고유한 말로 순화하여 씀으로 실용 법률 문장이 되게 하는 것이 바람직 하겠다.

3. 문장상의 문제

법률 문장에서 문장상 문제가 되는 것은 여러 가지가 있다. 이들의 대표적인 것을 유형화해 보면 한문투의 문어체, 일본어투의 문체, 비문법적인 문제, 명사적 표현의 문제, 의미상의 문제, 길고 복잡한 문장 구조의 문제 등이 될 것이다. 다음에 이들 문제를 살펴보기로 한다.

3.1. 한문투의 문어체

한문투의 문어체란 한자어가 많이 쓰인 문어(文語)의 문체란 말이다. 우

리의 법률 문장은 아직 쉽고 구어적인 표현으로 된 것이 거의 없다. 이러한
문어체는 구시대적인 문체로 서민 생활과는 거리가 먼 것이다. 따라서 이
는 마땅히 순화되어야 할 대상이다.

제92조 [外患 유치] 외국과 通謀하여 대한민국에 대하여 戰端을 열게 하
거나 외국인과 통모하여 대한민국에 抗敵한 자는 사형 또는 무기 징역에
처한다. <형법>
제151조 [의의] 극장, 여관, 음식점, 기타 客의 集來를 위한 시설에 의한
거래를 영업으로 하는 자를 공중접객업자라 한다. <상법>
제292조 [附從性] ① 지역권은 要役地 소유권에 附從하여 이전하며 또는
요역지에 대한 소유권 이외의 권리의 목적이 된다. 그러나 다른 약정이
있는 때에는 그 약정에 의한다. <민법>
제176조 [외국에서 하는 송달의 방법] 외국에서 할 송달은 재판장이 그
國에 주재하는 대한민국의 대사, 공사, 영사, 또는 그 國의 관할 공무소에
촉탁한다. <민사소송법>

이상의 보기들은 우리의 일상어라기보다 한문투의 문장이다. 이러한 법
률 문장은 구어적인 표현으로 바뀌어야 한다. 일본에서도 최근에 민사소송
법이 구어적 표현으로 개정된 것을 볼 수 있다.

3.2. 일본어투의 문체

법률 문장에 대한 일본어의 영향은 단순히 법률 용어에만 미치지 아니하
고, 문체에도 나타나는 것을 볼 수 있다. 그것은 법률 문장에 일본어의 문
법적 간섭이 나타나 있는 것이다. 이러한 것의 대표적인 것으로 우리말에
서는 필요 없는 '對して' 또는 '付'가 번역되어 '대하여'라고 쓰이고 있는

것이 그 대표적인 것이다(이하 보기의 출전이 표시되지 않은 것은 민사소송법임).

　　제63조 [필요적 공동소송의 특칙] ① 소송의 목적이 공동소송인의 전원
에 대하여(付) 합일적으로 확정될 경우에는 그 1인의 소송 행위는 전원의
이익을 위하여서만 그 효력이 있다.
　　② 공동소송인의 1인에 대한 상대방의 소송행위는 전원에 대하여(對シ
テ) 효력이 있다.
　　③ 공동소송인의 1인에 대하여(付) 소송절차의 중단 또는 중지의 원인
이 있는 때에는 그 중단 또는 중지는 전원에 대하여(付) 효력이 있다.

　이들 '전원에 대하여(付)'와 '전원에 대하여(對シテ)'는 우리말로 '전원에
게', '1인에 대하여(付)'는 '1인에게'가 되어야 할 말로 '대하여'가 필요 없
는 말이다.

　　제167조 [공동대리인에 대한 송달] 수인이 공동하여 대리권을 행사하는
경우에는 그중 1인에게 송달하면 된다.

　이 조항의 '공동대리인에 대한 송달'은 '공동 대리인에게 할 송달'로, '공동
하여'는 '공동으로'로 바꾸는 것이 바람직할 말이다. '공동하여'는 일본법
'共同シテ'를 번역한 것인데 우리말에서 '공동하다'는 잘 쓰이지 않는 어색
한 말이다.
　이 밖에 일본 법률 문장에 많이 쓰이고 있는 '有ス'가 우리 법률 문장에
'있다'의 남용을 가져 오게 하고 있다.

　　제175조 [송달 제한의 경우] ② 제1항의 허가가 있는 때에는 법원 사무
관 등은 송달할 서류에 그 사유를 부기하여야 한다.

3.3. 비문법적 문제

비문법적 문제의 대표적인 것으로는 성분간의 호응, 시제, 조사 등의 사용 문제가 있다.

1) 주술 호응

주술 호응에는 주어가 생략되었거나, 주술어의 호응이 제대로 되지 않아 문제가 되는 것이 많다. 다음의 보기는 주어가 생략된 것으로, 이로 말미암아 그 의미 파악조차 어렵게 하는 것이다.

> 제49조 [선정 당사자] ① 공동의 이해관계가 있는 다수자로서 제48조의 규정에 해당하지 아니한 경우에는 (*) 그중에서 총원을 위하여 당사자가 될 1인 또는 수인을 선정하고 또는 이를 변경할 수 있다.

이는 '해당하지 아니한 경우에는' 다음에 '이들은'이란 주어를 삽입하고, 문법적 오용을 바로잡아 그 의미를 분명히 드러내야 할 조항이다.

> 제158조 [기간의 시기] 기간을 정하는 재판에 시기를 정하지 아니한 때에는 그 <u>기간은</u> 재판의 효력이 생긴 때로부터 <u>진행한다.</u>

위의 조문은 '기간은 진행한다'가 주문이다. 따라서 주술어가 의미상 호응되지 않는 문장이다. 이는 '기간을 정하는 재판에 시작되는 때를 정하지 아니한 경우에 그 기간은 재판의 효력이 생긴 때로부터 비롯되는 것으로 한다.'로 순화하여야 할 것이다. 아니면 '진행한다'를 '계산한다'로 바꿀 수도 있을 것이다.

2) 대등 접속의 호응

대등 접속은 접속어 전후의 구조가 동일하여야 한다. 그럼에도 그렇지 않은 것이 많다.

> 제134조 [변론 능력이 없는 자에 대한 처치] ③ 대리인에게 진술을 <u>금하고 또는</u> 변호사의 선임을 명하였을 때에는 본인에게 그 취지를 통지하여야 한다.

이 조항에는 접속어로 '금하고 또는'이라고 연결어미와 접속부사가 쓰이고 있다. 이는 '금하거나'라고만 하면 될 텐데 왜 이렇게 이상하고 어색한 표현을 한 것일까? 이는 그 속내를 알고 보면 조금도 이상할 것이 없다. 그것은 일본의 민사소송법의 '陳述ヲ禁シ 又ハ'를 잘못 번역했기 때문이다. '-シ 又ハ'란 표현은 법률 문장 도처에 보인다. 이는 위에 보기를 든 제49조에도 '선정하고 또는'이라고 보이는 것이다. 이것이 제131조에서는 '병합을 명하거나 이를 취소할 수 없다.'고 '-거나'를 써 바로 번역되어 있는 것을 보여 준다.

3) 수식 호응

관형어, 부사어도 잘못 쓰이는 것이 많이 보인다.

> 제198조 [재판의 탈루] ① 법원이 청구의 일부에 대하여 재판을 탈루한 때에는 <u>소송은 그 청구의 부분이</u> 계속하여 그 법원에 계속한다.

이는 非文이라고 할 조문이다. 이 문장에서는 '소송'과 '그 청구 부분이'가 제대로 호응되지 않아 그 뜻을 파악하기 힘든 문장이 되게 한 경우다. 이는 '법원이 청구의 일부에 대하여 재판을 빠뜨린 경우에 그 청구 부분에 대한 소송은 계속하여 그 법원에 매인다.'고 할 때 그 의미가 분명해진다.

4) 태(態)의 호응

능동, 수동의 혼란도 많이 눈에 띄는 것이다. 다음의 보기는 '경질한'이 '경질된'과 같이 수동으로 표현되어야 한다.

제189조 [직접주의] ③합의부의 법관의 과반수가 경질한 경우에도 같다.

다음에 보이는 조항도 태가 잘못 쓰인 것이다. 이는 대등 접속의 문장이니 '정지하고… 진행된다'와 같이 능·피동이 혼란이 빚어져서는 안 된다.

제225조 [소송절차 정지의 효과] ② 소송절차의 중단 또는 중지는 기간의 진행이 정지하고 소송절차의 수계 통지 또는 속행한 때로부터 다시 전 기간이 진행된다.

5) 시제의 호응

시제의 호응이 제대로 되지 않는 것도 꽤 눈에 띈다. 예를 들면 민사소송법 제37조의 '4. 법관이 사건에 관하여 당사자의 대리인이 되거나 되었던 때'는 '법관이 사건 당사자의 대리인이 되었거나 되었었을 때'가 어울리는 표현이다.

6) 조사의 호응·생략

짝이 맞지 않는 조사가 쓰이는가 하면, 조사가 생략되어 문제가 되는 것도 많다.

제135조 [화해의 권고] ① 법원은 <u>소송의 정도 여하에 불구하고</u> 화해를
권고하거나 受命法官 또는 受託判事로 하여금 권고하게 할 수 있다.

여기 쓰인 '불구하고'는 '-에도'를 지배하는 말이다. 그럼에도 여기에서
는 '-에'가 쓰였을 뿐 아니라, 의미상 호응도 제대로 되지 않는다. 이는
'소송의 정도와 관계 없이'라고 했어야 한 표현이다. 일본법도 '訴訟ノ 如
何ナル 程度二 在ルヲ 問ハス'로 되어 있는 것이다.

제153조 [일반휴일의 기일] 기일은 <u>필요한 경우에</u> 한하여 일요일 기타
일반의 휴일이라도 정할 수 있다.

이 조항은 피할 수 없는 경우 기일을 일요일이나 그 밖의 일반 휴일로도
정할 수 있다는 규정이다. 따라서 이 조문은 '기일은 어쩔 수 없는 경우에
한하여 일요일이나 그 밖의 일반 휴일로도 정할 수 있다.'고 하는 것이 바
람직하다. 다음의 제189조는 '기본되는'에 '기본이 되는'이라고 필요한 보
격 조사가 생략되어 어색한 문장이다.

제189조 [직접주의] ① 판결은 그 <u>기본되는</u> 변론에 관여한 법관이 하여
야 한다.

3.4. 명사구의 문제

명사적인 표현의 문체 특성은 정적이고 추상적인 것이다. 이에 대해 동
사적인 표현의 특성은 동적이고 구체적인 것이다. 그런데 우리의 법률 문
장은 명사구(NP)를 많이 사용하는 것을 볼 수 있다. 분명하고 객관적인 표

현이 되기 위해서는 동사구(VP)를 많이 쓰는 것이 바람직하다. 명사구는 '-음을', '-ㄹ 것을'의 형태로 많이 나타난다. 다음의 제63조의 2와 제115조는 '-음을', 제116조는 '-ㄹ 것을'을 활용한 표현이다.

제63조의 2 [필요적 공동소송인의 추가] ④ 제1항의 허가 결정에 대하여는 추가될 원고의 동의가 없었음을 사유로 하는 경우에 한하여 이해관계인이 즉시 항고를 할 수 있다.
제115조 [담보의 소멸] ② 담보제공자가 담보취소에 대한 담보 권리자의 동의 있음을 증명한 때에도 제1항과 같다.

여기 '동의 있음을'은 일본의 법에서도 '同意ヲ得タルコトヲ'라고 하여 '동의를 받았다는 것을'이라고 되어 있는 것이다. 이렇게 '없었음을'과 '있음을'은 '동의가 없었다는 것을', '동의를 받았다는 것을'이라 바꾸는 것이 바람직하다.

제116조 [담보물의 교환] 법원은 담보 제공자의 신청에 의하여 결정으로 공탁한 담보물의 변경을 명할 수 있다. 다만, 당사자가 계약에 의하여 공탁한 담보물을 다른 담보로 변경할 것을 신청한 때에는 그에 의하여야 한다.

위의 조항의 '변경할 것을'은 '변경하도록'으로 바꿀 수 있다. '담보물의 변경을'도 '담보물을 바꾸도록'이라 순화할 수 있음은 물론이다.

3.5. 의미상의 문제

문장이란 단어를 결합하여 의미를 분명히 드러내고자 하는 것이다. 그런데 이 문장이 어렵거나, 애매모호하거나, 호응이 안 되거나, 조리에 맞지 않아 문제가 되는 경우가 많다. 이러한 것의 대표적인 것이 어려운 낱말을 사용하여 그 의미를 가늠할 수 없게 하는 것이고, 문법적으로 바르고 분명한 문장을 쓰지 않는 것이며, 의미 파악을 하기에 충분한 자료를 제공하지 않고 생략한 것이다. 다음에 이들의 보기를 한두 개 보기로 한다.

제21조 [상속·유증 등의 특별재판적] 상속채권 기타 상속재산의 부담에 관한 訴로서 제20조의 규정에 해당하지 아니하는 것은 상속 재산의 전부나 일부가 제20조의 법원 관할구역내에 있는 때에 한하여 그 법원에 제기할 수 있다.

이는 '상속채권' 또는 '상속재산의 부담'이란 표현이 개념 파악을 하기에 어려워 문제가 되는 것이다. 여기서 '상속채권'이란 재벌로부터 상속을 받아 채권이 어마어마한 것을 의미하는 것이 아니다. 오히려 피상속인의 채권자의 채권으로 상속에 의하여 상속인이 이를 떠맡은 채권을 의미한다. 쉽게 말해 '상속된 빚'이다. 이러한 뜻의 이해 없이는 이 조항은 의미 파악이 안 되고 난해할 것이다. 이는 다음과 같이 순화할 때 비로소 그 내용을 이해할 수 있게 된다.

제21조 [상속·유언 증여 등의 특별 재판적] 상속인이 이어받을 상속을 하게 한 사람의 채무, 또는 그 밖의 상속 재산에 대한 부담에 관한 訴로, 제20조의 규정에 해당되지 아니하는 것은 상속 재산의 전부거나, 일부가 제20조의 법원 관할구역 안에 있을 때에 한하여 그 법원에 제기할 수 있다.

이에 대해 다음의 보기는 문법적으로 문제가 있어 그 내용을 파악하기 어렵게 하는 것이다.

제13조 [사원등에 대한 특별재판적] ① <u>회사 기타 사단의</u> 사원에 대한 訴 또는 <u>사원의</u> 다른 사원에 대한 訴는 사원의 자격에 기인한 것에 한하여 회사 기타 사단의 보통 재판적 소재지의 법원에 제기할 수 있다.
② 제1항의 규정은 <u>사단 또는 재단의</u> 그 임원에 대한 訴와 <u>회사의</u> 발기인 또는 검사인에 대한 訴에 준용한다.

이는 제소의 주체가 누구인지 알기 어려운 조항이다. 곧 부문장의 속격 조사 '의'가 의미상 속격을 의미하는지 아니면, 주격을 의미하는지 구분이 잘 안 되기 때문이다. 더구나 부문장의 속격이 의미상 주격을 나타낼 수 있다는 것을 모르는 일반 독자에게는 더욱 이해하기 어려울 것이다. 이 조항은 일본법을 제대로 번역만 하였더라도 이러한 혼란을 일게 하지 않았을 것이다. ①항의 '회사 기타 사단의'의 '의'와 '또는 사원의'의 '의' 및 ②항의 '사단 또는 재단의'의 '의'와 '회사의'의 '의'는 의미상 주격으로 이들이 제소의 주체가 되는 것이다. 따라서 이 조항은 다음과 같이 순화하는 것이 바람직하다.

제13조 [사원 등에 대한 특별 재판적] ① 회사 그 밖의 사단이 사원을 제소하거나, 사원이 다른 사원을 제소하는 경우에는 사원의 자격으로 말미암은 것에 한하여 회사 그 밖의 사단의 보통 재판적이 있는 곳의 법원에 제기할 수 있다.
② 제1항의 규정은 사단 도는 재단에 의한 그 임원에 대한 訴와, 회사에 의한 발기인 또는 검사인에 대한 訴에 준용한다.

이에 대해 다음과 같은 조항은 명시적인 표현을 하지 않아 애매모호해진 문장이다.

　　제37조 [제척의 원인] ⑤ 법관이 <u>사건에 관하여 불복신청이 된</u> 전심 재
판에 관여하였던 때. 다만 <u>다른 법원의 촉탁에 의하여 그 직무를 행하는
것은</u> 그러하지 아니하다.

　　이는 법관의 제척(除斥) 사유를 규정한 것인데 그 의미가 분명치 않다.
수식관계 및 시제에 대한 표현이 적절치 않기 때문이다. 다음과 같이 순화
할 때 그 의미가 명료해질 것이다.

　　제37조 [제침의 원인] ⑤ 법관이 불복신청을 받은 사건의 이전 심판급
재판에 관여하였을 때. 다만, 다른 법인이 맡겨 그 직무를 수행한 경우에
는 그러하지 아니하다.

　　제200조 [소송비용 담보 규정의 준용] 제112조 제113조 제115조와 제
116<u>조의 규정은</u> 제199조의 담보에 준용한다.

　　이 조항에서 문제되는 것은 법률 문장에서 많이 쓰이는 '…의 규정은'이
라고 주제격으로 제시한 것이다. 이것이 과연 주제인지 아니면 목적에 해
당한 것인지 가늠이 잘 안 되기 때문이다. 위의 조항의 경우는 주제격(主題
格) 아닌, 목적격으로 보아야 할 것이다. 따라서 이 조항은 '제199조의 담보
에 제112조, 제113조, 제115조와 제116조의 규정을 준용한다.'로 보아야
한다. 이렇게 볼 수 있는 것은 이에 해당한 일본법이 다음과 같이 되어 있
는 것이 참고가 된다. 따라서 이는 번역이 제대로 안 된 것이다.

　　第197條 [訴訟費用の 擔保の 規定の 準用] 第112條, 第113條, 第115條, 第
116條ノ 規定ハ 第196條ノ 擔保ニ 之ヲ 準用ス

이에 대해 다음의 조항은 충분한 자료를 제공하지 않아 의미의 혼란을 빚게 하는 것이다.

제140조 [책문권] 당사자가 소송 절차에 관한 규정에 <u>위배됨을</u> 알거나 알 수 있었을 경우에 지체없이 이의하지 아니하면 그 권리를 잃는다.

이 조항에는 '위배됨'의 주체가 밝혀져 있지 않다. 그래서 그 뜻이 분명치 않다. 이의 주체는 '규정'이고 '법에' 위배되는 것이다. 따라서 이 조항은 '당사자가 소송 절차에 관한 규정이 법에 어긋나는 것임을 알거나'와 같이 순화돼야 할 조항이다.

제196조 [판결 송달의 기일] ① 법원 사무관 등은 <u>판결을</u> 영수한 날로부터 2주일 내에 당사자에게 송달하여야 한다.
② <u>판결의</u> 송달은 정본으로 한다.

이 조문에서는 「판결서」가 「판결」로 쓰이고 있다. 착오가 일어날 일은 없겠지만 혼란이 일어나지 않는 것은 아니다. '판결의 정본'이란 개념상 생각할 수 없는 것이다.

3.6. 길고 복잡한 문장의 문제

법률 문장은 쉽고 간결한 것이어야 한다. 따라서 길고 복잡한 구문의 문장이어서는 안 된다. 그것은 난해하기 때문이다. 그럼에도 법률 문장에는 이러한 것이 적지 않다. 그러니 긴 문장은 몇 개의 짧은 문장으로 구분하여 진술하게 하는 것이 바람직하다.

제494조 [집행관에 의한 영수증 작성 교부] ①채권자가 집행관에게 집행력 있는 정본을 교부하고 강제집행을 위임한 때에는 집행관은 특별수권이 없는 경우에도 지급 기타 이행을 받고 그 영수증서를 작성 교부하며 채무자가 그 의무를 완전히 이행한 때에는 집행력 있는 정본을 채무자에게 교부하여야 한다.

이 조항은 105자에 이르는 장문이다. 따라서 난독성을 지니는 것이다. 이것은 두 개의 문장으로 나누는 것이 바람직하다. 이는 다음과 같이 순화할 수 있다.

채권자가 집행관에게 집행력이 있는 정본을 내어 주고 강제집행을 위임한 때에는 집행관은 특별한 권한 부여가 없는 경우에도 지급이나 그 밖의 이행을 받고 그에 대한 영수증서를 작성하고 내어 줄 수 있다. 집행관은 채무자가 그 의무를 완전히 이행한 때에는 집행력이 있는 정본을 채무자에게 내주어야 한다.

제693조도 마찬가지로 긴 문장이다. 이것도 두 문장으로 나누는 것이 바람직하다. 이제 이의 원문과 순화한 문장을 아울러 제시하면 다음과 같다.

제693조 [간접 강제] ① 채무의 성질이 강제이행을 할 수 있는 경우에 제1심 受訴法院은 채권자의 신청에 의하여 결정으로 상당한 기간을 정하고 채무자가 그 기간내에 이행하지 아니하는 때에는 그 지연 기간에 응하여 일정한 배상을 할 것을 명하거나 또는 즉시 손해의 배상을 할 것을 명할 수 있다.

제693조 [간접 강제] ① 채무의 성질이 강제 이행을 할 수 있는 경우에 제1심 수소법원은 채권자의 신청에 따라 결정으로 알맞은 기간을 정하여 이행한다. 채무자가 그 기간 안에 이행을 하지 아니하는 때에는 그 늦어

진 기간에 따라 일정한 배상을 하도록 명하거나, 또는 즉시 손해배상을 하
도록 명할 수 있다.

이에 대해 다음과 같은 조항은 그 의미 파악이 용이하게 개조(個條)로 진
술하게 할 수 있다.

> 제574조 [특별 환가 방법] ① 압류된 채권이 조건부 또는 기한부이거나
> 반대 이행과 관련되어 있거나 기타 이유로 추심하기 곤란한 때에는 법원
> 은 채권자의 신청에 의하여 그 채권을 법원이 정한 가액으로 지급에 갈음
> 하여 압류채권자에게 양도하는 양도명령, 추심에 갈음하여 법원이 정한
> 방법으로 그 채권의 매각을 집행관에게 명하는 매각명령, 또는 관리인을
> 선임하여 그 채권의 관리를 명하는 관리명령을 하거나 기타 상당한 방법
> 으로 환가를 명할 수 있다.
> 제574조 [특별한 현금화 방법] ① 압류된 채권이 조건 또는 기한이 있거
> 나, 반대 이행과 관련되어 있거나 그 밖의 이유로 챙겨 받기 곤란할 때에
> 는 법원은 채권자의 신청에 의하여 다음과 같은 명령을 내릴 수 있다.
>   1. 채권을 법원이 정한 값으로 지급에 갈음하여 압류채권자에게 양도하
>   는 양도명령
>   2. 챙겨받기에 갈음하여 법원이 정한 방법으로 그 채권을 팔도록 집행
>   관에게 명령하는 매각명령
>   3. 관리인을 선임하여 그 채권의 관리를 명하는 관리명령
>   4. 그 밖의 알맞은 방법으로 현금화하도록 하는 명령

4. 결어

우리의 법률 문장은 대부분 1950~60년대에 제정된 것이다. 그리하여

전근대적인 한문투의 영향을 받고 있는가 하면 일본법의 영향을 많이 받아 성립되었다. 그래서 여기에는 난해한 한문투의 문체와 일본식 용어가 많이 쓰이고 있다. 이 밖에 표현상 잘못된 오류도 많다.

법 또는 법률이란 국가와 사회의 안녕 질서를 유지하기 위한 실천 규범이다. 따라서 그 나라의 국민이 쉽게 이해할 수 있는 친근한 것이어야 한다. 한문투나 일본식 표현은 배제되어야 한다. 더구나 오용으로 인한 의미의 혼란은 있어서는 안 된다. 외국에서도 법률 문장을 쉽게 고치는 추세에 있는 것으로 안다. 우리의 법률 문장들은 대부분 제정된 지 한 세대가 지나두 세대를 마감할 때를 얼마 남겨 두고 있지 않다. 그러니 구세대의 낡은 표현이라 하겠다. 「새 술은 새 부대에」라는 말도 있듯 우리의 법률 문장을 새로운 세대에 맞는 새로운 법률 문장이 되도록 재생산하여야 하겠다. 그것은 우리의 현행법이 대부분 일본법의 복사판이기 때문에 더욱 그러하다.

참고 문헌

박갑수(1984), 국어의 표현과 순화론, 지학사.
박갑수(1994), 우리말 사랑 이야기, 한샘출판사.
박갑수(1994), 올바른 언어생활, 한샘출판사.
박갑수(1990), 법률 용어 문장 왜 이리 어려운가, 언론과 비평 12, 언론과 비평사.

이 글은 '한글사랑', 제5호, 한글사랑사, (1997. 7.)에 발표된 것이다.

4장 법률과 실용문에 반영된 일본어 문투

1. 서언

언어는 그 자체가 하나의 문화요, 또한 문화의 산물이기도 하다. 따라서 언어와 문화는 불가분의 관계를 지닌다.

언어는 일차적으로 사회의 영향을 받는다. 그리고 이차적으로는 사회에 영향을 끼친다. 우리말에 일본어가 들어와 쓰이고, 일본 문투가 나타난다는 것은 지난날 일본문화의 영향을 받았음을 의미한다. 그것은 멀리 임진왜란 때를 들 수 있고, 가까이는 한일합방 이후의 식민시대를 생각할 수 있으며, 최근의 일로는 한일수교 이후의 문화적인 영향을 들 수 있다. 이런 것이 언어를 문화의 색인(索引)이라 하는 이유다.

언어의 교류란 자연스러운 것이다. 순수한 언어란 생각할 수 없다. 이렇게 언어란 주고받음에 의해 국제화하고 변용(變容)되는 것이다. 이는 반드시 탓할 일만은 아니다.

주어진 제목이 '법률과 실용문에 나타난 일본어 문투'다. '외래·번역문투 이대로 좋은가?'란 주제 아래 일본어의 문투를 살펴달라는 것이다. 이에 여기서는 일본어 문투의 실상을 살피고, 이의 문제점에 대한 논의를 하기로 한다. 문제점에 대한 논의는 두 가지 면에서 할 수 있을 것이다. 그 하나는 문투, 곧 문체의 면이고, 다른 하나는 순화(醇化)의 면이다. 이들에 대해서

는 실상을 살피는 자리에서 필요할 때마다 언급할 것이다. 그리고 저자의
종합적 견해는 결론에서 언급하기로 한다.

2. 법률 문장의 일본어 문투

법이나 법률이란 사회생활의 질서를 유지하며, 사람들의 배분 및 협력
관계를 규율하기 위하여 발달한 것이다. 법이란 이렇게 사회의 안녕, 질서
를 유지하기 위하여 제정된 실천 규범(實踐規範)이다. 따라서 이는 쉽고 분
명해야 한다. 그렇지 않으면 이를 지키고 실천하기가 어렵다.

우리나라 법은 모두 해방 후에 제정된 것이다. 현행 육법(六法)은 헌법이
1987년, 형법이 1953년, 형사소송법이 1954년, 민법이 1958년, 상법이
1962년, 민사소송법이 2002년에 만들어졌다.

한일합방 이후 우리나라에는 '조선에 시행할 법률에 관한 건'이란 일본
천황의 칙령(勅令)과, 조선총독부의 제령(制令)에 의해 일본법이 그대로 적용
되게 되었다. 그리고 미군정기(軍政期)에는 '법률 제 명령의 존속'이란 법령
에 의해 일본 법령을 그대로 사용하였다. 이러한 일본 법령은 광복 후에도
'의용(依用)' 법률로 남아 쓰였고, 1950년대 이후 새로운 법이 제정되며 쓰
이지 않게 되었다. 그리하여 1950년대 이후 새로 제정된 법도 많건 적건
일본법의 영향을 받게 되었다. 심한 경우는 일본 법령을 직역(直譯)하여 토
와 어미만을 바꾼 모습이었고, 그렇지 않은 것이라 하더라도 한자어와 일본
식 용어가 많이 섞인 것이었다. 참고로 서로 닮은 법률 조문 몇 개를 비교
해 보면 다음과 같다.

<민사소송법>

* 第3條 [大公使 등의 普通 裁判籍] 大使), 公使 기타 外國에서 治外法權 있는 大韓民國 國民이 第2條의 規程에 의한 普通 裁判籍이 없는 때에는 그 普通 裁判籍은 大法院 所在地로 한다.

第3條 [大公使ノ 普通裁判籍] 大使 公使 其ノ他 外國ニ在リ治外法權ヲ享クル日本人ガ前條ノ規程ニ依リ普通裁判籍ヲ有セサルトキハ 其ノ者ノ普通裁判籍ハ最高裁判所ノ定ム地ニ在ルモノトス

* 第10條 [事務所, 營業所在地의 特別裁判籍] 事務所 또는 營業所가 있는 者에 대한 訴는 그 事務所 또는 營業所의 業務에 關한 것에 限하여 그 所在地의 法院에 提起할 수 있다.

第9條 [事務所・營業所在地ノ裁判籍] 事務所又ハ營業所ヲ有スル者ニ對スル訴ハ其ノ事務所又ハ營業所ニ於ケル業務ニ關スルモノニ限リ其ノ所在地ノ裁判所ニ之ヲ提起スルコトヲ得

<민법>

* 제64조 [특별대리인의 선임] 법인과 이사의 이익이 상반하는 사항에 관하여는 이사는 대표권이 없다. 이 경우에는 전조의 규정에 의하여 특별대리인을 선임하여야 한다.

제57조 [特別代理人] 法人ト理事トノ利益相反スル事項ニ付テハ理事ハ代理權ヲ有セス此場合ニ於テハ前條ノ規定ニ依リテ特別代理人ヲ選任スルコトヲ要ス

<상법>

* 제26조 [상호 불사용의 효과] 상호를 등기한 자가 정당한 사유 없이 2년간 상호를 사용하지 아니하는 때에는 이를 폐지한 것으로 본다.

第30條 [商號 廢止] 商號ノ登記ヲ爲シタル者ガ正當ノ事由ナクシテ二年間其ノ商號ヲ使用セザルトキハ商號ヲ廢止シタルモノト看做ス

위의 민사소송법은 한・일 모두 개정 이전의 것이다. 우리는 2003년, 일본은 1996년 개정하여 현재는 두 법이 차이를 보인다.

우리의 법률 문장은 이렇게 일본 법률 문장의 영향을 받은 것이다. 그러나 우리 법률 문장이 일본 것과 같거나 비슷하다 하여 문제될 것은 없다. 문제가 되는 것은 그것이 우리말이 아니거나, 우리의 문법에 어긋나는 경우이다. 그리고 그것이 우리말답지 않은 어색한 문투일 때이다. 그런데 우리 법률 문장에는 이런 것이 많다. 다음에는 이러한 법률 문장의 일본어투의 문제를 어휘와 문장으로 나누어 살펴보기로 한다.

2.1. 법률 문장의 일본식 용어

법률 문장에는 난해한 한자어보다는 양적으로 적지만 일본식 용어가 많이 쓰이고 있다. 이는 앞에서 살펴본 바와 같이 그간 일본법이 모법(母法)이 다시피 되어 있었기 때문에 빚어진 현상이다.

일본식 용어는 음독(音讀)되는 한자어와 훈독(訓讀)되는 한자어가 있다. 음독되는 한자어는 일단 귀화된 말로 보는 것이 좋을 것이다. 그것은 우리의 근대어(近代語)는 대부분 일본에서 조어한 한자어들로 이것을 사용하지 않으면, 학문은 고사하고 일상생활을 영위하기조차 힘들 정도이기 때문이다. 그러나 우리말에 들어와 쓰이는 한자어의 탈을 쓴 일본어의 훈독어(訓讀語)의 경우는 이와 다르다.

다음의 한 예를 보기로 한다.

· 민법 제781조 [子의 입적, 성과 본] ① 子는 父의 성과 본을 따르고, 父家에 입적한다. 다만 父가 외국인인 때에는 母의 성과 본을 따를 수 있고, 母家에 입적한다.

· 민법 제844조 [父의 親生子의 推定] ① 妻가 혼인 중에 胞胎한 子는 夫의 子로 推定한다.

여기에는 '父, 子' 등 친족어가 쓰이고 있다. 이들은 외형상 한자어이다. 그러나 이들은 실은 한자어가 아니라고 보아야 할 것이다. '父, 子, 母' 및 '妻, 夫'는 순수한 한자어라기보다 훈독되는 일본어를 그대로 한자로 옮겨 놓은 음독어이기 때문이다. 이러한 추론은 위의 민법 제844조에 해당한 일본의 구(舊) 민법 제772조를 보면 그 정황이 이해된다.

第772條 [嫡出性の推定] ① 妻が婚姻中に懷胎した子は夫の子と推定する

일본어 '지치(父), 고(子), 하하(母)' 및 '쓰마(妻), 오또(夫)'가 우리 법에 한자의 형태로 수용된 것이다. 그래서 국한혼용(國漢混用)의 문체를 만들어 놓았다. 이는 개화기의 문체라면 몰라도 국어로 수용될 수 없는 문체다. 한국의 법도 마땅히 일상어로 쓰이지 않는 '부, 자, 모'와 '처, 부'가 아닌('처'란 말은 다소 관용적이다), '아버지, 아들, 어머니'와 '아내, 남편'이 됐어야 할 문장이다.

다음에 이러한 한자어의 탈을 쓴, 법률 문장에 쓰인 일본의 훈독어를 몇 개 보기로 한다. 이들 용어 옆에는 참고로 우리말 순화어를 아울러 제시하기로 한다.

가건물(假建物)- 임시건물	가집행(假執行)- 임시집행
견본(見本)- 본(보기)	권취조절(卷取調節)- 감기 조절
도선(渡船)- 나룻배	매상(賣上)- 팔다
명도(明渡)- 내주다, 넘겨주다	물치(物置)- 광, 헛간

부물(附物)- 부속물, 딸린 것	불하(拂下)- 매각, 팔아버림
상회(上廻)- 웃돌다, 넘다	선교(船橋)- 배다리
송부(送付)하다 보내다	수불(受拂)- 받고 치름
수입(受入)하다- 받아들이다	수취(受取)하다- 받다
승입(乘入)- 탑승, 타기	신립(申立)-신청
신병(身柄)- 몸체, 신분	월할계산(月割計算)- 달셈
육절기(肉切機)- 고기 자르개	인도(引渡)하다- 넘기다
인수서(引受書)- 수용확인서	인장력(引張力)- 당길 힘
인출(引出)하다- 찾다, 찾아가다	인하(引下)하다- 낮추다, 내리다
전차금(前借金)- 미리 받은 돈, 빌린 돈	절상(切上)하다- 올리다, 끌어올리다
절취(切取)- 자름, 잘라 가짐	조상(繰上)- 앞당김
조적(組積)- 벽돌 쌓기	조체(繰滯)- 일시 전용
주취자(酒醉者)- 술취한 사람	지불(支佛)하다- 지급하다, 치르다
차관선(借款先)- 차관 공여자	차수(借受)- 빌림
차인(差引)- 빼냄, 뺀	착출(搾出)한- 짜낸
초생지(草生地)- 풀밭	추월(追越)- 앞지르기
취급(取扱)한- 다룬	취소(取消)- 철회
취입(吹入)- 녹음	취체(取締)- 단속, 규제
취출(取出)- 꺼냄	취하(取下)- 철회
토취장(土取場)-취토장, 흙파는 곳	하상(河床)- 강바닥, 냇바닥
하조(荷造)- 포장, 짐꾸리기	하주(荷主)- 짐임자, 화물 주인
할인(割引)- 에누리, 깎음	행선지(行先地)- 가는 곳

　이들은 대부분 우리에게 익숙한 말로, 이들이 과연 일본의 훈독어인가 의심될 정도일 것이다. 그러나 분명히 이들은 우리말이 아닌, 외래어 일본의 훈독어다. 이러한 훈독어 수용의 문제는 논란의 여지가 있다. 외래어 수용의 적부와 함께 일장일단이 있기 때문이다. 더구나 이미 수용되어 정착되었을 때 더욱 그러하다. 이러한 어휘는 순화를 일반화할 것이 아니라 선별적으로 함이 바람직할 것이다. 가능하다면 우리말에 동의어(同義語)가 있는 경우 이로써 대체하고, 그렇지 않은 경우 귀화한 어휘는 수용할 것이요,

경우에 따라서는 풀어 쓰는 것이 바람직할 것이다. 외래어는 외국어가 아니고, 우리말화 한 것이다. 외래어는 무조건 배격할 것이 아니다. 이의 사용은 국어의 표현을 풍부하게 하는 장점도 지닌다. 선별적으로 수용할 것은 수용하는 자세를 취할 일이다.

2.2. 법률 문장의 일본식 문투

법률 문장에 끼친 일본어의 영향은 단순히 용어에 그치지 아니하고, 문장의 구조에까지 미치고 있다. 일본어가 문장에 문법적으로 간섭하고 있는 것이다. 이러한 것의 대표적인 예는 우리말의 용법과 다른 '對して', 또는 '付'를 번역하여 '대하여'라 한 것과 일본 법률 문장에 많이 쓰이고 있는 '有す, 在る'를 오남용하고 있는 것이다. 여기서는 이러한 일본어 문투를 민법(民法), 민사소송법(民事訴訟法) 등을 자료로 살펴보기로 한다. 현행 민사소송법은 대법원의 위탁을 받은 순화안(박갑수, 1977)을 바탕으로 2002년 전면적으로 개정된 것이다. 따라서 민사소송법의 경우는 구법의 조문을 보기로 제시하여 이의 실체를 살펴보기로 한다.

1) 대하여 < 對して, 付

우리말 '대하다'는 '① 마주 향하여 있다, ② 어떤 태도로 상대하다, ③ 대상이나 상대로 삼다'의 뜻을 지니는 것으로 되어 있다(국립국어연구원, 1999). 그런데 우리 법률 문장에는 일본어 '對して', 또는 '付'의 부적절한 번역으로 말미암아 '대하여'가 남용되고 있다. 그것은 '-에/-에게'라고 격조사를 써야 할 곳에 '-에/-에게 대하여'라고 '대하여'를 군더더기로 붙여 놓은 것이다(예문 뒤의 괄호 안의 표현은 순화의 예다).

구(舊) 민사소송법 제63조는 일본어투 '대하여'가 잘못 쓰인 대표적 조항이다. 여기 쓰인 '대하여'는 모두 우리말에는 필요 없는, 일본어 '對して, 付'를 번역한 것이다. 우리의 자연스러운 표현은 여격조사 '-에게'만을 사용하는 것이다. 개정된 법은 다음과 같이 순화되었다.

新 民訴 [필수 공동소송에 대한 특별규정] ① 소송목적이 공동소송인 모두에게(<전원에 대하여 : 全員に付) 획일적으로 확정되어야 할 공동소송의 경우에 공동소송인 가운데 한 사람의 소송행위는 모두의 이익을 위하여서만 효력을 지닌다.
　② 제1항의 공동소송에서 공동소송인 가운데 한 사람에 대한 상대방의 소송행위는 공동소송인 모두에게(<전원에 대하여 : 全員に對して) 효력이 미친다.
　③ 제1항의 공동소송에서 공동소송인 가운데 한 사람에게(< 1인에 대하여 : 一人に付) 소송절차를 중단, 또는 중지하여야 할 이유가 있는 경우 그 중단 또는 중지는 모두에게(<전원에 대하여 : 全員に付) 효력이 미친다.

여격에 불필요한 '대하여'가 붙은 예를 민법(民法)에서 몇 개 더 보면 다음과 같다.

＊민법(民法) 제121조[임의대리인의 복대리인 선임의 책임] ①전조의 규정에 의하여 대리인의 복대리인을 선임한 때에는 본인에게 대하여(本人に對して) 그 선임감독에 관한 책임이 있다.(＞본인에게)
　＊민법(民法) 제362조 [저당물의 보충] 저당권 설립자의 책임있는 사유로 인하여 저당물의 가액이 현저히 감소된 때에는 저당권자는 저당권 설정자에 대하여 그 원상회복 또는 상당한 담보제공을 청구할 수 있다. (＞(저당권자)본인에게)
　＊민법(民法) 제547조 [해지, 해제권의 불가분성] ①당사자의 일방 또는

쌍방이 수인인 경우에는 계약의 해지나 해제는 그 전원으로부터 또는 <u>전</u>
<u>원에 대하여</u>(其全員に對してのみ) 하여야 한다. (＞전원에게)

 ＊민법(民法) 제758조 [공작물 등의 점유자, 소유자의 책임] ③전2항의
경우에 점유자 또는 소유자는 그 손해의 원인에 대한 <u>책임있는 자에 대하</u>
<u>여</u> 구상권을 행사할 수 있다.(＞책임있는 자에게)

 ＊민법(民法) 제764조 [명예훼손의 경우의 특칙] 타인의 명예를 훼손한
<u>자에 대하여는</u> 법원은 피해자의 청구에 의하여 손해배상에 갈음하거나 손
해배상과 함께 명예회복에 적당한 처분을 명할 수 있다. (＞자에게는)

민사소송법의 예도 한두 개 더 보면 다음과 같다.

 ＊舊 民訴 제22조 [관련재판적] ②제1항의 규정은 소송의 목적인 권리나
의무가 <u>수인에 대하여</u> 공통되거나, 동일한 사실상과 법률상의 원인에 기
인하여 그 수인이 공동소송인으로서 당사자가 되는 경우에 준용한다. (＞
수인에게)

 ＊舊 民訴 제166조 [무능력자에 대한 송달] 소송 <u>무능력자에 대한</u> 송달
은 그 법정 대리인에게 한다.(＞무능력자에게 할)

2) 있다 ＜ 有す, 在る

우리 법률 문장에는 일본법에서 즐겨 쓰이는 '有す, 在る'가 '있다'로 직
역되어 많이 쓰이고 있다. 이로 말미암아 법률 문장이 우리말답지 않고 어
색하게 된 곳이 많다. 민법(民法)에서 몇 개의 예를 보면 다음과 같다.

 ＊民法 제49조 [법인의 등기사항] ① 법인설립의 <u>허가가 있는</u> 때에는 3주
간 내에 주된 사무소 소재지에서 설립 등기를 하여야 한다. (＞허가를 받은)

 ＊民法 제67조 [감사의 직무] 4. 전호의 보고를 하기 위하여 <u>필요 있는</u>
때에는(必要あるときは) 총회를 소집하는 일 (＞필요할)

　＊民法 제400조 [채권자 지체] 채권자가 이행을 받을 수 없거나 받지 아니
한 때에는 <u>이행의 제공있는</u> 때로부터 지체책임이 있다. (＞이행이 제공된)
　＊民法 제1019조 [승인, 포기의 기간] 상속인은 <u>상속개시 있음을</u> 안 날로
부터 3개월 내에 단순승인이나 한정승인 또는 포기를 할 수 있다. (＞상
속이 개시되었음을)
　＊民法 제1046조 [분리명령과 채권자 등에 대한 공고, 최고] 법원이 전조
의 청구에 의하여 재산의 분리를 명한 때에는 그 청구자는 5일내에 일반
상속채권자와 유증받은 자에 대하여 <u>재산분리의 명령있는</u> 사실과 일정한
기간내에 그 채권 또는 수증을 신고할 것을 공고하여야 한다. 그 기간은
2월 이상이어야 한다. (＞(재산분리의)명령이 내려진)

　위의 보기에서 제시한 바와 같이 '있다'는 앞에 오는 명사에 접사 '-하
다/-되다'를 붙여 용언화하거나, 아예 빼버리거나, 조사(助詞)를 붙여 사용
하거나, 다른 말로 바꾸거나 해야 자연스러울 말이다. '불복이 있으면, 선
고 있는, 송달이 있으면, 신청이 있는, 염려 있는, 위반이 있음, 의심 있는,
청구가 있는, 판결이 있는, 필요 있는 합의가 있으면' 따위는 명사에 접사
'-하다/-되다'를 붙여 용언화하면 대체로 무난할 말들이다. 이에 대해 '권
리 있는, 명령 있는, 시가 있는, 이유 있는, 의의 있는, 이해관계 있는, 집행
력 있는, 허가 있는' 따위는 '있다'를 다른 말로 바꾸거나, 앞말에 조사를
붙여 쓸 수 있을 것이다. 구(舊) 민사소송법의 예를 두어 개 더 보면 다음과
같다.

　＊民訴 제189조 [직접주의] ② 법관의 <u>경질이 있는(更迭ある)</u> 경우에는
당사자는 종전의 변론의 결과를 진술하여야 한다. (＞(법관이) 경질된)
　＊民訴 제394조 [절대적 상고이유] ②전항 4호의 규정은 제56조 또는 제
88조의 규정에 의한 <u>추인이 있는(追認あるたる)</u> 때에는 적용하지 아니한

다. (＞추인하면)

　＊民訴 제409조 [항고의 대상] 소송절차에 관한 신청을 기각한 결정이나 명령에 대하여 <u>불복이 있으면</u> 항고할 수 있다. (＞불복하면)

이밖에 일본법에는 '有す, 在る'가 쓰이고 있지 않은데, 오히려 우리 법률 문장에서는 일본어 문투 '있다'를 사용한 곳도 많다.

3) '-는… -는' ＜ '-は… -は'

'-는… -는' 은 일본어 '-は… -は'를 번역한 것이다. 이들은 부사어-주제격이거나, '주제격- 부사어' 등과 같이 성분이 이어진 것인데 어조상 (語調上) 거부감을 갖게 하고, 의미 파악을 어렵게 하는 어색한 표현이다. 따라서 꼭 필요한 경우가 아니면 주제격(主題格)을 다른 조사로 바꾸거나, 부사어에 쓰인 '-는'을 생략하여 '-는'의 반복을 피하는 것이 바람직하다. 민서소송법을 순화 개정함에는 이 점도 고려되었다. 참고로 옛 조문과 순화된 조문의 예를 두어 개 보면 다음과 같다.

　＊舊 民訴 제240조 [소 취하의 효과] ① 訴는 취하된 부분에 <u>대하여는</u> 처음부터 계속하지 아니한 것으로 본다. ＞新 제267조 [소 취하의 효과] ① (소가) 취하된 부분에 대하여는 소가 처음부터 係屬되지 아니한 것으로 본다.
　＊舊 民訴 제316조 [문서 제출의 의무] 다음 <u>경우에는</u> <u>문서소지자는</u> 제출을 거부하지 못한다. ＞新 제344조 [문서의 제출의무] ①다음 각호의 경우에 문서를 가지고 있는 사람은 그 제출을 거부하지 못한다.

이밖에 '-는… -는'이 쓰인 예를 민법(民法)에서 몇 개를 보면 다음과 같다.

＊민법 제97조 [벌칙] 법인의 이사, 감사 또는 <u>청산인은</u> 다음 각호의 <u>경</u>
<u>우에는</u> 5만환 이하의 과태료에 처한다. (＞청산인은 … 경우에)

＊민법 제431조 [보증인의 조건] ① 채무자가 보증인을 세울 의무가 있
는 <u>경우에는</u> 그 <u>보증인은</u> 행위능력 및 변제력이 있는 자로 하여야 한다.
(＞경우 그 보증인은)

② 보증인이 변제 자력이 없게 된 <u>때에는</u> <u>채권자는</u> 보증인의 변경을 청
구할 수 있다. (＞때에 채권자는)

＊민법 제565조 [해약금] ① 매매의 당사자 일방이 계약 당시에 금전 기
타 물건을 계약금, 보증금 등의 명목으로 상대방에게 <u>교부한 때에는</u> 당사
자간에 다른 약정이 없는 한 당사자의 일방이 이행에 착수할 때까지 <u>교부</u>
<u>자는</u> 이를 포기하고 <u>수령자는</u> 그 배액을 상환하여 매매계약을 해제할 수
있다. (＞교부한 때에… 교부자는… 수령자는)

＊민법 제559조 [증여자의 담보책임] ② 상대부담있는 <u>증여에 대하여는</u>
<u>증여자는</u> 그 부담의 한도에서 매도인과 같은 담보의 책임이 있다. (＞증
여에 대하여 증여자는)

＊민법 제713조 [무자력 조합원의 채무와 타조합원의 변제책임] 조합원중
에 변제할 자력없는 자가 있는 <u>때에는</u> 그 변제할 수 없는 <u>부분은</u> 다른 조합
원이 균분하여 변제할 책임이 있다. (＞때에 그 변제할 수 없는 부분은)

＊민법 제 821조 [재혼금지기간 위반 혼인취소 청구권의 소멸] 제811조
의 규정에 위반한 <u>혼인은</u> 전혼인관계의 종료한 날로부터 6월을 경과하거
나, 재혼 후 <u>포태한 때에는</u> 그 취소를 청구하지 못한다. (＞혼인은… 포태
한 때에)

4) 관형격 '-의' ＜ の

법률 문장에 많이 쓰이는 관형격 '-의'는 의미상 문제성이 있는 대표적
인 것이다. 이는 흔히 일본식 표현이라 하여 많이 논의되는 것이나, 반드시
그런 것은 아니다. 관형격 '-의'는 부문장에서 의미상 주격 구실을 할 수

있다. 이는 알타이어의 한 특징이다. 고전에서 그 용례를 몇 개 보면 다음
과 같다.

> 이 東山은 <u>須達익</u> 산 거시오 <석보상절 6>
> <u>浩의</u> 흐욘 이리라 흐여 니르더이다 <번역소학>
> <u>내익</u> 닐오몰 듣고 <법화경언해>
> <u>意根익</u> 淸淨호미 이러홀씨 <석보상절 19>

이러한 의미상 주격인 관형격 표현이 종종 문장을 복잡하게 만들고 의미
파악을 어렵게 하거나, 혼란을 빚는다. 명료해야 할 법률 문장이 이렇게 혼
란을 빚는 것은 바람직한 것이 못 된다. 그런데 이러한 표현이 많다. 이들
표현은 가급적 관형격을 주격으로 바꾸는 것이 바람직하다.

한 예로 구 민사소송법 제13조는 관형격 '-의'로 말미암아 제소(提訴)의
주체가 누구인지 알기 어려운 대표적 조문이다. 곧 부문장의 관형격 조사
'-의'가 의미상 속격을 나타내는지, 아니면 주격을 나타내는지 구분이 잘
안 되기 때문이다. 이들 '-의'는 다음에 제시하는 바와 같이 의미상 주격으
로 쓰인 것이다. 따라서 이들은 주격으로 나타내어 그 의미를 분명히 하는
것이 바람직하다. 그래서 새 민사소송법에서는 이들을 모두 주격으로 바꾸
었다.

> * 舊 民訴 제13조 [사원 등에 대한 특별재판적] ① <u>회사 기타 사단의</u> 사
> 원에 대한 訴, 또는 <u>사원의</u> 다른 사원에 대한 訴는 사원의 자격에 기인한
> 것에 한하여 회사 기타 사단의 보통재판적소재지의 법원에 제기할 수 있
> 다. (>회사기타사단이/ 사원이)
> ② 제1항의 규정은 <u>사단 또는 재단의</u> 그 임원에 대한 訴와 <u>회사의</u> 발기
> 인 또는 검사인에 대한 訴에 준용한다. (>사단 또는 재단이/ 회사가)

＊新 民訴 제15조 [사원 등에 대한 특별재판적] ① <u>회사 그 밖의 사단이</u> 사원에 대하여 訴를 제기하거나, 사원이 다른 사원에 대하여 소를 제기하는 경우에 사원의 자격으로 말미암은 것이면 회사, 그 밖의 사단의 보통재판적이 있는곳의 법원에 소를 제기할 수 있다.

② <u>사단 또는 재단이</u> 그 임원에 대하여 訴를 제기하거나, <u>회사가</u> 발기인 또는 검사인에 대하여 소를 제기하는 경우에도 제1항의 규정을 준용한다.

이밖에 민법(民法)에서 이러한 용례를 몇 개 보면 다음과 같다.

＊民法 제180조 [재산관리자에 대한 무능력자의 권리, 부부간의 권리와 시효정지] ② 부부의 일방의 타방에 대한 권리는 <u>혼인관계의</u> 종료한 때로부터 6월내에는 소멸시효가 완성하지 아니한다. (＞혼인관계가)

＊民法 제400조 [채권자 지체] 채권자가 이행을 받을 수 없거나 받지 아니한 때에는 <u>이행의 제공있는</u> 때로부터 지체책임이 있다. (＞이행이 제공된)

＊民法 제546조 [이행불능과 해제] <u>채무자의 책임있는</u> 사유로 이행이 불능하게 된 때에는 채권자는 계약을 해제할 수 있다. (＞채무자가 책임질)

＊民法 제106조 [유언의 요식성] 유언은 <u>본법의 정한</u> 방식에 의하지 아니하면 효력이 생하지 않는다. (＞본법이 정한)

＊民法 제821조 [재혼금지기간 위반 혼인취소 청구권의 소멸] 제811조의 규정에 위반한 혼인은 <u>전혼인관계의 종료한</u> 날로부터 6월을 경과하거나 재혼후 포태한 때에는 그 청구를 취소하지 못한다. (＞전혼인관계가 끝난)

＊民法 제1035조 [변제기 전의 채무 등의 변제] ② 조건 있는 채권이나 <u>존속기간의</u> 불확정한 채권은 <u>법원의 선임한</u> 감정인의 평가에 의하여 변제하여야 한다. (＞존속기간이/ 법원이 선임한)

위의 법조문 가운데 밑줄 친 부분은 모두 의미상 주격인 관형격 '-의'가 쓰인 것이다. 이러한 관형격은 비문은 아니나, 의미를 분명히 드러내기 위해서는 괄호 안에 제시한 바와 같이 명시적으로 주격을 드러내어 분명히 하는 것이 좀 더 바람직하다.

5) 이익/ 손해를 받다 < 利益/ 損害を受ける

'이익을 얻다', '손해를 받다'는 우리말답지 않은 일본어 문투다. 이는 '利益を受ける', '損害を受ける'를 번역하는 과정에서 생겨난 말이다. '이 익을 보다/ 이익을 얻다', '손해를 보다/ 손해를 입다'라고 해야 우리말다운 표현이 된다.

> *民法 제542조 [채무자의 항변권] 채무자는 제539조의 계약에 基한(基 因する) 항변으로 그 계약의 <u>이익을 받을(利益を受くへき)</u> 제3자에게 대 항할 수 있다. (>이익을 볼/ 이익을 얻을)
> *民法 제748조 [수익자의 반환범위] ① 선의의 수익자는 <u>그 받은(受け たる)</u> 이익이 현존한 한도에서 전조의 책임이 있다. (>얻은/ 받은 이익)
> ② 악의의 수익자는 <u>그 받은(受けたる)</u> 이익에 이자를 붙여 반환하고 그 해가 있으면 이를 배상하여야 한다. (>그가 본)
> *民法 제688조 [수임인의 비용상환 청구권 등] ③ 수임인이 위임사무의 처리를 위하여 과실없이 <u>손해를 받은(損害を受けたる)</u> 때에는 위임인에 대 하여 그 배상을 청구할 수 있다. (>손해를 본)
> *民法 제740조 [관리자의 무과실 손해보상 청구권] 관리자가 사무관리 를 함에 있어서 과실 없이 <u>손해를 받은</u> 때에는 본인이 현존 이익의 한도 에서 그 손해의 보상을 청구할 수 있다. (>손해를 본)

6) -에 있어서 < -に於いて

'-에 있어서'도 일본어투라고 많이 지적되는 것이다. 그러나 법률 문장 에는 이것이 그렇게 많이 쓰이는 것으로는 보이지 않는다. '-에 있어서'는

일본어 '-に於いて'의 번역어로, 장소·경우·시간·관점·이유 등을 나타내는 말이다. 일본 법률 문장에는 '場合において'가 많이 쓰이고 있는데, 우리 법률 문장에서는 이것이 '경우에'로 번역되어 문제가 되지 않는다. 문제가 되는 것의 예를 보면 다음과 같은 것이 있다.

> *民法 제80조 [잔여재산의 귀속] ② 그 재산을 처분할 수 있다. 그러나 <u>사단법인에 있어서는(社團法人に在りては)</u> 총회의 결의가 있어야 한다. (>사단법인은/ 사단법인의 경우는)
> *民法 제740조 [관리자의 무과실 손해보상청구권] 관리자가 사무관리를 <u>함에 있어서</u> 과실 없이 손해를 받은 때에는 본인의 현존 이익의 한도에서 그 손해의 보상을 청구할 수 있다. (>함에)
> *民法 제1113조 [유류분의 산정] 유류분은 피상속인의 상속개시 <u>시에 있어서(時において)</u> 가진 재산의 가액에 증여재산의 가액을 가산하고 그 채무의 전액을 공제하여이를 산정한다. (>(개시) 시에)

7) -에 위반하다 < -に違反する, -に反する

법률은 규정 위반을 규제하는 것이므로 법률 문장에는 '위반하다, 위반되다, 반하다' 등의 용어가 많이 쓰인다. 이들은 '-을 위반하다, -에 위반되다, -에 반하다'와 같이 구별되는 말이다. 그런데 법률 문장에는 일본어투 '-に違反する, -に反する'로 말미암아 '-에 위반하다'가 많이 쓰이고 있다.

> *民法 제324조 [구류자의 善管의무] ③ 유치권자가 전2항의 <u>규정에 위반한(規定に違反したる)</u> 때에는 채무자는 유치권의 소멸을 청구할 수 있다. (>규정을 위반)
> *民法 제629조 [동산질권의 내용] ② 임차인이 전항의 <u>규정에 위반한</u>

때에는 임대인은 계약을 해지할 수 있다. (>규정을 위반한)

＊民法 제881조 [입양신고의 심사] 입양신고는 그 입양이 제866조 내지 제877조, 제878조 제2항의 규정 기타 <u>법령에 위반함이 없는(法令に違反しない)</u> 때에는 이를 수리하여야 한다. (>법령을 위반함이 없는/ 법령에 위반됨이 없는)

＊民法 제903조 [파양신고의 심사] 파양의 신고는 그 파양이 제878조 제2항, 제898조 내지 전조의 규정 기타 <u>법령에 위반함이 없으면</u> 이를 수리하여야 한다. (>법령을 위반함이 없으면/ 법령에 위반됨이 없으면)

＊民法 제817조 [연령위반 혼인 등의 취소청구권자] 혼인이 제807조, 제808조의 <u>규정에 위반한</u> 때에는 당사자 또는 그 법정 대리인이 그 취소를 청구할 수 있고, 제809조의 <u>규정에 위반한</u> 때에는 당사자, 그 직계존속 또는 8촌 이내의 방계혈족이 그 취소를 청구할 수 있다. (>규정을/ 규정을 위반한)

＊商法 제23조 [주체를 오인시킬 상호의 사용금지] ② 제1항의 규정에 위반하여(前項の規定に違反して) 상호를 사용하는 자가 있는 경우에(>전항의 규정을 위반하여)

8) 依하다 < 依る, 因る, 從ふ

법률 문장에는 '의하다'가 많이 쓰이고 있다. 이는 '依하다'가 '의거하다'를 의미하는 '의하다' 외에 '因하다, 따르다(從)'의 의미에까지 확대 적용될 뿐 아니라, '定하다'에까지 대치됨으로 많이 쓰이게 된 것이다. 따라서 이는 의미의 모호성을 드러낸다. 일본 법률 문장은 '依·因·從·定'과 같이 한자를 써 구별하여 사용함으로 그 의미가 잘 구별되는데 우리의 경우는 그렇지 못하다.

＊民法 제31조 [법인성립의 준칙] 법인은 법률의 <u>규정에 의함이(規定に依</u>

る) 아니면 성립하지 못한다. (＞규정을 따르지 아니하고는)

　＊民法 제59조 [이사의 대표권] 그러나 정관에 규정한 취지에 위반할 수 없고 특히 사단법인은 총회의 <u>의결에 의하여야 한다(決議に從ふことを要す)</u>. (＞용법에 따라야 한다)

　＊民法 제101조 [천연과실, 법정과실] ① 물건의 <u>용법에 의하여(用方に從ひ)</u> 수취하는 산출물은 천연과실이다. (＞용법에 따라서)

　＊民法 제110조 [사기 강박에 의한 의사 표시] ① 사기나 <u>강박에 의한 (强迫に因る)</u> 의사표시는 취소할 수 있다. (＞강박으로 인한)

　民法 제185조 [물권의 종류] 법률 또는 <u>관습법에 의하는(法律に定むるもの)</u> 외에는 임의로 창설하지 못한다. (＞관습법에 정해진 바)

9) -월(月) ＜ -月

법률 문장의 특징의 하나는 달수를 셀 때 '한 달, 두 달, 석 달'을 '일월 이월 삼월'이라 한다는 것이다. 이는 우리의 표현이 아니다. 일본어를 번역한 문투다. 우리는 '한 달, 두 달, 석 달'이라 하거나, 그렇지 않으면 '1개월, 2개월, 3개월'이라 한다. 일본에서도 일상용어로는 '1個月, 2個月, 3個月'이라 한다. 법률에서만 '1月, 2月, 3月'이라 한다.

　＊民法 제88조 [채권신고의 공고] 그 기간은 <u>2월</u> 이상이어야 한다. (＞2개월/ 두 달을)

　＊民法 제180조 [재산관리자에 대한 무능력자의 권리, 부부간의 권리와 시효정지] ② 부부의 일방의 타방에 대한 권리는 혼인관계의 종료한 때로부터 <u>6월내에는</u> 소멸시효가 완성하지 아니한다. (＞6개월내에는)

　＊民法 제811조 [재혼금지 기간] 여자는 혼인관계의 종료한 날로부터 <u>6월</u>을 경과하지 아니하면 혼인하지 못한다. (＞6개월을/ 여섯 달을)

　＊民法 제1019조 [승인, 포기의 기간] 상속인은 상속개시 있음을 안 날로부터 <u>3월내에</u> 단순승인이나 한정승인 또는 포기를 할 수 있다. (＞3개월

내에/ 석 달 안에)

　＊民法 제1046조 [분리명령과 채권자 등에 대한 공고, 최괴 그 기간은 2
월 이상이어야 한다. (＞2개월)

그러나 주의해야 할 것은 일본에서도 법률 문장에 '-个月'이 안 쓰인 것
이 아니고, 쓰였다는 것이다. 이것이 우리 민법에서는 '-월'로 통일되어 있
다. 이는 우리 법조인들의 '-월' 증후군에 경고를 하는 것이다.

　＊民法 第51條5 [財産目錄, 社員名簿] ① 法人は設立の時及ひ毎年初の3个
月內に財産目錄を 作り常に之を事務所に備へ置くことを要す
　＊민법(民法) 제55조 [재산목록과 사원명부] ① 법인은 성립한 때 및 매
년 3월내에 재산목록을 작성하여 사무소에 비치하여야 한다.

한국의 법률 문장은 '3개월 안에'를 의미하는지, '3월(march) 안에'를 의
미하는 지 혼란을 빚게 한다. '3개월 내에/ 3개월 안에/ 석 달 안에'라고
하는 것이 의미가 분명해서 좋다.

3. 실용문장의 일본어 문투

3.1. 실용문장의 일본식 용어

우리의 일상어에는 일본어가 많이 쓰이고 있다. 따라서 실용문에 일본어
가 많이 나타난다. 이러한 일본어는 직접차용에 의한 것과 한자어를 통한
간접차용 및 번역차용에 의한 것의 세 가지가 있다. 직접차용에 의한 일본
어는 기술용어 및 생활용어에 많이 나타난다. 이들 예를 몇 개씩 보면 다음

과 같다.

1) 편집·인쇄·제본

가시라(頭·머리글자), 나카구로(中點·가운뎃점), 도지메(綴目·매는 쪽), 도비라(扉·표제지), 무라(斑·얼룩), 스리(刷·교정지), 아카지(赤字· 오식), 이도도지(絲綴·실제철)

2) 건축

가이당(階段·계단), 구미다테(組立·조립), 데모토(手許·조수), 덴죠 (天井·천장), 도키다시(硏出·갈기), 사깡左官·미장이), 아시바(足場·발 판), 하바(幅·폭)

3) 이·미용

가리아게(剃上·치켜깎기), 고데(鏝·인두), 미나라이(見習·견습), 마 루가리(丸剃·막깎기), 소도마키(外卷·바깥말이), 시아게(仕上·끝손질), 우치마키(內卷·안말이), 야스리(鑢·줄)

4) 복장

가부라(折返·접단), 가타마에(片前·홑자락), 고마타(小股·샅기장), 누 이시로(縫代·시접), 료마에(兩前·겹자락), 세다케(背丈·키), 소데구치 (袖口·소매부리), 에리(襟·깃)

5) 일상용어

▪ 의생활 : 가라(柄·무늬), 기지(生地·천), 도쿠리(德利·긴목셔츠), 뗀뗑이(點點·점박이), 소데나시(袖無·민소매), 시타기(下着

· 속옷), 우와기(上着 · 상의)

- 식생활 : 가마보코(蒲鉾 · 생선묵), 감빠이(乾杯 · 건배), 다마네기(玉
  葱 · 양파), 다쿠앙(澤庵 · 단무지), 미소(味噌 · 된장), 벤토
  (弁當 · 도시락), 사시미(刺身 · 생선회), 스시(壽司 · 초밥), 쓰
  키다시(突出し · 전채), 와사비(山葵 · 고추냉이), 이타바(板場
  · 조리사)
- 주생활 : 곤로(焜爐 · 화독), 다다미(畳 · 일본식 돗자리), 다이(臺 · 대),
  단스(簞笥 · 장), 마호병(魔法甁 · 보온병), 사라(皿 · 접시),
  오시이레(押入 · 벽장), 자부동(座蒲團 · 방석)
- 기타 : 기스(傷 · 상처), 간죠(勘定 · 계산), 곤죠(根性 · 근성), 보로(襤
  褸 · 결점), 삐끼(引き · 끌이), 시로우또(素人 · 풋나기), 심핑
  (新品 · 신품), 아다리(當 · 적중), 와리캉(割勘 · 각자 부담), 와
  리바시(割箸 · 소독저), 잇빠이(一杯 · 한껏), 조시(調子 · 상태),
  히야시(冷 · 채움), 히야카시(冷かし · 희롱)

간접차용어로는 번역차용한 것과 훈독어의 차용이 있다. 번역차용은 바
람직한 것이나, 훈독어의 차용은 문제를 안고 있는 것이다.

그녀(彼女), 견본(見本), 견습(見習), 견적(見積), 계원(係員), 내역(內譯),
대합실(待合室), 뒷맛(後味), 매상(買上), 매장(賣場), 매절(賣切), 명도(明
渡), 밑돌다(下廻), 불꽃(花火), 상위(相違), 색종이(色紙), 생과자(生菓子),
수당(手當), 수부(受付), 승환(乘換), 신입(申込), 웃돌다(上廻), 이서(裏書),
인상(引上), 일부(日附), 입구(入口), 입장(立場), 입체(立替), 입회(立會), 적
자(赤字), 주식(株式), 주형(鑄型), 지분(持分), 지불(支拂), 지입(持込), 짝
사랑(片戀), 추월(追越), 출영(出迎), 취급(取扱), 취조(取調), 취체(取締), 타
오르다(燃上), 토산(土産), 품절(品切), 하주(荷主), 할인(割引), 할저(割箸),
할증(割增), 행선(行先)

이밖에 번역차용이라 할 음독하는 일본 한자어가 우리말에는 많이 들어와
있다. 이는 근대화(近代化) 과정에 일본에서 조어한 것이다. 이러한 것에는
'월요일, 화요일, 수요일'과 같은 요일 명을 비롯하여, '산소(酸素), 수소(水素),
질소(窒素), 원소(元素), 탄소(炭素)', '구심력(求心力), 압력(壓力), 인력(引力), 중
력(重力)', '기압(氣壓), 대기(大氣), 수압(水壓), 우주(宇宙), 위성(衛星), 지구(地
球)'와 같은 과학용어에 이르기까지 무수하다. 따라서 이러한 일본어투는 문
제를 삼는다는 것 자체가 어리석은 일이다. 문제는 전통적인 우리말이 있는
데 일제 한자어가 들어와 종전의 우리말을 내어 쫓고 세력을 과시하는 것이
다. 이러한 예를 몇 개 들어보면 다음과 같다(괄호 안이 전통적 우리 한자어이다).

家族(식구), 果實(실과), 交際(상종), 口錢(구문), 口座(계좌), 露店(가가),
相互(호상), 商店(전방), 野菜(소채), 旅費(노자), 午前(상오), 午後(하오), 外
出(출입), 元金(본전), 裁縫(침선), 出迎(영접), 兄弟(동기), 化粧(단장), 活字
(주자), 地震(지동)

외래어도 어종(語種)은 일본어가 아니나, 일본에서 변동되어 우리나라에
들어온 일제 외래어가 많다. 이들은 발음 또는 어형이 바뀌었거나, 그 의미
가 바뀌었다.

① 발음이 달라진 것

게라(galley), 고로께(coroquette), 기브스(gips), 다스(dozen), 라지에타
(radiator), 로스(roast), 메리야스(medias), 바께쓰(bucket), 뻰치(pinchers),
삐라(bill), 세멘(cement), 쓰봉(jupon), 왁찐(vakzin), 지루박(jitter bug),
하이라이스(hashed rice), 카레라이스(curried rice), 항카치(handkerchief)

② 어형이 바뀐 것

골덴(corded velveteen), 넘버링(numbering machine), 니스(vanish), 다이야(diamond), 도란스(transformer), 디스코(discotheque), 레지(register), 리모콘(remote control), 르포(reportage), 비디오(video tape recorder), 수퍼(super market), 스텐(stainless steel), 아파트(apartment), 에어콘(air conditioner), 에키스(extract), 오바(over coat), 인테리(intelligent), 타이프(typewriter), 텔레비(television), 푸로(program), 하이야(hired car), 하이힐(high heeled shoes), 후론트(front desk)

③ 의미가 변한 것

Arbeit(부업), avec(동반), business man(회사원), cider(탄산수), handle(조향장치), high collar(멋쟁이), lumpen(부랑자, 실업자), Mrs(기혼여성), stand(탁상등)

이밖에 본고장에서는 쓰이지 않는, 일본에서 만든 서구어(西歐語)도 많이 들어와 쓰인다.

골인(reach the goal), 로우틴(early teens), 리야카(bicycles cart), 밀크커피(coffee and milk), 백미러(rea-view mirror), 샤프펜(automatic pencil), 슈크림(cream puff), 스프링코트(topcoat), 싸인북(autograph album), 아프터 서비스(after sale service), 올드미스(old maid), 카레라이스(curry and rice), 콘센트(plug socket), 플러스 알파(plus something), 하이틴(late teens), 홈인(reach home)

3.2. 실용문의 일본식 문투

실용문에는 관용적 표현과 통사구조에 일본어의 영향이 많이 나타나는 것을 볼 수 있다. 특히 일본어의 관용어라 할 것이 많이 보인다. 우선 일본어 관용어의 차용으로 보이는 것부터 살펴보면 다음과 같은 것이 있다(박갑수, 1984).

　고양이 목에 방울을 달다(猫の首に鈴をつける), 귀가 멀다(耳が遠い), 귀를 의심하다(耳を疑う), 꿈처럼 지나가다(夢の様に過ぎる), 낯가죽이 두껍다(面の皮が厚い), 눈시울이 뜨거워지다(目頭が熱くなる), 눈에 넣어도 아프지 않다(目に入れても痛くない), 닻을 내리다(碇を降ろす), 도토리 키재기(とんぐりの背くらべ), 마각을 드러내다(馬脚を現わす), 마음에 새기다(心に刻む), 말 뼈다귀(馬の骨), 머리를 짜다(頭を絞る), 벼락이 떨어지다(雷が落る), 벽에 부딪치다(壁に突き當る), 뿌리를 내리다(根を下ろす), 상상하기 어렵지 않다(想像に固くない), 새빨간 거짓말(眞赤な嘘), 손에 땀을 쥐다(手に汗をにぎる), 손을 끊다(手を切る), 숨을 죽이다(息を殺す), 순풍에 돛을 달다(順風に帆を揚げる), 시험에 미끄러지다(試験にすべる), 애교가 넘치다(愛嬌が溢れる), 어깨가 무겁다(肩が重い), 욕심에 눈이 멀다(欲に目をくらむ), 얼굴을 내밀다(顔を出す), 얼굴이 넓다(顔が廣い), 이야기에 꽃을 피우다(話に花が咲く), 입을 모으다(口を揃える), 입이 가볍다(口が輕い), 흥분의 도가니(興奮の坩堝), 희망에 불타다(希望に燃る)

　이렇게 많은 관용어가 일상 언어에서 사용되고 있다. 이들은 물론 반드시 일본의 관용어가 아닐 수도 있다. 그러나 이들 대부분은 적어도 일본의 문학작품을 통해 한국어에 유입되었을 것으로 추단된다.

　다음에는 구문 상 일본어의 영향을 받은 것으로 보이는 일본어 문투를 몇 개 구체적으로 살펴보기로 한다.

1) 피동 표현

현대어의 특징의 하나는 피동 표현이 많이 쓰인다는 것이다. 우리의 옛말
은 피동어간의 용례를 그리 보여주지 않는다. 이는 현대어도 마찬가지다(이
기문, 1972). 이러한 현상은 상대적으로 피동 표현이 발달되지 않았다는 것을
의미한다. 그런데 근대화 과정에서 영어, 일어 등의 영향을 받아 오늘날은
피동 표현이 지천으로 쓰이고 있다. 이러한 피동 표현의 증가는 시대적으로
일단 일본의 영향을 받았고, 이것이 영어의 영향으로 강화되었다고 하겠다.

피동 표현을 하여야 할 것을 법률 문장에서는 오히려 하지 않은 것이 많
다. 그런데 실용문은 이와 다르다. 문제가 되는 피동 표현에는 우선 능동으
로 표현하여도 좋을 것을 피동으로 표현한 것이 있고, 피동사에 다시 '-지
다'를 첨가하는 등 이중 피동의 표현을 한 것 등이 있다. 이러한 피동 표현
의 애용은 발상의 전환을 가지고 온다. 그리하여 오늘날 국어의 표현은 주
체적 표현이라기보다 객체적 표현, '위장된 객관'의 표현을 많이 보인다.
이는 매스컴에서 두드러지게 나타나는 문체상의 특징이다.

이들 피동 표현을 하고 있는 것은 다음과 같이 이중 피동 표현을 한 것
이 보인다.

> 또 하나의 국제정세라고 보여집니다. (>국제정세로 보입니다.)
> 국민과 국회 경시태도는 차제에 철저히 뿌리뽑혀져야 할 것이다. (>뿌
> 리뽑혀야)
> 잘못 쓰여진 글은 고치기가 더 힘든다. (>쓰인)
> 그렇게 되어진 원인은 알 수 없다. (>된)
> 가슴 속에 각인되어진 그의 모습이 지워지지 않는다. (>각인된)

위장된 객관을 위해 피동 표현을 하는 것은 능동 표현을 해야 하거나,

할 수 있는 것을 피동으로 표현하는 것과, '지적되다' 등의 표현을 한 것이
다. 이러한 표현은 발상(發想)을 달리 하게 한다.

> 전작권 <u>환수돼야</u> (: 환수해야)
> 보험회사의 일방적 약관 <u>시정돼야</u> (: 시정해야)
> "高분양가" 세무조사 <u>확대될 듯</u> (: 확대할 듯)
> "앗! 휴대폰" 올해도 26명이나 <u>걸려</u> (: 적발)
> 정부당국자 "결의안 찬성한다고 기조 <u>바뀐</u> 것 아니다" (: 바꾼)
> "PSI 불참결정 존중하지만… 한국 생각 <u>바뀌길</u> 바란다" (: 바꾸길)
> 특별소비세 인하 보류 등 수입 건전화를 위한 대책 마련이 시급한 것으
> 로 <u>지적되고</u> 있다. (: 지적하고)

2) 연어 '-에 있어서'

'-에 있어서'는 '-に於いて'를 번역한 말로, 이는 '-에서, -에, -이' 등
여러 가지로 번역될 수 있는 말이다. '-에 있어서'는 일본어를 직역한 우리
말답지 않은 일본식 문투다. 그런데 이 '-에 있어서'가 일상 언어에서 많이
나타나고 있다. '우리나라에 있어서', '혼란시에 있어서는'과 같이 '-에'와
함께 쓰이는 이 말은 '-에서, -에는'이라 해야 할 말이다. 다음과 같은 경
우는 '-이'가 되어야 하는 경우도 있다.

> 연구를 <u>천착함에 있어서</u> 실험기구가 부족하다는 것이다. (＞연구를 천
> 착함에)
> <u>김삿갓에 있어서</u> 풍자는 생명 같은 것이다. (＞김삿갓에게)
> <u>학문에 있어</u> 그를 능가한다(學に於いて彼にまさる). (＞학문이)
> <u>인물에 있어서</u> 그만 못하다(人物において彼に劣る)。 (＞인물이)

이와는 달리 '나에게 있어서 대학생활은 고난의 연속이었다.'와 같은 문
장의 경우는 '-에게 있어서'의 '있어서'를 제거하거나, '나의 대학생활은'과
같이 관형격의 '-의'를 써야 하는 경우도 있다.

3) 관형격 '-의'

'-의'는 관형격 조사다. 우리말에서 이 관형격 조사는 생략, 달리 말하면
내현(內顯)되는 경향이 있다. 따라서 체언과 체언이 직접 결합되는 경우가
많다. 이는 일본어와 다른 점이다. 일본어의 경우는 우리말과는 달리 고유
어의 경우 관형격 조사 '-の'를 언제나 삽입한다. 그리고 일본어 '-の'는
우리와 달리 그 용법이 다양하다. 이런 문법적 특징으로 말미암아 일본어
에는 우리말에 비해 관형격 조사가 많이 쓰인다.

그런데 우리말에도 근대에 접어들어 이 관형격 조사가 많이 쓰이고 있
다. 이는 앞의 법률 문장을 살피는 자리에서 본 바 있다. 실용문에서도 이
러한 경향은 마찬가지다. 관형격 조사의 많은 사용은 대체로 일본어의 '-
の'의 영향이라 보고 있다.

관형격 '-의'의 용법을 최현배(1961)는 의미의 면에서 '소유, 관계, 소재
(所在), 소산(所産), 소기(所起), 비유, 소작(所作), 대상, 소성(所成), 명칭, 소속'
등 11가지로 나누고 있다. 이러한 다양한 의미기능을 나타내자니 자연 '-의'
가 많이 쓰일 수밖에 없을 것이다. 그러나 이는 남용되는 경향이 없는 것도
아니다. 이러한 경향은 서술적 표현이 아니라, 명사적 표현, 달리 말하면
명사구(NP)를 많이 사용함으로 빚어진다. 이들 명사구는 동사구(VP)로 바꿀
때 자연스러운 우리말이 된다.

- 의미상 주격
  <u>서로의</u> 소중함을 대화로 일깨운다. (>서로가)
  <u>나의</u> 살던 고향은 꽃피는 산골(>내가)
- 명사적 표현 등
  농촌활동을 간 <u>학우들의</u> 열심히 일하고 있는 모습에 감동을 받았다.
  (>학우들이)
  <u>개척교회 때부터의</u> 주보가 교회의 발전상을 보여 준다. (>개척교회
  때부터 나온)
  재물을 <u>놓고서의</u> 송사가 끊이지 않는 세상이다. (>놓고서)
- 오남용
  <u>나의</u> 첫 번째 존경하는 나의 아버지 (>내가)
  <u>한국의</u> 최초의 신부이자 선각자인 김대건님 (>한국)

이밖에 관형격 '-의'는 복합조사로도 많이 쓰인다. '-와의/-과의(-との)', '-에의(-への)', '-에서의(-からの)' '-에로의(-への)', '-으로의(-への)', '-으로서의(-としての)', '-으로부터의(-からの/-よりの)'와 같은 것이 그것이다. 이들도 다 명사구에 의한 표현을 함으로 태어난 것이다. 이러한 표현들은 우리말에 없었던 것은 아니다. '-와의/-과의'는 우리 고어에서는 '-괏/-왓'과 같이 쓰이던 말이요, '-에의'는 '-엣/-잇/-옛'과 같이 쓰이던 말이다. 다만 일본어의 영향으로 전에 비해 확산되었다 할 것이다. 이들 예를 한두 개씩 들어 보면 다음과 같다. 이를 순화한다면 괄호 속과 같이 할 수 있을 것이다.

<u>미국과의</u> 관계 개선 (>미국과)
<u>학부모와의</u> 면담 (>학부모와)
<u>민주화에의</u> 동참 촉구 (>민주화에)
<u>탄광에서의</u> 생활이 이렇게 고달픈 줄 몰랐다. (>탄광의)
정치생활 접고 <u>교수에로의</u> 복귀(>교수로)

새로운 <u>차원으로의</u> 도약 다짐 (＞차원으로/ 차원의)
<u>한국인으로서의</u> 자존심이 상했다. (＞한국인으로서 갖는)
복잡한 <u>도시로부터의</u> 탈출 (＞도시에서)

4) -에 다름 아니다(-にほかならない)

멋있게 한다고 하는 표현에 '-에 다름 아니다'란 것이 있다. 이는 '-に
他ならない'의 번역어로, '틀림없다, 바로… 이다'를 나타내는 말이다.
'그 행위는 범죄행위에 다름 아니다'와 같이 쓰는 것이 그것이다. 이는 '그
행위는 분명히 범죄행위다'와 같이 쓰는 것이 우리말다운 우리말이다. 그러
나 이와 비슷한 표현인 '-나 다름없다'는 우리말이다. '그것은 도둑질이나
다름없다'와 같이 쓰는 것이 그것이다. '-にほかならない'의 번역어인 '-에
다름 아니다'란 이 말은 일상 언어에 많이 쓰인다.

조용필의 '허공'은 절규<u>에 다름 아니다</u>. (＞분명한 절규다)
민중의 촛불시위는 정권퇴진의 함성<u>에 다름 아니다</u>. (＞함성이 분명하다)
경제 각료의 사표수리는 정책 실패를 자인함<u>에 다름 아니다</u>. (＞바로
자인한 것이다)
사교육의 확산은 공교육 실패<u>에 다름 아니다</u>. (＞틀림없는 공교육 실패다)

이러한 것이 그 예다. '-에 다름 아니다'와 형태 및 의미가 비슷한 말에
'-에 틀림없다'가 있다. 이 말도 일본어투의 말로 '-に違いない'의 번역어
라 할 수 있다. '틀림없이 그러하다'는 뜻으로 '꼭 그러함에 틀림없다'와
같이 쓰는 것이 그것이다.

이 시합은 이길 것임에 틀림없다. (＞틀림없이 이길 것이다)

내가 잘못했음에 틀림없다. (틀림없이 잘못했다)

그는 가수임에 틀림없다. (틀림없는 가수다)

4. 결어

언어는 하나의 생명체로 태어나기도 하고, 사멸하기도 한다. 그리고 역사적으로 변화(變化)한다. 이 변화는 언어체계의 균형을 파괴하려는 요인과, 이를 회복·발전시키려는 요인에 의해 나타난다. 우리말의 유기음(有氣音)과 경음(硬音)의 발달, 한자어를 비롯한 많은 어휘의 차용, 경어와 피동 표현의 발달 등은 가장 대표적인 이러한 역사적 변화에 속하는 것이다.

언어의 변화는 피할 수 없는 것이다. 이러한 변화에 대해 세계의 언어정책은 두 가지로 나타난다. 그것은 폐쇄정책(閉鎖政策)을 펴는 것과 개방정책(開放政策)을 펴는 것이다. 그러나 아무리 폐쇄정책을 펴도 언어의 변화는 많건 적건 나타나게 마련이다. 어느 나라보다 자국어 보호정책을 펴는 것으로 잘 알려진 프랑스에도 외래어는 스며들고 있고, 영국 여왕의 언어도 바뀌고 있으며, 소위 BBC 영어란 것도 해외방송에서만 잘 지켜지고 있다고 본다. 이러한 언어의 변화는 언어가 세계화, 국제화하며 촉진되고 있다. 외국인은 목표언어를 배울 때에 그 모국어 화자처럼 능숙하게 사용하기가 쉽지 않다. 도중 소위 중간언어(中間言語) 상태에 놓이게 된다. 이때의 중간언어는 모어 화자의 말과는 달리 변모된 것이다. 그러나 이를 목표언어가 아니라고 부정하지 아니한다. 피진 영어도 영어는 영어다.

외래어는 크게 보았을 때 필요적(必要的) 동기와 위세적(威勢的) 동기에 의해 차용된다. 외래어는 물론 한 언어의 순수성을 파괴하는 측면이 있는가 하면, 어휘를 풍부하게 한다는 장점도 있다. 우리말에 차용된 일본 한자어는 이러한 것의 대표적인 예다. 문법 요소의 차용도 이러한 필요적 동기와 위세적 동기로 설명할 수 있을 것이다. 일찍이 우리말은 한문의 영향을 받아 어휘의 수용은 말할 것도 없고, 문법의 면에까지 간섭을 받아 변해 왔다. 한 예로 '여(與), 이(以), 사(使), 급(及)' 등의 번역은 우리말에 '다못, 뼈, 히여(곰), 밋'과 같은 문체를 생성해 내었고, 이는 국어에 일반화하게 되었다.

법률 문장과 일상 언어에 일반화한 일본어 문투도 이런 차원에서 다루어야 할 것이다. 따라서 순화(醇化)의 차원에서 볼 때에는 첫째, 변화를 인정하되, 필요적 동기에 의한 것은 수용하고, 위세적 동기에 의한 것은 원칙적으로 배제하는 것이다. 이는 앞에서 언급한 바와 같이 귀화한 음독어는 수용하고, 훈독어는 가급적 대체한다는 원칙을 적용할 것이다. 이러한 조치는 문법적인 면도 마찬가지다.

둘째, 문체의 면에서는 '번역문체'라 일러지는 것으로, 국어의 문체와 다른, 그리하여 어색하고 난해하거나 이해할 수 없는 문체는 원칙적으로 순화를 하여야 한다. 그런 것이 아니면 국어의 발전과 다양한 표현 특성을 살리기 위해 수용하는 쪽이 바람직하겠다. 이미 확립된 표현문법을 순화 대체한다는 것은 불가능한 일이다. 잘 알려진 바와 같이 언어의 문법적인 면은 잘 바뀌지 않는 것이고, 나아가 이미 정착한 구문구조를 바꾼다는 것은 용이한 일이 아니기 때문이다. 앞에서 문법면의 한문(漢語)의 영향을 언급했거니와 이렇게 외래적 구문법(構文法)을 수용함에 의해서도 문법은 발전할 수 있다. 어휘나 문법이나 본래적인 것, 고유하고 순수한 것만을 고집하게 되면 발전은 기약할 수 없을 것이고, 퇴보를 자초할 수도 있다. 예를 들어 일본의 근대화 과정에서 번역한, 그리고 우리가 그 많은 일제(日製) 한자어를 쓰지 않는다면 어떻게 언어생활을 할 것인가? 그리고 법률 문장에서 '건

물(建物), 취소(取消)'를 일본의 훈독어라 하여 배제한다면 그 법률 조항은
또 어떻게 해야 하는 것인가? 언어도 개선 발전되어야 한다. 이런 면에서
광의의 일본어 문투도 긍정적인 면이 없지 않다 할 것이다. 언어와 문법은
원칙적으로 규정되어 있는 것이 아니요, 사후(事後)에 정리되는 것이다.

끝으로 이상 논의한 결론을 요약하면 일본어 문투는 순화하되 선별적으
로 해야 한다는 것이다. 우리 국민은 일본인과는 달리 광의의 외래어의 수
용을 반대하는 순화론자들이다. 그러면서도 실제로는 외래어를 분별없이
많이 쓴다. 이는 필요하기 때문이라 하겠다. 일본어 문투에 대한 논의도 순
화를 전제로 하되, 필요한 것은 수용해야 한다는 것이 필자가 강조하는 바
이다. 이러한 주장에는 다른 외국어와는 달리, 우리말의 일본어투는 일제의
강점기에 강제로 학습된 면이 없지 않다는 특수성도 배경에 깔려 있다. 그
러나 감정만으로 언어정책이 좌우되어는 안 된다.(▪)

참고 문헌

김문오(2001), 법조문의 문장 실태 조사, 국립국어연구원.
박갑수(1984), 국어의 표현과 순화론, 지학사.
박갑수 외(1990), 신문기사의 문체, 한국언론연구원.
박갑수(1994), 올바른 언어생활, 한샘출판사.
박갑수(1995), 우리말 바로 써야 한다, 1·2·3, 집문당.
바갑수(1997), 민사소송법의 순화 연구, 대법원 보고서.
박갑수(1998), 신문 · 광고의 문체와 표현, 집문당.
박갑수(1998), 일반국어의 문체와 표현, 집문당.
박용찬(2005), 일본어 투 용어 순화 자료집, 국립국어원.
법제처(1995), 법령용어정비대상자료집(안), 법제처.
법제처(1996), 법령용어 순화 편람, 법제처.
이기문(1972), 개정 국어사개설, 민중서관.

이수열(1995), 우리말 우리 글 바로 알고 바로 쓰기, 지문사.
이오덕(2004), 우리 글 바로 쓰기, 1·2·3, 한길사.
최현배(1961), 우리말본, 정음사.
박갑수(1990), 법률 용어 문장 왜 이리 어려운가, 언론과 비평, 12, 언론과 비평사.
박갑수(1997), 법률용어와 문장의 순화, 한글사랑, 제5호, 한글사랑사.
박갑수(1997), 법률 문장 순화돼야 한다, 새국어생활, 제7권 4호, 국립국어연구원.
박갑수(1998), 민사소송법의 문제와 그 순화방안, 국어교육, 96, 국어교육연구회.
박갑수(1998), 민사소송법의 순화,그 필요성과 실제, 사대논총, 57, 서울대학교 사범대학.
박갑수(2003), 개정 민사소송법의 순화와 향후 과제, 개정 민사소송법의 법령용어 및
　　　　 법률 문장의 순화와 향후과제, 한국 법제연구원.
신각철(1995), 법령에 쓰이고 있는 일본식 표기 용어의 정비, 새국어생활, 5-2, 국립국
　　　　 어연구원.

이 글은 한겨레 말글연구소 제2회 학술 발표회(한겨레 신문사, 2006년 12월 6일)에서 발표된 것이다.

Ⅳ. 민사소송법과 문장의 순화

1장 법률 문장 순화돼야 한다
―민사소송법을 중심으로

1. 머리말

우리나라의 현행 법률은 모두가 해방 이후 제정된 것이다. 헌법은 1948년 제헌 국회에서 제정된 이래 1987년의 9차 개헌에 의해 오늘날의 법이 되었다. 이 밖에 형법은 1953년에, 형사소송법은 1954년에, 민법은 1958년에, 민사소송법은 1960년에, 상법은 1962년에 각각 제정된 것이다.

한일합방 이후 우리나라에는 '조선에 시행할 법령에 관한 건'이란 일본 천황의 칙령과 조선총독부의 제령(制令)에 의해 일본법이 그대로 적용되었다. 그리고 미군정기에는 '법률 제명령의 존속'이란 법령에 의해 일본 법령이 그대로 쓰였다. 이러한 일본 법령은 광복 후에도 '依用' 법률로 남아 쓰였고, 1950년대 이후 새로운 법이 제정되며 쓰이지 않게 되었다. 그러나 이 새로운 법이란 것도 일본 법령을 토와 어미만 바꾼 것에 지나지 않는 것이 많다. 따라서 우리의 법률 문장은 한문투의 일본 문어식으로 된 것이다. 그러기에 여기에는 난해한 한자어가 많이 쓰이고 있는가 하면, 일본어투의 표현이 많이 쓰이고 있다.

법이란 사회의 안녕질서를 위하여 존재하는 실천 규범이다. 이것은 쉬워야 한다. 그런데 우리의 법은 너무 어렵다. 그리고 앞에서 언급한 바와 같이 일본법을 번역한 것이나 다름이 없는 형편이다. 거기에다 여기에는 우리말이 아닌 일본어 내지 일본 어투의 표현이 많이 쓰이고 있다. 우리나라가 광복된 지도 어언 반세기가 지났건만 법률 문장은 옛날 그대로 남아 있다. 그러니 하루 빨리 순화해야 한다. 더구나 법률 문장은 분명하고 조리가 있어야 함에도 문법적으로 잘못된 곳도 많다.

이러한 법률 문장의 문제점은 우리 시민과 가장 밀접한 관계를 지닌 민사소송법에도 그대로 나타난다. 우리의 민사소송법의 대본이 된 일본의 법은 작년에 순화 개정된 바 있다. 그런데 오히려 많은 문제성을 안고 있는 우리의 법은 아직 일본 구법의 탈을 벗어나지 못하고 있다. 늦게나마 대법원에서 이를 개정하려는 움직임을 보이고 있는 것은 다행스러운 일이다. 민사소송법을 시작으로 왜색조의 법률 문장의 일신을 꾀해야 하겠다. 권위적인 규제 위주의 법이 아닌, 쉽게 이해하고 실천할 수 있는 법으로 순화해야 한다. 다음에는 이를 위해 민사소송법의 문제와 이의 순화 방안을 살펴보기로 한다.

2. 어휘의 문제와 순화

민사소송법에는 다른 법률에서와 마찬가지로 어려운 한자어와 일본어투의 용어가 많이 쓰이고 있다. 이러한 어휘는 법제처와 대법원에서 꾸준히 순화작업을 전개해 온 것이다. 그러나 이러한 순화용어가 기존의 법률에는 아무런 영향을 미치지 못하였다. 그래서 민사소송법에도 이러한 어휘의 문제가 아직 많이 남아 있다.

1장 법률 문장 순화돼야 한다 **329**

2.1. 어려운 한자어(漢字語)

순화해야 할 어려운 한자어는 네 가지로 나누어 생각해 볼 수 있다.

첫째, 일상생활에서 쓰이지 않는 어려운 용어가 많다.

이들은 규범을 지키기에 앞서 그 의미를 파악하기 어려운 말이다. 따라서 법령으로서의 존재 의미가 없게 한다. 이들 어려운 용어와 함께 순화어를 몇 개 제시해 보면 다음과 같다.

게기(揭記)하다- 규정하다	견련(牽連)- 관련
계속(系屬)- 걸림	계쟁물(係爭物)- 다툼거리
공무소(公務所)- 공공기관	권원(權原)- 법률상의 원인
기속(羈束)- 구속	기판력(旣判力)- 구속력
대위(代位)- 자리바꿈	몰취(沒取)- 빼앗음
보장구(保障具)- 보조하는 기구	사위(詐僞)- 허위
상계(相計)- 엇셈	수계(受繼)- 계승
수액(數額)- 액수	위식(違式)- 격식에 어긋남
의제자백(擬制自白)- 자백으로 여김	전부명령(轉付命令)- 이전명령
전촉(轉囑)- 다시 맡김	제척(除斥)- 제침, 치움
직근(直近)- 가장 가까운	체당금(替當金)- 미리 충당한 돈
추완(追完)- 추후 유효하게 함	해지(解止)- 효력 소멸
환가(換價)- 현금화	흠결(欠缺)- 흠

둘째, 구시대적 한문투의 용어가 많다.

구시대적 표현이란 '供하다, 亘하여, 共히, 情을 알고'와 같이 한문투의 표현에 쓰이던 것이다. 민사소송법은 상대적으로 그렇게 심한 편은 아니나, 이러한 유형에 속할 표현도 많이 보여 준다.

공(供)하다- 제공하다	과(科)하다- 지우다
당(當)하여- (를) 맞아	도과(徒過)하다- 넘기다
발(發)하다- 내리다	부존재(不存在)- 없음
불요증사실(不要證事實)- 증명이 필요 없는 사실	응(應)하여- 따라
일몰후(日沒後)- 해진 뒤	해태(懈怠)되다- 하지 못하다

셋째, 준말이라 할 어려운 용어도 많다.

이들은 한자가 쓰였을 때는 다소 덜하나, 한글전용을 하였을 때에는 더욱 이해하기 힘들다.

경락(競落)- 경매차지	공부(公簿)- 공적 장부
서증(書證)- 서면 증거	수권(授權)- 권한 부여
유증(遺贈)- 유산 증여	인낙(認諾)- 수용
인영(印影)- 도장 자국	인증(認證)- 인정 증명
특칙(特則)- 특별 규칙	허부(許否)- 허락 여부

넷째, 일상 용어라 할 수 있는 것이나, 좀 더 순화할 수 있는 말도 많다.

법률 문장이 실천 규범으로 생활화 되려면 가능한 한 쉬워야 한다. 이런 의미에서 좀 더 순화할 수 있는 말도 많다.

개봉(開封)하다- 뜯다	고지(告知)하다- 알리다
도래하다(到來)하다- 이르다	반소(反訴)- 맞소송
병합(倂合)하다- 아우르다	열람(閱覽)하다- 훑어보다
위배(違背)- 어긋남	차순위(次順位)- 다음 차례
파기(破棄)되다- 깨지다	하자(瑕疵)- 흠

2.2. 일본식 용어(用語)

일본식 용어는 우리 법률 문장의 역사적 배경으로 말미암아 많이 들어와 쓰이고 있다. 이러한 용어에는 음독되는 한자어와 훈독되는 한자어의 두 가지가 있다. 음독되는 한자어는 일단 귀화한 말로 보고, 순화를 유보할 수 있을 것이다. 그러나 훈독되는 한자어는 한자의 탈을 쓴 일본어이어 순화함이 바람직하다. 더구나 그 낱말에 해당한 우리말이 있는 경우는 더욱 그러하다. 민사소송법에는 다행스럽게도 이들 훈독어는 그리 많지 않은 편이다.

가처분(假處分)– 임시 처분	가압류(假押留)– 임시 압류
기한부(期限附)– 기한이 있음	매수(買受)– 사기
매입(買入)– 사들이기	명도(明渡)– 내주기
송부(送付)– 보냄	수취(受取)하다– 받다
인도(引渡)– 넘겨주기	인수(引受)– 넘겨받기
조건부(條件附)– 조건이 있음	지분(持分)– 몫
취하(取下)– 철회	

2.3. 기타 어휘상의 문제

기타 어휘상의 문제로는 권위주의적 용어를 들 수 있다. 이러한 것으로는 '-ㄴ 者', '-에 處한다', '科한다', '命한다' 따위가 있다. 이들 용어는 그 종류보다 사용빈도가 높은 것이 문제다. 이들 용어는 어쩌면 법률 문장에 피할 수 없는 것인지 모른다. 그러나 이러한 표현도 '-ㄴ 사람', '물린다', '지운다', '하게 한다'로 순화하게 되면 위압적인 인상을 다소라도 지울 수 있어 좋다.

3. 문장의 문제와 순화

문장상 문제가 되는 것은 여러 가지가 있다. 이들의 대표적인 것을 유형화해 보면 한문투의 문어체 표현, 일본어투의 표현, 비문법적인 문장, 명사구 선호, 길고 복잡한 문장, 의미 호응이 안 되는 문장 등으로 나눌 수 있다.

3.1. 한문투의 문어체 표현

우리의 법률 문장은 한문투의 문체, 또는 한자어가 많이 쓰인 문어체의 문체로 되어 있다. 따라서 이는 한자를 잘 모르는 신세대에게는 어울리는 표현이 못 된다. 더구나 규범이란 면을 고려할 때 더욱 그러하다.

> 제695조 ① 채무자가 권리관계의 성립을 認諾한 때에는 그 조서로, 의사의 진술을 命한 판결이 확정한 때에는 그 판결로 認諾이나 의사의 진술로 본다.
> 제725조 경매절차의 開始決定에 대한 이의에서는 담보권의 不存在 또는 소멸을 주장할 수 있다.

제725조는 보다 한문투의 문체에, 제695조는 한자어가 많이 쓰인 문체에 속할 것이다. '認諾, 命한, 開始決定, 不存在' 따위가 특히 그러한 것이다. 이들은 아무리 보아 준다 하더라도 우리말다운 우리말은 아니다. 문법적인 하자도 많다.

3.2. 일본어투의 표현

일본어의 영향은 단순히 용어에만 나타나는 것이 아니다. 문장 구조에도 나타난다. 이는 법률 문장에 일본어가 문법적으로 간섭한 것이다. 이러한 것의 대표적인 것으로 첫째, 우리말에 필요 없는 '對シテ', 또는 '付'가 번역되어 '대하여'라고 일반화하고 있는 것을 들 수 있다.

> 제63조 ② 공동소송인의 1인에 대한 상대방의 소송행위는 <u>전원에 대하여(對シテ)</u> 효력이 있다.
> ③ 공동소송인의 <u>1인에 대하여(付)</u> 소송절차의 중단 또는 중지의 원인이 있는 때에는 그 중단 또는 중지는 <u>전원에 대하여(付)</u> 효력이 있다.

이들 '전원에 대하여(對シテ)'나, '1인에 대하여(付)', '전원에 대하여(付)'는 각각 '전원에게', '1인에게', '전원에게'가 되어야 할 말로 '대하여'는 필요 없는 군더더기 말이다. 이러한 표현은 오늘날 일상어에까지 확산되어 쓰이고 있음을 보게 한다.

둘째, 일본 문장에 많이 쓰이고 있는 '有ス, 在ル'가 우리 법률 문장에 어색한 '있다'의 사태를 낳고 있다. '불복이 있으면, 선고 있는, 송달이 있으면, 신청이 있는, 위반이 있음, 청구가 있는, 판결이 있는, 합의가 있으면'이 이러한 것이다. 이들은 앞에 오는 명사에 접사 '-되다'를 붙여 용언화할 때 자연스러운 우리말이 된다. '권리 있는, 명령 있는, 시가 있는, 염려 있는, 의심 있는, 이유 있다, 의의 있는, 이해관계 있는, 집행력 있는, 허가 있는'과 같은 말은 '있다' 아닌 다른 말로 바꾸거나 조사를 붙여 써야 우리말다운 우리말이 되는 경우이다.

3.3. 비문법적 문장

비문법적인 문장의 대표적인 것으로는 성분의 호응이 제대로 되지 않은 것, 태, 시제, 조사 등이 제대로 쓰이지 않은 것 따위가 있다. 성분 간의 호응은 주술 호응, 객술 호응, 접속 호응, 수식 호응 등에 문제가 있는 것이 많다. 이러한 것은 문법 이전에 조리가 맞지 않는 것임은 말할 것도 없다. 다음에 접속 호응이 제대로 되지 않는 보기를 하나 들어 보기로 한다.

    제134조 ③ 대리인에게 진술을 <u>금하고 또는</u> 변호사의 선임을 명하였을
    때에는 본인에게 그 취지를 통지하여야 한다.

이 조항은 '금하고 또는'이라는 접속어가 잘못 쓰여 그 의미를 알 수 없게 만든 것이다. 연결어미와 접속부사로 된 이 접속어는 '금하거나'라는 연결어미를 쓰면 충분할 것이었다. 이는 일본의 조문 '陳述ヲ禁シ 又ハ'를 직역함으로 비문이 된 것이다. '-シ 又ハ'란 표현은 법률 문장 도처에 보이는 것이다. 다음에 태, 시제(時制), 조사가 잘못 쓰인 예를 각각 하나씩 보기로 한다.

    제189조 ③ 합의부의 법관의 과반수가 <u>경질한</u> 경우에도 같다.
    제241조 당사자 쌍방이 변론의 기일에 출석하지 아니하거나 <u>출석하더라</u>
    <u>도</u> 변론하지 아니한 때에는 재판장은 다시 기일을 정하여 당사자 쌍방을
    소환하여야 한다.
    제153조 기일은 필요한 경우에 한하여 일요일 기타 일반의 <u>휴일이라도</u>
    정할 수 있다.

제189조의 '경질한'은 수동형 '경질된'이 되어야 하며, 제241조의 '출석하

더라도'는 '출석하였더라도'라고 과거시제가 되어야 한다. 그리고 제153조의
'휴일이라도'의 서술격 조사는 '휴일로도'가 되어야 할 표현이다.

3.4. 명사구 선호

우리 법률 문장은 명사구와 동사구가 조화를 이루지 못하고, 명사구가
많이 쓰인다. 그리하여 가뜩이나 딱딱한 법률 문장을 더욱 딱딱하게 만들
고 있다. '-음을', '-ㄹ 것을'과 같은 형태의 명사구가 많이 쓰이고 있는
것이 그것이다. 이는 각각 '-다는 것을', '-도록'과 같은 동사구를 활용하
도록 해야 한다. 이들의 예를 하나씩 보이면 다음과 같다.

> 제115조 ② 담보제공자가 담보취소에 대한 담보 권리자의 <u>동의 있음을</u>
> (동의하였다는 것을) 증명한 때에도 제1항과 같다.
> 제704조 ③ 제2항의 경우에 법원은 적당한 담보를 <u>제공할 것을</u>(제공하
> 도록) 명할 수 있다.

3.5. 길고 복잡한 문장

법률 문장은 쉽고 간결하여야 한다. 그럼에도 길고 복잡한 구문의 문장
이 많다. 이는 문장을 어렵게 만든다. 따라서 이러한 문장은 몇 개의 짧은
문장으로 나누거나, 개조(箇條)로 나타내는 것이 바람직하다.

> 제693조 ① 채무의 성질이 강제이행을 할 수 있는 경우에 제1심 受訴法
> 院은 채권자의 신청에 의하여 결정으로 상당한 <u>기간을 정하고</u> 채무자가
> 그 기간내에 이행하지 아니하는 때에는 그 지연 기간에 응하여 일정한 배

상을 할 것을 명하거나 또는 즉시 손해의 배상을 할 것을 명할 수 있다.

문장의 길이는 50자 내외가 바람직하다(박갑수 외, 1990). 위의 문장은 109자
의 긴 문장이다. 따라서 이는 '…상당한 기간을 정하고 이행하도록 한다.
채무자가…'와 같이 두 문장으로 나누는 것이 바람직하다.

3.6. 의미 호응이 안 되는 문장

말의 생명은 의미를 전달하는 데 있다. 그런데 법률 문장은 그 의미를 알
수 없는 것이 많다. 우선 어려워서 알 수 없는 것이 있고, 의미 호응이 제대
로 되지 않아 그 뜻을 알 수 없는 것이 있다. 전자는 어려운 낱말을 사용한
경우이고, 후자는 비문법적이고, 모호한 표현을 한 경우와, 의미 전달에 충
분한 자료를 제공하지 않은 경우이다. 속격 조사 '의', 주제격 조사 '은/는' 등
은 모호한 표현의 대표적인 것이다. 속격 '의'는 그것이 속격인지, 의미상 주
격인지, 주제격 '은/는'은 그것이 주격인지, 목적격인지 혼란을 빚게 한다.
다음 제13조는 제소의 주체가 누구인지 가늠이 잘 되지 않는 경우이다.

제13조 ① 회사 기타 社團의(의/이) 사원에 대한 訴 또는 社員의(의/이)
다른 사원에 대한 소는 사원의 자격에 기인한 것에 한하여 회사 기타 사
단의 보통재판적 소재지의 법원에 제기할 수 있다.

괄호 속에 표시한 것처럼 '社團'과 '社員'은 관형어인지, 아니면 소송의
주체인지 알 수가 없다. 이는 표면의 표지와는 달리 의미상의 주격으로, 소
송의 주체를 가리키는 말이다. 법률 문장의 이러한 혼란은 제거되어야 한
다. 그러기 위해서는 분명한 객관적인 표현을 하여야 한다. 이런 경우 주격

표지 '이'를 사용하는 것이다.

이에 대해 충분한 자료를 제공하지 않았다는 것은 필요한 정보를 빠뜨렸거나 생략한 것이다. 문장의 간결성도 좋으나, 의미를 전달하는 데 필요한 최소한의 정보는 제공하여야 한다. 예를 들면 제152조의 '기일은 재판장이 정한다'나, 제239조의 '상대방이 기일에 출석하지 아니한 때'와 같은 것이 이러한 예이다. 여기 쓰인 '기일'이 어떤 기일을 의미하는지는 문맥만 가지고는 알기 어렵다.

조리에 맞지 않는 문장에 대해서는 '비문법적 문장'에서 언급하였기에 생략한다. 이밖에 우리말답지 않은 번역문투의 표현도 순화해야 할 사항이다. 이러한 번역문투는 법률 문장의 특징이라고 하여 좋을 정도로 일반화되어 있다. 매끄럽고 순한 우리말의 어조로 순화할 일이다. 이 밖에 표현이 미숙한 것도 적지 않음을 부기해 둔다.

4. 맺는 말

우리의 법률 문장은 전근대적(前近代的) 한문투의 표현과 일본어투의 표현이 많이 쓰이고 있다. 이는 사회적 여건과, 일본의 법률 문장을 번역 수용한 데 말미암은 것이다. 우리가 일제의 압제에서 해방된 지도 벌써 반세기가 지났다. 그런데 우리의 법률 문장은 아직도 일본의 굴레에서 벗어나지 못하고 있다. 우리 법의 대본이 된 일본의 법도 개정되고 있는데 말이다. 하루 빨리 국가적인 위신을 세우기 위해서도 개정하여야 하겠다.

우리의 법률 문장은 또 문법면에서나, 의미의 면에서 많은 오용을 안고 있다. 이러한 표현은 법률 문장을 어렵고 이해할 수 없는 것으로 만들고 있다. 법률은 실천 규범이다. 누구나 쉽게 이해할 수 있는 간명한 것이 되어야 한다. 이런 의미에서도 법률 문장은 빨리 순화해야 한다.

대법원에서는 민사소송법의 개정 작업을 추진 중이다. 민사소송법을 시작으로 나머지 법률이나 법령들도 착착 순화작업이 이루어져야 하겠다. 「새 술은 새부대에」라는 말도 있듯, 새 시대에 새로운 법으로 새로운 삶을 이룩하도록 하여야 한다.

참고 문헌

박갑수(1984), 국어의 표현과 순화론, 지학사.
박갑수(1994), 우리말 사랑 이야기, 한샘출판사.
박갑수(1994), 올바른 언어생활, 한샘출판사.
박갑수(1996), 민사송법의 순화연구, 대법원 보고서.
박갑수 외(1990), 신문기사의 문체, 한국 언론연구원.
박갑수(1990), 법률 용어문장 왜 이리 어려운가, 언론과 비평 12, 언론과 비평사.
신각철(1995), 법령에 쓰이고 있는 일본식 표기용어의 정비, 새국어생활 5-2, 국립국
　　　　어연구원.

이 글은 '새국어생활', 7-4, 국립국어연구원(1997. 12.)에 발표된 것이다.

2장 민사소송법의 문제와 순화방안

1. 서언

법이란 사회의 안녕, 질서를 유지하기 위하여 제정된 실천 규범이다. 그래서 모든 사람은 법을 알아야 한다.

사람들이 법이나 법률을 알고 실천하기 위해서는 우선 그 문장이 쉽고 분명해야 한다. 그렇지 않으면 이를 지킬 수가 없어 유명무실한 것이 된다. 그럼에도 종래의 법이나 법률 문장은 어렵고 권위주의적인 것이었다. 그것은 법이나 법률이 실천하는 규범이 아니라, 규제하는 규범으로 인식돼 그 문장이 너무 쉬워서는 곤란하고, 권위가 있어야 한다고 생각하였기 때문이다.

오늘날의 우리의 법률 문장도 일반적으로 이러한 어렵고 권위주의적인 것이라 할 수 있다. 헌법을 비롯한 육법이 그러하고, 그 밖의 법률이 그러하다. 그래서 친근한 맛이 없고, 어렵고 위압적인 것으로 인식된다. 우리의 법률 문장이 이렇게 인식되는 것은 난해한 한자어와 유식한 한문투의 표현 및 군림하는 표현이 쓰이기 때문이다. 거기에다 일본식 표현이 사용되고, 어법에 맞지 않는 표현이 쓰인다. 그래서 더욱 어렵고 생경하게 느껴진다. 이러한 표현들은 마땅히 순화되어야 한다.

저자는 1996년 10월 대법원에서 민사소송법의 문장 순화작업을 위탁 받아 이의 순화안을 마련케 되었다. 여기서는 이러한 민사소송법의 문제가 무엇이고, 그 순화는 어떻게 하여야 할 것인가 모색해 보기로 한다. 구체적인 작업으로는 어휘와 문장이 검토될 것이다.

2. 민사소송법의 위상

우리나라에서 오늘날 쓰이는 법은 모두 해방 이후에 제정된 것이다. 헌법은 1948년에 제정되어 1987년 9차 개헌에 의해 오늘날의 법이 되었다. 나머지 현행 육법은 형법이 1953년, 형사소송법이 1954년, 민법이 1958년, 민사소송법이 1960년, 상법이 1962년 제정된 것이다. 이렇게 우리의 법은 대체로 1950~60년대에 집중적으로 제정되었다.

해방되기 이전 한일 합방 이후에 우리나라의 법은 「조선에 시행할 법령에 관한 건」이란 일본 천황의 칙령과 조선총독부의 제령(制令)에 의해 일본법이 그대로 옮겨 적용되었다. 그리고 미 군정기에는 「법률 제명령의 존속」이란 법령에 의해 일본 법령이 그대로 남아 쓰였다. 이러한 일본 법령은 광복 후에도 「의용(依用)」 법률로 한 동안 계속 사용되다가 1950~60년대 이후 새로운 법이 제정되며 쓰이지 않게 되었다. 그러나 이 새로운 법이란 것이 이러한 역사적 배경 아래 제정된 것이어 토씨만 바꾼 일본 법령의 번역이나 다름이 없는 것이었다(신각철, 1995). 우리의 법률 문장의 현주소는 이러한 것이다. 따라서 우리의 법률 문장은 한문투의 일본식 용어의 것이다. 민사소송법도 예외는 아니다. 오히려 다른 법에 비해 더 심한 편이다. 일본법과 닮은 이 민사소송법의 제1조에서 제3조까지를 참고로 비교·제시해 보면 다음과 같다.

第1條의2 [普通 裁判籍] 訴는 被告의 普通 裁判籍 所在地의 法院의 管轄
에 屬한다.

第2條 [사람의 普通 裁判籍] 사람의 普通 裁判籍은 住所에 의하여 定한
다. 다만, 大韓民國에 住所가 없거나 住所를 알 수 없는 때에는 居所에 의
하고 居所가 없거나 居所를 알 수 없는 때에는 最後의 住所에 의한다.

第3條 [大公使 등의 普通 裁判籍] 大使, 公使 기타 外國에서 治外法權있는
大韓民國 國民이 第2條의 規程에 의한 普通 裁判籍이 없는 때에는 그 普通
裁判籍은 大法院 所在地로 한다.

이에 해당한 일본 민사소송법은 다음과 같다.

第1條 [普通 裁判籍] 訴ハ 被告ノ 普通裁判籍 所在地ノ 裁判所ノ 管轄ニ
屬ス

第2條 [人の 普通 裁判籍] ① 人ノ 普通裁判籍ハ 住所ニ 依リテ 定ル

② 日本ニ 住所ナキトキ 又ハ 住所 知レサルトキハ 普通 裁判籍ハ 居所ニ
依リ 居所ナキトキ 又ハ 居所ノ 知レサルトキハ 最後ノ 住所ニ 依リテ 定ル

第3條 [大公使の 普通 裁判籍] 大使, 公使 其ノ 他 外國ニ 在リ 治外法權
ヲ 享クル 日本人ガ 前條ノ 規定ニ 依リ 普通 裁判籍ヲ 有セサルトキハ 其
ノ者ノ 普通裁判籍ハ 最高裁判所ノ 定ムル 地ニ 在ルモノトス

일본 민사소송법은 1996년 6월 26일 구어(口語) 문장으로 개정 공포되었
는데 위의 조문은 明治 23년(1890년) 제정 공포된 것이다. 두 나라의 조문은
보는 바와 같이 거의 차이를 보이지 않는다. 조사와 어미만 바꾸었다고 하
여 좋을 정도이다. 이렇게 우리의 민사소송법은 일본 법의 영향 아래 제정
된 것이다.

3. 어휘의 문제와 순화

민사소송법에 쓰인 어휘는 다른 법률에서와 마찬가지로 어려운 한자어와 일본식 용어가 많이 쓰인다는 것이 그 대표적인 특징이다. 이제 이들의 순화안을 살펴보기로 한다.

3.1. 어려운 한자어

우리의 법률 관계 용어는 앞에서 지적한 바와 같이 난해한 것이 많다. 그래서 지금까지 법제처 및 대법원에서는 끊임없이 순화작업을 전개해 오고 있으며, 법제처에서는 1985년 이래 「법령용어 순화편람」을 6집까지 낸 바 있다. 그러나 현실적으로 이러한 순화 용어는 별로 법률에 반영되고 있는 것 같지 않다.

법률 용어의 순화는 점진적으로 수행되어야 하겠다. 문제가 되는 용어는 하나하나 고쳐 나가야 한다. 먼저 용어를 순화하고 그 다음에 문장을 순화해야 한다. 법률 문장에 손을 댈 때는 우선 손댄 법률부터 고치고, 다음에 손대는 것은 따라서 고쳐 나가는 방향을 취할 일이다. 다른 법에 개념 규정이 되어 있거나, 다른 법에 쓰인다고 순화를 보류하여서는 만년하청(萬年河淸)이다. 여기서의 어휘의 순화는 법제처의 「법령용어 순화편람」의 순화어를 가급적 활용하기로 한다. 민사소송법의 어휘상의 문제로는 다음과 같은 것을 들 수 있을 것이다.

첫째, 일상생활에서 잘 쓰이지 않는 어려운 용어가 많다.

의미를 파악하기 어려운 용어는 실천 규범에 어울리는 말이 못 된다. 뜻

을 알 수 없는데 어떻게 법을 지킬 수 있겠는가? 이들 난해한 용어들은 마
땅히 순화되어야 한다. 이들의 보기와 순화어를 몇 개 보이면 다음과 같다.

가액(價額)- 값	게기(揭記)하다- 규정하다
견련(牽連)- 관련	경정(更正)- 바로고치기
계속(系屬)- 걸림	계쟁물(係爭物)- 다툼거리
공무소(公務所)- 공공기관	권원(權原)- 법률상의 원인
기속(羈束)- 구속	기판력(旣判力)- 구속력
대위(代位)-자리바꿈	도과(徒過)- (기간 따위를) 넘김
매득금(賣得金)- 판돈	몰취(沒取)- 빼앗음
물상담보권(物上擔保權)- 물적담보권	발항(發航)하다-떠나다
보장구(保障具)-보조하는 기구	보정(補正)- 바로잡음
사위(詐僞)- 허위	상계(相計)- 엇셈
서증(書證)- 서면 증거	석명(釋明)- 설명
수계(受繼)- 계승	수권(授權)- 권한부여
수액(數額)- 액수	안분(按分)하다- 고르게 나누다
위식(違式)- 격식에 어긋남	유체동산(有體動産)- 형체 있는 동산
유탈(遺脫)- 빠뜨림	의제자백(擬制 自白)- 자백으로 여김
이부(移付)하다- 넘기다	인낙(認諾)- 받아들임
인영(印影)- 도장 자국	전부명령(轉付命令)- 이전명령
전촉(轉屬)- 다시 맡김	제척(除斥)- 제침, 치움
직근(直近)- 가장 가까운	차임(借賃)- 빌린 삯
체당금(替當金)- 미리 충당한 돈	추심(推尋)- 챙김
추완(追完)- 추후 유효하게 함	출소(出訴)- 소 제기
탈루(脫漏)- 누락, 빠짐, 샘	특칙(特則)- 특별규칙
해지(解止)- 효력 소멸	해태(懈怠)하다- 게을리하다
환가(換價)- 현금화	흠결(欠缺)- 흠

둘째, 구시대적 한문투의 용어가 많다.

구시대적 표현 용어로, 한문투의 표현에 쓰이던 것이다. '供하다, 亘하여,

共히, (그) 情을 알고, 응하여'와 같은 것이 그 예이다. 민사소송법은 그렇게 심한 편은 아니다. 상대적으로 덜한 편이다. 그러나 많이 쓰이고 있는 것은 사실이다. 이들은 오늘날 어려운 한자 용어들이 기피되고, 쉬운 우리말이 즐겨 쓰이는 상황이고 보면 마땅히 순화되어야 하겠다.

거소(居所)- 사는 곳	공(供)하다- 제공하다
과(科)하다- 지우다	구문권(求問權)- 질문권
기립(起立)하다- 일어서다	농자(聾者)- 귀먹은 사람
달(達)하다- 이르다	당(當)하여- (를) 맞아
당해(當該)- 그	도과(徒過)하다- 넘기다
동가격(同價格)- 같은 가격	면(免)하다- 벗다
무익(無益)하다- 쓸데없다	반(反)하다- 어긋나다
발(發)하다- 내리다	부존재(不存在)- 없음
불요증 사실(不要證事實) - 증명이 필요 없는 사실	일몰후(日沒後)- 해진 뒤
일출전(日出前)- 해뜨기 전	적의매각(適宜賣却)하다- 적절히 팔다
촉탁(囑託)- 맡김	최고(催告)하다- 재촉하다
출진(出陣)하다- 싸움터로 나가다	합일적(合一的)- 합일이 되게
해태(懈怠)되다- 하지 못하다	

셋째, 준말이라 할 어려운 용어가 많다.

낱말을 줄여 써서 뜻을 알기 어려운 말도 많다. 이들은 순화 이전의 준말 아닌, 원말을 쓰거나 쉬운 말로 순화하여 사용하여야 하겠다.

경락(競落)- 경매 차지	공과(公課)- 공적 부과
공부(公簿)- 공적 장부	공유자(共有者)- 공동 소유자
권원(權原)- 법률상의 원인	서증(書證)- 서면 증거
성부(成否)-성립 여부	수권(授權)- 권한 부여
유증(遺贈)- 유산 증여	인낙(認諾)- 수용

인영(印影)- 도장 자국	인증(認證)- 인정 증명
자력(資力)- 자금 능력	진부(眞否)- 진실 여부
추인(追認)- 추후 인정	특칙(特則)- 특별 규칙
허부(許否)- 허가 여부	환가(換價)- 현금화

넷째, 일상 용어라 할 수 있는 것이나 좀 더 순화할 수 있는 말도 많다. 법률 문장이 실천 규범으로 생활화되려면 가능한 한 쉬운 말로 되어 있어야 한다. 이런 면에서 볼 때 법률 문장에는 일상 용어라 할 수 있는 것이나 그 용어를 좀 더 쉽게 바꾸어 쓸 수 있는 말이 많다. 한자어와 고유어의 이중체계로 된 유의어는 이러한 예의 대표적인 것이다.

개봉(開封)하다- 뜯다	경질(更迭)- 갈림
고지(告知)하다- 알리다	교부(交付)하다- 내어 주다
기인(基因)하다- 말미암다	기재(記載)하다- 적다
달(達)하다- 이르다	담합(談合)- 짬짜미
대질(對質)- 무릎맞춤	도래(到來)하다- 이르다
매각(賣却)하다- 팔다	매수(買受)하다- 사다
반소(反訴)- 맞소송	병합(倂合)하다- 아우르다
부기(附記)하다- 덧붙여 적다	상실(喪失)- 잃음
서면(書面)- 글	소재지(所在地)- 있는 곳
승계(承繼)하다- 이어받다	열람(閱覽)하다- 훑어보다
위배(違背)- 어긋남	이송(移送)- 옮겨보내기
접수(接受)하다- 받다	종결(終結)하다- 마치다
지체(遲滯)- 늦어짐	차순위(次順位)- 다음 차례
처(處)하다- 물리다	체결(締結)하다- 맺다
타인(他人)- 남	파기(破棄)되다- 깨지다
하자(瑕疵)- 흠	환송(還送)- 되돌려 보냄

3.2. 일본식 용어

일본식 용어는 우리 법률의 역사적 배경으로 말미암아 많이 들어와 쓰이고 있다.

우리는 일본의 압제에서 벗어나 조국의 광복을 꾀한 지도 벌써 반세기가 지났다. 그럼에도 우리의 법이나 법률 문장에는 아직도 일본의 탈을 벗어 버리지 못하고 있다. 이것은 국가적으로나, 민족적으로 부끄러운 일이다. 하루 빨리 이 탈을 벗어버려야 하겠다.

일본식 용어는 음독되는 한자어와 훈독되는 한자어의 두 가지가 있다. 음독되는 한자어는 일단 귀화한 말로 보더라도 한자의 탈을 쓴 훈독어는 순화하여야 한다. 더구나 이에 해당한 우리 말이 있을 경우에는 더욱 그러하다. 민사소송법에는 이들 훈독어가 다행스럽게도 생각보다는 적게 쓰이고 있다.

가처분(假처분)- 임시처분	가압류(假押留)- 임시 압류
기한부(期限付)- 기한이 있음	매수(買受)- 사기
매입(買入)- 사들이기	명도(明渡)- 내주기
송부(送付)- 보냄	수취(受取)하다- 받다
인도(引渡)- 넘겨주기	인수(引受)- 넘겨받기
조건부(條件附)-조건이 있음	지분(持分)- 몫
취하(取下)- 철회	

3.3. 기타 어휘상의 문제

기타 어휘 상의 문제로는 권위주의적 용어를 들 수 있다. 이는 단어의 가짓수보다 빈도에서 문제가 되는 것이다. 이러한 것의 대표적인 예로는 '-ㄴ 者',

'-에 處한다', '科한다', '命한다' 따위를 들 수 있다. 이들은 '-ㄴ 사람', '물린다', '지운다', '하게 한다' 따위로 순화할 수 있을 것이다.

이 밖에 법률 용어가 하나의 법 아닌 다른 법에도 쓰이어 한 군데서만 순화하기 어렵다는 문제도 있다. 그러나 이는 바람직한 생각이 못 된다. 어디서든 먼저 손을 대는 곳이 있고, 뒤따르는 작업이 수행되어야 한다. 둘 이상의 법률에 쓰이는 용례 가운데는 난해한 어휘가 많다. 따라서 이들은 순화되어야 한다. 민사소송법 외의 법률에도 쓰이는 난해한 용어의 예를 몇 개 들어 보면 다음과 같다.

거소(居所)- 사는 곳	공과(公課)- 공적 부과
교사(敎唆)- 부추김	권원(權原)- 법률상의 원인
기속(羈束)- 구속	대위(代位)- 자리바꿈
대체물(代替物)- 대체할 물건	멸실(滅失)- 없어짐
물상담보권(物上 擔保權)- 물적 담보권	변제(辨濟)- 빚갚기
부대채권(附帶債權)- 딸린 채권	사위(詐僞)-거짓, 허위
상계(相計)- 엇셈	수권(授權)- 권한 부여
수탁(受託)- 위탁을 받음	우선변제(優先辨濟)-먼저 갚기
유증(遺贈)- 유산 증여	의제(擬制)- 여김
인용(認容)-받아드림	차임(借賃)- 셋돈
최고(催告)- 재촉	추인(追認)- 추후 인정
피상속인(被相續人)-상속을 일으킨 사람	흠결(欠缺)- 흠

4. 문장의 문제와 순화

법률 문장에서 문장상 문제가 되는 바람직하지 않은 것은 여러 가지가 있다. 이들의 대표적인 것을 유형화하여 보면 한문투의 문어체, 일본어투의

문체, 비문법적인 문장, 명사구의 선호, 길고 복잡한 문장 구조, 의미상의
혼란 등의 문제가 된다. 다음에 이들 문제에 대해 살펴보기로 한다.

4.1. 한문투의 문어체의 문제

한문투의 문어체란 한자어가 많이 쓰인 문어의 문체를 말한다. 우리의
법률 문장은 대부분 이러한 문체로 되어 있다. 이는 한문 세대에 어울리는
문체이며, 한글 세대에게는 바람직한 것이 못 된다. 더구나 실용 규범이란
면을 고려할 때 한문투의 문어체의 법률 문장은 바람직한 것이 못 된다.

제55조 [소송능력 등 欠缺에 대한 조치] 소송능력, 법정대리권 또는 소
송행위에 필요한 授權이 欠缺된 때에는 법원은 기간을 정하여 그 補正을
명하고, 만일 遲延으로 인하여 손해가 생길 염려가 있는 때에는 일시 소송
행위를 하게 할 수 있다.
제176조 [외국에서 하는 송달의 방법] 외국에서 할 송달은 재판장이 그
國에 주재하는 대한민국의 대사, 공사, 영사, 또는 그 國의 관할 公務所에
囑託한다.
제285조 [증언 거부권] 증언이 증인이나 다음에 揭記한 者가 소송 제기
또는 유죄판결을 받을 念慮있는 사항 또는 그들의 恥辱될 사항에 관한 것
인 때에는 증인은 증언을 거부할 수 있다.
제525조 [집행방법, 압류의 범위] ③ 압류물을 換價하여도 집행비용 외
에 剩餘가 없을 경우에는 집행하지 못한다.

이상의 보기들은 우리의 일상어라기보다 한문투의 용어와 표현으로 되어
있다. '授權, 欠缺, 補正, 國, 公務所, 囑託, 揭記한 者, 念慮있는 사항, 恥辱
될 사항, 換價, 剩餘'가 이러한 것이다. 이러한 문장은 다음과 같이 순화하

는 것이 바람직하다.

　제55조 [소송 능력 등 흠에 대한 조치] 소송 능력, 법정 대리권 또는 소
송 행위에 필요한 권한 부여에 흠이 있을 때에는 법원은 기간을 정하여
이를 바로잡도록 명하여야 한다. 만일 바로잡는 것이 늦어짐으로 손해가
생길 염려가 있는 때에는 일시적으로 소송 행위를 하게 할 수 있다.
　제176조 [외국에서 하는 송달의 방법] 외국에서 하여야 하는 송달은 재
판장이 그 나라에 주재하는 대한민국의 대사, 공사, 영사 또는 그 나라의
관할 공공기관에 맡겨서 한다.
　제285조 [증언 거부] 증인은 그 증언이 증인이나 다음에 적은 사람이 공
소 제기되거나, 유죄판결을 받을 염려가 있는 사항이거나, 또는 그들에게
욕이 될 사항에 관한 것인 때에 이를 거부할 수 있다.
　제525조 [집행방법, 압류의 범위] ③ 압류한 물건을 현금화하여도 집행
비용 외에는 남는 것이 없을 경우에는 집행하지 못한다.

4.2. 일본어투의 문제

　법률 문장에 대한 일본어의 영향은 단순히 법률 용어에만 미치지 아니하
고, 문장 구조에도 나타난다. 그것은 법률 문장에 일본어가 문법적으로 간섭
한 것이다. 이러한 것의 대표적인 것으로 첫째, 우리말에는 필요 없는 '對シ
テ', 또는 '付'가 번역되어 '대하여'라고 일반화되고 있는 것을 들 수 있다.

　제63조 [필요적 공동소송의 특칙] ① 소송의 목적이 공동소송인의 전원
에 대하여(付) 합일적으로 확정될 경우에는 그 1인의 소송 행위 전원의 이
익을 위하여서만 그 효력이 있다.
　② 공동소송인의 1인에 대한 상대방의 소송행위는 전원에 대하여(對シ
テ) 효력이 있다.

③ 공동소송인의 1인에 대하여(付) 소송절차의 중단 또는 중지의 원인이 있는 때에는 그 중단 또는 중지는 전원에 대하여(付) 효력이 있다.

이들 '전원에 대하여(付), (對シテ)'는 우리 말로 '전원에게', '1인에 대하여(付)'는 '1인에게'가 되어야 할 말로 '대하여'가 필요 없는 말이다. 이는 다음과 같이 순화할 수 있다.

제63조 [필요한 공동소송에 대한 특별규칙] ① 소송의 목적이 공동소송인 전원에게 합치되게 확정되어야 할 경우에 공동소송인 가운데 한 사람의 소송행위는 전원의 이익을 위할 때에만 효력이 있다.
② 공동소송인 가운데 한 사람을 상대로 한 상대방의 소송행위는 공동소송인 전원에게 효력을 발생한다.
③ 공동소송인 가운데 한 사람에게 소송 절차에 대한 중단 또는 중지해야 할 이유가 있을 때 그 중단 또는 중지는 전원에게 그 효력을 미친다.

이 밖에 제166조의 '무능력자에 대한 송달', 제167조의 [공동 대리인에 대한 송달], 제168조의 '군관계인에 대한 송달', 제169조의 '피구속자에 대한 송달'은 각각 '무능력자에게 할 송달', '공동 대리인에게 할 송달', '군관계 사람에게 할 송달', '구속된 사람에게 할 송달'이라고 하여야 할 말이다. '대한'은 일본어를 직역한 것으로, 이는 우리 말의 틀까지 바꾸어 놓으려 하고 있는 말이다.

둘째, 일본 법률 문장에 많이 쓰이고 있는 '有ス, 在ル'가 우리 법률 문장에 '있다'의 남용을 가져 오고 있다. 민사소송법에도 '송달이 있으면, 선고가 있는, 청구가 있는, 위반이 있음, 판결이 있는, 불복이 있으면, 합의가 있으면, 신청이 있는' 외에 '선고있는, 명령있는, 집행력있는, 이해관계있는, 허가있는, 이유있다, 담보권자있는, 시가있는, 권리있는, 염려있는, 의심있

는, 이의있는' 등 무수하다. 이들은 문맥에 따라 '있다' 아닌 다른 말로 쓰여야 할 경우가 있을 것임은 말할 것도 없다. 예를 들어 제175조 등에 '허가가 있는'으로 쓰인 것은 '허가 받은', 제493조 등에 '違反이 있음'으로 쓰인 것은 '어긋남'으로 순화할 수 있는 것이 그것이다.

4.3. 비문법적 문제

비문법적 문제의 대표적인 것으로는 문장 성분의 호응, 시제, 조사 등의 오용 문제가 있다. 문장 성분의 호응은 성분 간의 호응이 잘 안 되는 것과 성분의 생략으로 호응이 안 되는 것이 있다. 이들은 문법적인 면과 함께 명료해야 할 법률 문장의 의미면에 문제를 야기하는 것이다.

4.3.1. 주술 호응

주술 호응에는 주어가 생략되었거나, 주술어가 제대로 호응되지 않아 문제가 되는 것이 많다. 다음의 보기는 주어가 생략된 것으로, 이로 말미암아 그 의미를 파악조차 하기 어려운 것이다.

제49조 [선정 당사자] ① 공동의 이해관계가 있는 다수자로서 제48조의 규정에 <u>해당하지 아니한 경우에는</u> (*) 그중에서 총원을 위하여 당사자가 될 1인 또는 수인을 선정하고 또는 이를 변경할 수 있다.

이는 '해당하지 아니한 경우에는' 다음에 '다수자'를 가리키는 '이들은'이란 주어가 생략되어 의미 파악을 어렵게 하고 있는 것이다. 따라서 주어를 삽입, 순화하도록 하여야 한다. 다음 보기는 주술 호응이 제대로 되지 않는 것이다.

제158조 [기간의 시기] 기간을 정하는 재판에 시기를 정하지 아니한 때
에는 <u>그 기간은</u> 재판의 효력이 생긴 때로부터 <u>진행한다.</u>

위의 조문은 '기간은 진행한다'를 주문으로 한 문장이다. 따라서 주술어
가 의미상 호응되지 않는다. 이는 '기간을 정하는 재판에 시작되는 때를 정
하지 아니한 경우에 그 기간은 재판의 효력이 생긴 때로부터 비롯되는 것
으로 본다.'로 순화하여야 한다.

4.3.2. 객술 호응

객술 호응은 목적어를 생략해 호응이 안 되는 것이 그 대표적인 경우이
다. 이때에는 그 의미 파악도 용이하지 않다.

제309조 [감정인의 기피] 감정인이 성실히 감정할 수 없는 사정이 있는
때에는 당사자는 (*) 기피할 수 있다.

이 조항은 감정인이 성실히 감정할 수 없겠다고 판단될 때 그를 기피할
수 있다는 것이다. 그런데 이 조항에는 그 목적어가 제시되어 있지 않다.
이때는 적어도 '그를'이라는 목적어를 보충해야 한다. 다음의 제630조의 경
우는 '이를'이란 목적어가 생략된 것이다.

제630조 [최고가 매수신고인의 가주소 신고] ② 가주소의 선정은 집행관에
게 구술로 할 수 있다. 이 경우에는 집행관은 조서에 (*) 기재하여야 한다.

이 조항은 다음과 같이 목적어를 보충, 순화할 수 있다.

제630조 [최고가 매수신고인의 임시 주소 신고] ②임시 주소의 선정은 집
행관에게 말로 할 수 있다. 이 경우에 집행관은 조서에 이를 적어야 한다.

4.3.3. 접속의 호응

대등 접속은 접속어 전후의 구조가 동일하여야 한다. 그럼에도 그렇지
않은 것이 많다.

제134조 [변론 능력이 없는 자에 대한 처치] ③ 대리인에게 진술을 <u>금하
고 또는</u> 변호사의 선임을 명하였을 때에는 본인에게 그 취지를 통지하여
야 한다.

이 조항에는 접속어로 '금하고 또는'이라고 연결어미와 접속부사가 함께
쓰이고 있다. 이는 '금하거나'라고만 하면 될 것을 이상하고 어색하게 표현
한 것이다. 이러한 표현이 된 원인은 일본의 민사소송법에 있다. 일본의 조
문 '陳述ヲ禁シ 又ハ'를 잘못 번역한 것이다. '-シ 又ハ'란 표현은 법률
문장 도처에 보인다. 이는 위에 보기를 든 제49조에도 '선정하고 또는'이라
고 보인다. 이것이 제131조에서는 '병합을 명하거나 이를 취소할 수 없다.'
고 어미 '-거나'를 써 의미 호응이 제대로 되게 쓰이고 있는 것을 보여 준
다. 위의 조문은 다음과 같이 순화하여야 한다.

제134조 [변론의 능력이 없는 사람에 대한 조치] ③ 대리인에게 진술을
<u>금지하거나</u>, 변호사의 선임을 명하였을 때에는 그 사람에게 그 취지를 알
려야 한다.

4.3.4. 수식 호응

관형어, 부사어도 잘못 쓰이는 것이 많이 보인다.

제198조 [재판의 탈루] ① 법원이 청구의 일부에 대하여 재판을 유탈한
때에는 소송은 그 <u>청구의 부분이</u> 계속하여 그 법원에 계속한다.

이는 비문(非文)이라고 할 조문이다. 이 문장에서는 '소송'과 '그 청구 부
분이'가 제대로 호응되지 않아 그 뜻을 파악하기 힘들게 한다. 이는 '법원
이 청구의 일부에 대하여 재판을 빠뜨린 경우에 그 청구 부분에 대한 소송
은 계속하여 그 법원에 매인다.'고 순화할 때 그 의미가 분명해진다. '청구
의 부분이'를 '청구부분에 대한 소송'이라고 바꾸는 것이다.

4.3.5. 태(態)의 호응

능동, 수동의 혼란도 눈에 많이 띄는 것이다. 다음의 보기는 '경질한'이
'경질된'과 같이 수동으로 바뀌어야 한다.

제189조 [직접주의] ③ 합의부의 법관의 과반수가 <u>경질한</u> 경우에도 같다.

다음의 조항도 태가 잘못 쓰인 것이다.

제590조 [배당표에 대한 이의] ③ 이의가 <u>완결하지</u> 아니한 때에는 이의
없는 부분에 한하여 배당을 실시하여야 한다.

서술어 '완결하지'의 주어는 '이의가'로 행위자가 될 수 없는 말이다. 따
라서 이는 능동 아닌 피동 표현이 되어야 한다. 곧 '완결되지'로 순화하여

야 한다.

4.3.6. 시제의 호응

시제의 호응이 제대로 되지 않는 것도 꽤 눈에 띈다. 예를 들면 제37조의 '4. 법관이 사건에 관하여 당사자의 대리인이 <u>되거나 되었던 때</u>'는 '법관이 사건 당사자의 대리인이 되었거나 되었었을 때'로 순화하여야 한다. 또한 제241조의 '당사자 쌍방이 변론의 기일에 출석하지 아니하거나 <u>출석하더라도</u> 변론하지 아니한 때에는 재판장은 다시 기일을 정하여 당사자 쌍방을 소환하여야 한다'에서 '출석하더라도'는 '출석하였더라도'와 같이 과거가 되어야 조리에 맞는 표현이 된다.

4.3.7. 조사의 호응 · 생략

짝이 맞지 않는 조사가 쓰이는가 하면, 조사가 생략되어 문제가 되는 것도 많다. 이것들도 순화해야 할 대상이다.

제135조 [화해의 권고] ① 법원은 소송의 정도 <u>여하에 불구하고</u> 화해를 권고하거나 受命法官 또는 受託判事로 하여금 권고하게 할 수 있다.

여기 쓰인 '불구하고'는 '-에도'를 지배하는 말이다. 그럼에도 여기에서는 '여하에'가 쓰였을 뿐 아니라, 의미상 호응도 제대로 되지 않는다. 이는 '소송의 정도와 관계 없이'로 순화해야 할 말이다. 일본법도 '訴訟ノ 如何 ナル 程度二 在ルヲ 問ハス'로 되어 있다.

제153조 [일반휴일의 기일] 기일은 필요한 경우에 한하여 일요일 기타

일반의 <u>휴일이라도</u> 정할 수 있다.

이 조항은 피할 수 없는 경우 기일을 일요일이나 그 밖의 일반 휴일로도 잡을 수 있다는 규정이다. 따라서 이 조문은 '기일은 피할 수 없는 경우에 한하여 일요일이나 그 밖의 일반 휴일로도 정할 수 있다.'로 순화해야 한다. '일요일이나'의 조사 '이나'를 추가하고, '휴일이라도'를 '휴일로도'로 바꾸는 것이 바람직한 것이다.

이 밖에 조사 생략의 대표적인 예로는 서술어 '있다' 앞에 와야 할 조사를 생략한 경우를 들 수 있다. 이들 용례는 4.2.에서 본 바와 같다.

그리고 비문법적이라고는 할 수 없으나 '는…. 는'으로 이어지는 '는'의 반복적 사용도 문제로 제기해야 할 대상이다. 이들은 '부사어-주제격'이거나, '주제격-부사어'로 이어진 것인데 어조상 거부감을 갖게 하는 것이다. 따라서 꼭 필요한 경우가 아니면 주제격을 다른 조사로 바꾸거나, 부사어에 쓰인 '는'을 생략하는 것이 바람직하다. 한 예로 제240조의 본문과 순화 예를 보이면 다음과 같다.

제240조 [소 취하의 효과] ① <u>訴는</u> 취하된 부분에 대하여는 처음부터 계속하지 아니한 것으로 본다.
제240조 [소 취소의 효과] ① 취소된 부분에 대하여는 <u>소가</u> 처음부터 걸리지 아니한 것으로 본다.

4.4. 명사구의 선호

명사적 표현의 문체 특성은 정적이고 추상적이다. 이에 대해 동사적 표현의 특성은 동적이고 구체적이다. 그런가 하면 명사적 표현은 딱딱한가

하면, 동사적 표현은 부드럽다. 그런데 우리의 법률 문장은 명사구(NP)를 많이 사용하는 것을 볼 수 있다. 분명하고 객관적인 표현, 그러면서도 부드러운 표현이 되게 하기 위해서는 동사구(VP)를 애용하는 것이 바람직하다. 우선 문제점은 명사적 표현으로 서술어를 기피한 체언의 나열을 들 수 있다. 이는 흔히 한자어의 나열로 이루어진다. 명사구는 '-음을', '-ㄹ 것을'의 형태로 흔히 나타난다. '-음을'은 '-다는 것을'로, '-ㄹ 것을'은 '-도록'의 형태로 순화할 수 있다. 이렇게 순화할 때 우리말다운 우리말이 된다. 다음에 이들의 예를 하나씩 보이기로 한다.

제115조 [담보의 소멸] ② 담보제공자가 담보취소에 대한 담보 권리자
의 <u>동의 있음을</u> 증명한 때에도 제1항과 같다.

여기 '동의 있음을'은 일본법에서 '同意ヲ得タルコトヲ'라고 하여 '동의를 받았다는 것을'이라고 되어 있는 것이다. 이러한 '있음을'과 '없었음을'(제63조의2)은 '동의를 받았다는 것을', '동의가 없었다는 것을'이라 순화할 수 있다.

제704조 [이의에 대한 재판] ③ 제2항의 경우에 법원은 적당한 담보를
<u>제공할 것을</u> 명할 수 있다.

위의 조항의 '제공할 것을'은 '제공하도록', 또는 '하도록'으로 바꿀 수 있다. '하도록'은 물론 '담보를'을 목적어로 취하는 대동사이나, '담보하도록'이라 하여도 좋다. '-ㄹ 것을'의 형태는 흔히는 '명하다'의 목적어로 쓰이며, 이 밖에 '신청하다, 최고하다' 등의 목적어로 많이 쓰이고 있다.

4.5. 길고 복잡한 문장의 문제

법률 문장은 쉽고 간결해야 한다. 따라서 길고 복잡한 구문의 문장이어서는 곤란하다. 그것은 난해하기 때문이다. 그럼에도 법률 문장에는 이러한 것이 적지 않다. 긴 문장은 몇 개의 짧은 문장으로 나누어 기술하거나, 개조(箇條)로 나타내는 것이 바람직하다.

> 제494조 [집행관에 의한 영수증 작성 교부] ① 채권자가 집행관에게 집행력 있는 정본을 교부하고 강제집행을 위임한 때에는 집행관은 특별수권이 없는 경우에도 지급 기타 이행을 받고 그 영수증서를 작성 교부하며 채무자가 그 의무를 완전히 이행한 때에는 집행력 있는 정본을 채무자에게 교부하여야 한다.

이 조항은 105자에 이르는 장문이다. 일반 문장의 경우 한 문장의 길이는 50자 내외가 바람직하다(박갑수, 1990). 따라서 위의 조항은 난독성(難讀性)을 지닌다. 이 조항은 두 개의 문장으로 나누는 것이 바람직하다. 그러면 다음과 같이 될 수 있다.

> 채권자가 집행관에게 집행력이 있는 정본을 내어 주고 강제집행을 위임한 때에는 집행관은 특별한 권한 부여가 없는 경우에도 지급이나 그 밖의 이행을 받고 그에 대한 영수증서를 작성하고 내어 줄 수 있다. 집행관은 채무자가 그 의무를 완전히 이행한 때에는 집행력이 있는 정본을 채무자에게 내주어야 한다.

제693조도 마찬가지로 109자의 긴 문장이다. 이것도 두 문장으로 나누는 것이 바람직하다. 이제 이의 원문과 순화 문장을 제시해 보면 다음과 같다.

제693조 [간접 강제] ① 채무의 성질이 강제이행을 할 수 있는 경우에 제1심 受訴法院은 채권자의 신청에 의하여 결정으로 상당한 기간을 정하고 채무자가 그 기간내에 이행하지 아니하는 때에는 그 지연 기간에 응하여 일정한 배상을 할 것을 명하거나 또는 즉시 손해의 배상을 할 것을 명할 수 있다.

제693조 [간접 강제] ① 채무의 성질이 강제 이행을 할 수 있는 경우에 제1심 수소법원은 채권자의 신청에 따라 결정으로 알맞은 기간을 정하여 이행한다. 채무자가 그 기간 안에 이행을 하지 아니하는 때에는 그 늦어진 기간에 따라 일정한 배상을 하도록 명하거나, 즉시 손해배상을 하도록 명할 수 있다.

제574조는 장황하게 느러놓아 그 의미 파악이 용이하지 않은 조항이다. 이런 때에는 그 의미 파악이 용이하도록 개조(個條)로 나타내는 것이 바람직하다. 현행 조항과 순화안을 함께 제시하면 다음과 같다.

제574조 [특별 환가 방법] ① 압류된 채권이 조건부 또는 기한부이거나 반대 이행과 관련되어 있거나 기타 이유로 추심하기 곤란한 때에는 법원은 채권자의 신청에 의하여 그 채권을 법원이 정한 가액으로 지급에 갈음하여 압류채권자에게 양도하는 양도명령, 추심에 갈음하여 법원이 정한 방법으로 그 채권의 매각을 집행관에게 명하는 매각명령, 또는 관리인을 선임하여 그 채권의 관리를 명하는 관리명령을 하거나 기타 상당한 방법으로 환가를 명할 수 있다.

제574조 [특별한 현금화 방법] ① 압류된 채권이 조건 또는 기한이 있거나, 반대 이행과 관련되어 있거나 그 밖의 이유로 챙겨 받기 곤란할 때에는 법원은 채권자의 신청에 의하여 다음과 같은 명령을 내릴 수 있다.

1. 채권을 법원이 정한 값으로 지급에 갈음하여 압류채권자에게 양도하는 양도명령
2. 챙겨받기에 갈음하여 법원이 정한 방법으로 그 채권을 팔도록 집행

관에게 명령하는 매각명령

3. 관리인을 선임하여 그 채권의 관리를 명하는 관리명령

4. 그 밖의 알맞은 방법으로 현금화하도록 하는 명령

4.6. 의미상의 문제

문장이란 단어를 결합하여 의미를 분명히 드러내고자 하는 장치이다. 그런데 이 문장이 어렵거나, 애매모호하거나, 호응이 안 되거나, 조리에 맞지 않아 문제가 되는 경우가 많다. 이러한 것의 대표적인 것이 어려운 낱말을 사용하여 그 의미를 가늠할 수 없게 하는 것이고, 문법적으로 바르고 분명한 문장을 쓰지 않는 것이며, 의미 파악을 하기에 충분한 자료를 제공하지 않고 생략한 것이다. 다음에 이들의 보기를 한두 개 보기로 한다.

4.6.1. 어려운 낱말 사용

제21조 [상속·유증 등의 특별재판적] 상속채권 기타 상속재산의 부담에 관한 訴로서 제20조의 규정에 해당하지 아니하는 것은 상속 재산의 전부나 일부가 제20조의 법원 관할구역내에 있는 때에 한하여 그 법원에 제기할 수 있다.

이는 '상속채권' 또는 '상속재산의 부담'이란 표현의 개념 파악을 하기가 어려워 문제가 되는 것이다. 여기서 '상속채권'이란 많은 재산을 상속받는 것이 아니다. 오히려 피상속인의 채권자의 채권으로 상속에 의하여 상속인이 이를 떠맡아야 하는 채권을 의미한다. 쉽게 말해 '상속된 빚'이다. 이러한 뜻의 이해 없이는 이 조항은 의미를 파악할 수 없다. 따라서 이는 다음과 같이 순화하는 것이 바람직하다.

제21조 [상속·유언 증여 등의 특별 재판적] 상속인이 이어받을 상속을 하게 한 사람의 채무, 또는 그 밖의 상속 재산에 대한 부담에 관한 訴로, 제20조의 규정에 해당되지 아니하는 것은 상속 재산의 전부거나, 일부가 제20조의 법원 관할구역 안에 있을 때에 한하여 그 법원에 제기할 수 있다.

4.6.2. 속격 「의」의 애용

속격 '의'는 법률 문장에 많이 쓰이고 있는 것이다. 이것은 부문장에서 의미상 주격의 구실을 하는 것으로 문법적으로 용인되는 것이다. 그러나 이것은 때로 의미 파악을 어렵게 하거나, 혼란을 빚게 한다. 따라서 명료해야 할 법률 문장에는 남용하지 않는 것이 바람직하다. 이들 속격은 주격으로 바꾸어 표현함으로 의미의 혼란을 줄이도록 해야 한다.

제265조 [직권 증거조사] 법원은 <u>당사자의</u> 신청한 증거에 의하여 심증을 얻을 수 없거나, 기타 필요하다고 인정한 때에는 직권으로 증거조사를 할 수 있다.

이 조항의 '당사자의'는 부문장에서의 주어이다. 따라서 이는 '당사자가' 라 하여야 의미의 혼란이 일지 않는다. 한 예를 더 보면 다음과 같다.

제591조 [불출석의 채권자] ② 기일에 출석하지 아니한 채권자가 다른 <u>채권자의</u> 신청한 이의에 관계가 있는 때에는 그 채권자는 이의를 정당하다고 인정하지 아니한 것으로 본다.

위의 조항의 '채권자의 신청한'은 '채권자가 신청한'이라고 해야 명확한 표현이 된다. 다음 조항은 문장도 세련되지 않은 어색한 것이어서 더욱 그 속격을 주격으로 바꾸어야 하는 문장이다.

　　제714조 [가처분의 목적] ① 계쟁물에 관한 가처분은 현상의 변경으로 당사자의 권리를 실행하지 못하거나 이를 실행함에 현저히 곤란할 염려가 있는 때에 한다.

　이 조항의 '당사자의 권리를 실행하지 못하거나'는 무슨 뜻인지조차 가늠하기 힘든 아리송한 표현이다. 이는 다음과 같이 순화하는 것이 바람직하다.

　　제714조 [임시처분의 목적] ① 다툼거리에 관한 임시 처분은 현상이 바뀜으로 당사자가 권리를 실행하지 못하거나, 이를 실행하는 것이 매우 곤란하겠다고 염려가 되는 때에 한한다.

4.6.3. 비문법적이고 모호한 문장

　앞에서 부문장에서의 속격 '의'에 관해 살펴보았거니와, 이는 때로 비문법적인 모호한 표현이 되기도 한다.

　　제13조 [사원등에 대한 특별재판적] ① 회사 기타 사단의 사원에 대한 訴 또는 사원의 다른 사원에 대한 訴는 사원의 자격에 기인한 것에 한하여 회사 기타 사단의 보통 재판적 소재지의 법원에 제기할 수 있다.
　　② 제1항의 규정은 사단 또는 재단의 그 임원에 대한 訴와 회사의 발기인 또는 검사인에 대한 訴에 준용한다.

　이는 제소의 주체가 누구인지 알기 어려운 비문법적인 문장이다. 곧 부문장의 속격 조사 '의'가 의미상 속격을 의미하는지, 아니면 주격을 의미하는지 구분이 잘 안 된다. 이 조항은 일본법이 제대로 번역만 되었더라도 이러한 혼란이 일지 않았을 문장이다. ①항의 '회사 기타 사단의'의 '의'와

'또는 사원의'의 '의' 및 ②항의 '사단 또는 재단의'의 '의'와, '회사의'의 '의'는 의미상 주격으로 이들이 제소의 주체가 되는 것이다. 따라서 이들은 마땅히 주격으로 나타냈어야 했다. 이 조항을 순화하면 다음과 같이 된다.

제13조 [사원 등에 대한 특별 재판적] ①회사 그 밖의 사단이 사원을 제소하거나, 사원이 다른 사원을 제소하는 경우에는 사원의 자격으로 말미암은 것에 한하여 회사 그 밖의 사단의 보통 재판적이 있는 곳의 법원에 제기할 수 있다.
② 제1항의 규정은 사단 또는 재단에 의한 그 임원에 대한 訴와, 회사에 의한 발기인 또는 검사인에 대한 訴에 준용한다.

법률 문장에서 많이 쓰이는 주제격도 문제이다. '-(으)ㄴ/-는'이란 형태로 나타나는 이 말은 주격, 목적격 등 다양한 격을 나타내기 때문이다. 법률 문장에서 특히 많이 쓰이는 의미상 목적격의 이 '-(으)ㄴ/-는'은 '-(으)ㄹ/-를'로 바꾸어 씀으로 혼란을 줄이도록 하여야 한다.

제200조 [소송비용 담보 규정의 준용] 제112조 제113조 제115조와 제116조의 규정은 제199조의 담보에 준용한다.

이 조항에는 '…의 규정은'이라고 주제격이 쓰이고 있다. 이 주제는 주격에 해당되는 것인지, 아니면 목적격에 해당되는 것인지 모호하다. 이는 주격 아닌, 목적격으로 보아야 할 것이다. 따라서 이 조항은 '제199조의 담보에 제112조, 제113조, 제115조와 제116조의 규정을 준용한다.'로 순화해야 그 의미가 분명해진다. 이러한 해석은 이에 해당한 일본법이 다음과 같이 되어 있는 것이 참고가 된다.

第197條 [訴訟費用の 擔保の 規定の 準用] 第112條, 第113條, 第115條, 第
116條ノ 規定ハ 第196條ノ 擔保ニ 之ヲ 準用ス

이 밖에 여기서 논의해야 할 것으로 어순(語順)이 있다. 법률 문장에는
어순이 바람직하지 않아 그 의미를 잘 알기 어려운 것도 많이 있다. 특별히
주어·주체가 분명해야 하겠는데 이것을 파악하기 어려운 것이 많다. 이런
경우는 주어를 문두에 제시하는 표현으로 바꾸도록 해야 한다. 한 예를 들
어 보면 다음과 같다.

제288조 [증언 거부에 대한 재판] ② 증언 거부에 대한 재판에 관하여는
당사자 또는 증인은 즉시 항고를 할 수 있다.

이는 비교적 단순한 조항이지만 '관하여는… 증인은'과 같이 '-는…-는'
의 형태로 이어져 의미 파악을 어렵게 하는 것이다. 따라서 이런 경우는 우
선 '당사자 또는 증인은'과 같이 주체를 제시하는 것이 바람직하다. 이를
순화하여 보면 다음과 같이 된다.

제288조 [증언 거부에 대한 재판] ② 당사자 또는 증인은 증언 거부에
관한 재판에 대하여 즉시 항고할 수 있다.

4.6.4. 충분치 못한 자료

충분한 자료를 제공하지 않아 그 의미가 애매모호하고 혼란이 빚어지는
경우도 많다. 「기일에 출석하지 않은 경우」라고 되어 있는 법률 문장의 경
우 이 기일은 그 문맥만 가지고는 무슨 기일인지 알 수가 없다. 이런 경우
에는 우선 불충분한 자료를 보충해 주어야 한다. 충분한 정보를 제공하는

것이다. 이는 형태적으로 볼 때 비문법적 문제 가운데 성분의 생략과 밀접
한 관계가 있는 것이다(예문 p.390 참조).

제196조 [판결 송달의 기일] ① 법원 사무관 등은 <u>판결을</u> 영수한 날로부
터 2주일내에 당사자에게 송달하여야 한다.
② <u>판결의</u> 송달은 정본으로 한다.

이는 용어가 문제되는 것이다. 이 조문에는 '판결서'가 '판결'로 쓰이고
있다. 그래서 크게 착오가 일어나지는 않겠지만 분명해야 할 법률 문장에
혼란이 일게 하고 있는 것이 사실이다. '판결의 영수', '판결의 송달'은 생
각하기 곤란한 표현이다. 법률 문장이니 '판결서'라고 분명히 기술하여야
한다.

제140조 [責問權] 당사자가 소송 절차에 관한 규정에 <u>위배됨을</u> 알거나
알 수 있었을 경우에 지체없이 이의하지 아니하면 그 권리를 잃는다.

이 조항에는 '위배됨'의 주체가 밝혀져 있지 않다. 그래서 그 뜻이 분명
치 않다. 이의 주체는 '규정'이고 '법에' 위배되는 것이다. 따라서 이 조항
은 '당사자가 소송 절차에 관한 규정이 법에 어긋나는 것임을 알거나'와 같
이 주어를 우선 문두에 제시하고, 한정어 '법에'를 보충해야 한다.

제447조 [공시최고 절차의 관할 법원] ② 제463조의 경우에는 증권이나
증서에 표시된 <u>이행지의</u> 지방법원이 관할한다. 다만, 증권이나 증서에 이
행지의 표시가 없는 때에는 발행인의 보통 재판적있는 지방법원이, 그 법
원이 없는 때에는 발행인의 발행 당시의 보통 재판적있던 곳의 지방법원
이 각 관할한다.

이 경우에는 '이행지'가 무슨 이행지인지 알 수가 없다. 따라서 이런 경우도 '채무의무'라는 관형어 또는 목적어를 보충함으로 모호함을 불식하도록 함이 바람직할 것이다.

5. 결어

우리의 법률 문장은 대부분 1950~60년대에 제정된 것이다. 그리하여 전근대적인 한문투의 영향과 일본 법령의 영향을 많이 받고 있다. 법률 문장에 한문투의 문체와 일본식 용어가 많이 쓰이고 있는 것은 이 때문이다. 이 밖에 표현상 잘못된 오류도 많이 보인다.

법, 또는 법률이란 국가와 사회의 안녕 질서를 유지하기 위한 실천 규범이다. 따라서 그 나라의 국민이 쉽게 이해하고 실천할 수 있는 친근한 것이 되어야 한다. 한문투나 일본식 표현은 배제돼야 한다. 특히 국가와 민족의 체면으로 보아 일본식 표현은 빨리 청산하는 것이 바람직하다. 오용으로 인한 의미의 혼란도 있어서는 안 된다. 법률 문장은 명료해야 하기 때문이다. 외국에서도 법률 문장을 쉽게 구어적 표현으로 개정하고 있다. 우리의 법률 문장들은 대부분 제정된 지 한 세대가 지나 두 세대를 마감할 날을 얼마 남겨 두고 있지 않다. 그러니 구세대의 표현이라 하겠다. '새 술은 새 부대에'라는 말도 있듯, 우리의 법률 문장을 새로운 세대에 맞는 새로운 법률 문장으로 재탄생하도록 하여야 하겠다.(▪)

참고 문헌

박갑수(1984), 국어의 표현과 순화론, 지학사.
박갑수 외(1990), 신문기사의 문체, 한국언론 연구원.
박갑수(1994), 우리말 사랑 이야기, 한샘출판사.
박갑수(1994), 올바른 언어생활, 한샘출판사.
박갑수(1997), 민사소송법의 순화 연구, 대법원 보고서.
박갑수(1990), 법률 용어 문장 왜 이리 어려운가, 언론과 비평 12, 언론과 비평사.
박갑수(1997), 법률용어와 문장의 순화, 한글 사랑 제5호, 한글사랑사.
박갑수(1997), 법률 문장 순화돼야 한다, 새국어생활 제7권 4호, 국립국어연구원.
신각철(1995), 법령에서 쓰이고 있는 일본식 표기 용어의 정비, 새국어생활 5-2, 국립
　　　　　국어연구원.

이 글은 '국어교육', 제96호, 한국어교육연구회(1998. 2.)에 발표된 것이다.

3장 민사소송법의 순화, 그 필요성과 실제

1. 법률 문장 순화의 필요성

법이란 사회의 안녕질서를 유지하기 위하여 제정된 실천 규범이다. 따라서 이는 쉽고 분명해야 한다. 그렇지 않으면 이를 지키고 실천하기가 어렵다. 그런데 우리의 법률 문장은 쉽게 이해되지 않는다. 너무 어렵게 되어있다. 따라서 이는 실천규범과는 거리가 먼, 규제하는 규범으로 존재할 뿐이다. 이렇게 되면 그 법의 존재 의미가 반감된다. 따라서 법률 문장은 순화가 필요하다.

법률 문장 순화의 필요성으로는 다음과 같은 몇 가지를 생각할 수 있다.

첫째, 실천규범이 되게 하기 위해서다.

알고 지키게 하기 위해서는 무엇보다 법이 쉬워야 한다. 낱말이 쉬워야하고, 문장 표현이 쉬워야 한다. 우리 민생(民生)과 밀접한 관계를 갖는 법에 '경범죄 처벌법'이 있다. 현행법은 1983년 전면 개정된 것이다. 개정된 '경범죄 처벌법'은 전의 난해한 한문 투의 문장을 쉬운 구어(口語)로 개정한 것이다. 개정 이전의 법조문(法條文)을 보면 다음과 같다.

第1條 14. 飮用에 供하는 淨水를 汚穢하거나, 또는 使用을 妨害하는 者.

第1條 17. 炮煮 洗滌 剝皮하지 아니하고 그대로 食用에 供하는 食品에 覆蓋를 設置하지 아니하고 店頭에 陳列하거나 行商하는 者

第1條 47. 公共의 場所 또는 公共의 用에 供하는 施設에서 座席 또는 駐車의 場所를 占하는 便益을 價額을 받고 供與하거나 이를 위하여 他人을 追隨한 者

이는 개정 이전의 한문 투의 것이다. 이들 조문의 뜻은 쉽게 이해되지 않는다. 무슨 뜻인지 이해하지 못하는 사람이 많을 것이다. 따라서 이는 지키기 어렵다. 이에 대해 개정된 다음 문장은 쉽게 이해될 것이다.

제1조 14. (飮料水 使用 妨害) 사람이 마시는 물을 더럽히거나 그 사용을 방해한 사람

제1조 15. (덮개 없는 飮食物 販賣) 껍질을 벗기거나 익히거나 씻거나 하지 아니하고 그대로 먹을 수 있는 음식물을 덮개를 덮지 아니하고 가게 밖이나 한데에 내놓거나 돌아다니며 판사람

제1조 43. (자릿세 징수 등) 여러 사람이 모이거나 쓸 수 있도록 개방된 시설 또는 장소에서 좌석이나 차 세워 둘 자리를 잡아 주기로 하거나 잡아 주면서 돈을 받거나 요구하거나 이를 위하여 다른 사람을 귀찮게 따라다니는 사람

이렇게 문장을 순화하고, 순화하지 아니 한 것은 엄청난 차이를 드러낸다. 따라서 법이 실용규범이 되게 하기 위해서는 마땅히 그 문장을 쉬운 구어로 순화해야 한다. 이는 이론의 여지가 없다.

둘째, 바르고 정확한 표현이 되게 하기 위해서다.

법률 문장은 다른 문장에 비해 바르고, 분명하고, 논리적이어야 한다. 그런데 현행 법률 문장은 문법에 맞지 않는, 잘못된 표현이 많고, 모호하고

비논리적인 표현이 많다. 이러한 표현은 법률 문장으로서는 용납될 수 없는 것이다. 이들은 마땅히 바르게 고쳐져야 한다. 이러한 바람직하지 않은 표현은 헌법(憲法)에도 많이 보인다(박갑수, 1990). 이중 몇 개를 보면 다음과 같다.

제7조 공무원은 국민 전체에 대한 <u>봉사자이며</u>(봉사자로서), 국민에 대하여 책임을 진다.

제36조 혼인과 가족생활은 개인의 존엄과 양성의 평등을 기초로 성립되고 유지되어야 하며, 국가는 이를 <u>보장한다</u>(보장하여야 한다).

제107조 <u>법률이 헌법에 위반되는</u>(법률의 헌법 위반) <u>여부</u>(위반되는지 아니 되는지)가 재판의 전제가 되는 경우

제8조 정당의 설립은 <u>자유이며</u>(자유로이 할 수 있으며) 복수 정당제는 보장된다.

제9조 국가는 전통문화의 계승·발전과 민족문화의 <u>창달에</u>(창달을 위해) 노력하여야 한다.

제51조 국회에 제출된 법률안 기타의 의안은 회기 중에 의결되지 <u>못한 이유로</u>(못하였다 하여) 폐기되지 아니한다.

제37조 국민의 모든 자유와 권리는 국가안전보장·질서유지 또는 공공복리를 위하여 필요한 경우에 한하여 법률로서 제한할 수 <u>있으며</u>(있으나), 제한하는 경우에도 자유와 권리의 본질적인 내용을 침해할 수 없다.

제67조 대통령으로 <u>선거될</u>(피선될) 수 있는 자는 국회의원의 피선거권이 있고, 선거일 현재 <u>40세에 달하여야</u>(40세 이상이 되어야) 한다.

위에 보기를 든 제7조·제36조는 대등접속 표현에 문제가 있는 것이며, 제107조는 수식관계에 문제가 있는 것이다. 제8조·제9조는 성분의 생략이 문제되는 것이다. 이러한 것들은 비문법적인 표현들이다. 제51조는 번역투의 문장으로 어색한 것이다. 제37조·제67조는 의미상 어색하거나 조리에 맞지 않는 표현이다. 이러한 것들은 분명하고, 조리에 맞아야 할 법률

문장에 하자가 되는 것이다.

셋째, 친숙한 표현이 되게 하기 위해서다.

민주사회에서의 법은 규제하는 법, 군림하는 법이 되어서는 곤란하다. 친근한 법, 자상한 법이 되어야 한다. 그러기 위해서는 권위주의적 표현, 위압적인 표현, 명령적인 표현이 지양되어야 한다. 이러한 것의 대표적인 것에 '-ㄴ 者', '命한다', '-에 處한다', '科한다' 따위가 있다. 이들은 '-ㄴ 사람', '하게 한다', '물린다', '지운다' 따위로 순화할 수 있다. 특히 법률 문장에 많이 쓰이는 'ㄴ 者'는 본래 중립적인 표현이었으나, 오늘날은 비하하는 의미를 지녀 중립성을 상실한 용어다. '-ㄴ 사람'이라 함이 바람직하다. 순화를 요하는 용례를 몇 개 들어보면 다음과 같다.

· 다음 各號의 1에 該當하는 자는 再審의 請求를 할 수 있다.
  1. 檢事
  2. 有罪의 宣告를 받은 者
  3. 有罪의 宣告를 받은 者의 法定代理人
  4. 有罪의 宣告를 받은 者가 死亡하거나 心身障碍가 있는 경우에는 그
      配偶者, 直系 親族, 또는 兄弟姉妹 <형사소송법 제424조>
· 검정을 함에 필요한 때에는 사법경찰관리에게 보조를 命할 수 있다.
  <형사소송법 제144조>
· 暴行 또는 脅迫으로 사람의 權利行使를 妨害한 者는 5年 以下의 懲役
  에 處한다. <형법 제324조>

넷째, 국가의 체면상 순화해야 한다.

한일합방(韓日合邦) 이후 우리나라에는 일본법(日本法)이 그대로 전용되었다. 미(美) 군정기(軍政期)에는 '법률 제 명령의 존속'이란 법령에 의해 일본 법령이 그대로 남아 쓰였다. 이러한 일본 법령은 광복 후에도 '의용(依用)'

법률로 계속 사용되다가 1950~60년대 이후에 와서야 새로운 법이 제정되며 쓰이지 않게 되었다. 그래서 새로운 법이란 것도 이러한 역사적 배경 아래 제정된 것이어서 일본 법령의 번역이나 다름이 없는 것이 되었다(신각철, 1995). 이것이 우리 법률 문장의 현주소이다. 우리가 일제의 압제에서 벗어난 지도 벌써 반세기가 지났다. 그럼에도 법률 문장이 일본법의 테두리를 벗어나지 못하고 있다는 것은 국가 체면상 말이 안 된다. 하루 속히 일본식 법률 문장을 불식하여야 하겠다. 일본법의 구체적인 영향은 다음 민사소송법의 조문 비교로 쉽게 이해될 것이다.

대법원은 이번에 '민사소송법'을 개정하며 순화하는 작업도 아울러 추진하고 있다. 이는 시대적으로 보아 늦은 감은 있으나 그나마 다행스러운 일이라 하겠다. 이 법은 우리 시민과 밀접한 관계를 지니는 것으로, 1960년에 처음 제정되어 다른 법과 마찬가지로 법률 문장의 모든 문제점을 끌어안고 있기 때문이다. 더구나 우리의 민사소송법은 조사와 어미만 바꾸었다고 할 정도로, 일본법이 직역(直譯)된 것이다. 구체적으로 몇 조항을 비교해 보면 다음과 같다.

第1條의2 [普通 裁判籍] 訴는 被告의 普通 裁判籍 所在地의 法院의 管轄에 屬한다.

第3條 [大公使 등의 普通 裁判籍] 大使, 公使 기타 外國에서 治外法權있는 大韓民國 國民이 第2條의 規程에 의한 普通 裁判籍이 없는 때에는 그 普通 裁判籍은 大法院 所在地로 한다.

第10條 [事務所, 營業所所在地의 特別裁判籍] 事務所 또는 營業所가 있는 者에 대한 訴는 그 事務所 또는 營業所의 業務에 關한 것에 限하여 그 所在地의 法院에 提起할 수 있다.

第1條 [普通 裁判籍] 訴ハ 被告ノ 普通裁判籍 所在地ノ 裁判所ノ 管轄ニ 屬ス

第3條 [大公使の 普通 裁判籍] 大使, 公使 其ノ 他 外國ニ 在リ 治外法權 ヲ 享クル 日本人ガ 前條ノ 規定ニ 依リ 普通 裁判籍ヲ 有セサルトキハ 其 ノ者ノ 普通裁判籍ハ 最高裁判所ノ 定ムル 地ニ 在ルモノトス

第9條 [事務所・營業所所在地の裁判籍] 事務所 又ハ 營業所ヲ 有スル者ニ 對スル 訴ハ 其ノ事務所 又ハ營業所ニ於ケル 業務ニ 關スルモノニ限リ 其ノ 所在地ノ 裁判所ニ 之ヲ 提起スルコトヲ得

위의 일본 민사소송법은 1996년 6월 구어(口語)의 문장으로 개정되기 이전의 것이다. 우리의 민사소송법은 이 개정되기 이전의 일본법과 같은 것이다. 우리 민사소송법의 실상이 이러하니 국가와 국민을 위해 마땅히 순화하여야 한다. 순화를 하면 물론 기득권층은 다소 불편할 것이나, 이는 대다수 국민을 위해 감수해야 하겠다(저자는 대법원 행정처의 의뢰를 받아 민사소송법 순화 작업을 수행하였다. 그리하여 그 '순화안'을 가지고 공청회의 주제발표를 하게 된 것이다). 이에 앞에서 언급한 바와 같은 순화의 필요성을 지닌 민사소송법의 조문을 구체적으로 어떻게 순화하였는가 다음에 살펴보기로 한다.

2. 민사소송법 순화의 실제

민사소송법의 문장은 다른 법률 문장과 마찬가지로 난해한 한문투의 일본식 법률 문장으로 되어 있다. 이들은 또한 많은 문법적 오류를 안고 있다. 그래서 이 법은 다음과 같은 원칙 아래 순화하기로 하였다.

(1) 용어의 순화 원칙
- 일상생활에서 잘 쓰이지 않는 어려운 용어의 순화
- 구시대적 한문 투 용어의 순화
- 준말이라 할 어려운 용어의 순화
- 일상용어이나 좀 더 순화할 수 있는 용어의 순화
- 일본식 용어, 특히 훈독어의 순화
- 권위주의적 용어의 순화

(2) 문장의 순화 원칙
- 한문 투의 문어체, 일본어식 표현의 순화
- 비문법적 문장의 순화
- 명사구의 오남용 순화
- 길고 복잡한 문장의 순화
- 난해하거나 의미가 모호한 문장의 순화
- 의미 파악이 곤란한 문장의 생략된 자료의 보충

이러한 원칙 아래 민사소송법 문장의 문제점을 순화하였고, 현행 조문이 그대로 남아 있는 것이 거의 없다고 할 정도로 순화하였다. 따라서 순화된 민사소송법은 현행법에 비해 알기 쉽고 분명하며, 우리말다운 우리말이 되었다. 이러한 순화된 법률 문장은 민중과 좀 더 친숙한 '실천 규범'으로 자리 잡을 것이다. 비교할 수 있게 한두 조항을 예로 들어 보면 다음과 같다.

제56조 [소송능력 등 흠결과 추인] 소송능력, 법정 대리권 또는 소송행위에 필요한 수권이 흠결된 자의 소송행위는 보장될 당사자나 법정대리인의 추인에 의하여 행위 시에 소급하여 그 효력이 있다.

제285조 [증언 거부권] 증언이 증인이나 다음에 게기(揭記)한 자가 소송 제기 또는 유죄판결을 받을 염려(念慮) 있는 사항 또는 그들의 치욕될 사항에 관한 것인 때에는 증인은 증언을 거부할 수 있다.

제60조(改訂 제56조) [소송능력의 흠과 추인] 소송능력, 법정 대리권 또
는 소송행위에 필요한 권한의 수여에 흠이 있는 사람이 소송행위를 한 뒤
에, 바로잡힌 당사자나 법정대리인이 이를 추인한 경우에는, 그 소송행위
는 이를 한 때로 거슬러 올라가 효력이 생긴다.

제314조(改訂 제285조) [증언 거부권] 증인은 그 증언이 자기나 다음에
적힌 사람이 공소제기(公訴提起)되거나 유죄판결을 받을 염려가 있는 사
항, 또는 자기나 그들에게 치욕이 될 사항에 관한 것인 때에는 이를 거부
할 수 있다.

그러면 다음에 이러한 민사소송법 순화의 실제를 어휘와 문장으로 나누
어 살펴보기로 한다.

2.1. 어휘의 순화

민사소송법에는 다른 법률에서와 마찬가지로 어려운 한자어와 일본식 용
어가 많이 쓰이고 있다. 이러한 용어들은 순화되었다. 특히 한자어의 경우
는 민사소송법 이외의 다른 법에서 개념 및 요건을 규정한 용어, 민사소송
법에서 규정하거나 주로 쓰이는 용어, 법률용어가 아닌 한자어의 셋으로 나
누어 뒤의 두 가지를 집중적으로 순화하기로 하였다.

2.1.1. 어려운 한자어

첫째, 일상생활에서 잘 쓰이지 않는 어려운 용어를 순화하였다.

의미를 파악할 수 없는 말은 실천 규범으로서 기능을 하지 못한다. 따라
서 이러한 어려운 한자 용어는 순화하였다. 순화용어로는 법제처의 '법령용
어 순화편람'(1996)에 제시된 '정비된 용어'를 많이 참고하였다. 이들 예를

몇 개 제시하면 다음과 같다.

가액(價額)- 값	게기(揭記)하다- 규정하다
견련(牽連)- 관련	계쟁물(係爭物)- 다툼의 대상
공무소(公務所)- 공공기관	기속(羈束)- 구속
매득금(賣得金)- 매각대금, 판돈	몰취(沒取)- 빼앗음
물상담보권(物上擔保權)- 물적담보권	발항(發航)하다-떠나다
보장구(保障具)-보조하는 기구	비기(誹謗)- 헐뜯기
사위(詐僞)- 거짓, 허위	상계(相計)- 엇셈
수계(受繼)하다- 이어받다	수권(授權)- 권한수여, 권한을 받음
수액(數額)- 액수	안분(按分)하다- 고르게 나누다
위식(違式)- 형식에 어긋남	의제자백(擬制 自白)- 자백으로 간주
이부(移付)하다- 넘기다	인낙(認諾)- 수용, 받아들임
전부명령(轉付命令)- 이전명령	전촉(轉囑)- 다시 맡김
직근(直近)- 가장 가까운	체당금(替當金)- 미리 충당한 돈
추완(追完)- 추후 유효하게 함	출소(出訴)- 소 제기
해태(懈怠)하다- 게을리하다, 소홀하다	환가(換價)- 현금화

둘째, 한문 투의 용어를 순화하였다.

법률 문장에는 구시대적 표현 용어라 할 '공하다, 긍하여, 공히, (그) 정을 알고'와 같은 한문 투의 표현이 쓰인다. 민사소송법에도 그리 심한 것은 아니나, 이러한 한문 투의 용어가 많이 쓰이고 있다. 이들을 순화하였다.

경정(更正)하다- 고치다	구문권(求問權)- 설명 요구권
기립(起立)하다- 일어서다	농자(聾者)- 듣는 데 장애가 있는 사람
당해(當該)- 그	도과(徒過)하다- 넘기다
면(免)하다- 벗다	무익(無益)하다- 쓸데없다
반(反)하다- 어긋나다	발(發)하다-내리다
부존재(不存在)- 없음	불요증사실(不要證事實)- 증명이 필요 없는 사실

익일(翌日)- 다음날	일몰후(日沒後)- 해가 진 뒤
일출전(日出前)- 해뜨기 전	차순위(次順位)- 다음 차례
출진(出陣)- 전쟁에 나감	합일적(合一的)- 일치되게

셋째, 어려운 준말을 순화하였다.

준말을 써서 그 뜻을 알기 어려운 경우에는 간략화 이전의 원말을 쓰거나, 쉬운 말로 순화하였다.

공과(公課)- 공과금	공부(公簿)- 공적 장부
수권(授權)- 권한 수여, 권한을 받음	심판(審判)하다- 심리 재판하다
인낙(認諾)- 수용, 인정	자력(資力)- 자금 능력
진부(眞否)- 진정 여부	특칙(特則)- 특별 규정
특칙(特則)- 특별 규정	환가금(換價金)- 현금화한 금전

넷째, 일상용어도 좀 더 쉽게 순화하였다.

법률 문장이 실천 규범이 되자면 가능한 한 쉬워야 한다. 따라서 일상용어라 할지라도 좀 더 쉽게 바꾸어 쓸 수 있는 것은 쉬운 단어로 바꾸었다. 한자어와 고유어의 이중체계(二重體系)로 된 유의어의 순화가 이러한 예의 대표적인 것이다.

경질(更迭)- 갈림	교부(交付)하다- 내 주다
기인(基因)- -로 말미암다	기재(記載)하다- 적다, 적어 넣다, 쓰다
달(達)하다- 이르다	도래(到來)하다- 이르다
병합(倂合)하여- 함께	부기(附記)- 덧붙여 적음
산정(算定)하다- 계산하여 정하다	상실(喪失)- 잃음
소재지(所在地)- -이 있는 곳	소지자(所持者)-가지고 있는 사람, 가진 자
위배(違背)- 어긋남	종결(終結)하다- 마치다, 마감하다
지체(遲滯)없이- 바로	처(處)하다- 물리다

체결(締結)하다- 맺다	타인(他人)- 다른 사람
하자(瑕疵)- 흠	

2.1.2. 일본식 용어

일본식 용어는 앞에서 살펴본 바와 같이 우리 법률의 역사적 배경으로
말미암아 많이 들어와 쓰이게 되었다. 이러한 용어 가운데 음독(音讀)되는
한자어는 일단 귀화한 말로 본다 하더라도 한자어의 탈을 쓴 훈독어(訓讀語)
는 그렇게 보기 곤란하다. 더구나 이에 해당한 우리말이 따로 있는 경우 그
러하다. 민사소송법에는 다행히 이러한 훈독어가 그리 많지 않다. 이들은
순화하였다.

가처분(假處分)- 잠정 처분	기한부(期限附)- 기한이 있음
송부(送付)하다- 보내다	수취(受取)하다- 받다
조건부(條件附)- 조건이 있음	

2.1.3. 권위적인 용어

권위적인 용어를 순화하였다. 이는 개별 어휘가 많아서라기보다 연어(延
語)가 많아서 오히려 문제가 되는 것이다. 곧 출현(出現) 빈도가 높아 문제
가 된다. 이런 것의 대표적인 예로는 '-ㄴ 者', '-에 處한다', '科한다', '命
한다' 따위를 들 수 있다. 이러한 용어 가운데 '-ㄴ 자(者)'는 '-ㄴ 사람'으
로, '-에 처(處)한다'는 과태료 벌금 등에 대하여 '물린다'로 순화하였다. 순
화한 예를 보면 다음과 같다.

第11條(改訂 第9條) 대한민국에 주소가 없는 사람, 또는 주소를 알 수 없는 <u>사람</u>에 대하여 財産權에 관한 訴를 제기하는 경우에는 청구의 목적 또는 담보의 목적이나, 압류할 수 있는 피고의 재산이 있는 곳의 법원에 제기할 수 있다.

第360條(改訂 第331條) ② 第3者가 正當한 事由 없이 第1項의 규정에 의한 提出命令에 따르지 아니한 때에는 100만 원 이하의 <u>過怠料를 물린다.</u>

2.2. 문장의 순화

법률 문장에는 바람직하지 않은 문장상의 문제가 많다. 이들의 대표적인 것을 유형화하여 보면 한문 투의 문어체, 일본어 투의 문체, 비문법적인 문장, 명사구의 선호, 길고 복잡한 문장 구조, 의미상의 혼란 등이다. 이러한 문장 상 문제가 되는 것은 쉽게 이해하고, 실천할 수 있는 규범이 되게 하기 위해 순화하였다. 이들의 보기를 몇 개씩 들어 살펴보기로 한다.

2.2.1. 한문 투 문어체의 표현을 순화하였다.

우리의 법률 문장은 대부분 한문 투의 문어체로 되어 있다. 이는 시대감각에도 맞지 않을 뿐 아니라, 난해하다. 따라서 이러한 한문 투의 문장은 쉬운 구어체의 문장으로 순화하였다.

제176조 [외국에서 하는 송달의 방법] 외국에서 할 송달은 재판장이 그 <u>國</u>에 주재하는 대한민국의 대사, 공사, 영사, 또는 그 <u>國의</u> 관할 <u>公務所</u>에 <u>囑託</u>한다.

제525조 [집행방법, 압류의 범위] ③ 압류물을 <u>換價</u>하여도 집행 비용 외에 <u>剩餘가 없을</u> 경우에는 집행하지 못한다.

제725조 [경매개시 결정에 대한 이의 사유] 경매 절차의 개시 결정에 대

한 이의에서는 <u>담보권의 不存在</u>, 또는 소멸을 주장할 수 있다.

위의 보기들은 우리의 일상어라기보다 한문 투의 용어요, 표현이다. '그 國에 주재하는, 그 國의 관할하는 公務所, 換價하여도, 剩餘가 없을, 담보권의 不存在' 따위가 그러하다. 이러한 표현들은 '그 나라에 주재하는, 그 나라의 관할 공공기관, 현금화하여도, 남을 것이 없는, 담보권이 없다는 것'과 같이 순한 말로 바꾸었다.

2.2.2. 일본어 투의 문체를 순화하였다.

일본어의 영향은 단순히 법률용어에 그치지 아니하고, 문장 구조에까지 미치고 있다. 우리 문장에 일본어가 문법적으로 간섭하는 것이다. 이러한 것의 대표적인 예는 우리말에 필요 없는 '對シテ' 또는 '付'를 번역하여 '대하여'라 하는 것과, 일본 법률 문장에 많이 쓰이는 '有ス, 在ル'를 오남용하고 있는 것이다. 이러한 표현들은 순화하였다.

제63조 [필요적 공동소송의 특칙] ① 소송의 목적이 공동소송인의 <u>전원에 대하여(付)</u> 합일적으로 확정될 경우에는 그 1인의 소송 행위는 전원의 이익을 위하여서만 그 효력이 있다.
② 공동소송인의 1인에 대한 상대방의 소송행위는 <u>전원에 대하여(對シテ)</u> 효력이 있다.
③ 공동소송인의 1인에 대하여(付) 소송절차의 중단 또는 중지의 원인이 있는 때에는 그 중단 또는 중지는 <u>전원에 대하여(付)</u> 효력이 있다.

위의 '전원에 대하여'는 '付, 對シテ'를 번역한 말이나, 우리말로는 '전원에 대하여'의 '대하여'가 아니라, '전원에게'의 '-에게'라 하여야 할 말이

다. '(공동소송인의) 1인에 대하여'도 '1인에게'라 하여야 할 말이다. 개정안에서 이들은 모두 '-에게'로 순화하였다.

이밖에 제166조의 '무능력자에 <u>대한</u> 송달', 제167조의 '공동대리인에 <u>대한</u> 송달', 제168조의 '군관계인에 <u>대한</u> 송달', 제169조의 '피구속자에 <u>대한</u> 송달' 등도 직역한 것으로, 우리말로는 각각 '무능력자에게 할 송달', '공동대리인에게 할 송달', '군관계인에게 할 송달', '구속된 사람들에게 할 송달'이라고 번역하여야 할 말로, 순화안에서는 모두 이와 같이 순화하였다.

다음은 '있다'가 부적절하게 사용된 예다.

> 제409조 [항고의 대상] 소송절차에 관한 신청을 기각할 결정이나 명령에 대하여 <u>불복이 있으면</u> 항고할 수 있다.
> 제285조 [증언 거부] 증인이 증언이나 다음에 揭記한 자가 공소제기 또는 유죄판결을 받을 <u>念慮있는</u> 사항 또는 그들의 치욕될 사항에 관한 것인 때에는 증인은 증언을 거부할 수 있다.
> 제115조 ② 담보 제공자가 담보취소에 대한 담보 권리자의 <u>동의있음을</u> 증명한 때에도 제1항과 같다.

위의 보기와 같은 '있다'는 앞에 오는 명사에 접사 '-하다/되다'를 붙여 용언화(用言化) 하거나, 조사를 붙여 사용하거나, 다른 말로 바꿔 써야 자연스러울 말이다. 제409조 가운데 쓰인 '불복이 있으면'은 '불복하면', 제285조 가운데 쓰인 '염려있는'은 '염려가 있는', 제115조 가운데 쓰인 '동의있음을'은 '동의받았음을'로 순화하였다.

2.2.3. 문법적으로 바르지 않은 표현을 순화하였다.

민사소송법에는 문법에 맞지 않는, 잘못된 표현도 많다. 문장 성분의 호

웅, 태, 시제, 조사 등이 제대로 쓰이지 않는 것 따위가 그것이다. 이들은
비문법적인 표현이나, 문법 이전에 조리가 맞지 않아 문제가 되는 것이다.
이러한 비문법적인 표현은 정비, 순화하였다.

　　제66조 [참가신청의 방식] ① 서면으로 참가를 신청하는 경우에는 (*)
　그 서면을 당사자 쌍방에 송달하여야 한다.
　　제309조 [감정인의 기피] 감정인이 성실히 감정할 수 없는 사정이 있는
　때에는 당사자는 (*) 기피할 수 있다.

　제66조는 주술어의 호응이, 제309조는 객술어의 호응이 제대로 되지 않는
문장이다. 이들은 각각 생략된(기호 (*) 부분) 주어 '법원은'과 목적어 '그를'
을 삽입 순화하였다.

　　제134조 [변론 능력이 없는 자에 대한 처치] ③ 대리인에게 진술을 <u>금하</u>
　<u>고 또는</u> 변호사의 선임을 명하였을 때에는 본인에게 그 취지를 통지하여
　야 한다.

　이 조항은 접속 호응에 문제가 있는 것이다. '금하고'는 대등접속의 연결
어미인데, 여기에 '또는'이 이어 쓰여 혼란을 빚고 있는 것이다. 이러한 오
용은 일본의 법조문이 '陳述ヲ禁シ又ハ'로 되어 있어 이를 직역하여 잘못
된 것이다. '-シ又ハ'란 표현은 법률 문장 도처에 보인다. 위의 제134조의
경우는 '금하거나'로 순화하였다. 제49조의 '1인 또는 수인을 선정하고 또
는'도 이러한 표현이다. 이것도 '선정하거나'로 순화하였다.
　능동·수동의 혼란도 순화하였다. 다음 제189조의 '경질한'을 '갈린'으
로 순화한 것이 이러한 예다.

제189조 [직접주의] ③ 합의부의 법관의 과반수가 경질한 경우에도 같다.

시제(時制)를 순화한 예를 보면 제241조의 '당사자 쌍방이 변론의 기일에 출석하지 아니하거나, 출석하더라도 변론하지 아니한 때에는 재판장은 다시 기일을 정하여 당사자 쌍방을 소환하여야 한다.'에서 '출석하더라도'를 '출석하였다 하더라도'(제268조)와 같이 과거로 순화한 것이 그것이다.

조사(助詞)도 짝이 맞지 않거나 생략되어 문제가 되는 것은 순화하였다. 조사가 생략된 경우에는 이를 채워 넣었다. 조사가 생략되면 오해를 빚거나, 이해를 어렵게 하거나, 표현을 어색하게 만들기 때문이다. 이러한 예는 서술어 '있다' 앞에 생략된 조사를 보충한 것이 그 대표적인 경우다. 이의 용례는 앞에서 본 바와 같다.

그리고 비문법적이라고까지는 할 수 없으나 '는… 는'으로 이어지는 '는'의 반복적 사용도 순화하였다. 이들은 '부사어- 주제격'이거나, '주제격-부사어'로 성분이 이어진 것인데 어조상(語調上) 거부감을 갖게 하고, 의미 파악을 어렵게 하기 때문이다. 이는 꼭 필요한 경우가 아니면 주제격 조사를 다른 조사로 바꾸거나, 부사어에 쓰인 '는'을 생략하도록 하였다. 그 한 예로 제240조의 원문과 순화의 예를 보면 다음과 같다.

제240조 [소 취하의 효과] ① 訴는 취하된 부분에 대하여는 처음부터 계속하지 아니한 것으로 본다.
제267조 [소 취하의 효과] ① (소가) 취하된 부분에 대하여는 소가 처음부터 係屬되지 아니한 것으로 본다.

2.2.4. 명사구의 문장을 순화하였다.

우리 법률 문장에는 명사구로 된 표현이 많이 쓰이고 있다. 그래서 가뜩이나 딱딱한 법률 문장을 더욱 딱딱하게 만들고 있다. 명사구는 흔히 '-음을', '-ㄹ 것을'의 형태로 쓰인다. 이들은 각각 '-다는 것을', '-도록'의 형태로 순화하여야 우리말다운 부드러운 표현이 된다.

제407조 [破棄自判] ② 사건이 법원의 권한에 <u>속하지 아니함을</u> 이유로 하여 판결을 파기하는 때

제687조 ② 채권자가 선박의 지분에 대한 강제집행신청을 함에는 채무자가 선박의 지분을 <u>소유하고 있음을</u> 증명할 선박등기부의 등본이나 기타의 증명서를 첨부하여야 한다.

제371조 ① … 항소재판장은 항소인에게 상당한 기간을 정하여 그 기간내에 흠결을 <u>補正할 것을</u> 명하여야 한다.

제704조 [이의에 대한 재판] ③ 제2항의 경우에 법원은 적당한 담보를 <u>제공할 것을</u> 명할 수 있다.

이들은 조문의 명사구 '속하지 아니함', '소유하고 있음', '補正할 것', '제공할 것' 등은 각각 '속하지 아니한다 하여', '소유하고 있다는', '바로잡도록', '제공하도록'과 같이 순한 표현으로 순화하였다.

2.2.5. 길고 복잡한 문장은 간소화하였다.

법률 문장은 쉽고 간결해야 한다. 길고 복잡한 구문의 문장이어서는 곤란하다. 그것은 난해하기 때문이다. 따라서 이들 길고 복잡한 문장은 몇 개의 짧은 문장으로 나누어 기술하거나, 개조식(個條式)으로 기술하도록 하였다.

　　제494조 [집행관에 의한 영수증 작성 교부] ① 채권자가 집행관에게 집행력 있는 정본을 교부하고 강제집행을 위임한 때에는 집행관은 특별수권이 없는 경우에도 지급 기타 이행을 받고 그 영수증서를 작성 교부하며 채무자가 그 의무를 완전히 이행한 때에는 집행력 있는 정본을 채무자에게 교부하여야 한다.

　　이 조항은 105자에 이르는 장문이다. 일반 문장의 경우 한 문장의 길이는 50자 내외가 바람직하다(박갑수, 1990). 따라서 이런 문장은 난독성을 지니므로 분절해야 한다. 이 조문은 두 문장으로 나누어 다음과 같이 순화하였다.

　　민사집행법안 제41조(改訂 제494조) ① 채권자가 집행관에게 집행력이 있는 정본을 내어 주고 강제집행을 위임한 때에는 집행관은 특별한 권한을 받지 못하였더라도 지급이나 그 밖의 이행을 받고 그에 대한 영수증서를 작성하고 내어 줄 수 있다. 집행관은 채무자가 그 의무를 완전히 이행한 때에는 집행력이 있는 정본을 채무자에게 내어주어야 한다.

　　제574조는 장황히 늘어놓아 그 의미를 파악하기 어려운 조항이다. 이런 조문은 그 의미 파악이 용이하게 개조식(個條式)으로 진술하도록 하였다.

　　* 제574조 [특별 환가 방법] ① 압류된 채권이 조건부 또는 기한부이거나 반대 이행과 관련되어 있거나 기타 이유로 추심하기 곤란한 때에는 법원은 채권자의 신청에 의하여 그 채권을 법원이 정한 가액으로 지급에 갈음하여 압류채권자에게 양도하는 양도명령, 추심에 갈음하여 법원이 정한 방법으로 그 채권의 매각을 집행관에게 명하는 매각명령, 또는 관리인을 선임하여 그 채권의 관리를 명하는 관리명령을 하거나 기타 상당한 방법으로 환가를 명할 수 있다.

　* 민사집행법안 제244조(改訂 제574조) [특별한 현금화 방법] ① 압류된
채권이 조건, 또는 기한이 있거나, 반대 이행과 관련되어 있거나, 그 밖의
이유로 추심하기 곤란할 때에는 법원은 채권자의 신청에 따라 다음과 같
은 명령을 할 수 있다.
　1. 채권을 법원이 정한 값으로 지급함에 갈음하여 압류채권자에게 양도
하는 양도명령
　2. 추심에 갈음하여 법원이 정한 방법으로 그 채권을 매각하도록 집행
관에게 명하는 매각명령
　3. 관리인을 선임하여 그 채권의 관리를 명하는 관리명령
　4. 그 밖의 적당한 방법으로 현금화하도록 하는 명령

2.2.6. 의미상 문제가 있는 문장을 순화하였다.

　문장이란 단어를 결합하여 의미를 분명히 드러내고자 하는 장치다. 그런
데 이 문장이 복잡하고 비문법적이거나, 충분한 정보 자료를 갖추지 않아
그 의미를 파악하기 힘든 경우가 많다. 이런 경우에는 적격(適格)의 문장을
만들고, 생략된 자료를 보충함으로 문장을 순화하였다.
　문제가 되는 속격의 '의'는 법률 문장에 많이 쓰인다. 이는 부문장에서
의미상 주격 구실을 하는 것으로, 문법적으로 용인된다. 그런데 이는 종종
문장을 복잡하게 해 의미 파악을 어렵게 하거나, 혼란을 빚기도 한다. 따라
서 명료해야 할 법률 문장에서는 이를 가급적 사용하지 않는 것이 바람직
하다. 순화안에서는 이들 속격을 분명하게 주격으로 바꾸어 의미 혼란이
일어나지 않게 하였다.

　　제265조 [직권 증거조사] 법원은 <u>당사자의</u> 신청한 증거에 의하여 심증을
　얻을 수 없거나, 기타 필요하다고 인정한 때에는 직권으로 증거조사를 할
　수 있다.

위 조문의 '당사자의'를 '당사자가'로 바꾸어 의미의 혼란이 일지 않게 한 것이 그 한 예다.

부문장에서의 속격 '의'는 때로 비문법적인 모호한 표현으로 쓰이기도 한다. 다음의 제13조가 이러한 예다.

제13조 [사원 등에 대한 특별 재판적] ① 회사 기타 사단의 사원에 대한 소 또는, 사원의 다른 사원에 대한 소는 사원의 자격에 기인한 것에 한하여 회사 기타 사단의 보통 재판적 소재지의 법원에 제기할 수 있다.

② 제1항의 규정은 사단 또는 재단의 그 임원에 대한 訴와, 회사의 발기인 또는 검사인에 대한 訴에 준용한다.

이는 제소의 주체가 누구인지 알기 어려운 비문법적인 문장이다. 곧 부문장의 속격 조사 '의'가 의미상 속격을 의미하는지, 아니면 주격을 의미하는지 구분이 잘 안 된다. ①항의 '회사 기타 사단의'의 '의'와 '또는 사원의'의 '의' 및 ②항의 '사단 또는 재단의'의 '의'와 '회사의'의 '의'는 의미상 주격으로 이들이 제소의 주체가 되는 것이다. 따라서 이들은 주격으로 나타내야 그 의미가 분명해진다. 그래서 이 조항은 다음과 같이 순화하였다.

제15조(제13조) [사원 등에 대한 특별 재판적] ① 회사 그 밖의 사단이 사원에 대하여 訴를 제기하거나, 사원이 다른 사원에 대하여 소를 제기하는 경우에 사원의 자격으로 말미암은 것이면, 회사 그 밖의 사단의 보통 재판적이 있는 곳의 법원에 소를 제기할 수 있다.

② 사단 또는 재단이 그 임원에 대하여 소(訴)를 제기하거나, 회사가 발기인 또는 검사인에 대하여 訴를 제기하는 경우에도 제1항의 규정을 준용한다.

법률 문장에서 많이 쓰이는 주제격 '-(으)ㄴ/ -는'이란 형태도 주격, 목적격 등 다양한 격을 나타내기 때문에 혼란이 일어난다. 이에 법률 문장에서 특히 많이 쓰이는 의미상 목적격의 '-(으)ㄴ/-는'은 '-(으)ㄹ/ -를'로 바꾸어 씀으로 의미상 혼란이 일지 않도록 하였다.

　　제200조 [소송비용 담보 규정의 준용] 제112조 제113조 제115조와 제
　　116조의 규정은 제199조의 담보에 준용한다.

위의 조항에는 '-의 규정은'이라고 주제격이 쓰이고 있는데. 이는 주격 아닌 목적격으로 보아야 한다. 따라서 이 조항은 '213조(제199조)의 담보에는 제122조, 제123조, 제125조와 제126조의 규정을 준용한다.'로 순화하여 그 의미를 분명히 하였다.

어순(語順)도 순화의 대상이다. 법률 문장에는 어순이 바람직하지 않아 그 의미를 잘 파악하기 어려운 것도 많다. 특별히 주어·주체를 분명히 해야 하는데 이것을 파악하기 어려운 것이 많다. 이런 경우는 주어를 문두에 제시하는 표현으로 바꾸도록 하였다. 한 예를 들어 보면 다음과 같다.

　　제288조 [증언 거부에 대한 재판] ② 증언 거부에 대한 재판에 관하여는
　　당사자 또는 증인은 즉시 항고를 할 수 있다.
　　제317조(改訂 제288조) [증언 거부에 대한 재판] ② 당사자 또는 증인은
　　제1항의 재판에 대하여 즉시 항고할 수 있다.

법률 문장에는 준용 또는 적용 규정이 많은데 사실을 앞세우고, 준용이나 적용하는 조항을 뒤로 돌린 것도 의미를 고려한 순화이다. 예를 들면 다음과 같은 것이 그것이다.

제22조 ② 제1항의 규정은 소송의 목적인 권리나 의무가 수인에 대하여 공통되거나 동일한 사실상과 법률상의 원인에 기인하여 그 수인이 공동소송인으로서 당사자가 되는 경우에 준용한다.

제25조(改訂 제22조) ② 소송목적이 되는 권리나 의무가 여러 사람에게 공통되거나, 사실상 또는 법률상 같은 원인에 의해 생겨서, 여러 사람이 공동소송인으로 당사자가 되는 경우에는 제1항의 규정을 준용한다.

문장에 정보 자료가 충분히 제시되지 않아 의미의 혼란을 빚는 경우도 많다. 예를 들어 제155조의 '기일에 출석할 것을 기재한 서면'은 문맥만으로는 그 의미를 파악할 수 없다. 이런 경우에는 자료를 보충해 주어야 한다. 그래야 의미가 제대로 드러난다. 이는 제167조(改訂 제155조)의 순화안에서 '일정한 기일에 출석하겠다고 적은 서면'이라고 소송관계인이 출석하겠다는 '일정한 기일'임을 밝힘으로 그 의미를 분명히 하였다.

제45조 [법관의 회피] 제37조와 제39조의 경우에는 법관은 감독권 있는 법원의 허가를 얻어 회피할 수 있다.

제49조(改訂 제45조) [법관의 회피] 제41조와 제43조(제37조와 제39조)의 사유가 있는 경우, 법관은 감독권이 있는 법원의 허가를 받아 회피할 수 있다.

위의 조문의 경우 '법관이' 회피하는 것인지, '법관을' 회피하는 것인지 혼란이 일게 되어 있다. 개정안에서는 이를 분명히 하기 위해 '사유가 있는'이란 정보를 삽입하여 순화하였다.

3. 민사소송법 순화의 남은 문제

문장의 순화는 교정이나 교열과 같아 한이 없는 것이다. 법률 문장의 경우도 마찬가지다. 다만 분명한 것은 순화가 극단으로 흘러가서는 안 된다는 것이다. 그렇게 되면 역효과가 날 것이기 때문이다.

이번의 민사소송법의 순화는 극단의 처방을 하지 않고 중용을 취하였다. 그리하여 미진한 면이 있다. 이는 비판에 대한 사전 방어의 기제일 수도 있다. 여기서는 비판론자의 방패막이를 겸하여 미진한, 순화의 남은 문제를 몇 가지 살펴보기로 한다.

3.1. 어휘 순화의 면

3.1.1. 순화가 한결같이 되질 않았다.

순화 대상 용어가 일관성 있게 처리되지 않은 것이 보인다. 조항에 따라 순화가 되기도 하고 안 되기도 한 것이 보인다는 말이다. 이는 말하자면 교정의 오류라 하겠다. 예를 들어 '處하다'의 경우는 과태료 벌금 등의 경우 '물리다'로 순화하기로 하였는데 '處하다'가 그대로 남아 있는 곳도 있다. 다음 민사소송법안 제68조의 표현 같은 것이 그것이다. 이러한 것은 통일하는 것이 바람직하다.

제68조 [罰則] ① 債務者가 거짓의 財産目錄을 낸 때에는 3年 以下의 懲役 또는 500萬원 以下의 罰金에 處한다.

② 債務者가 法人 또는 民事訴訟法 第52條(第48條)의 社團이나 財團인 때에는 그 代表者 또는 管理人을 處罰하고, 債務者는 第1項의 罰金에 處한다.

3.1.2. 순화대상을 좀 더 확대할 수 있을 것이다.

법제처의 '법령용어순화편람'에는 많은 정비 대상어와 정비된 용어가 제시되어 있다. 이를 기준으로 해서 볼 때 용어의 순화가 미진하다고 하겠다. 예를 들면 다음과 같은 것이 그것이다.

첫째, 어려운 한자어가 덜 순화되었다.

계속(係屬)- 걸림, 기판력(旣判力)- 구속력, 몰취(沒取)- 빼앗음, 상계(相計)- 엇셈, 서증(書證)- 서면증거, 유체동산(有體動産)- 형체 있는 동산, 인영(印影)- 도장자국, 제척(除斥)- 제침·치움, 차임(借賃)- 빌린 삯, 체당금(替當金)- 미리 충당한 돈, 추심(推尋)-챙김, 해지(解止)- 효력 소멸

둘째, 구시대적 한문 투도 덜 순화되었다.

거소(居所)- 사는 곳, 공(供)하다- 제공하다, 과(科)하다- 지우다, 당(當)하여- -(를) 맞아, 동가격(同價格)- 같은 가격, 성부(成否)- 성립 여부, 촉탁(囑託)- 맡김

셋째, 어려운 준말이 덜 순화되었다.

공유자(共有者)- 공동 소유자, 서증(書證)-서면 증거, 인증(認證)- 인정 증명, 추인(追認)- 추가 인정

넷째, 생활 용어도 덜 순화되었다.

고지(告知)하다- 알리다, 달(達)하다- 이르다, 담합(談合)- 짬짜미, 대질

(對質)- 무릎맞춤, 매각(賣却)하다- 팔다, 매수(買受)하다- 사다, 반소(反
訴)- 맞소송, 병합(倂合)하다- 아우르다, 승계(承繼)하다-이어받다, 이송
(移送)- 옮겨 보내기, 환송(還送)- 되돌려 보냄

다섯째, 일본식 용어도 덜 순화되었다.

가압류(假押留)- 임시 압류, 매수(買受)- 사기, 매입(買入)- 사들이기,
명도(明渡)- 내주기, 인도(引渡)- 넘겨주기, 인수(引受)- 넘겨받기, 지분
(持分)- 몫, 취하(取下)- 철회

여섯째, 다른 법에 쓰인 용어는 순화되지 않았다.

민사소송법이 아닌 다른 법에 개념 및 요건 등이 규정되어 있는 법률용
어는 순화를 유보하였다. 이는 개념 규정이 되어 있는 법을 순화할 때 바꾸
는 것이 바람직하다고 보았기 때문이다. 그러나 이들이 언제 순화작업이
꾀해질는지 모르는 것이고 보면, 가능한 용어는 제때 순화하는 것이 바람직
하다 하겠다. 이런 점에서 명사는 제외하더라도 용언의 경우 일부 가능한
것을 순화한 것은 잘한 일이라 하겠다. 순화되지 않은 대표적인 용어로는
다음과 같은 것이 있다.

거소(居所)- 사는 곳	교사(敎唆)- 부추김
권원(權原)- 법률상의 원인	대위(代位)- 자리바꿈
대체물(代替物)- 대체할 물건	변제(辨濟)- 빚갚기
부대채권(附帶債權)- 딸린 채권	상계(相計)- 엇셈
수탁(受託)- 위탁을 받음	우선변제(優先辨濟)- 먼저 갚기
유증(遺贈)- 유산 증여	차임(借賃)- 셋돈
최고(催告)- 재촉	추인(追認)- 추후 인정
피상속인(被相續人)- 상속하게 한 사람	

3.2. 문장 순화의 면

법률 문장의 한문 투 문어체의 문장, 의미상 문제가 있는 문장의 순화는 욕심을 내자면 한이 없을 것이다. 흔히 외국의 신문은 의무교육을 마치고 (중학교 졸업), 인생경험 10년쯤 한 사람을 독자로 상정하고 글을 쓴다고 한다(박갑수, 1998). 법률 문장도 이 정도의 국민을 대상으로 법을 제정하고, 법률 문장을 순화하면 바람직할 것이다. 이렇게 본다면 법률 문장을 반드시 쉽게, 쉽게만 순화해야 하는 것은 아니다. 어느 정도의 지적 수준은 유지해야 한다.

그러나 비문법적 문장은 철저하게 순화해야 한다. 그리고 조리에 맞지 않는 문장, 길고 복잡한 문장과, 성분의 생략으로 그 의미를 쉽게 파악할 수 없게 하는 문장은 마땅히 순화해야 한다. 새로 순화한 조문은 문법에 맞는 바른 문장이어야 한다. 그런 의미에서 순화안은 끝손질이 필요하다. 그렇지 않으면 다음과 같은 비문법적인 어색한 조문을 놓치게 된다.

  민사집행법안 제304조(改訂 제714조) [가처분의 목적] ①다툼의 대상에 관한 가처분은 현상이 바뀌면 당사자가 권리를 실행하지 못하거나, 이를 실행하는 것이 매우 곤란할 염려가 있을 경우에 한한다.

위의 조문은 우선 주술어의 호응이 안 된다. 그리고 '현저히 곤란할 염려가 있을 경우'는 우리말답지 않은 어색한 표현이다. 이 조문은 '다툼의 대상에 관한 가처분은 현상이 바뀌면 당사자가 권리를 행사하지 못하거나, 이를 행사하는 것이 매우 곤란하겠다고 염려가 되는 경우에 한해 한다.'고 하여야 하겠다.

언어기호란 자의적인 것이다. 필연적인 것이 아니다. 따라서 순화안에 대해 여러 가지 이론이 있을 수 있을 것이다. 중지(衆智)를 모아 좋은 민사 소송법을 마련함으로 법률 문장사(文章史)에 빛나는 새로운 이정표를 세우게 되길 바라 마지않는다.

참고 문헌

박갑수(1984), 국어의 표현과 순화론, 지학사.
박갑수 외(1990), 신문기사의 문체, 한국 언론연구원.
박갑수(1994), 우리말 사랑 이야기, 한샘출판사.
박갑수(1997), 민사소송법의 순화연구, 대법원 보고서.
박갑수(1998), 일반국어의 문체와 표현, 집문당.
박갑수(1998), 신문 광고의 문체와 표현, 집문당.
박갑수(1990), 법률 용어 문장 왜 이리 어려운가, 언론과 비평, 언론과 비평사.
박갑수(1997), 법률용어와 문장의 순화, 한글사랑, 제5호, 한글사랑사.
박갑수(1997), 법률 문장 순화돼야 한다, 새국어생활, 7-4, 국립국어연구원.
박갑수(1988), 민사소송법의 문제와 그 순화방안, 국어교육, 제96호, 국어교육연구회.
법제처(1996), 법률용어 순화 편람, 법제처.
신각철(1995), 법령에서 쓰이고 있는 일본식 표기 용어의 정비, 새국어생활, 5-2, 국립 국어연구원.

이 글은 법원행정처의 '민사소송법 개정안 및 민사소송법 순화안 공청회'(서울 서초동 변호사회관 대회의실, 1998년 11월 9일)에서 발표된 주제 발표문으로, 전기 공청자료집에 수록되어 있다. 이는 뒤에 '사대논총'. 제157호, 서울대학교 사범대학(1998. 12)에 게재되었다.

4장 개정 민사소송법의 순화와 향후 과제

1. 법률 문장의 순화와 민사소송법

민사소송법의 개정과 더불어 그 언어를 순화한 것은 법률 문장사상, 그리고 언어생활사상 한 획을 그은 쾌거라 하겠다.

원만한 사회생활을 하기 위해서는 사회적 규범이 필요하다. 법은 이러한 규범 가운데 대표적인 것이다. 이는 사회의 안녕, 질서를 유지하기 위하여 제정된 실천 규범이다. 따라서 이는 쉽고 분명해야 한다. 그렇지 않으면 이것을 지키고 실천할 수가 없다.

우리의 법률 문장은 쉽고 분명한 것이 못 된다. 너무 어렵게 되어 있다. 이는 실천 규범과는 거리가 먼, 규제를 위한 규범이라는 혐의가 짙다. 이렇게 되어서는 곤란하다. 우리의 법률 문장은 순화돼야 한다. 법률 문장 순화의 필요성에 대해서는 박갑수(1998)[1]에서 자세히 논의된 바 있다. 따라서 여기서는 이를 간단히 살펴보기로 한다.

첫째, 실천 규범이 되게 하기 위해 필요하다. 법률 문장은 알고 지키게 하기 위해서 무엇보다 쉬워야 한다. 낱말이 쉬워야 하고, 문장 구조가 복잡

---

1) 박갑수, "민사소송법의 순화, 그 필요성과 실제", 「사대논총」 제57집, 서울대학교 사범대학, 1998, 19-22면.

하지 않고 단순해야 한다. 다음 "경범죄 처벌법"의 신구 조항이 이를 쉽게 확인해 준다.

> (舊) 第1條 14. 飮用에 供하는 淨水를 汚濊하거나 또는 그 使用을 妨害하는 者
> (舊) 第1條 17. 烹煮 洗滌 剝皮하지 아니하고 그대로 食用에 供하는 食品에 覆蓋를 設置하지 아니하고 店頭에 陳列하거나 行商한 者
> (新) 제1조 14. (飮料水 使用 妨害) 사람이 마시는 물을 더럽히거나 그 사용을 방해한 사람
> (新) 제1조 15. (덮개 없는 飮食物 販賣) 껍질을 벗기거나 익히거나 씻거나 하지 아니하고 그대로 먹을 수 있는 음식물을 덮개를 덮지 아니하고 가게 밖이나 한데에 내놓거나 돌아다니며 판 사람

경범죄 처벌법의 舊法은 난해한 한문투의 문장으로, 그 뜻을 이해하기 힘들다. 그러나 新法은 쉬운 구어로 되어 있어 그렇지 아니하다. 따라서 옛 법과 달리 새 법은 실천규범이 될 수 있다. 이렇게 문장을 순화하고 순화하지 아니하고는 엄청난 차이를 보인다.

둘째, 바르고 정확한 표현이 되게 하기 위해 필요하다. 법률 문장은 다른 문장에 비해 바르고 분명하고 조리에 맞아야 한다. 그런데 우리 법률 문장은 문법에 맞지 않는, 잘못된 표현이 많고, 모호하고 비논리적인 표현이 많다. 이러한 바람직하지 않은 표현은 현행 憲法에까지 많이 보일 정도다.[2] 이런 것들은 분명하고 조리에 맞게 순화돼야 한다.

셋째, 친숙한 표현이 되게 하기 위해 필요하다. 민주사회의 법은 규제하는 법, 군림하는 법이어서는 안 된다. 친근한 법, 자상한 법이 되어야 한다.

---

2) 박갑수, "법률 용어 문장 왜 이리 어려운가", 「언론과비평」 12, 언론과 비평사, 1990, 19-22면. 박갑수, 「올바른 언어생활」, 한샘출판사, 1994, 472-486면.

그러기 위해서는 권위주의적 표현, 위압적인 표현, 명령적인 표현을 지양해야 한다. 이러한 것의 대표적인 것에 "-ㄴ 者", "命한다", "處한다" 따위가 있다. 이들은 "-ㄴ 사람", "하게 한다", "물린다" 따위로 순화돼야 한다. 특히 법률 문장에 많이 쓰이는 "-ㄴ 者"는 본래 중립적인 표현이었으나, 오늘날은 비하하는 의미까지 지녀 더욱 순화돼야 할 말이다.

넷째, 국가의 체면을 지키기 위해 필요하다. 한일 합방 이후 우리나라에는 일본법이 그대로 전용되었다. 미 군정기에는 "법률 제명령의 존속"이란 법령에 의해 일본 법령이 그대로 쓰였고, 광복 후에도 "依用" 법률로 계속 사용되었다. 그러다가 1950~60년대 이후에 와서야 비로소 새로운 법이 제정되며 쓰이지 않게 되었다. 그래서 새로운 법이란 것도 이러한 역사적 배경 아래 제정된 것이어 일본 법령의 번역이나 다름이 없는 것이다.3) 이것이 우리의 법률 문장의 현주소이다. 일제에서 벗어나 해방이 된 지 이미 반세기가 지났다. 그럼에도 일본법의 테두리에서 벗어나지 못하고 있다는 것은 국가적으로 부끄러운 일이다. 하루속히 일본 법률 문장의 잔재를 털어 버려야 한다. 일본법의 구체적인 영향은 다음에 민사소송법의 조항을 비교하는 자리에서 쉽게 확인될 것이다.

우리는 2002년 1월 26일 "민사소송법"을 개정하며 언어의 순화작업도 아울러 추진하였다. 그리하여 앞에서 언급하였듯 법률 문장사상 하나의 획을 긋게 되었다. 민사소송법의 순화는 시대적으로 보아 늦은 감이 없지 않으나, 그래도 순화를 했다는 것은 그나마 다행스러운 일이다. 민사소송법은 시민과 밀접한 관계를 지니는 것으로, 1960년에 처음 제정되어 다른 법과 마찬가지로 법률 문장의 모든 문제점을 고스란히 안고 있는 것이었다. 게

---

3) 신각철, "법령에서 쓰이고 있는 일본식 표기 용어의 정비", 「새국어생활」 5-2, 국립국어연구원, 1995.

다가 우리의 구 민사소송법은 일본법의 조사와 어미만을 바꾸었다고 할 정
도로, 일본법을 직역(直譯)한 것이라 할 만한 것이었다. 구체적으로 두어 조
항을 비교해 보면 다음과 같다.

第1條의2 [普通 裁判籍] 訴는 被告의 普通 裁判籍 所在地의 法院의 管轄
에 屬한다.
第10條 [事務所, 營業所所在地의 特別裁判籍] 事務所 또는 營業所가 있는
者에 대한 訴는 그 事務所 또는 營業所의 業務에 關한 것에 限하여 그 所
在地의 法院에 提起할 수 있다.

第1條 [普通裁判籍] 訴ハ被告ノ普通裁判籍所在地ノ裁判所ノ管轄ニ屬ス
第9條 [事務所・營業所所在地の裁判籍] 事務所又ハ營業所ヲ有スル者ニ對
スル訴ハ其ノ事務所又ハ營業所ニ於ケル業務ニ關スルモノニ限リ其ノ所在地
ノ裁判所ニ之ヲ提起スルコトヲ得

위의 일본 민사소송법은 1996년 6월 구어(口語)로 된 문장으로 개정되기
이전의 것이다. 우리의 민사소송법은 이 개정 이전의 일본 민사소송법의
복사판이다. 우리의 민사소송법은 이러한 것이었다. 그러니 순화를 함으로
우리의 자존심을 살리고 실천규범이 되도록 하여야 했다.
민사소송법은 본래 735조에 부칙이 붙어 있는 방대한 것이었다. 그런데
이 법은 이번에 개정되며 "민사소송법"과 "민사집행법"의 둘로 나뉘었다.
일본의 새 민사소송법도 이러하다. 따라서 여기서는 "민사집행법"을 제외
한, 개정된 "민사소송법"을 중심으로 언어 순화의 문제를 살펴보기로 한다.
순화의 필연성을 지녔던 구 민사소송법이 구체적으로 어떻게 순화되었는
가, 그리고 이의 향후 과제는 무엇인가를 살펴보려는 것이다.

2. 개정 민사소송법의 언어순화

2.1. 민사소송법의 언어순화 과정

민사소송법은 다른 법률 문장과 마찬가지로 난해한 한문투의 일본식 법률 문장으로 되어 있었다. 이는 또한 많은 문법적 오류도 안고 있었다. 그래서 민사소송법은 순화해야 하였다.

민사소송법의 순화 작업은 1996년 9월 "민사소송법 개정위원회"가 구성되고, 여기서 9월 21일 "현행 민사소송법의 일본식 문체, 과도한 한자의 사용 등 문제점을 개선하기 위하여 민사소송법의 순화 작업을 개정 작업과 병행하여 추진하기로 결의"4)함으로 비롯되었다. 그 뒤 법원행정처가 중심이 되어 대법원안이 마련되었고, 이것이 정부 부처의 심의를 거쳐 국회에 제출되어 통과되기에 이르렀다. 그 과정은 다음과 같다.5)

- 1996. 10. 30. 서울대학교 사범대학 박갑수 교수에게 민사소송법 순화연구 위탁
- 1997. 8 11. 박갑수 교수로부터 보고서 "민사소송법의 순화연구" 제출됨
- 1997. 12 22. "민사소송법개정위원회"에서 순화안 심의
- 1998. 1. 12. "민사소송법개정위원회"에서 순화안 확정
- 1998. 4 11.-1998. 8. 10. 대법관 소위원회에서 14차례의 회의를 개최하여 소송절차편 개정안, 민사집행법안, 순화안 심의
- 1998. 9. 24. 대법관회의 보고
- 1998. 11. 9. 공청회

---

4) 법원행정처, 「민사소송법개정안」, 법원행정처, 1998, 5면.
5) 법원행정처, 전게서, 1998, 5-6면.
　법원행정처, 「민사소송법개정내용해설」, 법원행정처, 2002, 3면.

∘ 1999. 2. 25. 대법원안 확정
∘ 1999. 2. 28. 대법원 개정안 법무부에 송부
∘ 2000. 6. 20. 법무부안 확정
∘ 2000. 6. 23. 법제처에 송부
∘ 2000. 10. 16. 정부안의 국회제출
∘ 2000. 10. 20. 국무회의 통과
∘ 2001. 6. 21. 국회 공청회
∘ 2001. 12. 5. 법사위 수정안 가결
∘ 2001. 12. 6. 국회 본회의 통과
∘ 2002. 1. 26. 개정법률의 공포
∘ 2002. 7. 1. 개정법률의 시행

대법원안은 "1997. 8. 연구보고서를 제출받아 법개정에 반영하였음"6)이라 보고되고 있듯 박갑수 교수의 "민사소송법순화안"(1997)을 바탕으로 이루어졌다. 이 "민사소송법의 순화안" 작성 시에는 대법원의 이기택 판사와 이건웅 판사가 본 업무를 담당하며 상의와 자문에 응해 문안 수정작업을 도왔다. 이때의 순화원칙은 다음과 같다.7)

① 용어의 순화 원칙
• 일상생활에서 잘 쓰이지 않는 어려운 용어의 순화
• 구시대적 한문투 용어의 순화
• 준말이라 할 어려운 용어의 순화
• 일상용어이나 좀 더 순화할 수 있는 용어의 순화
• 일본식 용어, 특히 훈독어의 순화
• 권위주의적 용어의 순화

---

6) 법원행정처, 전게서, 2002, 4면.
7) 박갑수,「민사소송법의 순화 연구」, 대법원 보고서, 1997, 4-20면.
　　법원행정처, 전게서, 1998, 89면.

② 문장의 순화 원칙
  • 한문투의 문어체, 일본어식 표현의 순화
  • 비문법적 문장의 순화
  • 명사구의 오남용 순화
  • 길고 복잡한 문장의 순화
  • 난해하거나 의미가 모호한 문장의 순화
  • 의미파악이 곤란한 문장의 생략된 자료의 보충

이러한 원칙 아래 법률 문장은 순화되었고, 구 민사소송법의 문장이 그대로 남아 있는 조항은 하나도 없다고 할 정도의 순화안이 마련되었다. 순화안은 법무부, 법제처 등 관련부처와의 협의 및 심의를 거쳐 다소간의 수정이 가해진 뒤 국회의 통과를 보게 되었다. 개정된 민사소송법은 박갑수 교수의 "민사소송법 순화안"을 바탕으로 작성한 대법원안이 주축을 이루고 있으나 다소간의 수정을 가해 약간의 차이를 보인다. 그 특징은 "순화안"에 비해 개정된 민사소송법이 구법으로 회귀해 순화의 정도가 좀 낮아졌다는 것이다. 그러나 순화된 새 민사소송법은 단순한 어휘 아닌, 문장 전체를 순화한 것으로, 미흡하나마 구법에 비해 알기 쉽고 분명하며, 우리말다운 우리말이 되었다. 그래서 이는 우리 국민이 전엣 것에 비해 친숙하게 느낄 "실천 규범"이 되었다 할 것이다. 다음에 이들 순화과정을 한 조항 예로 들어 비교해 보면 다음과 같다.

[舊法] 제196조 [판결송달의 기일] ① 법원 사무관등은 판결을 영수한 날로부터 2주일내에 당사자에게 송달하여야 한다.
[박갑수교수 순화안] 제196조 [판결서 송달의 기일] ① 법원 사무관 등은 판결서를 받은 날로부터 2주일 안에 당사자에게 송달하여야 한다.
[대법원안] 제210조(구 제196조) [판결서의 송달] ① 법원 사무관 등은

판결서를 받은 날부터 2주일 안에 당사자에게 송달하여야 한다.

[改正 新法] 제210조(구 제196조) [판결서의 송달] ① 법원 사무관 등은
판결서를 받은 날부터 2주일 <u>내에</u> 당사자에게 송달하여야 한다.

박갑수 교수의 순화안에서는 "판결＞판결서", "영수한＞받은", "내에＞
안에"로 순화되었고, 이는 그대로 대법원안으로 수용되었다. 개정된 법에서
는 이 가운데 "내에＞안에"가 다시 "안에＞내에"로 바뀌어 한자어로 다시
후퇴하였다. 그간의 순화안은 이러한 과정을 겪은 것이다.

그러면 개정된 민사소송법이 어떻게 순화되었는가? 다음에 순화의 실제
를 어휘와 문장으로 나누어 구체적으로 검토해 보기로 한다.

2.2. 어휘 순화의 실제

우리의 법률용어에는 난해한 것이 많다. 그래서 법제처나 대법원 등 관
계기관에서는 그간 끊임없이 순화작업을 계속해 왔다. 그러나 현실적으로
이들 순화용어는 법률에 그다지 반영되고 있지 못하다. 구 민사소송법에도
다른 법률에서와 마찬가지로 어려운 한자어가 많이 쓰이고 있다. 이러한
용어는 이번 개정된 법에서 많은 것들이 순화되었다. 특히 한자어의 경우
는 다음과 같은 원칙 아래 순화작업이 꾀해졌다.[8]

(가) 한자어의 분류
① 민사소송법 이외의 다른 법에서 개념 및 요건 등이 규정된 법률용어
나 일반적으로 쓰이는 법률용어
② 민사소송법에서 개념 및 요건 등이 규정되거나 민사소송법에서 주로

---

8) 법원행정처, 전게서, 1998, 90-92면.

　　사용하는 법률용어

③ 법률용어가 아닌 한자어

(나) 한자어의 순화

◦ ①의 한자어는 다음과 같은 문제점이 예상되므로 그대로 존속시키는 것을 원칙으로 함.

　－ 다른 법령상의 한자어와 민사소송법상의 순화어가 혼용됨으로 용어 사용에 혼란이 초래될 뿐 아니라, 개념 정의의 혼선마저 우려됨.

　－ 급격한 변화에 따른 기존 법조인들의 거부감이 적지 않을 것임.

　－ 법률문헌의 광범위한 개정 작업까지 필요하게 됨에 따라 사회적 비용이 과다하게 소요됨.

◦ 다만, 준말이라고 생각되는 한자어나 여러 한자어가 복합된 한자어는 풀어 쓰더라도 혼란의 우려가 없을 것이므로, 그 뜻을 명확히 하기 위하여 본디말을 사용하거나 풀어쓰고, 나아가 고유어를 사용하여도 그 뜻을 전달할 수 있을 것으로 보이는 한자어는 고유어로 바꿈.

◦ ②의 한자어에 대하여는 우리 고유어 또는 쉬운 말로 바꾸는 것을 원칙으로 함.

　다만 다음과 같은 경우는 순화를 보류함.

　　ⅰ) 지나치게 어색한 표현이 되는 경우

　　ⅱ) 고유어로 바꾸면 단어가 지나치게 길어지는 경우

　　ⅲ) 현재의 단어를 사용하더라도 그 의미 전달에 무리가 없거나, 바꿀만한 적절한 표현이 없는 경우

　　ⅳ) 고유어로 바꿈으로써 고유한 의미를 전달할 수 없거나, 개념의 혼란이 초래될 우려가 있는 경우

　　　용어순화를 보류하는 경우에도 명사는 어색하나, 동사의 경우 적절한 단어가 있을 때 동사만 바꿀 수 있음.

◦ ③의 한자어는 고유어 또는 쉬운 단어로 바꾸는 것을 원칙으로 하되, 바꿀 경우 지나치게 어색한 표현이 되거나 그 뜻이 정확히 전달되기

어려운 경우와 일상적으로 많이 사용하여 특별히 바꿀 필요가 없는
경우 등에는 예외적으로 고유어화를 보류함.
◦ 민사소송법의 순화가 다른 법령 순화의 계기가 될 것으로 예상되므
로, 종국적으로는 민사소송법의 순화를 통하여 점진적으로 모든 법률
용어 및 한자 단어의 순화를 꾀하도록 함.

(1) 한자어의 순화

첫째, 일상생활에서 잘 쓰이지 않는 어려운 말이 순화되었다.

그 의미를 알 수 없는 난해한 한자어는 실천규범으로서 기능을 다하지
못한다. 따라서 이러한 어려운 한자 용어는 순화해야 한다. 이러한 용어는
법제처의 "법령용어 순화편람"(1996)에 제시되어 있는 경우 여기 제시된
"정비된 용어"를 참고하였다. 순화어의 예를 몇 개 보면 다음과 같다.

가액(價額)- 값	게기(揭記)하다- 규정하다
견련(牽連)- 관련	공무소(公務所)- 공공기관
공(供)하다- 제공하다	국(國)- 나라
기산(起算)하다- 계산하다	다대(多大)하다- 많다
멸실(滅失)하다- 없어지다	묵비의무(默秘義務)- 비밀을 지킬 의무
변식(辨識)하다- 분별하다	부정기간(不定期間)- 정하지 아니한 기간
비밀준수의무(秘密遵守義務)- 비밀을 지킬 의무	사위(詐僞)- 거짓
산입(算入)- 넣다	산정(算定)- 계산
석명(釋明)- 설명	소가(訴價)- 소송목적의 값
수권(授權)- 권한의 수여, 권한을 받음	수기(手記)- 손수 쓰다
수액(數額)- 액수	위산(違算)- 잘못된 계산
위식(違式)- 형식에 어긋남	유탈(遺脫)- 누락하다
응낙서(應諾書)- 승낙서	의제(擬制)- 간주
직근(直近)- 바로 위	추심(推尋)하다- 지급 받다

추완(追完)하다- 보완하다	출소(出訴)- 소 제기
탈루(脫漏)하다- 누락하다, 누락되다	특별수권(特別授權)- 특별한 권한의 수여
특칙(特則)- 특별 규정	해태(懈怠)되다- 게을리하다
흠결(欠缺)- 흠	

둘째, 한문투의 용어가 순화되었다.

법률 문장에는 구시대적 용어가 적잖이 쓰이고 있다. "供하다, 亙하여, 共히, 旣히, 그 情을 알고"와 같은 한문투의 표현이 그것이다. 민사소송법에도 이러한 표현이 보인다. 그러나 다행히 그리 많이 쓰이지는 않은 편이다. 이러한 한문투의 용어가 개정된 법에서는 많이 순화되었다.

각별(各別)로- 따로따로	간수(看守)하는- 관리중인
고(告)하다- 알리다	공동(共同)- 다 함께
기립(起立)하다- 일어서다	담보부제공(擔保不提供)-담보를 제공하지 아니함
당해(當該)- 그, 해당	도과(徒過)하다- 넘기다
동거자(同居者)- 동거인	무익(無益)하다- 쓸데없다
반(反)하다- 어긋나다	부제출(不提出)- 제출하지 아니함
부지(不知)- 알지 못함	불성립(不成立)- 성립되지 아니함
불소멸(不消滅)- 소멸되지 아니함	불요증사실(不要證事實)- 증명이 불필요한 사실
불출석(不出席)- 출석하지 아니함	소재불명(所在不明)- 있는 곳을 모름
속행(續行)- 계속하여 수행하다, 계속하여 진행하다	수기의무(手記義務)- 손수 써야하는 의무
수인(數人)- 여러 사람	실권(失權)되다- 권리를 잃다
원격지(遠隔地)- 멀리 떨어진 곳	위반(違反)하다- 어긋나다
위배(違背)되다- 어긋나다	응소(應訴)- 소송에 응하다
1개(一個)- 하나	일몰후(日沒後)- 해진 뒤
일출전(日出前)- 해뜨기 전	재정(在廷)- 법정 안에 머무르다
전촉(轉屬)하다- 다시 촉탁하다	지정불능(指定不能)- 지정할 수 없음

직무집행불능(職務執行不能)- 직무집행불가능	출진(出陣)- 전쟁에 나가다
피구속자(被拘束者)- 구속된 사람	피참가소송(被參加訴認)- 참가하고자 하는 소송
합일적(合一的)- 일치 되게	

셋째, 어려운 준말이 순화되었다.

한자어의 약어, 또는 이에 준할 말이 법률 문장에 사용되어 그 뜻을 알기 어렵게 하는 경우가 있다. 이러한 용어들은 그 뜻을 분명히 하기 위하여 줄기 이전의 원말을 쓰거나, 쉬운 말로 바꾸어 씀으로 순화하였다.

각심(各審)- 각심급	구(求)하다- 청구하다
불능(不能)- 불가능	성부(成否)- 성립 여부
수권(授權)- 권한 수여	심판(審判)하다- 심리 재판하다
요(要)하다- 필요로 하다	원내(院內)- 법원 안
이의권(異意權)- 이의 신청권	자력(資力)- 자금 능력
정내(廷內)- 법정내	제소(提訴)- 소 제기
직(職)- 직책	진부(眞否)- 진정 여부
채부(採否)- 채택 여부	추완(追完)- 추후 보완
특칙(特則)- 특별 규정	판결(判決)- 판결서
행(行)하다- 수행하다	허부(許否)- 허가 여부

넷째, 복합어가 분할, 순화되었다.

법률용어에는 단일어로 떼어써야 할 용어가 붙여 쓰임으로 복합어 취급을 받게 되는 말이 많다. 따라서 이들은 생소한 법률용어들을 더욱 어렵게 느끼게 한다. 이러한 복합어, 또는 준복합어들은 두 말 사이에 조사, 또는 어미 등을 끼워 넣거나 풀어씀으로 합성어를 분할할 수 있다. 이러한 복합어의 분할은 그 용어를 이해하기 쉽게 한다. 개정된 민사소송법에서는 이러한 복합어가 많이 순화되었다.

가집행선고- 가집행의 선고	계속법원- 계속된 법원
관할법원- 관할하는 법원	기본된- 기본이 되는
담보부제공효과- 담보를 제공하지 아니한 효과	대등액- 대등한 금액
목적되는- 목적이 되는	법정대리인된- 법정 대리인이 된
변론종결시- 변론을 종결할 때	비밀사항- 비밀에 속하는 사항
비밀준수의무-비밀을 지킬 의무	상소추완신청- 상소의 추후보완 신청
선임권- 선임하는 권리	소송정도- 소송의 진행전도
소송계속중- 소송이 계속된 중	소장부본- 소장의 부본
신청각하- 신청을 각하	외국공무소- 외국의 공공기관
위증벌- 위증에 대한 벌	인영(印影)있는- 인영이 있는
자유심증- 자유로운 심증	전취지- 전체의 취지
종전심문- 종전의 심문	중간쟁의- 중간의 다툼
중복제소- 중복된 제소	중요취지- 중요한 취지
증인신문- 증인을 신문	지급보증위탁계약- 지급을 보증하겠다는 위탁계약
직근상급법원- 바로 위의 상급법원	치욕될- 치욕이 될
판결확정후- 판결이 확정된 뒤	학식경험- 학식과 경험
항소장기재사항- 항소장의 기재사항	행위당사자- 행위를 한 당사자

다섯째, 일상생활의 용어도 많이 순화하였다.

법률 문장이 실천규범으로 기능하기 위해서는 가능한 한 그 용어가 쉬워야 한다. 따라서 원칙에도 제시됐듯, 일상용어라 할지라도 좀 더 쉽게 바꿀 수 있는 것은 바꾸어졌다. 이에 일상생활 용어의 순화는 다음의 보기와 같이 광범하게 꾀해져 개정된 법을 매우 알기 쉬운 문장으로 만들어 놓았다. 한자어와 고유어의 이중체계로 된 유의어의 순화는 이러한 예의 대표적인 것이다.

개시(開始)- 시작되다	경질(更迭)하다- 바꾸다, 바뀌다
과반수(過半數)- 반수 이상	구비(具備)하다- 모두 갖추다
구술(口述)로- 말로	금(禁)하다- 금지하다
기인(基因)하다- -로 말미암다	기재(記載)하다- 적다
기타(其他)- 그 밖의, 그 밖에	낭독(朗讀)하다- 읽다, 소리내어 읽다
내(內)에서- 안에서	단축(短縮)하다- 줄이다
당(當)하다- 받다	대행(代行)하다- 대신하다
동일(同一)- 같은	만료(滿了)되다- 끝나다
면전(面前)- 앞	명료(明瞭)하다- 분명하다
명백(明白)하다- 분명하다	명시(明示)하다- 밝히다
반환(返還)- 돌려주다	방어(防禦)하다- 지키다
법원외(法院外)- 법원 밖	변경(變更)하다- 바꾸다
부가(附加)하다- 덧붙이다	부기(附記)하다- 덧붙여 적다
부담(負擔)하다- 지다	부당(不當)하다- 적당하지 아니하다
부속서류(附屬書類)- 덧붙인 서류	부여(附與)- 내어주다, 주다
사망(死亡)하다- 죽다	산정(算定)하다- 계산하다
상실(喪失)하다- 잃다	상호(相互)- 서로
소재지(所在地)- -이 있는 곳	소지자(所持者)- 가지고 있는 사람, 가진 사람
소지(所持)하다- 가지다, 가지고 있다	신기일(新期日)- 새기일
신수탁자(新受託者)- 새로운 수탁자	신장(伸長)- 늘리다
쌍방(雙方)- 양쪽	연월일(年月日)- 날짜
열람(閱覽)하다- 보다, 보여 주다	예납(豫納)하다- 미리 내다
완결(完決)되다- 끝나다	완료(完了)하다- 마치다
위배(違背)하다- 어긋나다	유예(猶豫)하다- 미루어 두다
응(應)하다- 따르다	의존(依存)되다- 매이다
의(依)하다- 따르다	인(因)하다- 말미암다
일방(一方)- 한쪽	일체(一切)- 모든
재개(再開)- 다시 열다	쟁의(爭議)- 다툼
저촉(抵觸)되다- 어긋나다	종료(終了)- 끝남
주장(主張)하다- 내세우다	준수(遵守)하다- 지키다, 지켜지다
중(中)- 가운데	지체(遲滯)없이- 바로
첨부(添附)하다- 붙이다	체결(締結)하다- 맺다
초과(超過)하다- 넘기다	총원(總員)- 모두

타인(他人)- 남, 다른 사람	퇴정(退廷)- 법정에서 나가다
허위(虛僞)- 거짓	

(2) 일본식 용어의 순화

우리 법률 문장에는 어쩔 수 없는 역사적 배경으로 말미암아 일본식 용어가 들어와 쓰이고 있다. 이는 국가적으로나 민족적으로 부끄러운 사실이다. 일본식 용어는 음독어와 훈독어의 두 가지가 있다. 이들 용어 가운데 음독되는 한자어는 일단 귀화어로 본다 하더라도, 한자어의 탈을 쓴 훈독어는 그렇게 볼 수 없다. 더구나 이에 해당한 우리말이 있는 경우에는 이러한 일본식 용어를 써야 할 필요가 없다. 민사소송법에는 다행히 이러한 훈독어는 많이 쓰이고 있지 않다. 일본식 용어는 순화하였으나, 많이 순화되지는 아니하였다. "가집행(假執行)"과 같은 "가(假)"가 아직 순화되지 아니한 것이 그 대표적 예다.

송부(送付)하다- 보내다	-에 대(對)하여- -에게
인도(引渡)- 넘기다	질권자(質權者)- 채권자

(3) 권위적 용어의 순화

종래의 법은 규제하는 법으로 권위가 있어야 하는 것으로 생각했다. 따라서 권위적 용어가 많이 쓰였는데 이들 용어가 순화되었다. 권위적 용어는 개별 어휘가 많아서 문제라기보다 개별어의 연어(延語)가 많아 문제이다. 곧 빈도가 높아 문제가 되는 것이다. 이러한 용례의 대표적인 것이 "-ㄴ者", "-에 處한다", "科한다", "命한다"와 같은 것이다. 이들 예 가운데

"者"가 "사람"으로 순화되었는데 이는 법률 문장사에 기록될 혁신적인 사실이며, 나아가 우리의 법을 한 차원 높은 민주적 법으로 만든 것이라 할 것이다.

주소가 없는 자 - 주소가 없는 사람	
주소를 알 수 없는 자 - 주소를 알 수 없는 사람	
영업소가 있는 자 - 영업소가 있는 사람	
배우자이었던 자 - 배우자이었던 사람	
참가한 자 - 참가한 사람	
소송행위를 한 자 - 소송행위를 한 사람	

2.3. 문장 순화의 실제

법률 문장에는 실천 규범으로서 바람직하지 않은 문장상의 문제가 많다. 이들의 대표적인 것이 문체와 비문(非文)의 문제이다. 이를 좀더 구체적으로 말하면 문체의 문제로 한문투의 문어체, 일본어투의 문체가 있고, 문법 문제의 대표적인 것으로 비문법적 문장, 명사구의 빈용, 길고 복잡한 구조의 문장 등이 있다. 이 밖에 의미상의 혼란 등의 문제도 있다. 이러한 문장상의 문제는 그 조문이 쉽게 이해되고, 실천할 수 있는 규범이 되도록 순화해야 한다. 민사소송법의 이러한 문제는 순화의 원칙에도 제시한 것으로, 많은 것이 순화되었다. 구체적으로 이들의 순화 예를 보면 다음과 같다.

(1) 한문투의 문어체 표현이 순화되었다

종래의 우리 공용문은 국한혼용의 한문투 문장이었다. 법률 문장도 대부분 이 한문투의 문어체로 되어 있다. 이러한 문어체는 난해하다. 따라서 이러한 한문투의 표현은 쉬운 구어체 문장으로 순화하는 것이 바람직하다. 이러한 문체의 구어체로의 변화는 일본의 민사소송법에도 보이는 현상이다. 개정된 민사소송법에서는 이러한 한문투의 표현이 대폭 순화되었다.

제160조 [소송행위의 <u>追完</u>] ① 당사자가 그 책임을 질 수 없는 사유로 <u>因하여</u> <u>不變期間</u>을 <u>준수할</u> 수 없었던 경우에는 그 사유가 없어진 후 2주일 내에 <u>懈怠된</u> 소송행위를 <u>追完할</u> 수 있다.

제176조 [외국에서 하는 송달의 방법] 외국에서 할 송달은 재판장이 <u>그 國에 주재하는</u> 대한민국의 대사, 공사, 영사, 또는 <u>그 國의 관할 公務所에</u> <u>囑託</u>한다.

제368조의 2 [원심재판장의 항소장심사권] ② 항소인이 <u>欠缺</u>을 <u>補正하지</u> 아니한 때와 항소기간을 <u>渡過한</u> 것이 명백한 때에는 원심재판장은 명령으로 항소장을 각하하여야 한다.

이들은 한문투의 문어체 표현이다. 그리하여 우선 난해한 "추완, 불변기간, 준수할, 해태된, 추완할, 그 國에 주재하는, 그 國의 관할하는 公務所, 촉탁한다, 흠결을, 보정하지, 도과한" 따위 한자어를 순화하였다. "추후보완, 지킬, 게을리 한, 보완할, 그 나라에 주재하는, 그 나라의 관할 공공기관, 흠을, 넘긴"이라 순화한 것이다. 그리고 문장 전체가 구어체로 바뀌었다. 순화된 새로운 법조문은 다음과 같다.

제173조 (구 제160조) [소송행위의 추후보완] ① 당사자가 책임질 수 없는 사유로 말미암아 불변기간을 지킬 수 없었던 경우에는 그 사유가 없어진 날부터 2주일내에 게을리 한 소송행위를 보완할 수 있다.

제191조 (구 제176조) [외국에서 하는 송달의 방법] 외국에서 하여야 하는 송달은 재판장이 그 나라에 주재하는 대한민국의 대사·공사·영사

또는 그 나라의 관할 공공기관에 촉탁한다.

　제399조 (구 제368조의 2) [원심재판장의 항소장심사권] ② 항소인이 제 1항의 기간내에 흠을 보정하지 아니한 때와, 항소기간을 넘긴 것이 분명한 때에는 원심재판장은 명령으로 항소장을 각하하여야 한다.

(2) 일본어투의 문체가 순화되었다

법률 문장에 끼친 일본어의 영향은 단순히 용어에 그치지 아니하고, 문장의 구조에까지 미치고 있다. 문장에 일본어가 문법적으로 간섭하고 있는 것이다. 이러한 것의 대표적인 예가 우리말에는 필요가 없는 "對して", 또는 "付"를 번역하여 "대하여"라 한 것과, 일본 법률 문장에 많이 쓰이고 있는 "有ス, 在ル"를 오남용(誤濫用)하고 있는 것이 그것이다. 개정된 민사소송법에서는 이러한 표현들이 많이 순화되었다. 구 민사소송법 제63조는 이러한 오용의 대표적 예이었다.

　제63조 [필요적 공동소송의 특칙] ①소송의 목적이 공동소송인의 전원에 대하여(付) 합일적으로 확정될 경우에는 그 1인의 소송 행위는 전원의 이익을 위하여서만 그 효력이 있다.
　② 공동소송인의 1인에 대한 상대방의 소송행위는 전원에 대하여(對シテ) 효력이 있다.
　③ 공동소송인의 1인에 대하여(付) 소송절차의 중단 또는 중지의 원인이 있는 때에는 그 중단 또는 중지는 전원에 대하여(付) 효력이 있다.

위의 "전원에 대하여"는 "付, 對シテ"를 번역한 말로, 우리말로는 "대하여" 아닌 "에게"라 하여야 할 곳이다. 이에 개정안에서는 이들 모두가 "에게"로 순화되었다.

이 밖의 "대하여도"도 제22조의 "수인에 대하여 > 여러 사람에게", 제63
조의 "당사자에 대하여는 > 당사자에게는", 제167조의 "공동 대리인에 대한
송달 > 공동대리인에게 할 송달"과 같이 순화하였다. 다음은 부적절하게 사
용된 일본식 용례 "있다"를 보기로 한다.

제394조 [절대적 상고이유] ② 전항 제4호의 규정은 제56조 또는 제88
조의 규정에 의한 <u>추인이 있는</u> 때에는 적용하지 아니한다.
제189조 [직접주의] ② 법관의 <u>경질이 있는</u> 경우에는 당사자는 종전의
변론의 결과를 진술하여야 한다.
제115조 ② 담보제공자가 담보취소에 대한 담보권리자의 <u>동의있음을</u>
증명한 때에도 제1항과 같다.
제337조 [검증시의 감정 등] 수명법관 또는 수탁판사는 <u>검증함에 있어</u>
필요하다고 인정한 때에는 감정을 명하거나 증인을 신문할 수 있다.

위의 보기와 같은 "있다"는 앞에 오는 명사에 접사 "하다/되다"를 붙여
용언화하거나, 조사를 붙여 사용하거나, 다른 말로 바꾸거나, 아예 빼버려
야 자연스러운 우리말이 될 것들이다. 제394조의 "(의한) 추인이 있으면"은
"(의해) 추인하면", 제189조 "경질이 있는"은 "(법관이) 경질된", 제115조
의 "동의있음"은 "동의를 받았음", 제337조의 "검증함에 있어"는 "있어"를
빼고 "검증함에"라 순화해야 할 말이다. 개정된 민사소송법에서는 이들 표
현이 이러한 바람직한 방향으로 순화되었다.

(3) 문법적으로 잘못 쓰인 표현이 순화되었다

민사소송법에는 비문법적 표현이 많이 쓰이고 있다. 문법에 맞는 표현을
한다는 것은 조리 있는 표현을 한다는 뜻이다. 조리에 맞는 표현, 논리적인

사고의 표현을 하기 위해서는 문법적 표현을 해야 한다. 비문법적인 표현의 대표적인 것은 문장 성분의 호응, 태, 시제, 조사 등이 제대로 쓰이지 않은 것이다. 개정된 법에는 이러한 비문법적인 표현이 많이 정비·순화되었다.

　　제66조 [참가신청의 방식] ① 서면으로 참가를 신청하는 경우에는 (*) 그 서면을 당사자 쌍방에 송달하여야 한다.
　　제309조 [감정인의 기피] 감정인이 성실히 감정할 수 없는 사정이 있는 때에는 당사자는 (*) 기피할 수 있다.

　제66조는 주술어가 호응되지 않는 문장이다. 이는 주어가 생략되어 주체가 무엇인지 알 수 없다. 개정된 조문은 "신청한 경우에는 법원은"이라고 주어 "법원은"을 (*) 부분에 삽입, 순화하였다.
　제309조는 객술어의 호응이 제대로 되지 않는 문장이다. 여기에는 "그를 기피할 수 없다"와 같이 목적어 "그를"을 삽입함으로 그 의미가 분명하게 순화하였다.

　　제49조 [선정당사자] ① 공동의 이해관계가 있는 다수자로서 제48조의 규정에 해당하지 아니한 경우에는 그 중에서 총원을 위하여 당사자될 1인 또는 수인을 <u>선정하고 또는</u> 이를 변경할 수 있다.

　이 조항은 접속 호응에 문제가 있는 경우이다. 제49조의 "수인을 선정하고"는 대등접속의 연결어미인데, 여기에 "또는"이 쓰여 혼란이 빚어지고 있는 경우이다. 이들은 공기(共起)할 수 없는 말이다. 이는 일본어 조문 "數人ヲ選定シ又ハ"를 잘못 번역된 것이다. "여러 사람을 선정하거나"라 해야 할 표현이다. "-シ又ハ"란 표현은 일본 법률 문장의 도처에 보인다. 제

134조 ③의 "대리인에게 진술을 금하고 또는"도 같은 경우다. 이는 "陳述 ヲ禁シ又ハ"가 잘못 번역된 경우이다. 이들은 각각 "(여러 사람을) 선정하 거나" "금하거나"로 순화되었다.

　제189조 [직접주의] ③ 합의부의 법관의 과반수가 <u>경질한</u> 경우에도 같다.
　제202조 [기판력의 객관적 범위] ① 확정판결은 주문에 <u>포함한</u> 것에 한 하여 기판력이 있다

　능동, 수동과 같은 태(態)의 혼란도 도처에 보이는데 이들도 많이 순화되 었다. 위의 제189조에서 "합의부의 법관 과반수"는 "경질한"의 주체가 아 닌, 대상이다. 따라서 피동 표현이 되어야 한다. "경질한"이 "갈린"<u>으</u>로 순 화된 것은 이 때문이다. 제202조의 "확정판결"도 "포함"의 주체가 아닌 대 상이다. 따라서 개정 조문에서는 "포함된"으로 순화되었다.

　시제(時制)도 많이 순화되었다. 앞에서 예를 든 제49조 "해당되지 아니 한"은 과거 아닌 현재로 표현되어야 할 경우이다. 따라서 이는 "해당되지 아니하는"으로 순화되었다. 이 밖의 순화 예를 보면 제241조의 "당사자 쌍 방이 변론의 기일에 출석하지 아니하거나 출석하더라도"에서 "출석하더라 도"는 과거지사를 말하는 것이어 "출석하였다 하더라도"(제268조)와 같이 순화되었다.

　조사(助詞)도 짝이 맞지 않거나, 생략되어 문제가 되는 것들을 순화하였 다. 조사가 생략된 경우에는 이를 채워 넣었다. 조사가 생략되면 오해를 빚 거나, 이해를 어렵게 하거나, 표현을 어색하게 만들기 때문이다. 이러한 예 는 서술어 "있다" 앞에 생략된 조사를 보충한 것이 그 대표적인 경우이다.

　제65조 [보조참가] 소송의 결과에 관하여 <u>이해관계</u> 있는 제3자는 ＞제

165조 소송결과에 <u>이해관계가</u> 있는 제3자는

제326조 [문서제출의 방법] ① 문서의 제출 또는 송부는 원본, 정본 또는 <u>인증</u> 있는 등본으로 하여야 한다. ＞제355조 ① 법원에 문서를 제출하거나 보낼 때에는 원본, 정본 또는 <u>인증이</u> 있는 등본으로 하여야 한다.

이 밖에 다른 용례를 몇 개 보면 다음과 같은 것도 보인다.

제115조 [담보의 취소] 담보권리자의 <u>동의있음을</u> 증명한 때에도 ＞제125조 담보제공자가 담보취소에 대한 담보권리자의 <u>동의를 받았음을</u> 증명한 때에도 제1항과 같다.

제61조 [공동소송의 요건] 소송의 <u>목적되는</u> 권리나 의무가 수인에 대하여 공통된 때 ＞改訂 제65조, 소송<u>목적이</u> 되는…

제87조 [소송대리권의 불소멸] <u>소송당사자된</u> 자의 소송대리인의 대리권은 ＞改訂 제96조, <u>소송당사자가</u> 된 사람에게

제423조 [기본된 재판의 재심이유] 판결에 <u>기본된</u> 재판에 ＞제452조, 판결의 <u>기본이</u> 되는 재판에

(4) 명사구의 문장이 순화되었다

우리 법률 문장은 체언형의 문체로, 명사구가 많이 쓰이고 있다. 그래서 가뜩이나 딱딱한 법률 문장을 더욱 딱딱하게 만들고 있다. 명사구는 명사가 중첩되거나, 흔히 "-음을", "-ㄹ 것을"의 형태로 나타난다. 이 가운데 의미상 명사형이 아닌, 용언형의 진술은 각각 "-다는 것을", "-도록"의 형태로 순화할 때 서술적 문장이 되고, 우리말다운 우리말이 된다. 이들 명사구의 문장은 많이 동사구로 순화되었다. 그러나 아직도 순화의 여지가 많이 남아 있다.

제72조 ① 소송의 목적의 전부나 일부가 자기의 <u>권리임을</u> 주장하거나 소송의 결과에 의하여 권리의 <u>침해를 받을 것을</u> 주장하는 제3자는 당사자로서 소송에 참가할 수 있다.

제371조 ① 항소심재판장은 항소인에게 상당한 기간을 정하여 그 기간 내에 흠결을 <u>補正할 것을</u> 명하여야 한다.

제462조 ② 제1항의 기간은 원고 <u>제권판결 있음을</u> 안 날부터 기산한다.

제72조에는 "자기의 권리임을"과 "권리의 침해를 받을 것을"의 두 개 명사구가 쓰이고 있다. 이들은 각각 "권리라고", "권리가 침해된다고"와 같이 동사구로 바꾸어 순화된 서술적 문장이 되게 하였다. 이 밖에 제371조의 명사구 "보정할 것을", 제462조의 "제권판결(除權判決) 있음을"은 각각 "흠을 보정하도록", "제권판결이 있다는 것을"과 같이 순화함으로 구어적인 구체적 표현이 되게 하였다.

(5) 길고 복잡한 문장이 분절되었다

법률 문장은 구조적으로 간결해야 한다. 길고 복잡한 구문은 피해야 한다. 길고 복잡한 문장은 난해하기 때문이다. 따라서 이러한 문장은 분절하여 몇 개의 문장으로 나누거나, 개조식(箇條式)으로 기술하는 것이 바람직하다. 개정된 법에서는 이러한 작업이 시도되어 있다.

제254조 [준비절차조서] 준비절차의 조서에는 당사자의 진술에 의하여 제248조 제4호와 제5호에 게기한 <u>사항을 기재하고</u> 특히 증거에 관한 진술을 명확히 하여야 한다.

제347조 [증거보전의 관할] ① 증거보전의 신청은 소(訴)제기 후에는 그 증거를 사용할 심판급의 법원에, 제기 전에는 신문을 받을 자나 문서소지자의 거소 또는 검증목적물의 소재지를 관할하는 지방법원에 하여야 한다.

제254조는 장문도, 그리 복잡한 문장도 아니다. 다만 그 내용이 주개념과 종속개념이 한 문장 속에 같이 진술되어 있다. 그래서 개정 조문에서는 "사항을 기재하고"에서 "사항을 적어야 한다"로 분절하여 그 의미를 분명히 하였다. 제347조는 73자의 짧지 않은 문장인데 개정 조문은 한자어가 순화되어 문장이 더 길어졌다. 그래서 개정된 조문은 소 제기 전과 소 제기 후의 내용으로 분절한 것을 보여 준다. 그리하여 각각 34자와 59자의 두 문장으로 분할되었다. 일반 문장의 경우에 한 문장의 길이는 50자 내외가 바람직하다.9) 따라서 이런 문장의 분절, 순화는 바람직한 것이다.

개조식(個條式) 진술은 잡다한 사실을 장황하게 늘어놓음으로 혼란이 빚어지는 것을 막고, 일목요연하게 사실을 파악하게 하고자 하는 기술법이다. 이러한 순화가 제1조, 제71조, 제81조 등에서 시도되고 있다.

> 제71조 [참가인에 대한 재판의 효력] 제70조의 규정에 의하여 참가인이 소송행위를 할 수 없거나 그 소송행위가 효력이 없는 경우, 피참가인이 참가인의 소송행위를 방해한 경우와 피참가인이 참가인이 할 수 없는 소송행위를 고의나 과실로 인하여 하지 아니한 경우 이외에는 재판은 참가인에 대하여도 그 효력이 있다.

제71조는 재판의 효력 세 가지를 늘어놓은 것이나, 복잡하게 느껴진다. 그리고 쉽게 이해되지 않는다. 그래서 이런 경우 개조식(個條式) 기술을 하게 된다. 개정된 법에서는 이것이 다음과 같이 순화되었다.

> (新) 제77조 재판은 다음 각호 가운데 어느 하나에 해당하지 아니하면 참가인에게도 그 효력이 미친다.

---

9) 박갑수, 「신문・광고의 문체와 표현」, 집문당, 1998, 91면.

1. 제76조의 규정에 따라 참가인이 소송행위를 할 수 없거나, 그 소송행위가 효력을 가지지 아니하는 때
2. 피참가인이 참가인의 소송행위를 방해한 때
3. 피참가인이 참가인이 할 수 없는 소송행위를 고의나 과실로 하지 아니한 때

(6) 의미상 문제가 있는 문장이 순화되었다

문장이란 단어가 결합하여 어떤 개념이나 사물을 구체적으로 표현하는 장치이다. 이러한 문장이 복잡하고 비문법적이거나, 정보를 제대로 갖추지 않아 그 의미를 파악하기 곤란하다면 이는 문제다. 그런데 이러한 법률 문장이 많다. 이런 경우 적격(適格)의 문장을 만들고, 생략된 정보를 보충함으로 문장을 개선해야 한다. 개정된 법에는 이러한 조치가 많이 강구되었다.

제225조 [소송절차정지의 효과] ② 소송절차의 중단 또는 중지는 기간의 진행이 <u>정지하고</u> 소송절차의 수계통지 또는 속행한 때로부터 다시 전 기간이 진행된다.

이는 비문의 복잡한 문장이다. 그래서 그 의미가 제대로 파악되지 않는다. 우선 주제 "중단 또는 중지는"에 대한 서술어의 호응이 안 된다. 거기에다 "정지하고" 다음의 사실은 전후나열이 아닌, 동시나열이 되어야 할 내용이다. 따라서 "진행이 정지하고"는 "진행을 정지시키며"가 돼야 한다. 개정된 조문은 이것이 "제247조 소송절차의 중단 또는 중지는 기간의 진행을 정지시키며, 소송절차의 수계사실을 통지한 때, 또는 소송절차를 다시 진행한 때부터 전체기간이 새로이 진행된다."로 순화하였다.

법률 문장에 많이 쓰이는 속격 "의"도 의미상 문제성을 안고 있는 대표

적인 것이다. 속격 "의"는 부문장에서 의미상 주격 구실을 할 수 있다. 그런데 이것이 종종 문장을 복잡하게 만들고 의미 파악을 어렵게 하거나, 혼란을 빚는다. 이렇게 되면 곤란하다. 명료해야 할 법률 문장에서는 이러한 표현을 가급적 피해야 한다. 속격을 주격으로 바꾸어야 한다. 개정된 법에서는 이들 바람직하지 않은 속격을 많이 주격으로 바꾸었다. 다음 예가 이러한 것이다.

> 제13조 [사원 등에 대한 특별재판적] ① 회사 기타 사단의 사원에 대한 訴 또는 사원의 다른 사원에 대한 訴는 사원의 자격에 기인한 것에 한하여 회사 기타 사단의 보통재판적소재지의 법원에 제기할 수 있다.
> ② 제1항의 규정은 사단 또는 재단의 그 임원에 대한 訴와 회사의 발기인 또는 검사인에 대한 訴에 준용한다.

이는 제소의 주체가 누구인지 알기 어려운 비문법적인 문장이다. 곧 부문장의 속격 조사 "의"가 의미상 속격을 나타내는지, 아니면 주격을 나타내는지 구분이 잘 안되기 때문이다. ①항의 "회사 기타 사단의"의 "의"와, "또는 사원의"의 "의", 및 ②항의 "사단 또는 재단의"의 "의"와, "회사의"의 "의"는 다 같이 의미상 주격으로 이들이 제소의 주체가 된다. 따라서 이들 속격 "의"는 주격으로 나타낼 때 그 의미가 분명해진다. 그래서 이 조항은 다음과 같이 순화되었다.

> 제15조 (舊 제13조) [사원 등에 대한 특별 재판적] ① 회사 그 밖의 사단이 사원에 대하여 訴를 제기하거나, 사원이 다른 사원에 대하여 소를 제기하는 경우에 사원의 자격으로 말미암은 것이면, 회사, 그 밖의 사단의 보통재판적이 있는 곳의 법원에 소를 제기할 수 있다.
> ② 사단 또는 재단이 그 임원에 대하여 訴를 제기하거나, 회사가 발기인

또는 검사인에 대하여 訴를 제기하는 경우에도 제1항의 규정을 준용한다.

법률 문장에서 많이 쓰이는 주제격 "-(으)ㄴ/-는"이란 형태도 주격, 목적격 등 다양한 격을 나타내기 때문에 혼란이 이는 것이다. 이에 개정된 민사소송법에서는 의미상의 목적격 "-(으)ㄴ/-는"을 "-(으)ㄹ/-를"로 순화하여 의미의 혼란을 없이 하였다.

> 제200조 [소송비용 담보 규정의 준용] 제112조, 제113조, 제115조와 제
> 116조의 <u>규정은</u> 제199조의 담보에 준용한다.

위 조항의 주제격 "규정은"은 주격 아닌, 목적격으로 보아야 할 성분이다. 따라서 이 조항이 개정된 법의 제214조에서 "제213조의 담보에는 제122조, 제123조, 제125조와 제126조의 <u>규정을</u> 준용한다"로 순화하여 그 의미를 분명히 하고 있다.

법률 문장은 간결을 추구하는 나머지 정보가 충분히 제공되지 않아 의미의 혼란이 빚어지는 경우가 적지 않다. 이런 경우 필수적 정보가 추가되었다. 예를 들어 제68조의 "이의권의 상실>이의<u>신청권의</u> 상실", 제206조의 "포기><u>청구의</u> 포기", 제241조의 "신기일>새 <u>변론</u>기일", 제422조의 "과태료의 판결>과태료<u>부과의</u> 판결" 등은 의미의 혼란을 피하기 위해 어휘 차원의 정보를 추가한 것이다. 이에 대해 다음과 같은 경우는 문법적으로 하나의 성분 이상의 정보가 추가된 경우이다.

> 제58조 [특별대리인] ① 지연으로 인하여 손해를 받을 염려가 있음을 소
> 명하여> 개정 제62조 ① 소송절차가 지연됨으로써 손해를 볼 염려가 있

다는 것을 소명하여

제51조 [소송기록의 열람과 증명서의 교부청구] ①… 제삼자는 소송기
록의 열람,> 개정 제162조 제3자는 대법원규칙이 정하는 바에 따라 소송
기록의 열람

제142조 [형식적 기재사항] 다만, 법관전원이 지장이 있는 때에는> 개
정 제153조 법관 모두가 기명 날인할 수 없는 사유가 있을 때에는

제285조 [증언거부권] 증언이 증인이나 다음 게기한 자가> 개정 제314조
증인은 그 증언이 자기나 다음 각호 가운데 어느 하나에 해당하는 사람이

어순(語順)도 순화 대상이다. 법률 문장에는 어순이 바람직하지 않아 그
의미를 파악하기 어려운 경우도 많다. 다음 보기는 수식어의 위치가 문제
가 되는 것이다.

제22조 [관련재판적] ② 제1항의 규정은 소송의 목적인 권리나 의무가
수인에 대하여 공통되거나 <u>동일한</u> 사실상과 법률상의 원인에 기인하여 그
수인이 공동소송인으로서 당사자가 되는 경우에 준용한다.

위의 관형어 "동일한"의 수식대상은 "원인"이다. 그런데 어순은 그렇게
보기 힘들게 되어 있다. 그래서 난해하다. "동일한"이 "원인" 앞에 놓여야
한다. 이는 "사실상, 또는 법률상 <u>동일한</u> 원인"이라고 해야 의미가 분명해진
다. 그래서 개정 조문은 "사실상 또는 법률상 <u>같은</u> 원인"으로 순화되었다.
성분이 생략되거나, 도치되게 되면 아무래도 이해에 어려움이 따르게 된
다. 법률 문장에는 준용, 또는 적용 규칙이 많다. 이때 준용, 또는 적용 조
항은 일반적으로 "-은/-는"이란 주제격 표지와 함께 문두(文頭)에 나와 있
다. 그러나 사실 이들은 주어가 아닌, "준용한다", 또는 "적용한다"란 타동
사의 목적어에 해당한 성분이다. 따라서 이들은 주제(topic)로 문두에 내세

서 개념 및 요건을 규정한 용어 등의 어려운 단어가 아직 많이 남아 쓰이고 있기 때문이다. 그리고 "계속(係屬)" 등 난해한 특정 용어의 사용 빈도가 높은 것도 이러한 난해한 한자어의 빈도가 높다고 느끼게 하는 원인이다.

그러면 어디까지 순화해야 하는가? 흔히 외국의 신문은 의무교육을 마치고(중학교 졸업), 인생경험 10년쯤 한 사람을 독자로 생각하고 글을 쓴다고 한다.10) 법률 문장도 이 정도의 국민을 대상으로 법을 제정하고, 법률 문장을 순화하는 것이 바람직할 것이다. 이렇게 본다면 법률 문장은 반드시 쉽게, 쉽게만 순화할 것은 아니다.

법제처의 "법령용어순화편람"을 보면 많은 정비 대상어와 정비된 용어가 제시되어 있다. 이에 비추어 볼 때 민사소송법의 용어 순화는 미진하다. 게다가 법문의 순화는 이제 시작일 뿐이다. 따라서 다른 법에서 개념 및 요건을 규정한 용어라도 앞으로는 가능한 한 순화 개선하는 방향으로 나아가야할 것이다. 그래야 법률 문장 전반에 대한 순화를 기약할 수 있다. 그렇지 않으면 백년하청(百年河淸)이다. 이런 의미에서 민사소송법은 좀 더 그 용어의 순화 범위를 확장해야 한다. 좀 더 순화해야 할 용어로는 다음과 같은 것을 들 수 있다.

첫째, 어려운 한자어가 덜 순화되었다.

경정(更正)하다-바르게 고치다, 계속(係屬)-걸림, 기속(羈束)하다-구속하다, 기판력(旣判力)-구속력, 대위(代位)하다-대신하다, 몰취(沒取)하다-빼앗다, 변제(辨濟)-빚갚음, 보정(補正)하다-바로잡다, 상계(相計)-엇셈, 서증(書證)-서면증거, 수계(受繼)하다-이어받다, 인낙(認諾)-수용, 인영(印

---

10) 박갑수, 전게서, 1998, 101면.

影)-도장 자국, 제척(除斥)-제침·치움, 존속법인(存續法人)-남아 있는 법
인, 체당금(替當金)-미리 충당한 돈, 최고(催告)하다-재촉하다, 추심(推
尋)-챙김, 해지(解止)-효력 소멸

둘째, 구시대적 한문투도 덜 순화되었다.

거소(居所)-사는 곳, 불복(不服)하다-승복하지 아니하다, 부대목적(附帶
目的)-딸린 목적, 부적법(不適法)하다-적법하지 않다, 위증(僞證)-거짓증
언, 이해관계인(利害關係人)-이해관계가 있는 사람, 처(處)한다-물린다, 촉
탁(囑託)-맡김, 피항소인(被抗訴人)-항소를 당한 사람, 후견(後見)-뒤를
보다

셋째, 어려운 준말이 덜 순화되었다.

서증(書證)-서면 증거, 유증(遺贈)-유산증여, 인증(認證)-인정 증명, 추
인(追認)-추가 인정

넷째, 생활용어도 덜 순화되었다.

개임(改任)하다-바꾸어 임명하다, 고지(告知)하다-알리다, 교부(交付)하다-
내어주다, 구인(拘引)-끌어오기, 기명날인(記名捺印)하다-이름을 적고 도
장을 찍다, 대질(對質)- 무릎맞춤, 반소(反訴)-맞소송, 병합(倂合)하다-아
우르다, 승계(承繼)하다-이어받다, 신문(訊問)하다-캐묻다, 유보(留保)하다
-미루어 두다, 유치(留置)하다-보관하다, 이송(移送)-옮겨보내기, 통역인
(通譯人)-통역하는 사람, 통지(通知)하다-알리다, 현저(顯著)하다-뚜렷하
다, 환송(還送)하다-돌려보내다

다섯째, 일본식 용어도 덜 순화되었다.

　가압류(假押留)-임시 압류, 가집행(假執行)-임시집행, 가처분(假處分)-
임시처분, 인도(引渡)-넘겨주기, 인수(引受)-넘겨받기, 취하(取下)-철회·
취소, 후견인(後見人)-뒤를 보아주는 사람

여섯째, 다른 법에 쓰인 용어는 순화되지 않았다.

　민사소송법이 아닌 다른 법에서 개념이나 요건 등을 규정한 법률 용어는
이번에 순화가 유보되었다. 이는 개념 규정이 되어 있는 법을 순화할 때 바
꾸는 것이 바람직하다고 보았기 때문이다. 그럴 수도 있다. 그러나 그것들
이 언제 순화될지 모르는 것이고 보면 순화가 가능한 용어는 그때그때 순
화하는 것이 바람직하다 하겠다. 그래야 전반적인 용어 순화가 빨리 이루
어질 수 있다. 아직 순화되지 않은, 다른 법에서 개념 규정이 된 민사소송
법의 용어로는 다음과 같은 것들을 들 수 있다.

거소(居所)-사는 곳	대위(代位)-자리바꿈
변제(辨濟)-빚갚기	상계(相計)-엇셈
수탁(受託)-위탁을 받음	유증(遺贈)-유산 증여
최고(催告)-재촉	추인(追認)-추후 인정
피상속인(被相續人)-상속하게 한 사람	

3.2. 문장 순화의 면

　법률 문장의 한문투 문어체의 문장, 난해한 문장도 순화의 정도가 문제가
된다. 이는 앞에서 언급한 바와 같이 의무교육을 마치고 인생 경험 10년쯤
한 사람을 기준으로 순화한다고 할 때에는 한없이 순화할 일만은 아니다.

그러나 비문법적 문장은 철저하게 순화해야 한다. 그리고 조리에 맞지 않는 문장, 길고 복잡한 문장과, 성분의 생략 등으로 그 의미를 쉽게 파악할 수 없게 된 문장도 마땅히 순화해야 한다. 새로 순화한 법조문은 우선 문법에 맞는 적격의 것이어야 하고, 조리에 맞아야 하며, 문장이 복잡하지 않아야 한다. 그리고 성분을 생략함으로 정보가 부족해 의미파악을 어렵게 하는 것이어서도 안 된다. 그런 의미에서 순화안은 깔끔한 끝손질을 필요로 한다. 다음에는 문장상 개선을 요하는 민사소송법의 미진한 문제를 몇 가지 짚어보기로 한다.

첫째, 비문법적 표현이 상당히 보인다.

개정된 민사소송법 제285조 ③의 "제1항의 규정에 불구하고"와 같이 "불구하고"가 많이 쓰이고 있다. 그런데 이는 문법적으로 맞는 표현이 아니다 "불구하고"는 "-(으)ㅁ에도/-ㄴ데도 불구하고"와 같이 "-(으)ㅁ에도/-ㄴ데도"를 지배하는 말이다. 그런데 이것이 제대로 순화되지 않았다. 제273조 ①의 "준비서면은 그것에 적힌 사항에 대하여 상대방이 준비하는 데 필요한 기간을 두고 제출하여야(제출하게 하여야) 하며, 법원은 상대방에게 그 부본을 송달하여야 한다."는 괄호 안과 같이 사동의 표현으로 바꾸어야 적격의 문장이 된다. 이 밖에 태, 시제 등의 순화에도 미진한 것이 많이 보인다.

둘째, 어색하고 조리에 맞지 않는 문장이 보인다.

제423조의 "규칙의 위반이 있다는(규칙에 위반된다는) 것을 이유로 드는 때에만"은 괄호 안과 같이 순화해야 어색하지 아니하고 우리말다운 우리말이 된다. 제176조 ①의 "송달은 우편 또는 집행관에 의하거나(의해 하거나), 그 밖에 대법원규칙이 정하는 방법에 따라서 하여야 한다."는 송달의 방법을 구체적으로 드러내기 위해 괄호 안과 같이 행동을 나타내는 "하거나"가 쓰

여야 조리에 맞게 된다. 이 밖에 번역문투의 어색한 표현도 아직 많이 남아 있다. 직설적인 표현을 하지 않고 돌려서 꼰 문장도 순화해야 한다.

셋째, 복잡한 구문의 긴 문장이 보인다.

복잡하고 긴 문장은 분절하는 것이 좋다. 제59조의 경우가 이러한 것이다. 제59조의 "소송능력·법정대리권 또는 소송행위에 필요한 권한의 수여에 흠이 있는 경우에는 법원은 기간을 정하여 이를 보정하도록 명하여야 하며, // 만일 보정하는 것이 지연됨으로써 손해가 생길 염려가 있는(손해를 볼 것으로 염려되는) 경우에는 법원은 보정하기 전의 당사자 또는 법정대리인으로 하여금 일시적으로 소송행위를 하게 할 수 있다."는 조항은 주된 개념과 종속된 개념의 두 개념이 한 문장에 얽혀 있는 것이다. 따라서 사선 앞에서 "명하여야 한다."와 같이 개념에 따라 분절하는 것이 좋다. 이 밖의 난해한, 복잡한 문장도 좀 더 단순하고, 길지 않은 문장으로 바꾸어 표현하도록 하여야 한다.

넷째, 의미 호응이 제대로 안 되는 것이 많이 보인다.

법에서 달 수를 세는 "1월, 2월, 3월"은 아무래도 달의 이름(月名)과 혼란이 빚어져 바람직하지 않다. 제268조의 "1월 내에 기일지정 신청을 하지 않으면"이나, 제284조 ①의 "1. 사건을 변론준비절차에 부친 뒤 6월이 지난 때" 등이 달 이름으로 오해될 소지가 있을 것 같은 것이다. 이는 언어현실을 고려하여 "1개월", 또는 "6개월"과 같이 순화하는 것이 바람직하겠다. 제147조의 "주장을 제출하거나"도 의미호응이 어색한 객술(客述)의 표현이다.

제134조의 "변론을 열지 아니할 경우"나, 제141조의 "변론기일을 열 수 있다"는 의미 파악을 할 수 없게 하는 어색한 표현이다. 제169조의 "기일은 사건과 당사자의 이름을 부름으로써 시작된다."의 "기일은…시작된다"나, 제171조의 "그 기간은 재판의 효력이 생긴 때부터 진행한다."의 "기간은…진행한다"도 의미 호응에 문제가 있는 표현이다. 제473조 ④의 "제472조의 경

우 독촉절차의 비용은 소송비용의 일부로 한다."의 "한다"도 "본다"나 "취급한다"로 바꾸어야 의미가 제대로 소통될 표현이다. 의미 호응의 문제는 개정된 법에도 정보의 불비 등 아직 해결해야 할 문제가 많이 남아 있다.

다섯째, 개악의 예도 보인다.

제183조 ③의 "송달받을 사람의 <u>주소등 또는</u> 근무장소가 국내에 없거나 알 수 없는 때에는"은 전의 제170조 "송달을 받을 자의 주소, 거소, 영업소 또는 사무소가 국내에 없거나 알 수 없는 때에는"을 개정한 것이다. 여기서 문제가 되는 것은 "주소 등 또는"이 조리에 맞지 않는다는 것이다. 이는 개악된 것으로, "주소 등 근무장소가"와 같이 "또는"을 생략하거나, 아니면 "주소등"의 "등"을 생략해야 적격의 문장이 된다.

제207조 ①은 두 문장으로 된 제192조의 ①을 하나의 문장으로 복합하여 길고 복잡한 문장을 만들어 놓은 것이다. 이도 역시 개악이 된 것이다. 제207조 ①은 "판결은 변론이 종결된 날부터 2주일 내에 선고하여야 하며 //복잡한 사건이나 그 밖의 특별한 사정이 있는 때에도 변론이 종결된 날부터 4주일을 넘겨서는 아니 된다."와 같이 개정되었다. 구법의 제192조는 사선부분까지가 한 문장으로 되어 있던 것으로, 그것은 "판결의 선고는 변론종결의 날로부터 2주일 내에 하여야 한다."는 것이었다. "변론종결의 날로부터"가 "변론이 종결된 날부터"라고 시발(始發)을 의미하는 조사 "로부터"가 "부터"로 바뀐 것도 개악된 것이다. 이 문장은 두 문장으로 하여, 앞 문장을 "판결은 변론이 종결된 날로부터 2주일 안에 선고하여야 한다."로 하는 것이 바람직할 것이다.

여섯째, 띄어쓰기에 유의해야 한다.

오늘날 우리 법률용어는 지나치게 붙여 쓰기를 즐겨하고 있다. 그것이 물론 합성어로 인정되는 것이면 당연히 붙여 쓸 수 있다. 그러나 그렇지 않은 경우 붙여 써서는 곤란하다. 이렇게 되면 의미를 파악하기가 어려운가 하면 오해를 빚을 수도 있다. 거기에다 앞으로는 컴퓨터에 의한 검색을 많이 하게 될 텐데 띄어쓰기에 일정한 기준이 없이 붙여 쓰게 되면 적잖은 혼란이 빚어질 것이다. 따라서 앞으로 법률용어는 복합어의 심의를 철저하게 해 그 형태를 고정시키는 작업이 필요하겠다.

이상 민사소송법의 언어 순화에 대해 살펴보았다. 언어 기호란 자의적(恣意的)인 것이다. 필연성을 지니는 것이 아니다. 거기에다 구체적인 표현을 하기 위해서는 단어를 결합해 문장 표현을 해야 한다. 따라서 같은 사물을 표현한다 하여도 그 기능과 개성에 따라 다양한 표현이 나오게 된다. 여기서 바람직한 표현의 문제가 제기된다. 그것이 공용문일 경우는 더욱 그러하다. 따라서 순화한 문장에 대해서는 여러 가지 이견이 있을 수 있다. 이러한 문제는 중지를 모아 개선해 나가야 한다.

우리는 민사소송법을 순화함으로 우리 법률 문장사(文章史)에 하나의 획을 그었다. 그러나 이것은 이제 시작일 뿐으로, 앞으로 다른 법률 문장도 순화해야 한다. 그리하여 모든 법률 문장을 순화함으로 법률 문장사에 또 하나의 자랑스러운 이정표를 세워야 할 것이다. 그러기 위해서는 유의할 것이 있다. 그것은 앞에서 언급한 바와 같이 언제나 그때그때 개별 법으로서 다룰 것이 아니라, 법률 문장 전체의 큰 틀, 곧 하나의 구조 속에서 순화를 꾀하도록 하여야 한다는 것이다. 그래야 유기적인 순화가 꾀해진다. 다른 법률과 용어 사용에 혼란도 일어나지 않고, 개념 규정도 혼선이 빚어지지 않는다. 그렇게 하지 않으면 법률 용어나 문장은 절뚝발이가 될 수밖에 없다. 따라서 법률 문장의 순화는 장기적 계획을 세워 체계적으로 차근차근 수행하도록 할 일이다. 그러기 위해서는 대법원이나, 법제처에 법률 문장 순화 전

담 기구를 만들어 상시 가동되게 함이 바람직하다. 여기서는 연구하고 구체
적 순화 작업을 하도록 한다. 그리하여 순화와 입법이 겉돌지 않게 할 일이
다. 앞으로 민사소송법에 이어 다른 육법과 기타 법령 문장이 속속 알기 쉽
고 바른 문장으로 순화되길 바란다. 그리하여 국민 모두가 이를 실천, 향유
함으로 민족문화 발전의 일대전기가 마련되기를 바라 마지않는다.

참고 문헌

박갑수(1984), 국어의 표현과 순화론, 지학사.
박갑수 외(1990), 신문기사의 문체, 한국언론 연구원.
박갑수(1994), 우리말 사랑 이야기, 한샘출판사.
박갑수(1994), 올바른 언어생활, 한샘출판사.
박갑수(1997), 민사소송법의 순화 연구, 대법원 보고서.
박갑수(1998), 신문·광고의 문체와 표현, 집문당.
박갑수(1999), 아름다운 우리말 가꾸기, 집문당.
법원행정처(1998), 민사소송법개정안, 법원행정처.
법원행정처(2002), 민사소송법개정내용해설, 법원행정처.
법제처(1995), 법령용어정비대상자료집(안), 법제처.
법제처(1996), 법령용어 순화편람, 법제처.
박갑수(1990), 법률 용어 문장 왜 이리 어려운가, 언론과 비평 12, 언론과 비평사.
박갑수(1997), 법률용어와 문장의 순화, 한글 사랑 제5호, 한글사랑사.
박갑수(1997), 법률 문장 순화돼야 한다, 새국어생활 제7권 4호, 국립국어연구원.
박갑수(1988), 민사소송법의 문제와 그 순화 방안, 국어교육 96, 국어교육연구회.
박갑수(1998), 민사소송법의 순화, 그 필요성과 실제, 사대논총 제57집, 서울대학교 사
    범대학.
신각철(1995), 법령에서 쓰이고 있는 일본식 표기 용어의 정비, 새국어생활 5-2, 국립
    국어연구원.

이 글은 2003년 4월 30일, 한국법제연구원의 '법령용어 정비사업 2003년 제1차 전문가 회의'에서 발표된 것이다. '개정 민사소송법의 법령용어 및 법률 문장의 순화와 향후 과제', 한국법제연구원(2003. 4. 30)에 수록되어 있다.

| 찾아보기 |

ㄱ

ㅂ

저자 소개 박갑수

서울대 명예교수, 연변대 과기학원 겸직교수
일본 天理大學, 筑波大學, 중국 洛陽外國語大學 초빙교수 역임
국어심의위원, 방송심의위원, 법제처 정책자문위원
한국어능력시험 자문위원장
(재)재외동포교육진흥재단 상임대표
(사)한문화국제교류운동본부 이사장 역임
국어교육학회 · 이중언어학회 · 한국언어문화교육학회, 한국문화 국제교류운동본부 고문
저서 : 『문체론의 이론과 실제』, 『국어의 표현과 순화론』, 『현대문학의 문체와 표현』, 『고전
　　　문학의 문체와 표현』, 『일반국어의 문체와 표현』, 『신문 · 광고의 문체와 표현』, 『한국
　　　방송언어론』, 『국어교육과 한국어교육의 성찰』, 『한국어교육의 원리와 방법』, 『한국
　　　어교육과 언어문화 교육』, 『재외동포 교육과 한국어교육』, 『한국인과 한국어의 발상
　　　과 표현』, 『우리말 우리 문화』, 『재미있는 속담과 인생』, 『언어 · 문학 · 문화, 그리고
　　　교육 이야기』 외 다수.

국어순화와 법률 문장의 순화

초판 인쇄 2016년 7월 27일
초판 발행 2016년 8월 4일

지은이 박갑수
펴낸이 이대현
편 집 오정대
펴낸곳 도서출판 역락
　　　　　서울 서초구 동광로 46길 6-6 문창빌딩 2층
　　　　　전화 02-3409-2058(영업부), 2060(편집부)
　　　　　팩시밀리 02-3409-2059
　　　　　이메일 youkrack@hanmail.net
　　　　　역락 블로그 http://blog.naver.com/youkrack3888
　　　　　등록 1999년 4월 19일 제303-2002-000014호

ISBN 979-11-5686-330-4 93710

정 가 32,000원

* 파본은 구입처에서 교환해 드립니다.

이 도서의 국립중앙도서관 출판시도서목록(CIP)은 서지정보유통지원시스템 홈페이지(http://seoji.nl.go.kr)와 국
가자료공동목록시스템(http://www.nl.go.kr/kolisnet)에서 이용하실 수 있습니다(CIP제어번호 : CIP2016018137).